中国社会科学院创新工程学术出版资助项目

电视节目低俗化批判研究

时统宇 吕强 聂书江 著

中国社会科学出版社

图书在版编目(CIP)数据

电视节目低俗化批判研究/时统宇,吕强,聂书江著.—北京：中国社会科学出版社，2017.7
ISBN 978-7-5203-0039-1

Ⅰ.①电… Ⅱ.①时…②吕…③聂… Ⅲ.①电视节目—研究—中国 Ⅳ.①G229.2

中国版本图书馆 CIP 数据核字(2017)第 054351 号

出 版 人	赵剑英
责任编辑	陈肖静
责任校对	刘　娟
责任印制	戴　宽

出　　版	中国社会科学出版社
社　　址	北京鼓楼西大街甲 158 号
邮　　编	100720
网　　址	http://www.csspw.cn
发 行 部	010-84083685
门 市 部	010-84029450
经　　销	新华书店及其他书店

印刷装订	北京君升印刷有限公司
版　　次	2017 年 7 月第 1 版
印　　次	2017 年 7 月第 1 次印刷

开　　本	710×1000　1/16
印　　张	29.75
插　　页	2
字　　数	459 千字
定　　价	128.00 元

凡购买中国社会科学出版社图书，如有质量问题请与本社营销中心联系调换
电话：010-84083683
版权所有　侵权必究

目　录

绪论 ………………………………………………………………（1）

第一章　电视节目低俗化的定义、表现及成因 ……………（16）
 第一节　电视节目低俗化的定义及表现 ………………（18）
 第二节　电视节目低俗化的成因 ………………………（33）

第二章　抵制电视节目低俗化的西方思想资源 ……………（66）
 第一节　对电视节目低俗化的伦理追问 ………………（68）
 第二节　对电视节目低俗化的经济分析 ………………（105）
 第三节　对电视节目低俗化的体制批判 ………………（139）

第三章　国外抵制电视节目低俗化的成功经验 ……………（182）
 第一节　美国抵制电视节目低俗化的成功经验 ………（182）
 第二节　英国抵制电视节目低俗化的成功经验 ………（221）
 第三节　加拿大抵制电视节目低俗化的成功经验 ……（250）
 第四节　法国抵制电视节目低俗化的成功经验 ………（264）
 第五节　德国抵制电视节目低俗化的成功经验 ………（277）
 第六节　日本抵制电视节目低俗化的成功经验 ………（291）
 第七节　俄罗斯抵制电视节目低俗化的成功经验 ……（304）
 第八节　韩国抵制电视节目低俗化的成功经验 ………（316）

第九节　新加坡抵制电视节目低俗化的成功经验 ……………（330）

第四章　加强政府监管是抵制电视节目低俗化最根本的举措 ……（343）
　　第一节　对低俗电视剧电影的监管 ………………………（343）
　　第二节　对低俗综艺节目的监管 …………………………（360）
　　第三节　对低俗广告的监管 ………………………………（375）
　　第四节　对低俗动画片的监管 ……………………………（392）

第五章　抵制电视节目低俗化的现实路径 ……………………（408）
　　第一节　必须坚持对电视节目的宏观调控、制度安排、
　　　　　　顶层设计 ………………………………………（408）
　　第二节　必须建立行之有效的电视掌门人问责制和
　　　　　　频道退出机制 …………………………………（411）
　　第三节　必须充分发挥包括新媒体在内的舆论监督的作用 …（423）
　　第四节　组建国有收视率调查公司是反低俗化的根本性
　　　　　　制度安排 ………………………………………（434）
　　第五节　从国家文化安全的高度提升对反低俗化
　　　　　　重要性的认识 …………………………………（449）

结语 ………………………………………………………（458）

主要参考书目 ……………………………………………（461）

绪　　论

在对电视节目低俗化问题开展系统研究时，我们面临的首要问题是：低俗化的含义是什么？特别是，具有本土特色的低俗化的含义是什么？对此，下一个纯粹的学术性定义很难，且难以概括低俗化的五花八门与花样翻新，因此，我们更看重在反低俗化中起决定作用的主管部门的界定。

2001年，国家广电总局发出通报，制止电视娱乐节目的七种不良倾向。电视娱乐性综艺节目的七种不良倾向为：

一　把当前政治经济大事以及突发性事件串联起来，用极不严肃的态度胡乱调侃，把发展市场经济过程中遇到的一些困难以及出现的"下岗"等热点问题拿来"戏说"，把历史事件生拉硬套到现实生活中进行"游戏"，胡编乱演，甚至借古讽今，产生了极坏的社会影响。

二　语言低俗、表演媚俗、动作无聊、创意荒唐。把污损、丑化人的形象作为取悦观众的笑料；有的节目在"游戏"中往嘉宾的脸上乱抹颜料，把表演者全部画成大花脸；有的节目的女主持人跪在软垫上问话，而一些竞猜者在软垫上扑抢争挤，极其不雅。

三　热衷于谈论女性身体，用菜谱形容女性的容貌，还有主持人将女性的特征作为挖苦的话题。

四　拿儿童的纯真开心取乐，用令家长尴尬的问题折腾孩子，儿童的天真可爱成为成年人宣泄低级趣味的对象。

五　聚焦"性"话题，以此来取悦观众。一些嘉宾、主持人相互调侃常带上"性"色彩，把一些日常生活中老百姓都难以启齿的粗俗肉麻的语言堂而皇之地搬上荧屏。

六　竞相抬高竞猜中奖的奖金额，使竞猜者把中奖、得奖当成追求的目标，演播室变成少数人"博彩"的场所，助长了一些人不正常的投机心理。

七　一些主持人不伦不类的"港台腔"。

国家广电总局副局长胡占凡指出，低俗之风主要体现在以下几个方面：

第一，选题低俗。很多节目、栏目首先选题选的就不对。有些选题就是不能选的，是不适合在我们党和政府办的媒体里做的，从根本上就是错误的。什么叫不合适的选题？我可以举一个例子，我们有的节目就做这样的选题："某一个电影明星和另外一个电影明星关系暧昧"，大家可以想象，这个节目展开之后，他们要谈一些什么？所以无论谈什么，这个选题都是不能选的，无论谈什么，这个选题的格调都是低俗的。所以选题选错了，那就一切都是零。选题低俗的问题还不是个别的，我们一些电视栏目的选题把自己降低到"狗仔队"的水平，降低到花边新闻的水平，降低到"八卦"的水平，降低到街头小报的水平，这完全是自取其辱。这样的选题做出来以后，有两个严重的后果，一个是宣扬错误的价值观，另一个是影响、降低和破坏了我们电视台在老百姓心目当中的权威、公正形象。第二，内容低俗。选题可能没错，但是内容把握不准，这既和我们的前期策划有关，也和现场的驾驭有关，可能谈的话题很健康，但是它的表现形式是不妥的。第三，语言低俗。这个问题比较普遍，选题很好，内容也不错，但是表述的语言一个是俗不可耐，一个是层次很低，语言没有水平，没有耐人寻味的智慧，相当多的是高中生水平、初中生水平、小学水平，从主持人到嘉宾，都有这个问题。不要迷信一些什么嘉宾，有些嘉宾名气很大，但是水平很低，素质很差，盛名之下其实难副，主持人与这些嘉宾低档次的谈话、俗气的聊天，大大损毁了我们栏目的形象、电视的形象，实在有愧于"党和政府的喉舌"这个称号，有负于广大观众对我们电视的期望。第四，动作低俗。这几年，节目中胡闹的现象比过去严重多了，很多节目、栏目这个问题比较突出，很多动作应当说已经很不雅了，打情骂俏在很多访谈里都能看得到，很多肢体语言也是俗不可耐，扭捏作态的也有，故作深沉的也有，胡打乱闹的也有，满地打滚的也有，厮打在一起的也有，还配上怪异的字幕、怪异的音响，实在有损于我们的形象。①

这期间，电视传播中的"六风"集中表现了低俗化的方方面面，并遭到了学界和业界的广泛批评：豪华风、滥情风、戏说风、聊天风、猜奖风、破案风。这"六风"被视为中国电视的商业化、庸俗化、贵族化、同质化的具体表现形态，亦即电视批评的本土对象。我们有必要做一简单概述：

一　豪华风。其表现主要存在于电视剧中。在批评电视剧中越刮越猛的豪华风时，仲呈祥指出：

> 这些作品，不是满腔热情地把镜头对准祖国改革开放和现代化建设的广袤大地，对准日新月异的东南沿海发达地区和正在开发的广大西部地区，更不是为变革大潮中涌现出来的社会主义新人传神写貌，而是热衷于将镜头瞄准并追踪那些极少数远离人民群众现实生活的"大款"们的豪华生活及其暴发户的畸形灵魂。于是乎，在屏幕上没完没了地展现他们挥金如土、胡作非为、出入于高级宾馆、醉酒于豪华宴席、调情于私人别墅的所谓"贵族式"的生活方式。生活在豪宅中的"暴发户"像是在享受着"治外法权"的特殊洋人。这是典型的殖民心态。他们用电视剧这个形式来制造"暴发户"的豪华梦，再用这种豪华梦来编织他们心中的"现代化"。这种精神鸦片其实是某些港台剧中渲染的腐朽资本主义生活方式的影视作品的"盗版"，既扮演着"西化"的帮凶角色，又诱导催生着许多新的不健康的社会心理。②

实际上，张宏森的批评更早，且影响更大，他指出：曾几何时，屏幕上星级宾馆富丽堂皇，大款小蜜情深缘浅，大酒店、美容院、住别墅的女人、中国模特、洋行里的中国小姐，如此众多的情节离奇的肥皂剧

---

① 胡占凡：《打造高品位精品栏目自觉抵制低俗化》，《中国电视》2007年第4期。
② 仲呈祥：《关于历史观点》，《中国电视》2001年第12期。

和爱得寻死觅活的言情剧,让无数中国的普通百姓不由自主地发出抱怨自身命运的悲凉感叹。问题的关键在于:别墅、美容院、大酒店……这与中国绝大多数的老百姓的生活实际相距甚远,而且,不论是政府的目标,还是百姓的希望,都不会将这些场所作为自己理想的园地。那里发生的一切在观众起初的新奇过后,随之而来的是一种巨大的隔膜感,这种隔膜如果是冷静的自我告诫不可攀比,那还算幸运,因为灯红酒绿、纸醉金迷便成了一个被审视、被批判的对象,它还没有形成对人们原有的艰苦奋斗、勤劳致富等信念的冲击。然而不幸和威胁恰恰在于,当富丽堂皇与穷乡僻壤或现实生活形成巨大反差时,这种屏幕豪华的副作用便原形毕露:观众会抱怨命运的不公和人生的无奈,一种巨大的失落感挥之不去,特别是当中国的下岗职工日渐增多时,屏幕上的一掷千金与实际生活的窘迫反差太大,这实际上就是社会不安定的诱因之一。①

二 滥情风。本来,婚姻中的第三者一直是一个受到批判的角色,而如今的屏幕形象中,"一个男人和几个女人的故事""一个女人和几个男人的故事"已成为一些电视剧创作者乐此不疲、打造卖点的看家绝活儿。并且,这类电视剧拼命渲染主人公已有婚姻的疲惫和无奈,大肆营造婚外情的合理与执着,露骨地传递着"人家都离了好几次了,你们还老夫老妻呢——保守了,落后了"的所谓观念更新,颇有些"人家都得艾滋病了,你还闹流行感冒"的伪时髦味道。

一篇《刹刹荧屏"滥情风"》的文章使用了这样的小标题——荧屏处处"婚外情",电视盛行"滥情风"。文章写道:

> 过去,我们的电视文艺作品如果涉及"婚外恋",必定持否定态度,结局大都是最后男主角放弃情人,心甘情愿回到患难与共的妻子身边,重新开始幸福的生活。但如今,电视剧中的"第三者"个个聪明美丽、善解人意,小鸟依人的她们不要婚姻,只要爱情,伟大到令人同情。与之相比,妻子则粗俗、不可理喻,甚至是无理取闹、一无是处。事业有成的丈夫在妻子和情人之间纠缠不清,最后

---

① 张宏森:《中国电视剧给我们带来了什么》,《新华文摘》1995年第10期。

虽然第三者孤单离去，但和睦、恩爱的婚姻却支离破碎，为了责任和道义，丈夫同妻子勉强维系着名存实亡的婚姻。①

"滥情风"还表现在都市情感剧中。一些创作者似乎对"第三者"给予了极大的同情甚至赞赏，好像只有那些第三者才是追求真正的爱情，是在冲破传统伦理的"蛛网"，而被她们"间离和染指"的家庭，似乎都是爱情的坟墓。比如《让爱作主》这部电视剧，一个"新生代"少女可以毫无顾忌地对有妇之夫大施"攻心"；一个漂亮的女大学生，竟然可以追着"情人的妻子"索要"情感赔偿"。而这一切，编导是以欣赏的口吻在描述，还称其为"让爱作主"。在这类电视剧中，看不到对现代生活中应如何把握情感的真切表现和真诚反思，对家庭伦理和情感缺乏足够的理性思考，对婚姻和责任缺乏正确的判断，构成了对道德底线的公然洞穿。

现代题材如此，古代题材更绝。我们经常能看到这种电视奇观："传奇爱情"走俏——名妓红娟、风流帝王之类，一个个古代"名妓"竟变得清纯可爱，情义俱佳，大有为这些名妓红娟和嫖客之间的"爱情"平反昭雪的味道。而一些帝王的"爱情"，竟也缠绵悱恻，恩爱有加，更是肉麻到了令人难以容忍的地步。

屏幕上的滥情不仅仅局限在婚姻家庭的范围内，还有一个更奇特的现象——反面人物"看上去很美"，这是反映警匪斗争的一些电视剧留给观众的一个奇怪的现象。如《黑洞》中的聂明宇对小妹妹耍小脾气时的那份宽容，《黑冰》中郭小鹏两次给母亲洗脚的那份至孝，《危险进程》中佟安东与人周旋时的那份善解人意等。而正面人物却有些黯淡，"美味"不足，甚至有些不近人情。

三　戏说风。在中国电视的商业化和低俗化问题上，受到批评最多的、最激烈的，当数戏说历史和经典的电视剧。这类电视剧俗称"戏说戏""清宫戏""辫子戏"。电视批评之所以常常围绕这些电视剧而展开，是因为这类电视剧大都在晚上的黄金时段播出，收视率比较高，影响也比较大。而且，对"戏说风"进行批评的发言者和场合也分布很广，可

---

① 杨光：《刹刹荧屏"滥情风"》，《光明日报》2001年5月13日第1版。

以说，批评电视的"戏说风"的话语来自四面八方，在电视批评常常缺席的今天，批评电视的"戏说风"颇有些独领风骚的意味。

2002年全国"两会"期间，新华社播发了《人大代表说荧屏——"戏说"其实就是"乱说"》的消息：

> 据新华社北京3月12日电（记者丁锡国　李恒娟）帝王将相充斥，豪宅香车盛行——当前文艺创作中的这种现象引起人大代表的批评，他们呼吁精神产品要对民族负责。
>
> 现在打开电视，荧屏上就是言情剧、帝王戏、武打片。人大代表逢先知说："各类历史片，任意涂抹历史，都变成了'戏说'。说到底，他们追求的是票房价值，把文化商业化了。"
>
> 逢先知分析这种"戏说"片盛行的原因时说，说到底是现在的历史研究太薄弱了。历史学科后继乏人、后继无人。全社会懂历史、研究历史的人少了，才有那些不懂历史的人在那里"戏说"。"戏说"其实就是"乱说"。古人说，"灭其国，先灭其史"。对民族、对历史不负责任的精神产品，我们不能小视。
>
> 逢先知对这种不良文化现象的消极影响有着深刻的分析。他说："我们有辨别能力，广大受众呢？那些青少年呢？我们应当警惕这类精神产品对他们思想、道德、价值观念的腐蚀作用。精神产品要对民族负责，我们应当提倡先进的文化。"
>
> 吴泽浩代表对目前影视创作中的不良倾向给予了批评。他说，现在的电视剧表现的是帝王将相，所谓现实题材的作品中，到处是别墅、高档轿车，女人比外国贵族还高贵，爱情全是"三角恋"。他认为，现在花这么大精力拍清宫戏，拍清朝的那么多皇帝，这样的作品太多、太集中，对社会的负面影响值得重视。[①]

我们知道，每年的全国"两会"是中国的最高讲坛，从某种程度上说，"两会"的声音代表了国家意志，是主流意识形态的形象表现。因

---

① 丁锡国、李恒娟：《人大代表说荧屏》，《北京晨报》2002年3月13日第3版。

此，通过媒体反映出的"两会"代表对戏说风的批评，当然可以说是一种新闻批评，但又不应仅仅视为是简单的新闻批评，这里的道理是不言而喻的。

电视剧低俗之风的利益驱动很能说明问题。据《中国电视市场发展研究报告》显示，电视剧投入与回报的比率为1：10。电视剧是一个回报率极高的行业，现在我国的电视剧投资在20亿元，而通过媒体播放后带来的经济效益大约是200亿元，近几年来电视剧的产量大幅度增长足以说明电视剧的利润空间之大。对于电视台来说，电视剧肩负着70%的营收重担，在晚间三四个小时的时段里，电视剧可以为其创收全天广告业务量的一半以上。[①]

这就是为什么在世纪之交，中国电视会出现有18家省级卫视同时播电视剧《天龙八部》、15家省级卫视同时播《绍兴师爷》，以及数十家省级卫视同时播《春光灿烂猪八戒》这种"电视奇观"的根本原因。

如果说，历史题材的电视戏说剧还具有某种创作的特点的话，那么，电视剧戏说起文学经典来却是彻头彻尾的阉割和篡改。这里，根据鲁迅的名著《阿Q正传》等作品改编的10集电视剧《阿Q的故事》最具代表性。之后，在翻拍红色经典中播出的《林海雪原》和《红色娘子军》等，同样因过度的商业意识和庸俗手法而招致了广泛的批评。

四 聊天风。从20世纪90年代后期起，电视谈话节目大行其道，成为影响中国社会价值观念和行为方式的重要因素，同时也体现出市场化大环境中受众的文化选择逐步走向多元化和开放的社会文化特征。进入新世纪以后，国内大大小小的电视谈话节目，加上新闻性访谈节目、娱乐节目中的谈话内容等，有170多个，形成了继"综艺风""益智风"后的第三股收视风潮。

我们看到，在有些电视谈话节目中，爱情、友情、亲情——通通都可以拿来游戏，以致出场人物的弱智、装嫩、装傻、搞笑等，实在有些闹得慌。有的谈话节目已快成了表彰大会，或者尽说些无关痛痒的小事，甚至是儿时撒尿和泥打架上房一类的往事，或者"揭短"却无伤大雅，

[①] 刘江华：《最新报告显示：能赚钱的电视剧不足两成》，《北京青年报》2002年11月11日第20版。

因而更加鸡毛蒜皮。《中国青年报》上曾有人指出，这样的所谓"谈话"，一两次大家还觉得比较新鲜，可重复下去，无论是台上的还是台下的，都觉得笑得有些勉强，有些疲惫，最后必然出现皮笑肉不笑的效果。当我们接受这类远距离的、人工制造的欢乐或眼泪太多时，却发现自己越来越远离了真实的悲与喜。游戏娱乐类节目这几年忽然异军突起又急遽走向颓势的现象，也说明了它们即使一时间抓住了眼球，却未能真正抓住人心。许多一上来看似水灵的节目，很难逃脱迅速枯萎的命运，大量的"克隆"来的电视谈话节目，正在给人们演示这个道理。

不仅如此，谈话节目的庸俗和低俗还有走得更远的。曾有一家省级电视台播出《你认为学历高低和性感程度是否成正比》的谈话节目，把性感与学历联系在一起，实属荒唐。当然，这档谈话节目的结果是被责令停播。还有一家省级电视台，播出的谈话节目叫《男人"补肾"》，不用多说，一听题目，就知其"卖点"在哪里；这档栏目还曾播出过《一个改变性别的人》的谈话节目，让一位做了男性变为女性手术的演员到场，在节目中大谈自己同性恋的经历，大谈变性后的感觉，其内容之庸俗，神态之恶心，做派之荒唐，令人瞠目结舌。

五 猜奖风。猜奖类的电视节目有一个很好听的名字——益智型节目。顾名思义，这类节目是有益于智力的开发、启发人们的智慧的电视节目。

猜奖确有益智的功能，一旦成风便顿时走向其反面。有人写道：

> 平心而论，有奖竞猜类节目的出现，突破了传统知识竞赛的窠臼，满足了观众求知和娱乐的需要。同时，我们也必须冷静地看到，此类节目的商业性在一定程度上鼓动了一种赌博心理，而且把知识和金钱挂钩，对于那些正在求学上进的青少年而言，影响未必佳。首先，竞猜节目客观上提倡了一种对待知识的"功利主义"态度。而求知是一种长期的、艰苦的劳动，来不得半点投机取巧，其效果也并非立竿见影；知识给人带来的成功不只在金钱方面，更在一个人的气质素养。我们很难设想，一个唯利是图的家伙会去学那些暂时不能给他带来什么好处却很重要的知识。其次，竞猜节目所问的

大都是一些"记背"性质的问题，与一个人的思维能力关系不大，以"益智"为标榜的竞猜节目的"智力含量"实在贫乏，更有一些问题被观众讽刺为"小儿科"。再次，一些竞猜节目有变相广告的嫌疑，从头到尾各种商标不断闪现，主持人也时不时地"提醒"观众"我们的奖品由某某公司赞助"，浓厚的商业气氛令赛场如同市场。在一个以市场为主导的社会里，难道一切都要听从市场的指挥棒吗？[①]

英国学者加里·惠内尔不无嘲讽地指出：猜奖类节目"最需要和标榜的技巧就是飞速回忆风马牛不相及的零碎事实知识的能力。具有讽刺意味的是，人脑的这一功能，电脑不费吹灰之力就能高效地完成，而我们竟然还在文化的包装下对此称颂有加。这种类型的测验调动的不是人特有的理解和分析能力，而是像松鼠储藏松果式的积累和储存信息的本能"[②]。看来，从文化传播和文明传承的意义上说，中西方的有识之士对猜奖类电视节目的评价都不高。

猜奖类的电视节目之所以受到批评，还远不止是其中的商业因素。一些低俗甚至是恶俗的猜奖节目与游戏节目混在一起，成为所谓"搞笑节目"，其恶俗程度令人瞠目结舌。例如，某些地方电视台的"搞笑节目"为了追求"轰动效应"，或者"现场气氛"，甚至还请一些四五岁的小嘉宾，专门问一些大男大女的事情。主持人非要引导孩子一步步走向成人设计好的程式的话语，那就是用成人的语言陷阱去捕获孩子的天真了。《超级宝宝秀》中有一期，非要问一个男孩爸爸妈妈有什么不同，结果逼得孩子说出一句电视台既处理掉了声音又处理掉了字幕的话。在场的观众笑得邪乎，女主持人羞得无地自容，孩子却晕头转向。这种节目让人看得很恶心。我们能不能少一些尴尬的笑，给孩子们一片纯净的天空？

六 破案风。在电视传播中，反腐倡廉、扫黄打非、侦破案件、维

[①] 张贺：《知识娱乐可否双赢》，《人民日报》2001年11月20日第12版。
[②] ［英］安德鲁·古德温、加里·惠内尔：《电视的真相》，魏礼庆等译，中央编译出版社2001年版，第83页。

护治安的内容占有很大比例。无论是在新闻节目，还是在社教节目，这类题材和体裁都是各级各类电视台的重头戏之一。特别是在电视剧创作中，"反腐戏""公安戏"的"卖点"和"看点"很是了得。

然而，人们也不无忧心地看到，此类题材创作的跟风现象颇盛，而且也确有些作品把握失度，一味暴露丑恶，渲染黑暗成风。它们"名为托讽，实违本旨"，借反腐打黑之名，行展览腐败和黑恶现象之实。反腐除恶成了某些人招徕看客、捞取利润的招牌。有的不分善恶、混淆美丑，把反腐败斗争处理成领导层之间的"官场斗争"，各种私欲、权谋、倾轧、欺骗都变为所谓的"政治智慧"，演绎出现代的"官场现形记"。有的极力描写各种骇人听闻的所谓腐败故事，渲染夸张，仿佛越离奇越有力度。有的热衷于展示各类黑恶势力犯罪过程，毫发毕现地刻画各种作恶手段和凶杀暴力场面，甚至将"黑×"为名字的电视剧"进行到底"。有的腐败分子和黑帮头目被塑造成作品的主角，或工于心计、巧于周旋，或侠肝义胆、儿女情长。比如，电视剧《没有家园的灵魂》里那对爱得轰轰烈烈的贪污男女。在剧中，大贪污犯张少杰对严文清一往情深，甚至在案发后逃到国外，又冒险回国营救情人而被擒，最后走向刑场时还向着情人关押的方向深情呼喊；而严更在被宣判死刑的法庭上握住张的手……俨然一对儿"情圣"，这时候检察官们的出现倒显得是多余的。与反面人物的这种"有血有肉"相比，正面人物与之比较却相形见绌，要么掣肘重重、壮志难酬，要么患得患失、窝窝囊囊。从这些作品中，人们看到的只能是腐败现象和黑恶势力的嚣张与肆虐，却看不到正义的强大力量，看不到反腐除恶的成就和希望。这不仅背离了反腐打黑创作主旨，而且在思想上政治上都是有害的。

至于"公安戏"，《人民日报》曾发表一篇题为《对荧屏"公安戏"的忧虑》的文章，列举了公安题材电视剧存在的六大问题：

一是故事情节荒诞，胡编乱造"公安戏"。二是格调低级庸俗，热衷于描写卖淫嫖娼等社会丑恶现象。三是模式化、雷同化，不仅故事情节雷同，而且表现手法也大同小异。四是任意夸大"敌情"，把当今社会描绘得如同20世纪30年代的上海滩。五是美化犯罪分子，那些以"总经理""董事长"等面目出现的大毒枭、走私犯和黑恶势力的后台人物，不仅个个都是道貌岸然的正人君子，而且他们的内心似乎都有某种无奈的隐衷。六是"纪实性侦查片"泛滥。①

鉴于涉案剧的种种负面影响，国家广电总局2004年发出《关于加强涉案剧审查和播出管理的通知》，明确要求对有暴力、血腥、恐怖画面和情节的，对社会丑恶消极现象把握失当的涉案剧安排在23：00以后播放。2008年2月，《广电总局关于2008年全国拍摄制作电视剧备案公示的通知》中强调：第一，不提倡情景再现形式的涉案剧；第二，不提倡纪实形式的涉案剧；第三，不提倡以重大刑事案件为主要描写内容的系列涉案剧。

2006年，国家广电总局发出《关于开展抵制低俗之风专项行动的通知》（以下简称《通知》），明确提出：2006年全国广播电视抵制低俗之风专项行动的重点是治理法治类节目、综艺娱乐类节目和谈话类节目的低俗问题。制止片面追求收视率、收听率而不顾正确导向的问题；治理一些节目导向不正、品位不高、格调低下、庸俗无聊等问题；纠正盲目模仿港台节目风格、盲目克隆港台节目手法等现象。各级广播电视行政部门要对播出机构中存在的上述问题及时加以整改，直至令其停播。这个《通知》比较详细地列举了这三类节目的低俗表现：

（一）严格查改法治类节目问题

1. 危害国家安全、破坏民族团结、泄露国家秘密的；

2. 对绑架、劫持、爆炸、投毒、纵火等严重危害公共安全案件的报道过量，刑事案件、特别是恶性刑事案件的报道过量的；

3. 报道容易诱发犯罪的情节，出现被拐骗受害女性的姓名、肖像、声音；报道涉嫌犯罪的未成年人的姓名、住所、照片、图像、声音及可能造成不良影响的各种内容的；

4. 对犯罪行为、犯罪手段做过多细节描写，渲染凶杀、暴力、色情、恐怖等情节和场景的；

5. 泄露公安、检察、司法部门正在办理、尚未结案的案件，未经请示批准参与、采访、拍摄、报道突发恶性案件、事件的；

---

① 赵玉龙：《对荧屏"公安戏"的忧虑》，《人民日报》2002年3月1日第12版。

7. 使用隐蔽拍摄、录音和情景再现的表现手法的；

8. 有猎奇和娱乐化倾向，以犯罪细节、作案手段和公安、检察、司法部门的侦破方法、审讯技巧等设置手机短信竞猜题目的；

9. 无中生有，为完成任务而刻意制作播出法治类节目的；

10. 以娱乐方式表现涉案题材的；

11. 经济类、生活类、服务类、娱乐类等节目，制作播出涉及刑事犯罪案件节目的。

（二）严格查改综艺娱乐类节目问题

1. 游戏表演无聊胡闹，故意设计审丑环节的；
2. 以性为兴奋点，热衷性暗示、性调侃的；
3. 热衷刺探、炒作隐私，热衷跟风追星的；
4. 节目中脏话不断，播出粗俗短信的；
5. 是非观、荣辱观淡漠，误导受众的；
6. 主持人过于表现自己、信口开河、奇装异服、发型怪异的；
7. 选秀节目中参赛选手的发型、饰品、服装低级媚俗的；
8. 选秀节目中评委点评责难选手、口无遮拦的。

（三）严格查改谈话类节目问题

1. 选题不积极向上，猎奇低俗的；
2. 主题不鲜明，无正确结论或结论不正确，误导受众的；
3. 嘉宾选择不当，为追求名人效应，把不该上镜的所谓名人搬上荧屏的；
4. 缺乏引导，对现场观众的言论失控，对错误观点不能及时批驳、及时引导，听之任之的。

2007年，在重拳出击低俗化中，国家广电总局局长王太华提出了充分认识抵制低俗之风的"六个必然要求"：

一要充分认识抵制低俗之风是我国广播电视根本性质的必然要求。坚持正确政治方向和确保正确舆论导向，始终是广播电视最大的政治、最硬的道理、最根本的任务。包括低俗之风在内的任何违背我国广播电视性质和任务的行为和做法，都是坚决不能允许的。

二是充分认识抵制低俗之风是建设社会主义核心价值体系、促进和谐文化建设的必然要求。加强抵制低俗之风工作，就是要用社会主义核心价值体系来武装广播电视队伍，以社会主义核心价值体系来抵制低俗之风的侵蚀，确立社会主义核心价值体系在广播电视节目生产制作中的主导地位。

三是要充分认识抵制低俗之风是坚持正确舆论导向的必然要求。低俗之风宣扬不健康的思想感情、道德情操、生活方式，以及庸俗、恶俗等内容，严重影响正确舆论导向，必须坚决抵制直至完全消除。

四是充分认识抵制低俗之风是满足人民群众文化需求、保障人民文化权益的必然要求。制作播出低俗、庸俗、恶俗的节目，迎合极少数人的低级趣味，与上述要求是格格不入的，是决不能允许的。

五是要充分认识抵制低俗之风是维护国家文化安全的必然要求。近年来我们广播电视节目中出现的低俗之风，明显受到了西方不良电视文化的影响，对中华民族优秀传统文化造成冲击，在很大程度上影响了中国广播电视的民族文化品格和发展趋势，直接威胁到国家文化安全，必须引起我们的高度警惕。

六是要充分认识抵制低俗之风是确保广播电视健康发展的必然要求。近年来广播电视低俗、媚俗、庸俗之风催生出来的有偿新闻、虚假新闻、违法广告、低级娱乐节目以及过多的"选秀"活动等，使广播电视的社会公信力和影响力受到很大的损害，严重影响了广播电视的正确发展方向，削弱了坚持正面宣传、推进宣传创新的动力和能力。因此，必须采取有效措施坚决予以抵制，确保广播电视健康发展。

在一些场合，我们经常能听到有人提出这样的"问题"：什么是低俗化？低俗、通俗、庸俗的区别是什么？低俗化有没有具体的标准？特别是量化的标准？

实际上，文化学者对"通俗""庸俗"和"低俗"早就做了概念上的区分：通俗是接近大众百姓、表现常人生活理想的艺术形式，相对应的是比较高雅的艺术；庸俗则是情趣平庸，不思上进，思想上没有高尚追求、得过且过的生活态度的体现；而低俗违背人类理想追求，靠拢卑下的本能冲动，已不属艺术表现范畴，对于精神世界有危害作用。

我们的担心恰恰是：千万不要揣着明白装糊涂。就像有著名电影导演说过的那样：如果要问扣子解开几个才算低俗，那么对这样的人你最好把他认为是疯子。这里，我们想列举电视的近邻——广播的例子。

在广电总局重拳出击低俗化的行动中，有一个现象很是耐人寻味：对广播低俗下流涉性节目的组合拳。事实是：2007年9月5日广电总局发出《关于四川电台和成都市电台违规播出低俗下流节目的通报》，严令禁止策划、制作、播出涉及性生活、性经验、性体会、性器官和性药功能的节目。两周后，又有3家电台的4套节目因同样的问题被广电总局责令停播。让人思索的地方就在这里：后3家电台的行为被批评为我行我素，顶风违规，性质似乎更为恶劣。之后不久，中广协会专门召集了一次部分广播电台领导和有关专家参加的会议，研讨治理低俗的措施。会上一位领导的发言给我留下了深刻印象：他认为，这些被取缔的节目不仅是涉性，而且是涉黄。而涉黄何止是违纪，实际上是违法。

本次会议上，时统宇亮明了自己的基本观点：广播电台的性质和职能可能在不同的语境下有不同的解读，但无论如何广播不是性药的大卖场，不是房中术的大讲堂。媒体放弃和践踏社会责任，最后只能是砸了自己的饭碗。

平心而论，这些年来中国广播的发展可圈可点。从2005年起，正当有人鼓吹"报业的冬天来了"时，广播的春天如期而至。当年，广播的广告收入近50亿元，增长达到将近40%，广告收入过亿元的广播电台达到13家。对此，我们没少为广播"忽悠"：①在政策层面上，广播受到的政策干扰比较少，颇有"板凳要坐十年冷"的学者底蕴。"十五"期间的广电系统是最乱的。这包括产业化的是是非非，集团化的风风雨雨，局台合一的恩恩怨怨，有线无线的打打闹闹，等等。在中国电视的乱象横生中，广播显得很超脱，甚至颇有坐山观虎斗的潇洒。广播没有"四级办电视"那种合法性和合理性的被质疑，没有有线无线合并的"人往哪里去"的纠缠和困扰，甚至也不在乎是否寄人篱下，颇有"给点阳光就灿烂"的坚韧与耐力。广播务实低调、卧薪尝胆、自强不息、永不言败，这些评价在广播漂亮的翻身仗面前不是溢美之词。广播踏踏实实地积蓄力量，本本分分地做自己的事情，用热播电视剧《士兵突击》里的名言叫"不抛弃、不放弃"。而这种踏实与本分却恰恰是符合科学发展观的要求的，是具有可持续发展空间的。②在技术层面上，广播受到的五颜六色的蛋糕诱惑比较少，颇有"咬定青山不放松""躲进小楼成一统"的文人功力。电视面临的诱惑太多了，给人的感觉已经到了是个东西都可以加上"电视"二字的程度——数字电视、付费电视、手机电视、移动电视、楼宇电视、网络电视……相比之下，广播没那些真真假假的大小蛋糕。在电视更加光怪陆离时，灰头土脸了多年的广播凭着对"内容为王"的坚信与坚韧，告诉人们谁是弱势群体还很难说。

但是，就像我们的GDP增长是付出了满天飞舞塑料袋、鱼米之乡水变臭的代价一样，广播的发展所付出的代价同样触目惊心，被叫停的涉性节目就是明证。这些年来，人们都有这样的感觉：没有广播不敢卖的药，没有广播不能治的病。在一定程度上，广播生存与发展的门道就是坐台卖药。当媒体实际上成了性药的大卖场和房中术的大讲堂时，其社会角色已经沦落为教唆犯。当年，我们在批评海选阶段的《超级女声》时曾指出它的大面积审丑的弊端，今天，当我们面对广播的涉性节目时，又一次感到了广播电视在市场化过程中的大面积堕落。

在广电总局的重拳猛击下，我们也能感觉到始作俑者的委屈之声——广电大投入、重装备、高消耗，没钱办不了事呀！且不说没钱就可以去犯法的荒谬和愚蠢，广播真有"大、重、高"的成本吗？时统宇不是坐而论道的学者，他当过广播的主持人，进入电视的演播室也是常事。电视真的是"大、重、高"，做一期电视节目在演播室待上十个小时累得近乎虚脱他也曾亲历。而广播的制作成本绝不是可以和电视同日而语的。就拿涉性广播节目来说，这样的东西除了人头费外，还有什么成本能够拿到桌面上？

低俗化问题不存在理论上的深奥，类似涉性节目的问题是一个常识错误，低级错误。让人深思的恰恰在于：为什么对大局意识、责任意识、阵地意识耳熟能详的一些人，会常常犯这种常识错误和低级错误。

最后，我们回到学理层面。本研究对电视节目低俗化的定义是：电视节目低俗化是指呈现于电视传播内容，以追求利润为终极目的，缺乏文化、艺术或科学意义上的原创因素，违背社会公共良俗的传媒文化问题。

第一章 电视节目低俗化的定义、表现及成因

讨论当前电视节目低俗化问题绝不应该从忧郁的道德禁欲主义者的立场出发,事实上,对本来就是大众传播媒介的广播电视来说,在传播内容上追求道德上的纯而又纯,既不具有学理上的可靠性,也不具有实践上的可行性。对此,曾经在八个"样板戏"统领大众文化的那个时代生活过的人们都会有切身的感受。以纯粹的道德感取消人类情感的多样性,以崇高的使命感消解日常生活的现实性,以极端的价值感遮蔽平凡人生的世俗性,这些做法已经为历史发展所摒弃,就像英国美学家鲍桑葵批评那种"完全没有将崇高与美综合起来"的做法时所指出的那样:"这样消极地唤起的理性观念只能取得一种贫乏的道德胜利,并没有被承认具有复杂的秩序性和意蕴而普遍存在于可怖的广大无边的外部世界中"[①]。

显然,道德禁欲主义的方法显得过于简单化了。就拿常为国人"欲说还羞"的文化作品中的性问题来说,采取一概排斥的做法显然是不符合审美规律的。对这个问题,王小波先生写道:"本人就是个作者。任何作者的书出版以后,会卖给谁他是不能够控制的。假如一位严肃作家写了性,尽管其本心不是煽情、媚俗,而是追求表达生活的真谛,也不能够防止这书到了某个男孩子手里,起到手淫前性唤起的作用。故此社会对作家的判决是:因为有这样的男孩子存在,所以你的书不能出。这不是太冤了吗?但我以为这样的事还不算冤,社会学家和心理学家比他还要冤。事实上社会要求每个严肃作家、专业作者把自己的读者想象成十六岁的男孩子,而且这些男孩子似乎还是不求上进、随时要学坏的那

[①] [英] B. 鲍桑葵:《美学史》,张今译,商务印书馆1985年版,第361页。

第一章 电视节目低俗化的定义、表现及成因

一种。"① 而广播电视所面临的问题也类似,如果简单地采取"一刀切"的处理方式也是不可取的。当然,鉴于广播电视巨大的社会影响力,笔者认为《加拿大广播公司新闻节目编辑守则(提纲)》的下述规定是比较公允的:"广播电视的受众由不同群体构成,他们对好品位有非常不同的理解,因此,广播电视不像书刊出版、戏院、电影那样享有同样自由的词汇和视觉表现权利,因为书刊、电影、戏院是分众的,读者和观众可以选择他们将要读到和看到的东西。因此,在考虑到品位的时候必须小心,不要对受众造成不必要的伤害。"②

然而,当下中国电视节目的传播实践远不是那么单纯,低俗化之风已有愈演愈烈之势。请看 2007 年 9 月国家广电总局在一份通报中所向我们提供的如下事实:四川人民广播电台经济节目、交通广播和成都市人民广播电台交通文艺频道、经济频道在每天 21:00 以后,用 2—3 小时谈论、渲染描述性生活、性经验、性体会和性器官,吹嘘性药功能③。

显然,在这里,问题已经不是"追求表达生活的真谛"的途径,甚至连"煽情、媚俗"都已经难以形容,而是一些广播电视传播机构为了追求本单位一时的经济利益,置党和人民耳目喉舌的社会功能于不顾,公然洞穿人类道德底线,毫不掩饰地戕害公众情感的行为。这一事件中所反映出的已经不是探寻人类文化表达所可能呈现的何种曼妙形象的问题,而是资本逐利的强大冲动所造成的一些广播电视传播内容自甘堕落的紧迫问题。为稻粱谋所主导的传播机构将难以找寻其文化上的得以自处的境地,因为他们的做法从根本上背离了传播的根本目的之所在:传承文化遗产与施加道德教化。

如果面对这样的问题,我们仍然坚持道德相对主义的符咒不放,那么,不妨读一读法国哲学家狄德罗的一段话:"在道德方面,大家说:'有多少种脑袋,就有多少种看法'。其实大谬不然;脑袋是最普通不过

---

① 《王小波文集》(第 4 卷),中国青年出版社 1999 年版,第 258—259 页。
② 中国广播电视年鉴编辑部编:《世界各地广播电视反低俗化法规资料汇编》,中国传媒大学出版社 2008 年版,第 90 页。
③ 《广电总局通报批评四川电台和成都电台 禁止全国所有播出机构制作播出低俗、下流和涉及性生活、性药功能内容的节目》,网络来源:http://www.chinasarft.gov.cn/articles/2007/09/07/20070907172810630813.html。

的东西，大家都差不多，意见则是最特别不过的东西，千奇百怪。在文学方面，大家说：'对趣味问题不应当争辩。'如果把这句话了解为：不应当向一个人争辩说，他的趣味应当如何如何，——那是幼稚。如果把这句话了解为，趣味是无所谓好，无所谓坏的，——那是错误。"① 个中原因倒是英国经济学家哈耶克的一段话是比较合适的概括："人们需要某种价值的通用标准，虽然过分强调这一需要会导致极端非自由的后果，但没有任何标准，人类和平地生存显然是不可能的。"②

当然，就抵制电视节目低俗化问题，有必要指出，我们所反对的低俗化究竟所指为何？低俗化的表现怎样？是何种原因造成了低俗化的出现？这是笔者在这一章所要集中讨论的问题。

第一节 电视节目低俗化的定义及表现

一 电视节目低俗化的定义

其实，低俗文化可谓"古已有之"。美国学者斯塔夫里阿诺斯告诉我们，随着文明所引起的变革，新石器时代村社的文化便不再是单一的了，"被称为'高雅'和'低俗'的两种文化开始发展起来。高雅文化见于城里的学校、寺庙和宫廷；低俗文化见于各村庄。高雅文化由哲学家、神学家和学者用文字传世，而低俗文化则在目不识丁的农民中以口语相传"。"高雅文化和低俗文化之间的区别，通常被忽略，因为我们信赖书面材料；书面资料自然只强调各种高雅文化的存在及它们各自的特点，而对各文明中高雅文化和低俗文化同时并存这一同样重要的事实，则往往略而不提。"需要指出的是，在这里，低俗文化更多的是指各地区的农民所掌握的农业知识，"即关于天气、植物种植、动物饲养、燃烧方法和发酵工艺等方面的知识"③。

---

① 北京大学哲学系外国哲学史教研室编译：《西方哲学原著选读》，商务印书馆 1982 年版，第 125 页。
② ［英］弗里德里希·奥古斯特·冯·哈耶克：《自由宪章》，杨玉生等译，中国社会科学出版社 1999 年版，第 556 页。
③ ［美］斯塔夫里阿诺斯：《全球通史》，吴象英等译，上海社会科学出版社 1988 年版，第 144—145 页。

其实，视农业知识为"低俗文化"在中国传统中也是存在的，例如，孔子的学生樊迟向孔子请教学种庄稼，孔子便认为樊迟是"小人"，孔子认为，对于使人民归附而言，礼、义、信要比种庄稼更重要[1]。孔子也曾自道："吾少也贱，故多能鄙事"（《论语·子罕》）。这里就包括乘田（主管畜牧的小吏）、委吏（管理粮仓的小吏）等工作。

当然，如何对待低俗文化是一个极其复杂的问题。但是，与高居庙堂之上、不食人间烟火的精英文化和植根民间沃土、以民众为衣食父母的大众文化相比，广播电视低俗化问题与众不同，其本质属于传媒文化。毕竟此类低俗化内容的生产者绝不是荒村野店的流氓匹夫，反倒是登堂入室的文化精英。以专业人士资源打造低俗文化产品，这本身就不能不反映出广播电视低俗化有着自己独特的生成方式，是传媒文化系列产品的一个重要组成部分。

应当承认，在精英文化、传媒文化和大众文化之中，都不同程度地存在着低俗化问题，其中又以传媒文化和大众文化为甚。同时，不可否认，大众文化是精英文化的源泉。从《荷马史诗》到古希腊的戏剧，从莎士比亚的戏剧到卓别林的电影，从《诗经》中的"国风"到《三国演义》《水浒传》《西游记》，从元曲到京剧，中外文化经典的形成离不开大众文化的土壤，在这些经典诞生之处本身就是以当时当地的大众文化的面目出现的，这其中也难免一些在道学之士看来不甚高雅的东西。例如，就拿古希腊的戏剧来说，每年春季的酒神节，雅典的剧场上总要演出悲剧和喜剧，但是在演喜剧的时候，"由于那些关心'风教'的统治者害怕剧中的谑浪流为猥亵，才不让妇女去观看"[2]。在古代中国高雅文化经典中，一些文化段落也经常在有意无意之间被主流话语所遮蔽。例如，在谈到明代科举时，钱穆先生就曾指出，科举推行既久，"本经全文有不读者"，其中，便有"诗淫风、变雅不读"的说法[3]。

鲁迅先生在评论梅兰芳先生的表演艺术时，曾经指出："他未经士大夫帮忙时候所做的戏，自然是俗的，甚至于猥下，肮脏，但是泼剌，有

---

[1] 杨伯峻：《论语译注》，中华书局1980年版，第135页。
[2] 吴于廑：《古代的希腊和罗马》，生活·读书·新知三联书店2008年版，第58—59页。
[3] 钱穆：《国史大纲》（下册），商务印书馆1996年版，第697页。

生气。待到化为'天女',高贵了,然而从此死板板,矜持得可怜。看一位不死不活的天女或林妹妹,我想,大多数人是倒不如看一个漂亮活动的村女的,她和我们相近。"① 当然,鲁迅先生对于梅兰芳先生的表演甚至整个京剧的态度尚值得商榷。不过,至少从中所反映出他对大众文化的态度是值得我们借鉴的:虽有不足,但有新意。哈贝马斯也认为:"大众文化显然绝不仅仅是背景,也就是说,绝不是主流文化的消极框架,而是定期出现、反抗等级世界的颠覆力量,具有自身的正式庆典和日常规范。这一惯常看法揭示出,排挤机制在进行分野和压制的同时,也唤起了无法抵消的对抗力量。"②

然而,以广播电视为代表的传媒文化却与大众文化、精英文化存在着本质的区别。不论大众文化与精英文化在各自的文化价值的取向上存在着怎样的差异,大众文化与精英文化都是以改善人类的精神状况为根本目的的,正如西美尔所认为的:"我把文化理解成一种对灵魂的改进。这种改进不像由宗教产生的深刻性,或是道德纯洁性、原初创造性那样,可以直接在灵魂内部完成。它是间接完成的,经由物种的智力成就其历史的产物:知识、生活方式、艺术、国家、一个人的职业与生活经历——这一切构成了文化之路,主体的精神通过这条路使自身进入一种更高级更进步的状态。因此,一切意在增进我们的文化的行为,都以手段和目的的形式被归为一类。然而这种行为又被分为无数互相分离的活动。生活是由活动的模式所组成的,而这些活动中只有极有限的一部分有——或者可以被当成——共同的方向。"③

在大多数情况下,传媒文化更是以文化工业的面目出现的,其本质是反启蒙的、操纵性的。其根本目的并非增进人类的智识而更体现为对商业利润的追求。要揭示传媒文化的本质再也没有比美国俗谚"买卖就是买卖"更传神的了。

而这种传媒文化与大众文化的区分,我们多少也可以从霍克海默和

---

① 鲁迅:《略论梅兰芳及其他》,载《鲁迅杂文集》,人民文学出版社 1996 年版,第 336 页。
② [德] 尤尔根·哈贝马斯:《公共领域的结构转型》(1990 年版序言),曹卫东等译,学林出版社 1999 年版,第 7 页。
③ [德] 齐奥尔格·西美尔:《时尚的哲学》,费勇等译,文化艺术出版社 2001 年版,第 171 页。

阿多诺那里看到一些端倪，他们在写作《启蒙辩证法》时，为了避免将"大众文化"视为"仿佛同时从大众本身产生出来似的"① 而采取了"文化工业"一词。实际上，他们采取的是更为彻底的立场，甚至干脆提出"文化工业"的新概念而撕下其大众的幌子。阿多诺更是一针见血地指出："文化工业错误地把它对大众的关心用于复制、强化他们的精神，它假设这种精神是被给予的、不可改变的。这种精神如何被改变的问题完全被置之不理。大众不是文化工业的衡量尺度，而是文化工业的意识形态，尽管文化工业本身如果不适应大众就基本上不可能存在。"②

而德国思想家尼采更是一语道破了"商业精神"进入文化领域的"天机"："人们现在一再看到，一个社会的文化正在形成，商业是这种文化的灵魂，正如个人的竞赛是古希腊文化的灵魂，战争、胜利和法律是罗马文化的灵魂一样。商人并不生产，却善于为一切事物定价，并且**根据消费者的需要**（黑体为原文所有，下同——笔者注）而不是根据自己真正的个人需要来定价；'谁来消费这个，消费掉多少？'这是他的头等问题。他本能地、不断地应用这样的定价方式：应用于一切事物，包括艺术和科学的成果，思想家、学者、艺术家、政治家、民族、党派乃至整个时代的成就。他对创造出的一切都只问供应与需求，**以便替自己规定一样东西的价值**。这成了整个文化的特征，被琢磨得广泛适用却又至为精微，制约着一切愿望和能力：你们最近几个世纪的人们将会为此自豪，倘若商业阶级的先知有权交给你们这笔财产的话！不过，我不太相信这些先知。"③（黑体为原文所有——笔者注）

这种"谁来消费这个，消费掉多少？"是操纵性的大众文化欺骗的本质，其反映在大众消费者那里的结果只能是"给自己找乐子"，谈不上精神上的追求或享受，只能是填饱肚子的作用。

西美尔曾不无怀念地写道："在早些的年代里，一个平和的工作日结束之后，不论谁到剧院里去都可在歌德和莎士比亚的作品中重新打起精

---

① ［德］阿多诺：《文化工业再思考》，转引自《文化研究》（第1辑），天津社会科学院出版社2000年版，第198页。
② 同上书，第199页。
③ ［德］尼采：《悲剧的诞生——尼采美学文选》（修订本），周国平译，北岳文艺出版社2004年版，第206页。

神。而我们现在身处经济与社会的折磨与撕扯之中,它们甚至将自身的惶惑不安、力量与热情的耗竭转移给个体的场合,因此再没能留给我们足够的精力去进行再创造;毕竟事物必须以令人舒适为上。

肤浅与平庸占据如此优势之可怖与悲惨之处还在于,它不只掌控了那些随时都会向其低头屈服的气质不良者,还同时掌控了那些较为善良和高尚的人们。后者被现实的严峻影响得越深刻,被日常生活的力量摆布得越厉害,就越容易滑入'只想给自己找乐子'的较低的层面——而这正是我们整个娱乐行业的悲剧之所在:'只是给自己找乐子。'时代的压力已经驱走了由早先生活方式存留下来至今仍为人所赏识的较为高尚的情感力量成分,现在我们是根据保存能量的原则来自娱。"①

或许音乐厅之类的严肃音乐的展示所是我们揭示传媒文化对大众进行占领的最好途径。在这里,我们也可以看到传统音乐文化的灵光乍现,但是,在当下的文化环境中,也只是回光返照的落日余晖罢了,因为浸淫于传媒文化的大众已经被剥夺或压根就没有赚得可以与古典音乐进行对话的文化资本。"这里面有一种不知所以然的过分尊重,也有一种此时此刻能够出现在此地的傲慢的仪式感。"②

而造成大众出现这种"在场的不在场"现象的根本原因,总不能离开传媒文化登堂入室的因素。传媒文化为大众提供了某种接近权,但却在不经意间篡夺了大众理解严肃音乐乃至接触精英文化的时间,进而在客观上剥夺了大众的"理解权"。对于大众而言,甚至金钱都已经不再成为问题,更为可怖的是传媒文化要重塑文化传统,用货币选票再造人们的精神文化生活的终极标准。

大众之所以仿佛被赋予了天神一般的特权,原因就在于现代文化化身为传媒文化,传媒文化特别是机械复制时代的传媒文化俨然成为现代文化的化身。用英国学者汤普森的话来说,就是"现代文化的传媒化"。汤普森认为,文化现象可以被视为"结构化背景中的象征形式"③,对传

---

① [德]齐奥尔格·西美尔:《时尚的哲学》,费勇等译,文化艺术出版社 2001 年版,第 119 页。
② 菲戈:《为什么听巴赫不可以摇头摆尾?》,《第一财经日报》2005 年 11 月 17 日第 C7 版。
③ [英]约翰·B.汤普森:《意识形态与现代文化》,高銛译,译林出版社 2005 年版,第 13 页。

媒文化重要性则可以作如下理解:"在社会中,象征形式仅仅或主要地依靠口头或书面方式得到传递。今天,我们生活在象征形式通过电子媒体传布已成普通的(在某些方面是首要的)文化传输方式的社会之中。现代文化,从更大的范围来看,是一种电子媒体文化,在其中口头与书面的传输方式已得到以电子媒体为基础的传输方式的补充,并在某种程度上被取代。"①

人们对传媒文化心存疑虑的终极原因在于其总不免与货币发生直接的联系。货币对人性既解放又操纵的客观效果不可避免地延展于传媒文化的肌理之中。德国思想家西美尔审视现代文化时指出:"现代文化的潮流奔涌向两个似乎截然相反的方向:一头朝向作为社会循环之产物的一致与平等化,这种社会循环通过在平等的条件下将最不相关的事物联系起来而变得愈益包罗万象;另一头是朝向最私人的事物的细致阐述,朝向个人的独立与其发展的自主性。两股潮流都为货币经济所支持。首先,货币经济使得一种完全普遍的利益和一种在任何地方都一样有效的联系与交流的手段的出现成为可能;其次,它允许最明确的保留权、个性化和个性自由的存在。"② 无疑,传媒文化更加符合这一趋势。

传媒文化必须由货币经济加以支持,而货币选票掌握在大众手中,对大众趣味的了解路径依媒介的不同而化身为不同的名词,造就了整个传媒文化的运作逻辑:在书籍、报纸为发行量,在电影则为票房,在广播为收听率,在唱片为排行榜……在电视则为收视率。

传媒文化最鲜明的特征也就是西班牙学者奥尔特加·加塞特在评论大众时代的政治选举时曾经写到的特点:"在我们这个时代,占统治地位的是大众,因此,做出选择和决定的正是大众。不能简单地说,这就是民主时代、普选时代一开始就发生的现象,在普选制度下,大众并没有做出决定,他们的角色仅仅是服从这个少数群体或那个少数群体所做出的决定。正是这些少数人在上演他们的'节目'(PROGRAM)——节目,多么贴切的字眼啊。这些节目才是集体生活的真正节目,在这些节

---

① [英]约翰·B.汤普森:《意识形态与现代文化》,高銛译,译林出版社2005年版,第247页。
② [德]齐奥尔格·西美尔:《时尚的哲学》,费勇译,文化艺术出版社2001年版,第99页。

目中大众只是被邀请来接受一个已经做出决定的计划。"① 如果将这段话用在收视率导向规制下的电视节目竞技场上,在这场没有硝烟的争夺大众眼球的收视率之战中,奥尔特加的评论对进入"普选时代"的电视显得多么一语中的。不错,"在这些节目中大众只是被邀请来接受一个已经做出决定的计划",对电视台和收视率来说,观众只是一个百分比的组成部分而已。

而作为精英文化向大众文化所做出的种种让步、混合而成的传媒文化,其低俗内容通常不可避免,甚至在某种程度上,是某些媒体机构安身立命的根本所在。

电视节目低俗化问题即属于传媒低俗化的范畴。杨同庆认为:"传媒低俗化是20世纪90年代以来我国大众传播市场化、娱乐化蓬勃兴起的变异现象,主要是指大众传媒在传播活动中放弃自身社会责任、片面迎合部分受众低级趣味和需要,如炒作明星绯闻、迎合猎奇心理、专重感官刺激、渲染色情暴力不良倾向。"②

拿电视来说,一般地,通常所说的"低俗化","是指那些尚未达到淫秽色情等级,但又明显带有猥亵、不敬、脏话、有伤风化、庸俗无聊、有害青少年身心健康等下流内容或者公然冒犯社会基本道德水准的广播电视节目"③。

笔者认为,上述定义比较全面地罗列了广播电视低俗化的表现,不过,对其本质尚需进一步把握。美国学者希尔斯在讨论文化的美学、智慧和道德标准时,将文化划分为"高级"或"高雅"文化、"普通"文化和"低俗"或"鄙俗"文化,为我们探讨广播电视低俗化的定义提供了借鉴。他认为,"第一类涉及严肃的主题和重要的问题,它对人类情感的表达应该是有洞察力的、条理清晰的、深刻的。第二类具有较少的原创性和较多的模仿性,它们从高级文化中借用某些元素,同时也拥有自己

---

① [西班牙]奥尔特加·加塞特:《大众的反叛》,刘训练等译,吉林人民出版社2004年版,第42页。
② 杨同庆:《对传媒低俗化的理论思考》,网络来源:http://media.people.com.cn/GB/40628/3124210.html。
③ 中国广播电视年鉴编辑部编:《世界各地广播电视反低俗化法规资料汇编》(编辑说明),中国传媒大学出版社2008年版。

的东西,音乐剧就属于这类文化。第三类,即低俗文化,它几乎没有象征性内容和原创性的东西"。而希尔斯并不认为"高雅文化已经消失在其他两种文化的浪潮中,他注意到三类文化一直在融合,低俗文化并没有腐蚀高级文化世界的基础,相反,高级文化吸引着越来越多的爱好者"①。从当下中国广播电视传播内容的种种表现中,我们也可以从中看到三类文化的影子。而广播电视低俗化的一个最典型的特征即是"几乎没有象征性内容和原创性的东西"或者叫"内涵贫乏"。

关于电视节目低俗化,我们的定义是:电视节目低俗化是指呈现于电视传播内容,以追求利润为终极目的,缺乏文化、艺术或科学意义上的原创因素,违背社会公共良俗的传媒文化问题。

二 电视节目低俗化的表现

中国电视节目的低俗之风和恶俗倾向由来已久。据中央政策研究室文化研究局有关专家分析,传媒业的低俗之风这一"公害"主要表现在:"少数媒体采用非常手段,甚至通过偷窥的方式,把注意力集中在明星的绯闻、丑闻、诉讼和琐事上。少数'时尚'报道热衷于对豪宅、盛宴、名车和其他奢侈品的炒作,或者将性虐待等低俗的文化元素当作时尚标签加以追捧。少数媒体以'性'为卖点打'擦边球',以追求'眼球效应'。少数媒体漠视苦难,轻薄死者,缺少人文关怀;比如,无论是中国工人在阿富汗遇袭,还是俄罗斯别斯兰人质事件,都有电视节目号召观众通过短信竞猜。少数媒体渲染暴力色彩,过度追求猎奇;比如,对抢劫、凶杀、强奸等报道津津乐道,细节描写、大标题、大图片,以求最大限度地刺激读者感官。"②

其实,上述问题已经成为中国电视的"公害":"归纳起来,得到业界和学界普遍认同的,可以概括为'六风':豪华风、滥情风、戏说风、聊天风、猜奖风、破案风。这'六风'应视为中国电视的商业化、庸俗

---

① [法]阿芒·马拉特、米歇尔·马拉特:《传播学简史》,孙五三译,中国人民大学出版社2008年版,第52页。
② 杨同庆:《对传媒低俗化的理论思考》,网络来源: http://media.people.com.cn/GB/40628/3124210.html。

化、贵族化、同质化的具体表现形态，亦即电视批评的本土对象。"①

下面我们不妨举几个具体的案例，这几个案例不但已经招致社会公众的广泛质疑，而且广电总局甚至对其专门发文制止或规范，足见近年来电视节目低俗化泛滥到何种地步。

2004年，一个名为《面罩》的深夜性访谈节目已经被全国50多家电视台引进，并将在2005年1月1日起与全国观众见面。2004年12月14日，国家广电总局却正式下达通知称，各级广播电视播出机构一律不得购买和播出《面罩》。

广电总局何以对这样一个具体的电视节目出台专门的通知呢？除了该节目"北京世熙传媒"未取得《广播电视节目制作经营许可证》，没有制作经营广播电视节目的资格的原因外，更引起笔者注意的是，该节目的内容也确有"独特"之处。

按照该节目组原有的设想，因为目前内地缺少展示真正性话题的节目，因此该节目将邀请当事人戴着面罩讲述自己的性经历、性困惑，故事将涵盖性心理等多方面问题。然后由嘉宾专家针对个案故事进行分析、指导。每期话题都是一个真实案例，鼓励当事人大胆说"性"。

广电总局相关领导认为，有关部门应该对"性"题材的访谈节目严格把关。以《面罩》为鉴，要求现在风行的电视访谈节目在选题设计、嘉宾选择、主持人引导、审查把关等方面加大管理力度，强调政治导向和社会责任，必须严格把握节目选题的政治标准、道德标准和内容标准②。

如果说，《面罩》终因没有真正与公众谋面，而多少显得"犹抱琵琶半遮面"的话，那么，湖南电视台《超级女声》的粉墨登场，很是在电视上热闹了一阵，让还不明就里的人们真正注意到了什么是低俗化，也真正见识了什么是低俗化。正如前文化部长刘忠德所言："有人说超女为国家创造几十个亿，但是不能靠这种低俗文化来促进经济发展。"③

---

① 时统宇：《电视批评理论研究》，中国广播电视出版社2003年版，第192页。
② 此处对该事例的描述，均据王晓晶：《广电总局叫停电视"性节目"》一文，网络来源：http://fzwb.ynet.com/article.jsp?oid=4302653。
③ 钟华：《文化部原部长刘忠德：不排除干涉超女评选》，《法制晚报》2006年4月29日。

《超级女声》之后,一大批同类节目纷纷炮制出笼,一时间,神州大地俱选秀,妙音驴鸣皆可闻。《超级女声》的"示范"效应不可小觑。

那么,《超级女声》低俗乃至恶俗的表现何在呢?换句话说,我们批评这档电视节目的理由是什么呢?《超级女声》低俗化的问题,主要存在于它的海选阶段。具体说来,有这样两点:

第一,《超级女声》决赛阶段审美,而海选阶段审丑,而且创造了电视大面积审丑的奇迹。

海选阶段的《超级女声》是以审丑作为看家本领的,它开创了中国电视审丑的新阶段。有人总结了海选阶段《超级女声》的"十六字特点":歪瓜裂枣,南腔北调,现场直播,超级搞笑。例如,在成都赛区,有一位名叫黄薪的"红衣教主",她之所以得到观众的关注,绝不是因为她有天籁般的嗓音,而是在于她敢于"破锣"嗓子一吼震动全场,更以敢于向评委要一杯蒙牛酸酸乳喝而风光。这位选手居然也能进入前20强。为什么呢?万恶之源是收视率!因为这类节目为了吸引观众眼球,为了锁定观众的遥控器,就必须要有选手丑态百出,观众恰恰正是想看到参赛选手穿着怪里怪气的服装,说着傻里傻气的话,而这些已经成为电视台节目收视率的保证。正如有研究者指出的那样:"每一次她的出现都让观众充满着期待。这种'期待'其实已经变质,观众收视心理已发生裂变,所有的电视观众坐在电视机前不是为了欣赏一首优美的旋律或是活泼的歌曲,而是为了看她如何搞笑,如何出丑。""观众要看她在镜头前的尽情表演,人们心底深处的嘲讽心态被诱发出来,从而肆无忌惮地讥笑、评价。这档节目一定程度上对人们的审丑心态给予了支持,并乐于提供资源。"[①] 甚至,海选阶段《超级女声》的电视直播中,短信支持环节就更是将社会丑恶暴露无遗,并通过电视屏幕完整播出。比如成都赛区的李宇春,因其所谓"中性化"而备受关注,每次比赛的电视直播中,都会在屏幕下方不间断地打出手机发送者的短信内容,其中不乏"公母人下去"这样明显带有人身攻击式的语言。这种大面积的电视的公开的审丑,背后起支撑作用的是商业规律支配下的收视率。而让十六七

---

① 杨孟曦:《从〈超级女声〉看电视娱乐节目中的低俗化现象》,《中国电视》2005年第11期。

岁的小超女们公开的展示自己丑陋的一面，对于媒体而言是极为不负责任和极为不道德的。

《超级女声》"海选"阶段的评委被称为另类评委，甚至有"毒舌"评委一说。①"你的牙齿有问题吗？干嘛字都咬不清楚？""你年纪不大，却好像怨妇一样！""好好学习，前途无量；要想唱歌，死路一条。""行了，别唱了，明年再来吧！""你唱歌和你说话一样做作！""你是不是该考虑减肥了？腰长腿短，你不适合穿这种衣服！别吓着后面的选手了！"……评委的这种恶言恶语，在网络上都有辑录。这些不像是在评价一个参赛选手，而像是对一个看不顺眼的人进行恶毒攻击的话语，都出自于各种各样选秀节目的评委之口。这也是一种审丑，当然也是节目的看点和卖点。《超级女声》捧红了两个"尖酸刻薄"的评委柯以敏、黑楠以后，内地和港台地区的许多选秀节目，都爱把一些评委出格的点评作为选秀节目的"卖点"，以博取收视率。

这样的批评之声不能仅仅理解为是"出于情绪化"：娱乐至上已经到了死而后已的地步——表演者自我陶醉死，观众享受或恶心死，幕后制作者数钱开心死……越恶俗越快乐，越无聊收视率越高。中国的影视是越来越搞笑，越来越作秀，越来越审丑，并以审丑为能事，以这种方式来吸引观众的眼球。这种行为彻底地背离了媒体守望环境、传承文明、人文教化的基本职能和职业操守。

幸亏有了社会各界对《超级女声》的批评。到了决赛阶段，《超级女声》由于社会方方面面的压力，再也不敢审丑，于是就有了决赛阶段的审美，对《超级女声》进行了大规模的改进和改造。比如，增加了主旋律的曲目；把超女决赛阶段的播出时间推迟至暑假；让进入决赛的超女选手到福利院等公益场合参加一些公益性活动；在节目中穿插一些与父母的亲情的互动等等。

《超级女声》这类节目最大的资源和风险是政策和导向，这是中国电视最基本的一条运行规则。读懂中国电视，必须先读懂中国电视背后的故事。中国电视的现状之所以如此，不是一个纯粹的理论问题、学术问

---

① 陈明辉：《"毒舌"评委今后要收声》，《羊城晚报》2006年3月15日第B1版。

题，更进一步地讲，以各种"后"为代表的国外理论，不太可能把中国电视的现状、未来发展解释清楚。或者更为坦率地讲，国外各种"后"理论，不太适合中国的本土情况。

第二，《超级女声》这种节目迎合了社会急功近利的浮躁心理，利用了社会上对成功模式的片面理解。

简单地说，《超级女声》的推广者、打造者们很像是在出售彩票，对于两块钱中五百万这种概率极低的"成功"拼命地加以扩大，将这档电视节目的最终卖点定位于万里挑一的一鸣惊人和一夜暴富，且将这种"成功"无限放大。"想唱就唱，秀出自己，总有一天能看到挥舞的荧光棒"，这种宣传具有相当的欺骗性。绝大部分的超女们是永远不会看到台下挥舞的荧光棒的，能够看到的只有极少数人。这就好比每年的艺术院校招生，即便是培养出很多明星大腕的艺术类院校，也不能保证多少学生中能够产生一个"星"。大家千军万马去挤这个独木桥，其中一点，与舆论的引导是有直接关系的。也就是说媒体、舆论在经常误导我们，因为媒体经常在宣传"乌鸡变凤凰，丑小鸭变成了白天鹅，乌鸡和丑小鸭都挣到了白花花的银子"。无数少男少女们做着这种明星梦。而《超级女声》正是利用了尚未具备成熟心智和判断力的未成年人的弱点，"不设门槛""不论年龄""想唱就唱""秀出自己"，其不顾社会责任的不择手段的负面作用不言而喻。

2006年初秋，一则"一个花费了11万元的超女梦"的新闻十分引人注目。"家有超女是一场浩劫"，8月29日，《新疆都市报》用此标题概括了长沙赛区第四名的张美娜一家在参加超女选秀中的不平和无奈。想起女儿的这场比赛，张妈妈说："这样的机会就一次，所以才全力支持女儿，但这场比赛对我们这个家庭来说，非常辛酸，就像一场灾难。"为了帮助女儿实现进军歌坛的心愿，张妈妈一家可谓费尽心血，倾其所有，买卡发短信投票、印传单、做海报、拉选票、支撑女儿"粉丝团"活动，总共花费了11万元，欠下了9万元的外债，甚至连亲戚朋友也被拖累着一起奔波忙碌。对此，一篇《"超女选秀"的先天性荒唐和价值迷惘》写得好：

喧闹和疯狂的背后,却隐藏着先天性荒唐——"全民选秀运动"的高昂社会成本和对社会浮躁功利心态的激发。任何一个正态的社会,都是多元而理性的,人们的人生目标是多元的,实现梦想的途径也是多元的,不应该出现全民蜂拥而上通过同一条路径追逐同一个梦想的现象。而"超女选秀"则诱导了这样一种全民参与、全民竞逐的氛围。超女、家人、粉丝、媒体、运营商,乃至公共安全等社会部门,纷纷被吸进超女选秀这个"漩涡",其社会投入成本无疑是巨大的。而且,这样一种"丑小鸭"摇身一变"白天鹅"的场景,强烈震撼着年轻人稚嫩而充满幻想的心,诱导了他们不屑苦读修业、幻想一夜成名的急功近利心态。

更严重的是,"超女选秀"模式在发展中逐渐扭曲了其本来面目,正蜕变为纯商业化运作的"逐利大餐"。在"超女"赛场上比拼的已经不再是纯粹的才艺和能力,这些已经被淹没在金钱与权势的黑影里。参赛超女及其家庭为了走得更远,几乎无一例外地被无形的力量推动,陷入花钱买票的"黑洞"中去,难以自拔。显然,这是超女选秀模式被商业化扭曲后,导致的价值迷惘。①

而广电总局后来对《超级女声》所做出的种种规定:"举办活动要制定选手参赛标准,参赛选手年龄必须在18周岁以上,参赛选手的台风、语言、发型、饰品、服装要符合大众审美观念,不能低级媚俗。""要认真选好评委,评委要具有权威性、专业性及良好的艺德和广泛的社会影响。评委点评要实事求是、平等善意,不搞不切实际的吹捧,不搞令参赛选手难堪的责难,不以非理性的褒贬来取代知识性的引导,不能把评委岗位作为自我表现、包装炒作、借机成名的舞台。""播出的节目要有利于促进全民族的文化道德修养,力戒庸俗、低俗的现象,不能为追求收视率和轰动效应而迎合少数观众的猎奇心理、审丑心态。活动中主持人和播出现场不得有引导观众支持某个选手的行为活动,对歌迷形成的派别不得宣传炒作和在电视画面上渲染。选手、歌迷、亲友、主

---

① 卢荻秋:《"超女选秀"的先天性荒唐和价值迷惘》,《深圳商报》2006年9月1日第C3版。

持人在活动中的不当表现,要及时删除。拿不准的问题要及时请示报告。"等等,① 显然是非常到位的,体现了社会各界对选秀节目种种批评的成果。之后,广电总局对《快乐男生》的有关意见②也体现了力戒低俗的精神。

然而,电视节目低俗化却没有因此退潮,倒是有花样翻新、愈演愈烈的趋势。

2007年8月15日,针对重庆电视台举办播出的《第一次心动》,国家广电总局向有关单位下发通报,批评该活动是严重违规行为③。

通报指出,重庆电视台举办播出的群众参与的选拔类电视活动《第一次心动》严重偏离比赛宗旨,热衷制造噱头炒作活动,在评委选择、比赛环节、评委表现、歌曲内容、策划管理和播出监管等方面都出现了重大失误,损害了电视媒体形象,产生了不良社会影响,广大观众反响强烈。重庆市广播电视局和重庆电视台相关负责人和编播人员责任意识不强,导向意识薄弱,专业水平缺失,内容把关疏漏,导致了上述问题的发生,现予以全国通报批评。

通报认为,《第一次心动》比赛环节设计丑陋粗糙,评委言行举止失态,节目设计缺乏艺术水准、内容格调低下,演唱曲目庸俗媚俗。重庆电视台对现场转播极不负责,对现场混乱不堪局面未做任何有效处理,任其随意表现,放弃了播出机构的责任。

究竟这个节目到底俗到什么程度?就以"评委言行举止失态"为例,我们不妨看看其中的"特异"之处:

"8月,在男选手15进10的比赛中,选手代闯突然跪下向柯以敏乞求礼物,并表示要把这个礼物送给最想送的人。柯以敏很无奈地把戒指送给了他。随后,代闯却当场单腿跪地,将戒指替杨二车娜姆戴上,全场哗然。

在节目进行到 IN/OUT 环节时,柯以敏逼问:'代闯,现在我和杨二

---

① 《广电总局关于同意湖南电视台举办〈超级女声〉活动的批复》,网络来源:http://www.gov.cn/zwgk/2006-04/13/content_252695.htm。

② 参见《广电总局关于同意湖南电视台举办2007年〈快乐男声〉活动的批复》,网络来源:http://www.chinasarft.gov.cn/articles/2007/04/05/20070908144407950568.html。

③ 此处对该事例的描述,除非特别注明外,均据《广电总局全国通报重庆电视台〈第一次心动〉严重违规行为》一文,网络来源:http://www.chinasarft.gov.cn/articles/2007/08/15/20070911120138360544.html。

如果做你的女朋友,你会选谁?'代闯回答说:'我选择柯老师吧,比较年轻。'柯以敏再问:'杨老师跟我不同的地方在哪里?'代闯说:'杨老师很笨,柯老师很聪明。'杨二随即拿下手中的戒指说:'你把这个戒指拿回去,你拿回去,我不要!'为了杨二的这个举动,柯以敏突然哭泣,还发誓要退出'选秀'。"[1]

在众多电视节目低俗化的案例中,这个场景使笔者很受"震撼",我们不能不看到:"《第一次心动》的出现是中国电视收视率崇拜的又一个典型案例。这里,有两方面的问题需要我们特别予以注意,一是《第一次心动》是中国电视低俗化的一个集大成;二是《第一次心动》表现出的低俗化问题不是一个孤立的个案,它集中地反映了中国电视在产业化和市场化过程中的困惑与慌乱。"[2]

2007年9月5日,国家广电总局通报批评四川人民广播电台和成都市人民广播电台严重违规,制作播出肆意渲染性生活、性经验、性体会、性器官和吹嘘性药功能等淫秽不堪的节目。严格禁止各级广播电视播出机构策划、制作、播出涉及性生活、性经验、性体会、性器官和性药功能的低俗、下流节目栏目[3]。我们不妨按照FCC(美国联邦通信委员会)对淫秽内容有以下三个鉴定标准来比照一下,看看中国广播电视低俗化问题已经严重到了何种程度?这三条标准是:一是按照当前社会标准,所播放的材料在总体上能引起一个普通正常人的性欲;二是以露骨的方式描述或记录性行为;三是这种淫秽节目总体上缺乏足够的文学、艺术、政治或科学方面的价值[4]。不客气地说,这两家广播机构的做法使中国广播电视工作者集体蒙羞。对这些节目的制作者来说,"人类灵魂的工程师"的职业定位不仅已经被他们抛诸脑后,而且已经是一种十足的反讽了。

---

[1] 王文茜整理:《"心动"风波》,网络来源:http://epaper.dfdaily.com/dfzb/html/2007-08/16/content_5302.htm。

[2] 时统宇:《低俗:电视娱乐节目的致命伤》,《新闻实践》2007年第9期。

[3] 此处对该事例的描述,均据《广电总局通报批评四川电台和成都电台 禁止全国所有播出机构制作播出低俗、下流和涉及性生活、性药功能内容的节目》一文,网络来源:http://www.chinasarft.gov.cn/articles/2007/09/07/20070907172810630813.html。

[4] 中国广播电视年鉴编辑部编:《世界各地广播电视反低俗化法规资料汇编》,中国传媒大学出版社2008年版,第35页。

前述几个事例只是当下中国电视节目低俗浊流的几朵浪花而已，其制作水准岂止"不入流"而已。如果我们再把中国电视节目本应较其他国家特别是西方国家远为厚重的道德诉求置之其上，加以追问的话，又岂是这些节目所能承受的？当然，单纯的道德义愤代替不了深入的学理分析，与其袖手空谈陈义甚高的义理心性，不妨撇去浊浪滚滚上沉浮的泡沫，好好透析一番这种"三令五申、屡禁屡犯"现象背后的原因何在。

第二节　电视节目低俗化的成因

一　收视率导向是电视节目低俗化的直接成因

应当承认，作为一个衡量电视节目受欢迎程度和市场占有程度的指标，我国电视界引入收视率来评价电视节目，可以说是电视走向观众、接近观众的一个重要标志，是颠覆中国电视节目"我播你看"传统收视模式的一个重大转折，存在着某种历史进步的因素。然而，收视率的出现和发展只是媒体测量观众对节目内容的态度的一种技术进步和科学手段，而把收视率上升到导向的地位就开始走到了进步的反面了。收视率导向之所以值得批判的原因并不在于收视率本身（这恰恰是受众表达意见的一种手段），全部的问题在于：收视率导向将收视率强调到了对节目的去留具有决定性影响的地步，使收视率从测量节目的手段变成了节目存在的目的。收视率因其天然的反文化的缺陷不能承担起这样的重任。

标榜科学的收视率导向，在评价电视节目内容时是难以完成对内容文本本身的合宜性追问或者道德追问的，换句话说，收视率导向回避了电视传播内容在低俗化问题上的责任。在讨论社会和自然发展问题时，波普尔做了一个重要区分：自然法则和规范性法则。前者如星辰运行、季节更替或热力学定律之类；而后者则为"或规范，或禁令和戒律，也就是诸如禁止或要求特定的行为模式这样的规则；例子有十诫或是规定了议会成员选举程序的法定规则，或是构成了雅典宪章的法则"。在波普尔看来，道德、责任"从来不可能从事实（或从对事实的陈述）中得出，尽管它们涉及事实，这对于理解这种态度是很重要的"。"所有道德决定都涉及某种或其他种事实，特别是涉及某种社会生活事实，而且所有

（可以改变的）社会生活事实都可能让我们做出许多不同的决定。这证明了，各种决定从来不可能从这些事实或是从对这些事实的某种描述当中推导出来。"①

纯粹的科学性替代不了文化的纯粹性，前者以客观的事实为皈依，后者以主观的意志为诉求。而至少在电视传播内容的评价问题上，直指文本本身的下述问题不能全依托于收视率的调查：其内容是否合宜，叙述是否优美，要素是否真实等如纯然以收视率导向取代，则繁复的个人看法势必被支离成适于易于操作的有限选项，其意义自然有限。

这一点在业界也存在着一定的共识。2005年7月19日，在中国广播电视协会播音主持委员会举行"珍惜受众信任，树立健康形象"主题座谈会上，崔永元、朱军、李咏等节目主持人针对观众提出的"文艺娱乐节目的低俗化倾向"的问题展开讨论，达成"片面追求收视率是万恶之源"的共识。崔永元说，目前电视台把收视率当成命根子，因为收视率影响广告收益，收视率也就成了衡量节目质量和主持人能力的标准，从而造成少数主持人放松自身约束，迎合庸俗、低俗之风。崔永元说："将收视率作为评判标准不科学，不能以理服人。据我所知，某些收视率数据并不准确。比如央视十套的社教类节目，格调高雅，社会反响非常好，收视率却不理想。"②

除了纯粹的人为因素以外，"将收视率作为评判标准不科学，不能以理服人"，"某些收视率数据并不准确"背后的原因是作为实证主义研究方法在电视评价实践中的具体运用所带来的削足适履，而收视率不可避免地带有实证主义所特有的种种特征，在这个层面上来说，与主观思辨的评价方式一道构成了比较全面的广播电视节目评价体系，而收视率导向赋予收视率在实践中极富霸权意味的地位，一再将其他评价形式置于陪衬性的边缘化状态。

收视率是否真的可以成为各级电视机构决策者决定节目去留的根本

---

① [英]卡尔·波普尔：《开放社会及其敌人》（第一卷），陆衡等译，中国社会科学出版社1999年版，第120、126页。

② 赵楠楠：《名嘴倡议抵制娱乐节目低俗化　崔永元称收视率是万恶之源》，《京华时报》2005年7月20日第24版。

依据，还需要对收视率导向、收视率特别是纷纭芜杂的数据背后所隐藏的实证主义传统进行认真的审视和深入的拷问。在"知其然，不知其所以然"的状态下所培养出来的收视率崇拜是经不起收视实践的检验的。可以这样说，收视率导向及其实证主义理论基础的"去价值化"正是电视节目低俗化在近些年来大行其道的直接原因。

收视率导向是建立在对流行的认同的基础之上的，这里隐藏着复杂的文化符码和社会机制："流行以前的一切艺术都是建立在某种'深刻'世界观基础上的，而流行，则希望自己与符号的这种内在秩序同质：与它们的工业性和系列性生产同质，因而与周围一切人造事物的特点同质、与广延上的完备性同质、同时与这一新的事物秩序的文化修养抽象作用同质。"①

而流行也好，收视率导向也好，都将文化诉诸群体的非理性状态，尽管不排除组成群体的个体都是富于理性的个体，但是，法国思想家勒庞也为我们揭示了群体本质的另外一面："没有必要进一步指出，群体没有推理能力，因此它也无法表现出任何批判精神，也就是说，它不能辨别真伪或对任何事物形成正确的判断。群体所接受的判断，仅仅是强加给它们的判断，而绝不是经过讨论后得到采纳的判断。在这方面，也有无数的个人比群体水平高明不了多少。有些意见轻而易举地就得到了普遍赞同，更多的是因为大多数人感到，他们不可能根据自己的推理形成自己的独特看法。"② 这种个体的理性状态与群体的迷醉状态的内在矛盾充分地反映于作为构成收视率导向理论机制的实证主义的气质。

而正是这种将思维着的社会主体与形成其现实状态和审美立场的种种社会条件切割开来的做法才形成了上述群体的矛盾性格，在收视率导向那里，作为调查对象的电视观众个体的态度是仿佛从天而降的不解之谜，其实，德国思想家霍克海默早就讲过："德国古典哲学十分清楚地系统阐述了个人存在的非独立性：'要获得一个个体，须得有同样似乎有其自身独立存在的其他实在；只有把这一切及其相互关系综合起来，才能

---

① [法]让·波德里亚：《消费社会》，刘成富等译，南京大学出版社2006年版，第86页。
② [法]古斯塔夫·勒庞：《乌合之众：大众心理研究》，冯克利译，中央编译出版社2004年版，第126页。

充分理解个体概念。孤立的个体不符合于它的概念。'〔原书脚注：黑格尔：《百科全书》（第1卷），第213条目——笔者注〕换言之，个人只有作为他所归属的整体的部分才是实在的（着重号为原文所有——笔者注）。他的种种基本决断、他的性格和爱好、他的嗜好和世界观，这一切都有其社会根源，有他在社会里的命运根源。任何特定时刻的社会，其本身符合它自身的概念到何种程度，因而就符合理性到何种程度，这是公认为尚未解决的问题。"[1] 显然，实证主义难以从理论上有效解决这一系列的问题。

可是，如何认识实证主义本身与社会条件之间的关系还存在着一些分歧，美国学者斯多克曼指出："在评论实证主义的时候，总存在着某种分歧：实证主义本质上是一种怀疑和批判的理论还是守成的教义。前者的解析依赖于对实证主义哲学层面上的攻击：即在极为严格的限制条件下，何者可知或何者可说，这种看法源于一种批判性的对于何者（实证主义所假设的）不可知或不可说的怀疑态度。从另外一个角度，作为守成的教义，对实证主义的阐释着眼于强调包含于'实证主义'（Positivism）这个语词中的'肯定'（the positive）意义，这种语源学式的分析源自于下面的认识：实证主义的目的是积极地将基本知识建立在可靠的基础之上，无论实证主义的其他方面如何被反对，实证主义的这一目的在于建立一种像科学知识那样可靠的基础。这种批判视角的核心就是实证主义是'允执厥中'的。"[2] 而怀疑也好，肯定也好，实证主义的基本逻辑前提是建立在其所认为的构成事实的存在，而这种存在本身在收视率导向那里无疑是以受众的具体收视行为为归依的。在收视率导向同其他电视节目评价方式的争论中，再也没有比"我们能够提供客观的事实，而其他评价方法难免是主观"这样的说法更令收视率导向能够无往而不胜的了。但是，且慢，"客观的事实"是否成立？却是一个值得仔细推敲的问题。

---

[1] 上海社会科学院哲学研究所外国哲学研究室编：《法兰克福学派论著选辑》（上卷），商务印书馆1998年版，第162页。

[2] Stockman, N. *Antipositivist Theories of the Sciences: Critical Rationalism, Critical Theory and Scientific Realism*, D. Reidel Publishing Company, 1983, p. 29.

显然，在实证主义的指导下，收视率导向是否能承担起对包括电视节目在内的文化文本主观评价的全部任务，无疑难以做出确评，这是由于实证主义研究传统对社会事实的基本态度所致，正如法国社会学家迪尔凯姆关于观察社会事实的准则时曾经谈到的："第一条也是最基本的规则是：要把社会事实作为物来考察。（着重号为原文所有——笔者注）"①

这样，同自然主义、感觉主义或唯能主义一样，内在于收视率方法论的实证主义也必然具有这样的特征："一方面是将意识自然化，包括将所有意向——内在的意识被给予性自然化；另一方面是将观念自然化，并因此而将所有绝对的理想和规范自然化。"②

其实，这种"事实至上"的说法与经验论或实证论者的态度并无二致，德国学者卡西尔对这种事实本身提出的质疑是值得重视的："经验论者和实证论者总是主张，人类知识的最高任务就是给我们以事实而且只是事实而已。理论如果不以事实为基础确实就会是空中楼阁。但是，这并不是对可靠的科学方法这个问题的回答，相反，它本身就是问题。因为，所谓的'科学的事实'是什么意思呢？显而易见，这样的事实并不是在偶然的观察或仅仅在感性材料的搜集下所给予的。科学的事实总是含有一个理论的成分，亦即一个符号的成分，那些曾经改变了科学史整个进程的科学事实，如果不是绝大多数，至少也是很大数量，都是在它们成为可观察的事实以前就已经是假设的事实了。"③

在实际的操作中，这种事实的真实性从来就没有人们想当然的可以不予考察，恰恰相反，所谓"方法科学"并不能代替对事实（无论是准确的呈现，还是歪曲的幻象）之外的反思和追问，在对电视节目评价的过程中，这一点恐怕是其最终的落脚点，然而，可惜的是，收视率导向完全拒绝了对其方法论前提的思考，轻率地把未经省察的思想方法作为天上掉下来的教条而盲目地加以接受："那些囿于方法论抑制的人往往拒绝评论当代社会，除非它经过**统计仪式**（黑体为原文所有——笔者注，下同）这一小而精确的程序操作。人们通常说他们研究的成果即使无足

---

① [法] E. 迪尔凯姆：《社会学方法的准则》，狄玉明译，商务印书馆1995年版，第35页。
② [德] 胡塞尔：《哲学作为严格的科学》，倪梁康译，商务印书馆1999年版，第9页。
③ [德] 恩斯特·卡西尔：《人论》，甘阳译，上海译文出版社1985年版，第74页。

轻重，起码也是真实的。对此我持有异议；我越发想知道它究竟在多大程度上是真实的。我想知道有多少精确甚或伪精确在此同'真相'混淆在一起；在多大程度上抽象经验主义被当作仅有的'经验'研究的方式。如果你曾花费一两年的时间，严肃地研究过数千小时的访谈，又经过细心的编码和键入，你就会渐渐发现原来'事实'的范畴是何等易变。而且，说到'重要性'，我们之中某些最富活力的思想，确实由于教条地恪守**方法**并不允许在其他研究中运用，从而在细节研究中被耗尽。我现在确信诸如此类的许多研究，只不过是墨守成规，它们只是碰巧才获得了商业价值和基金会青睐，而远非如其代言人所称，与科学的严格要求相一致。"① 这种现象也同样出现于收视率数据的搜集过程之中。

而无论是曾经经历过收视率数据搜集日记卡阶段的工作人员，还是被调查对象都无法否认下面的事实："新的学派在其实践中一般把对抽象挑选出的人群所进行的访谈当作基本的'数据'来源。为方便起见，访谈对象的回答经过标准分类，被键入何勒里斯代码卡片（译者注：一种字母数字穿孔卡片代码——笔者注），并通过找出变量之间的关系进行统计。毋庸置疑，任何有点头脑的人都能掌握这种步骤，从而轻易得到某个事实和结果，因而它很受青睐。它的结果通常是以统计判断的形式表示：在最简单的层次上，这些结果只是一些比例结论；但在比较复杂的层面上，根据不同的问题，解答经常被组合进繁复的交互分类之中，并且这些解答又以不同方式形成等级量表。人们可以通过某些复杂方法处理这样的数据，但我们不必担心这个问题，因为不管它们怎么复杂，仍只是对已知数据的分类而已。"②

不过，收视率导向所依凭的关于受众的事实究竟源于何处？德国哲学家胡塞尔给出的看法值得重视："心理学家们认为，他们的所有心理学认识都归功于经验，即归功于那些素朴的回忆或回忆中的同感，据说它们是借助于实验的方法艺术才成为经验推理的基础。然而，对素朴经验被给予性的描述，以及与此并肩进行的对这些经验被给予性的内在分析

---

① ［美］C. 赖特·米尔斯：《社会学的想象力》，陈强等译，生活·读书·新知三联书店2005年版，第76页。
② 同上书，第54—55页。

第一章 电视节目低俗化的定义、表现及成因

和概念把握，这些都是借助于概念基础来进行的，这些概念的科学价值对于所有其他的方法步骤来说是决定性的。略做思考便可以明察到，由于实验性提问的和方法的整个本性所致，这些概念在进一步的操作中始终没有被涉及，因此可以说，它们是自己进入到最终结果中，即进入到被要求的科学的经验判断中。另一方面，它们的科学价值不可能从一开始便在此，也不可能产生于那些受实验者的和实验引导者的众多经验之中，这种价值根本不可能从经验确定中逻辑地获取；而这便是现象学本质分析所处的位置。对于自然主义的心理学家来说，这种现象学的本质分析听起来是不寻常的和不系统的，即便如此，它也绝不是而且不可能是经验分析。"①

而这一点也已经被收视率研究者注意到了："从心理上说，如前所述，观众看电视时，按时做记录的情况并不多见，因为边看边记会丧失许多收视的乐趣。这样一来，有不少收视日记便通过回忆和追忆完成。而人的记忆通常只能记住有限的东西，往往还带有一定的印象成分。"②

或许，收视率数据采集的装备似乎已经克服了由于个体对经验的回忆而带来的某种主观性的介入，可是，在理论上，下述诘问从未得到过有力的回答："自洛克以来至今日，有两种信念被混为一谈：一种是从经验意识发展史中获得的信念（它也是心理学的预先假定），即每一个概念表象都'产生于'以往的经验之中；另一种信念是指，每一个概念都是从诸如描述性的判断中获取在其可能使用方面的合法根据；而这一点在这里便意味着：只是在对现实的感知或回忆所提供的东西的观看中，才能找到经验意识之有效性的合法根据，找到它的有本质性或无本质性的合法根据，以及进一步找到它在现有的个别情况中的有效可用性的合法根据。"③

尽管，冒着对受众隐私的极大侵犯的危险，技术的介入在收视率数据的收集中，并没有使研究者摆脱实证主义，也难以避免对社会事实的

---

① ［德］胡塞尔：《哲学作为严格的科学》，倪梁康译，商务印书馆1999年版，第24—25页。
② 刘燕南：《电视收视率解析：调查、分析与应用》，北京广播学院出版社2001年版，第61—62页。
③ ［德］胡塞尔：《哲学作为严格的科学》，倪梁康译，商务印书馆1999年版，第24—25页。

择取,相反越是技术的精确,越使收视率导向的对象物——受众的面目更加模糊:"一言以蔽之,流水线化了的受众是一种难以把握的乌托邦式的符号客体,但是,受众评估总是要努力接近这一客体。这是受众评估的硬伤所在,其难以实现的前提是对评估技术不断改进的追求。而这种追求基于如下信仰:该技术将提供越来越多的关于受众的信息,也将对受众施加越来越多的控制。但是,这只能加剧整个产业的问题。正如赫维茨所言,受众评估技术日益精细化'只能增加广播机构的吸引力,推介研究成果就好像解决了问题。'换句话说,收视率服务越是通过其评估手段的改进而提供更多的信息,将实际受众整合进'电视受众'这一虚幻客体所带来的问题也就越多,结果是,整合受众的流程变得越来越复杂。"[1]

美国经济学家埃里克·弗鲁博顿和德国经济学家鲁道夫·芮切特指出:"在所考虑的经济系统中,任何时候消费者的偏好都是由他对所了解的特定商品集合的反应决定的。很显然,对于不知道的商品和不了解其特性的商品,他们就无法定义其偏好。同时,假设决策者对于新商品能够形成一个主观概率分布也是不现实的,如果有这个主观概率分布的话,他就可以在特定的时候找到这些产品,同时也会知道这些产品会有什么样的性能。不过,关于新选择的信息虽然不是随机出现的,但是却可以通过有计划的搜索而获得,人们至少对新发现的一些方向性的东西有一些初步的认识。然而,对于即将发现的新产品的性能,我们很难说有大量或可靠的知识。我们没有任何依据可以事先断定那些新产品的性能,决策者需要意识到这一点。消费者在从一期过渡到下一期的过程中是没有什么远见的;对于预期会出现的新产品,他不能给出一个有意义的偏好结构。"[2] 事实上,从经济学的角度来看,消费者的偏好既是有限的,也是易变的,这就决定了某一群受众在某一时间点对某一节目或某一组节目所进行的选择的结果,也就是说典型的收视率数据统计行为的呈现

---

[1] Ang, I., *Desperately Seeking the Audience*, London and New York: Routledge, 1991, pp. 58 – 59.

[2] [美] 埃里克·弗鲁博顿、鲁道夫·芮切特:《新制度经济学——一个交易费用分析范式》,姜建强等译,上海三联书店、上海人民出版社 2006 年版,第 605 页。

第一章 电视节目低俗化的定义、表现及成因

并非是那么精确。

英国经济学家弗里德里希·冯·哈耶克指出:"与物理学的情况不同,在经济学中,以及在研究的现象十分复杂的其他学科中,我们能够取得数据进行研究的方面必定是十分有限的,更何况那未必是一些重要的方面。在物理学中,一般认为,而且也很有理由认为,对受观察的事物起着决定性作用的任何因素,其本身也是可以直接进行观察和计算的。但是,市场是一种十分复杂的现象,它取决于众多个人的行为,对决定着一个过程之结果的所有情况,几乎永远不可能进行充分的了解或计算。"[1] 而具体到收视率与电视节目内容之间的关系这一问题上的时候,显然,对电视节目内容的评价是一个收视率所难以胜任的工作,而收视率经过一番"上穷碧落下黄泉"的调查统计之后只能对收视行为做一大致的描绘,即某时某地大约有多少受众观看了某个节目。而在电视节目内容评价这个问题上,要么,用收视行为偷换电视节目内容评价,即有收视行为即为对该节目做正面评价,而"边看边骂"的情况被刻意地忽略掉了;要么,把收视行为本身的重要性放大为远远超过电视节目内容评价,把电视节目内容评价问题视为一个充满学究气的迂阔之论,这样,哈耶克先生的如下观点就显得很有针对性了:"我们当然知道,在谈论市场和类似的社会结构时,有许许多多的事实是我们无法计算的,对于它们,我们仅仅具有很不精确的一般知识。由于这些事实在任何具体场合中的作用无法用量化证据加以证明,于是那些发誓只接受他们所谓的科学证据的人,便对这些事实不屑一顾,他们因此也生出一种十分惬意的幻觉:他们能够进行计算的因素,才是唯一相关的因素。"[2] 具体到电视节目欣赏,受众研究经验也表明,"定量"收视率与"质量"评估并无密切关系。其原因不仅在于微弱的受众选择性,即受众不一定选择"质量"最"好"的节目看,同时,也在于受众能够而且确定将他们敬慕的节目与他们实际选择收看的节目当作两码事。在如何测量质量的方法上存在很大分歧,而且有了测量结果之后,多半也不清楚究竟如何

---

[1] [英]弗里德里希·冯·哈耶克:《哈耶克文选》,冯克利译,江苏人民出版社 2007 年版,第 406 页。

[2] 同上书,第 406—407 页。

使用这些数据①。

不过，除了理论上的偏狭和技术上的武断之外，这背后隐秘的商业意图也不应该被忽略：对于广告商和生产商而言，电视节目内容评价问题当然不是一个值得认真对待的问题，真正重要的广告内容是否送达到更多的受众那里，这样，收视行为显然是最为相关的。不过，对于电视节目制作者和电视节目播出机构而言，电视节目内容评价问题却不应该是一个可有可无的问题，其重要性贯穿于整个节目生命周期的始终，否则，相对于广告商和生产商，电视节目制作者和电视节目播出机构的主体性便丧失了，也就是在事实上沦为了广告商和生产商的文化吹鼓手。

同时，力图实现"价值无涉"的收视率导向在何种程度上隐瞒了自身的意义框架也可以从实证主义那里找到其理论上的意义根源，拒绝意义的收视率导向本身恰恰拒绝了对作为文化产品的电视节目的分析最根本的任务所在，而拒绝了反思自身的意义框架，也就为低俗化大开方便之门。就像美国文化人类学家格尔茨所告诉我们的："对文化的分析不是一种需求规律的实验科学，而是一种探求意义的解释科学。"②

这样，对作为电视节目评估的行为本身就陷入了一种窘境：用非文化的方式来完成对文化本身的评价，用普遍化的诉求来完成对个别文化产品的透析，如此，则"如果把文化事件看作自然，亦即把它纳入普遍概念或规律之下，那么文化事件就会变成一个对什么都适用的类的事例（guttungsexemplar），它可以被同一个类的其他事例所代替。因此，我们不能满足于仅仅用自然科学的或普遍化的方法去处理文化事件。虽然，这样的处理是可能的，甚至也许是必需的，因为任何一种现实都是可以用普遍化的方法去理解的，但是，在这种情况下，这种处理的结果将是这样：再一次用歌德的话来说，它把那种'只有分离开来才具有生命'的东西'生搬硬套地凑成一种僵死的普遍性'。因此，用自然科学概念来表现文化生活，这种做法虽然可能有其正当理由，但仅仅用这种方法是

---

① ［英］丹尼斯·麦奎尔、［瑞典］斯文·温德尔：《大众传播模式论》，祝建华译，上海译文出版社2008年版，第139页。

② ［美］克利福德·格尔茨：《文化的解释》，韩莉译，译林出版社1999年版，第5页。

不够的"①。

在此基础上，德国学者卡西尔对统计学的局限性的看法也就不言而喻了："统计学的各种方法就它们的本性来说就是局限于各种共同现象的。统计学的各种规则并不能用来规定一个单一的事例，而只能处理某些'共同的东西'。"②

然而，颇具反讽意味的就是价值无涉的积极鼓吹者德国学者马克斯·韦伯也不能否认文化的价值意义，他指出："任何文化科学（着重号为原文所有——笔者注，下同）的先验前提，不是指我们认为某种或者任何一种一般的'文化'有价值，而是指我们是文化的人类，秉具有意识地对世界采取一种态度和赋予它意义的能力和意志。无论这种意义可能是什么，它都将引导我们在生活中从它出发对人类团体的某些现象做出判断，把它们当作有意义的来（肯定地或否定地）对待。无论所采取的态度的内容可能是什么，——这种现象对我们都具有文化意义，对它的科学兴趣只依赖于这种意义。"③"一切经验知识的客观有效性依赖于并且仅仅依赖于既定的实在按照范畴得到整理，而这种范畴在一种特定的意义上，亦即在它表述了我们认识的先决条件的意义上是主观的，并且是受到唯有经验知识才能提供给我们的那些真理的价值前提制约的。"④

德国学者卡尔·曼海姆在回应为何不满足于"固定的事实"而"不祛除附加于纯粹事实性之上的'意义总体性'和其他事物"的问题时指出："我们的回答是，这些事实的'固定性'和'实证性'有某些特殊的地方。它们的'固定'是指它们能构成一种控制力，我们借此得以消除我们的独断，而并非指它们能在任何体系之外孤立地被把握，而不涉及意义。相反，我们只能在一种意义的框架内才能把握它们，它们表现出来的不同侧面也有赖于理解它们所借助的意义模式。"⑤

---

① ［德］H. 李凯尔特：《文化科学和自然科学》，涂纪亮译，商务印书馆1986年版，第72页。
② ［德］恩斯特·卡西尔：《人论》，甘阳译，上海译文出版社1985年版，第251页。
③ ［德］马克斯·韦伯：《社会科学方法论》，韩水法等译，中央编译出版社1999年版，第31页。
④ 同上书，第59页。
⑤ ［德］胡塞尔：《哲学作为严格的科学》，倪梁康译，商务印书馆1999年版，第24—25页。

美国政治学家施特劳斯也发现:"现代民主在其崇高的志向和对忠诚的保护的迫切需要这两方面,都已经受到当代社会科学的威胁。我们已经解释过,这不仅仅是因为社会科学和社会科学史盛行的'方法论'必然导致对自主、合理的政治实践可能抱犬儒主义态度,更糟的是,其意义或主旨是区分'规范的'和'经验的'命题,以及区分科学的'事实'与非科学的'价值'。正如施特劳斯在他对马克斯·韦伯(以及对次要的实证主义者)的评论中所表明的,这一事实和价值区分的理论基础过去是、现在仍然是薄弱的。这种区分被广泛接受的真正根源——即使并不总是被承认为真正的根源——是它与平等主义的相对论的巧合,即同最简单化、最教条但由于这一原因也最易通用的一种民主的道德说教的巧合。但这就是说,原假定的'与价值无关的'社会学掩盖了实际上对民主思想中最坏的倾向缺少考虑的认可,亦即掩盖了这种倾向的危险的扩展或促进。"[①] 显然,收视率导向也充分体现了现代社会科学特别是实证主义方法论指导下的社会科学回避意义、拒绝崇高,满足于对文化的即时消费,而这又恰好是商业意识形态的基本诉求,而并非单纯的价值无涉那么简单。

尽管无可否认,收视率是现代社会科学研究方法在电视节目评价实践中的具体应用,其客观性甚至可以用数学加以说明。然而,正如法国思想家米歇尔·福柯在以生物学为例讨论数学与其他学科之间的关系时所指出的那样:"实际上,我们不能否认,对一种智力训练的放弃(至少是临时地)使得能在某些知识领域中排除质的障碍,并在尚未渗透的地方应用数学工具。但是,如果在物理学层面上,智力训练的筹划与数学新应用的发现只是同一件事的话,那么,这在所有的领域中并不是相同的:例如,生物学,在性质秩序的科学之外,被构成为对器官与功能之间的关系所做的分析,对结构和平衡的研究,对它们在个体史和物种史中的形成和发展的探索;所有这些并不妨碍生物学使用数学,并不妨碍数学能比过去更广泛地应用于生物学。但是,生物学并不是在与数学的

---

① [美]列奥·施特劳斯、约瑟夫·克罗波西主编:《西方政治哲学史》,李天然译,河北人民出版社1993年版,第1069页。

第一章 电视节目低俗化的定义、表现及成因

关系中获得其自主并确定其实证性的。"① 那么，作为电视节目评价体系也不应该仅仅依靠与数学或者确切地说是与收视率导向的关系中才获得其自主性的。

而我们也不能简单地否认收视率对电视节目评价体系的进步意义，正如德国学者卡尔·曼海姆在讨论实证主义研究方法时所指出的："参考富于成果的科学发展便可得知，否定这类简化程序的认识价值可能是反动的，因为这些程序是简易操作的，而且可以概率很高地适用于大量现象。这些借助于原因和功能而起作用的形式化科学的丰富成果，远未耗尽精力，因而妨碍它们的发展是有害的。尝试一种有效的研究路线是一回事，把它看作是对待客体的唯一的科学途径则是另一回事。就后者是争论之点而言，今天已经清楚的是，仅仅进行形式的探讨不可能彻底研究关于世界，特别是关于人类精神生活的知识。"②

但是，承认收视率的历史进步性是一个方面，另一方面，我们仍然不能轻松地放弃对收视率导向的文化追问以及对隐藏其间的商业意识形态的质疑，正如德国思想家海德格尔所告诫人们的："科学竭力要纯粹地把握现实。它并不干预现实，并不想改变现实。人们宣布：纯粹科学是'无目的的'。尽管如此，作为观察意义上的理论，现代科学仍然是对现实的一种极其干预性的加工。正是通过这种加工，现代科学得以满足现实本身的一个基本特征。现实乃是自行展现出来的在场者。这一点在近代以来以这样一种方式显示出来，即：现实把它在对置性中的在场带向对立。科学与在场的这种对置性运作相符合，因为科学本身作为理论特别地根据对置性来促逼现实。科学摆置（stellen）现实。科学把现实置放到那个地步，即：现实向来作为受作用物（Gewirk）呈现出来。于是，现实就在其结果中变成可追究的和可综览的。现实在其对置性方面得到确保。由此产生出科学观察能够以自己的方式加以追踪的诸对象的区域。这种有所追踪的表象，在其可追究的对置性方面确保一切现实之物的表象，乃是表象的基本特征：由此得以与现实相符合。但现在，这样一种

---

① ［法］米歇尔·福柯：《词与物——人文科学考古学》，莫伟民译，上海三联书店2001年版，第456—457页。

② ［德］卡尔·曼海姆：《意识形态与乌托邦》，黎鸣等译，商务印书馆2000年版，第19页。

表象在每一门科学中完成的最关键工作却是对现实的加工,后者根本上首先而且特地把现实提取到一种对置性中,一切现实由此从一开始就被改造为有所追踪的确保而言的杂多对象。"①

德国学者卡尔·曼海姆告诉我们,实证主义并非简单地如其所宣称的超然于形而上学之外,就其世界观的本质观念而言,实证主义并不高明:"实证主义是一种非哲学的哲学(a philosophy of no-philosophy),认为知识社会学问题属于某个专业化学科。但实证主义是一个从本质上被迷惑的学派,因为它将经验主义的某个特定概念实体化,并认为人类的知识即使没有形而上学和本体论也是完整的。但这两条原理是自相矛盾的:将某种实用主义的方法和相应的实在领域实体化,并视为'绝对'有效的,这一学说本身就成为形而上学——尽管是一种特殊的、有限的形而上学。"②

德国思想家哈贝马斯进一步指出了貌似中立的实证主义的这种"拒绝反思"的理论成因:"以方法论为基石的认识论忽视可能的经验对象的形成;同样,脱离了先验反思的形式科学,则忽视符号联系规则的形成。用康德的话说,它们都否认认识着的主体的综合成就。【由于】(方括号内文字为译者所加——笔者注,下同)实证主义的观点掩盖了世界形成(die Weltkonstitution)这个问题,【所以】**认识本身**(黑体为原文所有——笔者注,下同)(严格意义上的认识)的内涵和意义就成了非理性的(irational)。这样,认识【只是】描述现实这种幼稚的观念,就成了占统治地位的观念。"③

而单纯依赖实证主义研究路径的收视率导向也无法摆脱此类研究忽视意义的结果:"所有这些做法,不外乎用统计手段展示一般性观点以及运用一般性观点说明统计结果。而一般性观点既没有经过检验,也未被赋予具体意义。它们根据数字的需要被挑选,正如同数字被用来配合它们一样。一般性观点和解释可与其他数据配合使用;反之亦然。这些逻

---

① [德]马丁·海德格尔:《演讲与论文集》,孙周兴译,生活·读书·新知三联书店 2005 年版,第 51—52 页。

② [德]卡尔·曼海姆:《卡尔·曼海姆精粹》,徐彬译,南京大学出版社 2002 年版,第 17—18 页。

③ [德]哈贝马斯:《认识与兴趣》,郭官义等译,学林出版社 1999 年版,第 68 页。

第一章 电视节目低俗化的定义、表现及成因

辑把戏被用来给研究赋予表面上的结构、历史和心理学的意义，而实际上，由于这种研究的抽象，这些意义已被抽空了。"[1]

收视率导向将受众化约为实证研究的经验材料，由于实证主义研究宗旨的制约，收视率商品提供者无暇对某个电视节目对受众的传播效果、文化意涵、潜在影响等塞进由各种各样公式所组成的数字体制之中。当然，提出这样的要求本身就超出了收视率所能解释的范围，收视率所能回答的仅仅是这样的问题：在某时某地，在被层层抽样而形成的受众样本中，有多少人收看了某个节目。而在承认了这一点的同时也就不难发现收视率导向本身所积存的荒谬性。收视率导向在表面上将赋予了受众前所未有的文化特权，但是在实际上又取消了受众的主体意识的地位，认识着的主体不再是评价电视节目的坐标系，相反，一切用数字代表的"事实"说话，至于数字能否完成这项任务，是收视率导向所无法回答的，这是由于收视率导向利用收视率所提供的某种合乎规律的和结构化的自在事实（无疑，这种事实本身只是在一定程度上是有效的），而这种事实的形成过程则被彻底地忽略掉了。正如法国思想家福柯所说的："在此，如同在其他学科中，很有可能，数学的应用因19世纪初西方知识中发生的所有变化而变得容易（并且总是更加如此）。但是，设想人文科学在人们想把概率演算应用于政治舆论的现象并使用对数去度量日益增强的感觉强度的时候，已确定了自己最彻底的筹划并开创了自己实证的历史，这就对基本的事件起了表面的副作用。"[2]

我们如果要把收视率作为电视节目评价体系中的一个重要组成部分这一命题作为不需考察其可靠性的前提进行追问的话，那么，由于收视率所蕴含的收集事实、价值中立的运作逻辑，使收视率作为评价方式本身就并非是毋庸置疑的。但是，"事实与价值的对立实际上反映了一个重要问题。一方面看来就是如此：科学揭示世界上确实发生的事情，它的所有方法都围绕这一目标而构成，它无意也无能力推出或捍卫任

---

[1] [美] C. 赖特·米尔斯：《社会学的想象力》，陈强等译，生活·读书·新知三联书店2005年版，第75页。

[2] [法] 米歇尔·福柯：《词与物——人文科学考古学》，莫伟民译，上海三联书店2001年版，第457页。

何专门的价值体系。至于技术,无疑这是一种行为,但它在于按确定的模式以某种类型提出实际操作,这些操作的成果就作为新的事实在世界中取得地位。然而另一方面,似乎同样确实无疑的是,从最终与事实相联系的命题(即使是高度形式化的命题)中,我们得不到具有评价或规范特征的命题。评价概念涉及评价尺度,后者本身又涉及一种规范,从而使我们能根据情势合于规范所许可的程度对该情势做出判断"①。

针对收视率导向在价值判断上的妄自尊大,英国经济学家弗里德里希·冯·哈耶克的两段话不啻为一服清醒剂:"要想做到知识上诚实,基本的任务当然是把科学所能揭示的因果关系与特定结果之可取或不可取做出明确的区分。对于终极目标的相对价值,科学本身当然无可奉告。同样显而易见的是,选出供我们进行科学考察的问题,这本身就包含着价值判断,因此要想对科学知识和价值判断做出明确的划分,并不能用回避价值判断的办法,而只能通过明确无误地说出主导价值来做到这一点。"②"我们的技术文明越是进步,不同于对人及其观念的研究的对物的研究越是获得更为重要而有影响的地位,这两种类型的头脑之间的分裂就变得越发严重:一种类型的代表是这样的人,他们最大的雄心是把自己周围的世界改造成一架庞大的机器,只要一按电钮,其中每一部分便会按照他们的设计运行;另一类型是以这样的人为代表,他们主要关心的是人类头脑的全方位发展,他们从历史或文学、艺术或法律的研究中认识到,个人是一个过程中的一部分,他在这个过程中做出的贡献不受支配,而是自发的,他协助创造了一些比他或其他任何单独的头脑所能筹划的东西更伟大的事物。可悲的是,单纯的科学或技术教育未能提供的,正是这种身为社会过程一分子的意识,这种个人的努力相互作用的意识。难怪许多受过教育的更为活跃的人迟早会强烈反抗他们的教育所包含的缺陷,产生出在社会中贯彻一种秩序的热情,然而他们用自己所

---

① [法]让·拉特利尔:《科学和技术对文化的挑战》,吕乃基等译,商务印书馆1997年版,第81页。
② [英]弗里德里希·冯·哈耶克:《哈耶克文选》,冯克利译,江苏人民出版社2007年版,第12页。

熟悉的手段，根本没有能力发现这种秩序。"①

当我们欢呼收视率终于成为中国电视节目评价指标体系的重要组成部分之际，必须认识到在把收视率提高到"导向"的高度的时候，也就把实证主义与生俱来的劣根性加以放大，变成足以摧毁荧屏人性绿洲的黑风暴。正像顾准先生在研读马克思的相关论述时所写下的札记中所指出的那样："实证主义确实是没心肝的、硬心肠的、无远见的、无理想的东西。怀疑论，当它是反对独断的东西的时候是有力的，当它变成庸俗的怀疑论，那确实只反映一种分崩离析状态下的、庸俗的怀疑论。"② 而马克思的这段论述值得我们重温："这种怀疑论厚颜无耻地对待思想，卑躬屈膝地对待显而易见的一切，这种怀疑论只有当它谋害了实证事物的精神时才开始感觉到自己的智慧——而这一切都只是为了占有某种作为残渣的纯实证的事物，并在这种动物状态中自得其乐。"③ 这样，收视率导向与电视节目低俗之风的关系也就不难发现了。

二 传播体制的内在矛盾是电视节目低俗化的根本成因

收视率导向的产生与中国内地三十年来的社会转型密切相关。具体到电视领域，正是传播体制的内在矛盾使得收视率导向反复争夺着电视节目内容评价的主导权，电视节目低俗化也随之不断花样翻新，可以这样说，传播体制的内在矛盾是电视节目低俗化的根本成因。

中国内地社会在1949年到1978年期间，由于国家和社会的完全一体化，个人作为整个国家机器上的"齿轮和螺丝钉"而存在："在中国，人民被熔化在单一的'道德性格'之中，……因此，所有的自我个性都被抹去，所有个人的心声，尤其是文化方面的意愿，都遭到压抑。这是否将形成一种新的'宗教'——或者在毛泽东逝世后，新的个性化力量是否会出现——人们需要拭目以待。"④

---

① [英]弗里德里希·冯·哈耶克：《科学的反革命：理性滥用之研究》，冯克利译，译林出版社2003年版，第108页。
② 陈敏之、顾南九编：《顾准笔记》，中国青年出版社2002年版，第348页。
③ 转引自陈敏之、顾南九编《顾准笔记》，中国青年出版社2002年版，第348页。
④ [美]丹尼尔·贝尔：《资本主义文化矛盾》，赵一凡等译，生活·读书·新知三联书店1989年版，第304页。

研究者王晟和夏宁认为:"在当代中国,从国家和社会关系的方面看,20世纪80年代以后,经济改革最重大的成果之一就是计划体制的萎缩,这打破了国家几乎垄断所有社会资源的局面。随之产生的是民间(社会)的再生。"① 作为改革开放的逐步深入,首先是邓小平在1992年的"南方谈话"中的著名论断:"计划多一点还是市场多一点,不是社会主义与资本主义的本质区别。计划经济不等于社会主义,资本主义也有计划;市场经济不等于资本主义,社会主义也有市场。计划和市场都是经济手段。"确立了中国社会经济发展的市场经济导向,也是20年中国改革开放在经济体制改革上的总结。

经济改革所发生的变革迟早要反映在政治法律等上层建筑领域。江泽民在1997年的党的十五大报告中,关于依法治国的论述,就为建设社会主义民主政治提供了法律保障:"依法治国,是党领导人民治理国家的基本方略。""发展民主,健全法制,建设社会主义法治国家。"

而这一点我们可以从宪法的相关条文中找到相应的依据,据经2004年3月14日第十届全国人民代表大会第二次会议通过的《中华人民共和国宪法修正案》修正后的宪法《中华人民共和国宪法》第十三条规定:"公民的合法的私有财产不受侵犯。国家依照法律规定保护公民的私有财产权和继承权。国家为了公共利益的需要,可以依照法律规定对公民的私有财产实行征收或者征用并给予补偿。"而关于公民在政治公共领域方面的最基本权利方面,《中华人民共和国宪法》第三十五条规定:"中华人民共和国公民有言论、出版、集会、结社、游行、示威的自由。"更具有操作意义的是,在现阶段,国家的公共权力机关正在加紧制定相关法律使上述权利从宪法原则向制度构建迈进。在公民政治权利方面,据报道,国务院正在起草与政府行政行为相关的"政务信息公开法"。该法规一旦生效,如果行政单位在没有任何理由的情况下拒绝公开政务信息,则属于违法,需要承担法律责任②。这将为保障公民的言论自由乃至保障宪法本身尚未规定的公民的知情权提供法律制度的框架。在公民私有财产保护方面,据报道,

---

① 王晟、夏宁:《互动:公共领域的形成与公众参与》,《城市管理》2003年第2期。
② 姚辉、王巍、牛莹:《我国起草政务信息公开法 采访被拒记者可告官》,网络来源 http://www.people.com.cn/GB/shehui/1060/2906061.html,下载日期:2004年10月11日。

第一章　电视节目低俗化的定义、表现及成因

物权法的有望出台，可以构建完善的私有财产保护法律制度，依法保护私有财产。正是落实"宪法"中关于"保护私产"规定的关键一步①。

由于市场经济体制的确立，打破了原有的社会格局，与计划经济体制相适应的劳动分工、权威等级、生产关系和制度分割都出现了不同程度的松动乃至瓦解，而与市场经济体制相适应的劳动分工、权威等级、生产关系和制度分割正在逐步确立，加上宪法和法律对上述变迁的确认，这种分化的过程最终获得了自下而上的合法性。这一过程的最明显和最具有根本性质的表现当然集中表现为中国内地社会人员构成情况从过去的"两个阶级、一个阶层"，向着更为复杂和多元的状态转移。根据陆学艺等人的研究，中国社会可分为十大阶层。② 这种分层的最大的意义在于揭示了中国社会内部的利益分化到了除公共利益而外，尚有属于本阶层的难以通过包括思想教育在内的整合手段加以通约的集团利益。

这样，作为媒介机构产业性质的凸显也就伴随着政府部门在电视台广告管理方面的松动而逐步明显，正如钱蔚所指出的："作为政府一方，显然无意作出削弱政治控制的制度安排，但在国家财政面临严重压力的情况下，'既要马儿跑（做好政治宣传工作），又要马儿不吃草（国家不能为媒介提供财政供给）'，就只能出让自己的权力，给传媒更大的自由，容许传媒转向市场自谋生路。"③

而与之相应的，在市场经济体制的内部，传媒市场逐步成型，在当下的语境当中，对传媒生态影响更剧烈的是那些从根本性质来说属于"意识形态国家机器"范畴的各级各类传媒，这些机构从管理机制上正在纯粹实践的意义上将那些传媒市场性质的特点引入，而对这些特点比较集中的刻画，我们可以从美国学者丹尼斯·麦奎尔那里看到："第一，传媒市场的概念，确定了传播者和接受者之间的关系是一种'计算性的'购买或消费行为，而不是一种规范的或社会的行为。如此，就缩小了许

---

① 沈路涛、邹声文、张旭东：《私有财产保护：从宪法原则迈向制度构建——全国人大常委会再次审议物权法草案》，网络来源：http://news.xinhuanet.com/newscenter/2004-10/25/content_2135417.htm，下载日期：2004年10月25日。
② 陆学艺主编：《当代中国社会阶层研究报告》，社会科学文献出版社2002年版，第9页。
③ 钱蔚：《政治、市场与电视制度——中国电视制度变迁研究》，河南人民出版社2002年版，第170页。

多公共传播可能性的范围。第二，它忽视了这群消费者的内部关系，因为服务提供者对这些关系没有多少兴趣。第三，它在刻画受众特征时，特别注重社会——经济标准。第四，这一概念限制了对消费行为的关注，结果造成了在受众研究上的偏见。在'受众就是市场'的思想中，有效传播和受众经验的特性是次要的。第五，把受众视作市场，这必然是'传媒为中心'，并根据传媒产业的论述（'论述'一词的原文为'discourse'，而根据中国内地学界的一般习惯译法，似应译为'话语'为宜——笔者注）得出的看法。市场成员的身份通常并不是社会或文化方面自我认同的基础，而市场思想的论述具有起操纵作用的趋势。"[1]

显然，收视率导向为传媒产业话语的最终形成并发挥作用添上了"拱顶石"，一切社会变迁和经济制度转型都将在其中发挥作用，而如果不进行相应的反思和积极的体制探索，收视（听）率导向的恶果将同样戕害远未达到丰裕社会发展水准的中国内地的精神文明，而这种恶果已经成为美国学者弗雷德里克·詹姆逊眼中的现实："现在突然一种一直被视为似乎不能容忍任何乌托邦的可恶的普遍可视性正在受到欢迎并洋洋自得：这就是真正的形象社会时期，从此在这个社会中人类主题面临（用保罗·威利斯的说法）每天多达一千多个形象的轰炸（与此同时曾经属于私人的生活也在信息银行中被彻底地观看，审查，详细列举，度量和计算）。人类开始生活在一个非常不同的空间与时间、存在与经验及文化消费的关系中。

对我来说，在这种新的情境中，由艺术的混合效应或技术性的作品暗含的反射的确存在得非常短暂。正如我在别处所谈到的那样，在这个新阶段中，文化本身的范围扩展了，文化不再局限于它早期的、传统的或实验性的形式，而且在整个日常生活中被消费，在购物，在职业工作，在各种休闲的电视节目形式里，在为市场生产和对这些产品的消费中，甚至在每天生活中最隐秘的皱折和角落里被消费，通过这些途径，文化逐渐与市场社会相连。现代社会空间完全浸透了影像文化，萨特式颠倒

---

[1] [荷兰]丹尼斯·麦奎尔（Denis McQuail）:《大众传播理论》（第三版）（Mass Communication Theory: An Introduction, Third Edition），潘邦顺译，台湾风云论坛出版社有限公司2000年版，第432页。

第一章 电视节目低俗化的定义、表现及成因

的乌托邦的空间,福柯式的无规则无类别的异序,所有这些,真实的,未说的,没有看见的,没有描述的,不可表达的,相似的,都已经成功地被渗透和殖民化,统统转换成可视物和惯常的文化现象。"①

在收视率导向已经在某些地方、某些场合或某些栏目那里大行其道的时候,法国社会学家布尔迪厄的观点倒是与笔者"心有戚戚焉":"不论是艺术还是科学,其研究活动必须有国家的支持才能进行。既然作品的价值大致与市场的大小成反比,那么,文化企业只能靠国家资金才能生存,才能苟延残喘。文化电台或电视台、博物馆,凡是提供'高级文化'的机构,只有靠国家资助才能生存,这是一个违背市场规律的例外,而只有靠国家的干预才能使这个例外成为可能,只有国家才有能力维持一种没有市场的文化。我们不能让文化生产依赖于市场的偶然性或者资助者的兴致。"②

法国社会学家涂尔干的下述说法从另一个侧面说明了社会对意识再生产责无旁贷的责任:"事实上,社会对意识所拥有的绝对权力,主要不是由于它在物质上所特有的无上地位,而是由于它所赋有的道德权威。如果我们服从于社会的指令,那不仅是因为强大的社会足以战胜我们的反抗,而首先是因为社会是受到尊崇的对象。"③

我们不妨回到最基本的常识性问题上来,或许会有更加直接的感受。当收视率成为一些电视台评价节目的终极标准而导致低俗化风气愈演愈烈之际,中国电视在"是干什么的?"这个最基本的问题上所存在着的认识上的某种模糊和行动上的迟滞便浮出水面。

中国媒体的基本职责应是传承人类精神遗产、高扬人文教化和科学文明的旗帜,这也始终是包括中国电视人在内的媒体从业人员所秉持的行动指归,这也是中国电视得以安身立命之所在,媚俗欺世、追逐利润当与中国电视无缘。然而,这种对电视诉诸文化的定位绝非中国语境的

---

① [美] 弗雷德里克·詹姆逊:《文化转向》,胡亚敏等译,中国社会科学出版社 2000 年版,第 108 页。

② [法] 皮埃尔·布尔迪厄、[美] 汉斯·哈克:《自由交流》,桂裕芳译,生活·读书·新知三联书店 1996 年版,第 68 页。

③ [法] 爱弥尔·涂尔干:《宗教生活的基本形式》,渠东等译,上海人民出版社 1999 年版,第 277 页。

独特产物,对于媒介的社会责任维护是世界各国媒体都在维护的终极价值,对电子媒介的逐利倾向做出批评的"只要节目制作掌握在广告商手里,广播就不会成为负责任的媒介"①,直到现在仍然不失其在实践上的效度。

应当说,各级广播电视机构的管理者们并非不知道这个道理。据笔者所知,最早做出"万恶之源是中国的收视率"②这一论断的恰恰是原重庆电视台台长李晓枫,这体现了中国电视人对电视的清醒认识。长沙电视台女性频道常务副总监孙健在接受记者采访时说:"我们是不得已而为之。"在收视率大棒的指挥之下,增强节目的吸引力成为电视人必须要考虑的事情,所以一些人很自然地就会选择那些猎奇的甚至带有窥探色彩的故事,似乎只有这样的故事才能赚取足够多的眼球③。"利益使人明智",中国的电视人切身感受到英国学者鲍曼所谓"收视率战争"的火药味:"人类的注意力是媒体竞争的核心,也是媒体使用的最宝贵的资源——但是,它也是最稀缺的、最容易消耗的资源。既然全部的注意力不会增加,注意力竞争就是一次得失所系的赌赛,就是一场再分配的战争:某一信息只有以牺牲其他信息为代价才能赢得较多的注意。"④

然而,"应然"与"实然"的差距往往使理想主义的黄钟大吕沦为蛰伏于日常与当下的胶柱鼓瑟,在收视(听)率导向种种"不应该"的背后却隐藏着巨大的"体制合理性"。

正如美国学者道格拉斯·C.诺斯所指出的那样"制度是人为设计的约束,它组织着人类的相互交往。它们由正式约束(规则、法律、宪政)、非正式约束(行为规范、传统、自我行为准则)及其实施方式构成。它们一起决定了社会尤其是经济的激励结构"⑤。对于个体来讲,制度安排最根本的作用是如何做才能赚到更多的钱?虽然这多少与中国传

---

① [美]新闻自由委员会:《一个自由而负责的新闻界》,展江等译,中国人民大学出版社2004年版,第58页。

② 李晓枫:《中国电视的产业转型与市场重构》,《电视研究》增刊2002年10月。

③ 段羡菊、叶伟民、张楠:《收视率之惑》,《新华社》2005年9月10日电。

④ [英]齐格蒙特·鲍曼:《被围困的社会》,郇建立译,江苏人民出版社2005年版,第164—165页。

⑤ 转引自埃里克·弗鲁博顿、鲁道夫·芮切特《新制度经济学——一个交易费用分析范式》,姜建强等译,上海三联书店、上海人民出版社2006年版,第598页。

第一章 电视节目低俗化的定义、表现及成因

统士大夫"耻于言利"的脾性不和，不过却是道出了部分的真理，"西方经济学中的制度变迁理论认为，一种比较理性的制度变迁之所以发生，归根到底是因为推动变迁可以给推动者带来好处，并且带来的好处在抵补了相应的成本之后还有余。由此可见，决定制度变迁的是'利'，当一种制度已无利可图时，这种制度的变迁是必然的"[①]。而具体到传播体制问题，英国学者丹尼斯·麦奎尔对其特殊性的强调也值得我们注意："传播体制具有不同寻常的特性，关键在于它的行动无法摆脱经济和政治的影响，并且非常依赖技术的不断变化。这些行动包括私人的（满足个人需要的个人消费）和公众的（对整个社会运转是必要的，对公共领域也是重要的）商品和服务的产生。"[②]

了解世界广播电视发展的历史和现状的人都知道，以电视为例，在各国通行国营、公营和民营等几种电视管理经营体制，其中，"公共电视的定义为：（一）以服务公众为原则，不以盈利为目的；（二）以制播具有教育性、文化性的节目为主，节目内容一方面要反映本土文化和文化身份，另一方面要兼顾多元文化和少数族群。是为了满足公民的需要，而非迎合顾客的喜好；（三）由一个代表群众利益的独立机构，负责经营和管理。所以，一般的公共电视通常都会通过国会立法来保障其独立性，并有相应的宪章，以促使其行使职责，同时成立独立于政府的监督委员会和对外招聘行政总裁，虽然那些委员会和总裁通常在经过立法机构提名或通过后，由政府首脑委任，但他们都由具有一定资历、有声望的社会知名人士组成，并有四年到六年的任期。在欧美，长期以来在经营和编辑上独立于政府的公共电视台成为一个民主开明、追求公平、兼顾弱势社群的多元社会的象征"[③]。

而中国电视将公营电视的文化追求和民营电视的盈利方式集于一身，"事业单位，企业化经营（本质上也就是'商业化运作'又一种说法——笔者注）"逐步成为中国内地电视台的生存方式，"在学习西方媒体的经

[①] 时统宇：《抵制电视低俗化现象》，《中国广播电视学刊》2005 年第 10 期。
[②] ［荷兰］丹尼斯·麦奎尔：《麦奎尔大众传播理论》，崔保国等译，清华大学出版社 2006 年版，第 159 页。
[③] 时统宇：《电视批评理论研究》，中国广播电视出版社 2003 年版，第 394 页。

验以后，中国媒体进行了管理体制改革。到20世纪90年代末，大部分的报纸和电视台都主要依靠商业广告收入，许多新闻工作者都实行了聘用制或项目合同制，不再是终身政府雇员"[①]。这种功能定位（事业化定位）与存续模式（商业化运作）的矛盾是电视节目低俗化的根本成因。在客观上，造成了一种各级电视机构的工作人员运用从机器设备到频道资源等公共资源追求私人利益的残酷现实。事业化定位与商业化运作之间蕴含着深刻的内在矛盾（见下表）。

事业化定位与商业化运作对比表

分类	事业化定位	商业化运作
本质属性	国家意识形态工具	文化产业
价值追求	把社会效益放在第一位	把经济效益放在第一位
管理模式	过程管理为主	结果管理为主
评价尺度	主管部门的意见	收视（听）率
薪酬体制	职务级别工资制	计件工资制
经费来源	主管部门拨款	经营收入
个体定位	"齿轮和螺丝钉"	企业雇员
主要风险	政策变化	市场竞争

这样，以社会效益为目标的文化事业性质同以经济效益为目标的文化产业状态之间的内在矛盾便随着中国电视节目市场的产生和发展而日渐突出。一方面，"无论在什么情况下，党和人民喉舌的性质不能变，党管媒体不能变，党管干部不能变，正确的舆论导向不能变"是中国电视必须遵循的行为法则，坚持以科学的理论武装人，以正确的舆论引导人，以高尚的精神塑造人，以优秀的作品鼓舞人是中国电视须臾不可离弃的主流价值观，是中国电视游戏规则的显性方面；另一方面，中国电视的主要收入却要来自商业广播电视"双重售卖"的铁率，收视率及其背后的受众注意力在中国电视市场竞争日渐激烈的语境中自有其不可动摇的地位，无论多少有识之士对电视的某些媚俗之风痛陈利害，收视率导向依然"我自岿然不动"。这样，中国电视打上时代烙印、富于行业特点并

---

① ［美］塞缪尔·亨廷顿、彼得·伯杰主编：《全球化的文化动力——当今世界文化的多样性》，康敬贻等译，新华出版社2004年版，第19页。

具有国家特色的"义利之辩"之间的挣扎似乎也找到了某种体制话语的默认。

正是这种管理体制上的悖论,催动着一些电视台的当家人们甘冒千夫所指所带来的道德风险而对"收视率导向"趋之若鹜。以中国电视的当家体裁——新闻节目为例,"媒介市场的过度拥挤和各地区、各种类的媒介在人才、经济实力上的巨大差别,导致媒介信息在供应量上虽然大幅增加,但在质上却千差万别。硬新闻采编在政策和人才、技术、资金上的难度,使得不少媒介'望而却步',转而选择难度低、花费小却可能市场效果好的且受众兼容面宽的软性内容和技巧,以求在过于激烈的市场竞争中求生"①。而通过媒介内容把握这种趋势也不失为一种有效的途径,美国学者詹明信就从卢卡奇那里得到了这种观念:"卢卡奇交给了我们很多东西,其中最有价值的观念之一就是艺术作品(包括大众文化产品)的形式本身是我们观察和思考社会条件和社会形势的一个场合。有时在这个场合人们能比在日常生活和历史的偶发事件中更贴切地考察具体的社会语境。"② 在20世纪60年代,一些敏感的研究者就觉察到由电视广告播放而导致的价值观冲突所带来的"一些超现实主义效果":"由于插播商业广告和预告片的间歇通常没有惯用标志,连续镜头可能从洛杉矶释放的恐龙到声音深沉的妇女为用咖啡留住丈夫表示忧虑,跳到印第安人从远方的地平线上走过来,跳到巴黎饭馆里的一个姑娘突然从餐桌边跑掉,开始放声大哭。"③ 于是,我们看到美国传播学家J.鲁尔对中国内地电视节目价值观彼此之间的互相冲突的混乱现象的评论,也便不难理解了:"电视这种媒介,本应反映和宣传某种一贯的社会哲学并示意人们去服从它,但在中国电视界,这种哲学目前似乎尚不存在。"④ 除了中国社会转型过程的各种思潮的风云激荡以外,这种价值观在屏幕上直观的碰撞更在很大程度上显出面对市场经济体制的中国电视的体制慌乱。张同道先生认为:"从宏观来看,目前中国电视身份含混,同时兼任数种

---

① 林晖:《市场经济与新闻娱乐化》,《新闻与传播研究》2001年第1期。
② [美]詹明信:《晚期资本主义的文化逻辑:詹明信批评理论文选》,陈清侨等译,生活·读书·新知三联书店、牛津大学出版社1997年版,第13页。
③ 王逢振主编:《电视与权力》,天津社会科学出版社2000年版,第3页。
④ 转引自胡正荣《传播学总论》,北京广播学院出版社1997年版,第209页。

功能：宣传、教育与商业。三种身份规定了三种不同的属性与方向，也就有三种不同的价值标准，以收视率来切割三种不同属性与功能的电视节目，显然有失公允。"① 而在此乱象的基础上更进一步则可以看到，当下种种低俗之风盖源于中国公共电视台与商业电视台定位的混淆。

　　对于管理体制上公共电视和商业电视的合流而带来的种种不和谐音，国内的电视人们对此已经有所认识："为什么严肃节目收视率低会被攻击？娱乐节目收视率高会被攻击？弄得电视人没法做。我认为我们首要的工作是把电视台划分出来，分清楚谁是公共电视台，谁是商业电视台。我们有没有公共电视台？有没有商业电视台？比如中央电视台，我们都认为它是公共电视台，但是它的资金来源是广告收入，这叫什么公共电视台呢？你说它是商业电视台，我们想做很多挣钱的节目，没人同意我们做，得台里立项，上级批准才可以，哪有商业电视台是这样运行的呢？在体制不厘清的情况下，无论你是做严肃节目，还是做娱乐节目，都会面临种种困惑。"② 崔永元认为："如果我们的电视台都是公共电视台的话，那我们的电视台就是全世界最脏的公共电视台；如果我们的电视台都是商业电视台的话，那我们的电视台就是全世界最差的商业电视台。"③ 当然，崔永元对西方的广播电视管理体制多少有些理想化，对中国电视台的批评也多少有些情绪化。其实，西方电视也面临着类似的困惑。产生这些问题的最根本的症结在于，在实践上，我们把文化产品混同于一般商品，忽视了文化产品在满足受众需要的同时，还必须保留其自主性。

　　英国学者鲍曼的看法是我们客观看待西方公共电视与收视率关系的一剂清凉剂："电视——不管是公共的，还是私人的——只能在折服于市场竞争的世界中发挥作用；除此之外，其作用无处发挥。我们可以说'收视率'就是'征服者在被征服的城市中留下的驻军'。收视率记录了节目的'影响力'（holding power）：要想获得较高的分数，观众的注意力必须在节目的持续播映期间得以维持，并且，观众必须相信，一旦他们选择了这个节目，这种情况就会真正发生。就商业电视而言，这是一

---

① 张同道：《收视率与电视节目评估尺度》，《电影艺术》2000 年 6 月。
② 易立静：《我要拍案而起》，《南方人物周刊》2005 年 9 月 21 日。
③ 《年度电视人崔永元直抒胸臆》（专稿），《南方周末》2005 年 12 月 29 日第 D36 版。

第一章　电视节目低俗化的定义、表现及成因

个生死攸关的问题：没有人会被留在办公室或演播室去评估万能的收视率判决带来的结果。但是，公共电视也没有处在有利的位置：它必须面对同样的世界，在此，市场竞争主导着一切，并且，当今的政府都毫无例外地主张尊重和服从市场竞争——如果部长把'纳税人的钱'花费在纳税人既不喜欢也不愿意看的节目上，那么，他们就会发现自己处于可怕的困境之中。收视率竞争是所有电视频道必须参加的竞争，它们必须在这里证明自身的价值。但是，没有哪一个频道能吸引观众，除非它认真对待他们的接受力，并遵从他们的爱好。"①

而美国学者威廉·霍伊尼斯（William Hoynes）的看法揭示出哪怕就是在公共电视和商业电视的界限相对清晰的美国，收视率导向依然大行其道的实际情况："尽管衡量观众的数量在公共电视的重要性有所增长，然而，在这里思考收视率，同其在电视网那里相比，本质上更为微妙。实际上，当公共电视工作者回应收视率思考时，他们被推向了矛盾的方向。一方面，他们视收视率为衡量公众利益和公众需要的相对尺度。作为公仆，他们想充分满足这些显著的需要。另一方面，他们不想复制迎合大众的节目。结果，他们在收视率和不想对其亦步亦趋之间徘徊。"②

应当说，这是中外有良知而尚未被金钱的铜臭熏染得迷失方向的电视人共同面对的问题。电视节目游走于文化产品和受众中心的张力之下，这种文化逻辑与经济逻辑的对抗在某种程度上造就了公共电视和商业电视的分裂。前BBC总裁瑞斯曾言："公共服务肯定不能只用于娱乐的目的。广播有责任在最大程度上给尽可能多的家庭带来所有的人类知识、努力和成绩中最优秀的部分。对高水准道德的维护——避免粗俗与伤害——是至关重要的。公共广播应该引导公众的品位而不是去迁就它：'那些自以为提供了公众要求的内容并为之自鸣得意的人，常常是以他们自己所满足的低标准制造出一种虚幻的需求'。"③

---

①　[英]齐格蒙特·鲍曼：《被围困的社会》，郇建立译，江苏人民出版社2005年版，第164页。
②　William Hoynes, *Public Television for Sale: Media, the Market, and the Public Sphere*, Westview Press, 1994, p.118.
③　转引自大卫·麦克奎恩《理解电视——电视节目类型的概念与变迁》，苗棣等译，华夏出版社2003年版，第188—189页。

这种商业电视理念对公共电视的渗透才引发我们今天不得不面对的问题，收视率导向是否是新世纪中国电视发展的内在逻辑？笔者认为，答案当然是否定的。

解决中国的问题，归根结底要靠发展。"发展才是硬道理"是解决包括收视率导向等在内的中国电视发展所面临问题的不二法门，要靠在不断发展的过程中，动态地加以解决。但是，发展是科学发展而不是盲目发展，这也是中国共产党人在世纪之交所秉持的发展观的题中应有之义。科学发展观是指导我们认识、分析和研究收视率导向的重要思想资源。

秉承十六大精神，2003年10月，党的十六届三中全会明确提出："坚持以人为本，树立全面、协调、可持续的发展观，促进经济社会和人的全面发展。"科学发展观也就是坚持以人为本，全面、协调、可持续的发展观，从"发展才是硬道理"到"发展是第一要务"，再到"科学发展观"，这是一条清晰的红线。

它是我们党以邓小平理论和"三个代表"重要思想为指导，从新世纪新阶段党和国家事业发展全局出发提出的重大战略思想，科学发展观赋予社会主义建设理论以新的时代内涵。不仅进一步回答了中国特色社会主义为什么要发展的问题，而且富有创造性地回答了中国特色社会主义如何发展、发展什么等重大问题，从而丰富、创新和完善了党关于社会主义建设的指导思想。它是我们党以邓小平理论和"三个代表"重要思想为指导，从新世纪新阶段党和国家事业发展全局出发提出的重大战略思想，当然，也是指导中国电视持续、快速、健康发展的思想指针。中国电视发展要走出收视率导向的怪圈就必须大力落实科学发展观。

具体到对收视率导向以及其背后的传播机制的内在矛盾的分析，我们应当认识到，中国电视的发展应当着眼于弘扬社会主义先进文化，着眼于最广大人民日益增长的文化需要，着眼于中国文化的继承与发展，而不能以收视率的一时提高为代价，影响到弘扬社会主义先进文化的大局，误读了最广大人民日益增长的文化需要，污染了中国文化的继承与发展的洪流。

科学发展观也就是人本发展观，要实现中国电视的科学发展必须一切从中国的实际出发。我们之所以对收视率导向持批判性的态度，最根本的是因为这一做法从根本上背离了最广大人民的文化利益，反映在生活实际中就是观众的文化需求得不到满足，进而难以提升观众的文化生活质量。

正是由于从广大受众的根本需要出发，中国电视人应当始终站在文化发展的潮头，引领文化发展的方向，在节目质量上狠下工夫，而不能迎合群众，甚至做群众的尾巴，对一些确实存在在受众当中的不健康的收视心理亦步亦趋。那种靠追求轰动效应，"捞一把就走"的态度绝不是中国电视人的文化追求，甚至也不是世界各国有社会责任感的电视从业人员所追求的东西。

坚持科学发展观，必须将着眼点放在提高电视节目质量而非刺激收视率的增加。精熟于受众分析的媒介市场研究者们总是习惯于从受众的种种人口统计学指标和"态度—行为"指标那里获得某个节目定位的依据，而节目本身是否已经强大到了足以吸引受众、感动受众进而征服受众，却是少有人问津的疑问。

在1978年1月至4月，英国广播公司（BBC）播放了十五集电视系列节目，这个节目邀请了当时英语世界的一流哲学家坐在镜头前，给普通观众讲哲学，参与节目的名单中，我们可以看到诸如以赛亚·伯林、赫伯特·马尔库塞、W. V. 奎因、诺曼·乔姆斯基这样的名字。而这个节目的诞生却并非一帆风顺，该节目的策划者和主持人、英国牛津大学的哲学教师麦基告诉我们："我希望播音负责人对此做出认真的反思。他们最终乐意播送哲学节目，这固然令人钦佩，但我不能不说，他们这种乐意是那么迟缓，反映出一种从总体上仍然藐视'严肃的'电视节目根深蒂固的思想障碍。过去，除了教育电视以外，一般电视节目编制过与所有知识领域有关的节目，但就是惧怕编制与哲学有关的节目，他们害怕抽象的题目，怕它难以在电视这种传播媒介上完满表达。""这种新的要求可以从'严肃的'电视节目那里广泛感觉到。例如，时事节目日益受到批评：内容过于繁杂，不能向观众显示出事件的要旨；内容又往往与观众的需求无关，以至于使他们无法理解那些问题。电视台提供给人们的是大量的动态画面——尤其是暴力画面，它只以刺激人们感官见长,却鲜有认真的分析讨论。他们有时也搞讨论,但大抵是沙龙酒吧式的废话,还有因希望在使问题简单明了的同时调动热情、产生戏剧效应而故意制造的粗野之徒的对抗。在全部电视节目中,存在着一种将所有素材弄成消遣性内容的倾向,而正由于这一点妨碍了引导观众的严肃性要求的形成,反过来又对这本应承担的困难工作加以拒绝。他们总是认为,一个成功的节目应当转移、排遣、挑逗、活跃,甚至直接包容观众的兴趣中心。如果你想对观众提出严肃性的课题,有人就担心这样必然会失去大多数观众。"[1] 这话简直就是对当下在一些急功近利的电视人那里所弥漫的安于浅薄、甘于浅薄,甚至为浅薄辩护的风气量身定做的。然而,真正来自观众的效果又是怎样的呢?1978年1月20日的《时代》周刊说,在严肃性和影响范围方面,以往所有普通电视台都不能与它相比。

可喜的是,中国电视人并没有在文化领域集体失语,2005年热播的《故宫》就代表了他们的最新尝试。

笔者看到的资料是央视新闻评论部中心组的负责人孙金岭披露的《故宫》,在央视一套所有节目,包括娱乐节目和电视剧中排名第七,在央视的专题片里是创纪录的。另外,记者从 A.C. 尼尔森得到了《故宫》播出第一周在北京地区的收视率,《故宫》以 6.2% 排名第五,而电视剧《京华烟云》以 6% 排名第六。专题片超过热播电视剧,这在以前很少见[2]。

在回答记者"《故宫》为何如此之火?"的问题时,孙金岭认为:"首先我觉得是创作认真,拍得好看。为了《故宫》,我们新闻评论部特意成立了一个特别节目组,把整个部最优秀的编导、摄像等集中到了一起,这是以前从来没有过的。倾全部之力、历时两年拍出《故宫》,这种态度体现在片子里,观众能够感受到创作人员花费的心血,所以才会接受;其次,故宫本身蕴藏的丰厚文化底蕴,博大精深的内涵,是中国历史的一个缩影,观众也想去了解它,这也是一个原因;还有,现在电视市场

---

[1] [英]布莱恩·麦基:《思想家:与十五位杰出哲学家的对话》,周穗明等译,生活·读书·新知三联书店2004年版,第3—5页。

[2] 和璐璐:《破解〈故宫〉热播之谜》,《北京晨报》2005年11月8日。

快餐文化流行，像《故宫》这样的片子是比较少的，物以稀为贵，吃惯了汉堡包、炸薯条，见识一下传统的四凉、四热、八大碗，观众也想换换口味。"①

如果《思想家》和《故宫》还只是两个个案的话，那么，美国哥伦比亚大学的一项研究也表明，至少对于地方电视新闻节目而言，节目质量始终是第一位的，只有节目质量上去了，收视率才能随之攀升："美国哥伦比亚大学新闻学研究生院最近进行的地方电视新闻调查的结果中，最重要的就是再次确认了去年（2001年——笔者注）同一调查得出的结论：节目只要质量高，肯定就会有销路。也就是说，只有保持一定的质量水平，节目的收视率才会稳定或者攀升。""两年的调查得出的数据证明，新闻节目的质量是第一位的，它才是促进销路、提高收视率的最重要的因素。如果把两年中接受调查的所有125家电视台都考虑在内，我们会发现节目质量最好的电视台是最有可能获得成功的电视台。"②

不错，中国电视必须面对市场、必须满足受众的需要，但是，满足受众需要的根本目的是引导受众的需要，将受众导向文化而不是文化俯就受众。只有这样，才能让观众享受到文化的盛宴而不是快餐的充饥。

中国电视始终是高扬先进文化旗帜的阵地，这就是说，始终有自己既定的价值取向和文化标准。相对于经济效益，中国电视的社会效益不能不摆在首位，谁忽略了这一点就是缺乏对中国电视最起码的常识。经济效益只是手段，归根结底是为实现好、发展好、维护好社会效益服务的。我们之所以批评收视率导向，并非是站在文化精英的立场上对受众指手画脚，恰恰是我们在客观上唯收视率马首是瞻的做法难以满足受众的文化需求，而又在实际上对广告收入孜孜以求，不惜降低文化品位，满足受众当中确实存在的、不那么高尚的趣味，偏离了中国电视借以安身立命的根基。

"群众的眼睛是雪亮的"，拥有世界最大规模的高等教育规模的中国内地，我们的受众已经足够理智地辨别何为真功夫与假动作的区别。在中国电视发展的问题上，树立科学发展观最根本的一条是树立科学的受

---

① 和璐璐：《破解〈故宫〉热播之谜》，《北京晨报》2005年11月8日。
② 远望：《美国101家地方电视台新闻节目的调查》，《中国广播影视》2002年第3期。

众观念，不迷恋于收视率的种种变幻，而是要真正把握什么是中国最重要的问题，什么是中国老百姓最关心的问题，什么是电视观众欲知、应知而未知的问题。常怀亲民之心，常思百姓之情，固守文化底线，何愁我们的节目不被观众所认可？除了金钱上的投入，应该说中国电视的家底日渐丰厚，多在文化上投入，多在品位上努力是完全可能的，作为电视的工作人员，我们为什么不能放下架子，提起精神好好想想我们呈现给受众的文化产品能否经得起时代的检验、人民的检验和市场的检验。

当然，面对电视节目低俗化现象，我们也应该秉持一颗"平常心"，把这种现象看作是一种社会变迁在主流意识再生产过程中的投射。或许曾经让我们感怀不已的价值观已经伴随着相应的经济结构、社会组成开始逐渐沦为陈迹远离而去，可在这个过程中，总有一些可以经得起岁月变迁与人类代际更替的可贵感受可以穿越时空得以传承，而电视在这其中的作用是不言而喻的。这也是我们对弥漫于电视的低俗化问题时时警策于心的根本原因。然而，这并不妨碍我们对中国电视传承中国文化意识与世界普世价值的信心。我们更愿意将低俗化问题看成是中国电视发展过程中所必然遭遇的"成长的烦恼"，这些问题最终只能在发展中逐步加以解决。笔者认为，那种固守传统的看法并不一定是解决问题的最好路径，而与时俱进才是中国电视发展的根本出路，在这个过程中更需要宽容的智慧。

最后，我们不妨用美国人类学家露丝·本尼迪克特对维持传统风俗的那些主张的评论作为本章的结语："这些主张通常都基于这样一种看法，即认为没有这些特殊的传统形式人就不可能有什么作为。……每种文化，每个时代，都只利用了诸多可能性中的少许几个。变革很可能是动荡不安的，甚至要付出巨大的代价，但这只能归咎于变革本身的艰难，而不能归咎于我们的时代，我们的国家恰巧碰上了哪一种可以引导人类生活的可能的动力。应当记住，变革及其所有艰难困苦都是在所难免的。如果我们对习俗中那些甚至很细微的变异都忧心忡忡，那就实在是与此情此理相左了。文明本身所能够产生的变化可能远比人类任何权威所希冀或想象的对文明的变革都要更彻底、更激烈，而且仍是完全切实可行的。今日如此横遭责难的那些细小变化，诸如离婚率上升，城市中日甚一日的世俗化，贴面舞会的盛行，以及诸如此类不胜枚举的事情，也许弹指之间就成了一种稍有差别的文化模式。一旦成了惯例，它们也就具有了同老模式在以前那些年代时所具有的同样丰富的内容，同样的重要性，同样的价值。"①

---

① ［美］露丝·本尼迪克特：《文化模式》，王炜等译，生活·读书·新知三联书店1988年版，第38—39页。

第二章　抵制电视节目低俗化的西方思想资源

其实,电视节目低俗化问题并非为当下中国内地的语境所独有。作为文化与科技的一种制度安排,电视自诞生之日起,浸淫于印刷文化的公众对这种电子媒介所产生的道德恐慌就如影随形,历史传统源远流长的西方思想也从来没有放弃对电视传播内容的道德审视。在许多西方思想大师那里,低俗化问题往往是他们对电视的思考的题中应有之义,当然,他们绝不仅仅停留在单纯的道德义愤或是对往昔文化生存状态田园牧歌式的追忆之上,而更是把犀利的思想锋芒指向为电视所带来的种种"新式话语"的曲为辩护之词,而这些辩护词往往是由市场至上、技术崇拜和文化民粹主义等似是而非却花样翻新的陈词滥调所造成的认知陷阱。这种认知陷阱最大的作用就是在使人们满足于"当下最优"这一社会达尔文主义编造的幻象的同时,忘掉了技术介质的传播特性并不天然就意味着传播内容与低俗化绝缘,只要想一想"古已有之"的印刷品的低俗化问题就可以认识到这一点,相对于口语传播或文字传播,印刷传播何尝不是一种"新媒介"呢?至于传播机制的市场化以及公众评判文化产品质量的能力显然在印刷文化时代就已经出现了,而低俗化问题并没有消失。以上这些都难以构成电视可以避免低俗化问题的有力回复。或者我们把问题稍显简单化一点做一个比喻:尽管舞台已经极尽奢华,演出机制也已足够市场化,可仍然不免时时上演丑剧,而任何头脑正常的观众都不会将舞台和演出内容混为一谈。舞台、丑剧、观众以及勾合这三者的细密的社会环节都构成了反思"丑剧上演"这一事件本身的要素。

所以,当我们走近西方思想大师对电视低俗化的学理批评,就不会觉得这些话语精华是矫揉造作的吹毛求疵,或者是西方国家高度发达的

第二章 抵制电视节目低俗化的西方思想资源

文化产业所带来的类似"胖得发愁"的幽思，甚或冬烘先生或禁欲主义者强加于人的"假正经"，低俗化所挑战的不是人类思维的极限，而是公众审美情趣的底线，触及的正是"人之何以为人？"的根本问题。殊为可贵的是，许多西方研究者将电视低俗化问题置于一个更广阔、更宏大的历史背景与框架中来作完整的解读，这其中的经济学视角具有特别重要的意义。因此，抵制电视节目低俗化不应当是一种"纯粹理性批判"，必须考察电视传播、文化生产与市场经济的共谋关系。

在研究路径上，当我们把西方电视批评理论作为一种行业自律和价值考量时，充分注意到跨语境移植时简单化的机械搬用所带来的理论风险，同时，我们也认为，在这里，马克思当年的提醒显然是很有必要的："但是，如果德国读者看到英国工农业工人所处的境况而伪善的耸耸肩膀，或者以德国的情况远不是那样坏而乐观地自我安慰，那我就要大声地对他说：这正是说的阁下的事情！"[1] 同样的，从法兰克福学派到伯明翰学派，从大众传播学到贝尔的批判性传播观等，从哈贝马斯的公共领域理论到布尔迪厄的文化资本观，所有这些思想资源和理论线索都在时常提醒我们：尽管电视的威力和影响几乎无所不在，但对电视节目低俗化问题的警惕与批判始终作为一种对传播行为的监督和校正的健康力量，在发展，在前进。这些思考所触及的低俗化问题也同样为当下中国内地的公众带来感官上的窒息，他们所谈论的也正是当下中国电视所已经发生和正在发生的事情，至于将来怎样，全在于我们现在对低俗化问题的深度与广度的认识水平以及所采取的相应举措的效度。这也是我们专辟一章对西方学界批判电视低俗化的种种看法加以整合的根本原因所在。

同时，我们还想强调，尽管电视是典型的舶来品，但中国电视绝不是欧美电视的简单复制和翻版。中国电视传播现状的种种不尽如人意之处，都是在本土的条件下发生的，这就决定了当我们对中国电视节目低俗化问题作为一个被批评对象时的独特的本土化特点，也决定了西方电视批评理论在中国所面临的尴尬。但无论如何，这一理论的价值还有待我们的进一步认识，更重要的是，中国电视节目低俗化批判的出场困境

---

[1] 《马克思恩格斯选集》（第2卷），人民出版社1972年版，第206页。

应当引起人们足够的重视。鉴于电视在当代社会的巨大影响力，笔者将着重探讨在西方语境中，各位学者对电视低俗化问题的批判。

第一节 对电视节目低俗化的伦理追问

面对电视节目低俗化，不能不从电视的媒介特征谈起，这是电视直接的信息呈现方式和潜在的社会传播效果的关节点。当我们再度审视并不新鲜的电视媒介特征这一问题时，笔者认为，例如电视，值得一说的还有很多。

显然，加拿大学者麦克卢汉关于媒介的观点最为引人注目，对于电视，他写道："电视改变了我们的感知生活和脑力活动过程。""电视图像是触觉的延伸，在这一点上它比图像有过之而无不及。当它接触一种书面文化时，它必然要加强其感知混合体（sense-mix），使切割性和专门化的延伸转化而为严丝无缝的经验网络。"[①]

在此问题上，美国学者马克·波斯特提出了"信息方式"的概念，以期对麦克卢汉的观点有所校正，波斯特写道："然而，信息方式所质疑的不仅仅是主体性的感觉器官，而是其具体形式：它与客观世界的关系，它对该世界的看法，它在该世界中的位置。若说我们面临着麦克卢汉认为的感觉中枢的整改，还不如说我们面临着主体普遍性的去稳定化（de-stabilization）。信息方式中的主体已不再居于绝对时/空的某一点，不再享有物质世界中某个固定的制高点，再不能从这一制高点对诸多可能选择进行理性的推算。相反，这一主体因数据库而被多重化，被电脑化的信息传递及意义协商所消散，被电视广告去语境化（decontextualized），并被重新指定身份，在符号的电子化传输中被持续分解和物质化。"[②]

英国学者雷蒙·威廉士则对麦克卢汉的媒介决定论背后所蕴含的"去意识形态化的意识形态"深感忧虑，他认为："不同的媒介，当然各

[①] [加拿大]马歇尔·麦克卢汉：《理解媒介——论人的延伸》，何道宽译，商务印书馆2000年版，第409、413页。

[②] [美]马克·波斯特：《信息方式——后结构主义与社会语境》，范静哗译，商务印书馆2000年版，第25页。

第二章 抵制电视节目低俗化的西方思想资源

有特征;而这些特征与特定的历史文化情境与意向,又互有关联。麦克卢汉的著作,最初之所以引人侧目,就是因为他很明确地分辨了不同媒介的特殊性:演说、印刷媒介、收音机与电视,本质互异,各有专擅。但在麦氏的著作之中,一如整个形式主义的传统,媒介从来就不是活生生的形式运作(practices)。形式论者把媒介的各种运作,以独断的标准,当作是内在于阅听人的心灵效用。如此一来,各种一般性或特殊性的意向问题,也就没有研究的必要。如果一个个媒介本质上都只是心灵上的调适,都是从一个概括化的人体器官及周遭的环境而来,而不是从人与人的社会关系网络中产生,那么所谓的意向,不论特定或是一般,自然也就毫不相关。意向既然不值得一谈,媒介内容是假是真,也就不必细论。依此理论,所有媒介的运作情况,事实上都没有了社会的影迹;媒介传出的文字或音讯影像,纯粹只在被抽象化的感觉中枢之中,作其物理运动,这些讯息如有任何的不同,也只不过是所能引起的感觉,有大有小罢了。"[1]

这样,在审视电视的媒介特质的时候,发掘隐藏在作为电子科技装置的电视背后的文化意涵就很有必要。

正所谓"国之大事,在祀与戎"(《左传·成公十三年》),作为一种自组织存在,一个社会除了应对外来的挑战,还要通过作为"祀"的仪式来传承传统,培育内在的文化认同。弗朗西斯·福山告诉我们:"仪式化加强了社会化。仪式的作用是通过建立固定的行为模式,把个人与团体联系在一起,这种行为模式将会代代流传。从理性选择的角度来看,大多数仪式似乎是武断而又毫无意义的,但是人们却会对这些意识投入大量的情感。要中断或修改仪式都是在向其赖以支撑的团体的完整性提出挑战,因此,将会遭到强烈反对。"[2] 在这个过程中,媒介的力量不言自明。美国学者尼尔·波兹曼认为:"我们也许会说,技术和媒介的关系就像大脑和思想一样。大脑和技术都是物质装置,思想和媒介都是使物

---

[1] [英]雷蒙·威廉士:《电视:科技与文化形式》,冯建三译,(台湾)远流出版事业股份有限公司1992年版,第159页。

[2] [美]弗朗西斯·福山:《大分裂:人类本性与社会秩序的重建》,刘榜离等译,中国社会科学出版社2002年版,第278—279页。

质装置派上用场的东西。一旦技术使用了某种特殊的象征符号,在某种特殊的社会环境中找到了自己的位置或融入到了经济和政治领域中,它就会变成媒介。换句话说,一种技术只是一台机器,媒介是这台机器创造的社会和文化环境。"①

而麦克卢汉也不得不承认:"也许,给电视观众留下最强烈印象的是肯尼迪的葬礼。观众感到,电视能给一个场景赋予公众参与性,具有强大的感染力。除了体育节目之外,没有任何国家大事有过如此广泛的覆盖率和收视率。它显示了电视在使观众参与一个复杂过程中那种无与伦比的力量。该葬礼作为一个公众参与的过程,甚至使体育节目的形象也苍白无力,使之缩小到微弱的地位。简言之,肯尼迪的葬礼,体现了电视使全国人民卷入一种仪式过程中的力量。与之相比,报纸、电影,甚至电台,只不过是消费者的包装用品而已。"②

对从仪式角度审视电视的视角表达得最为清晰的当属美国学者凯瑞,"对凯瑞而言,媒介并不只是主流效果学派所定义的那种信息传递的载体,而是社会维系仪式中的重要组成部分"。"凯瑞认为现代传媒技术如电报、电话、广播、电缆、计算机网络等都是服务于符号的创造、维系与修改。媒介技术最大的影响是作用于我们的社会实践,而不是直接地改变人的心理。技术开拓了市场,扩展了地域,改变了工作方式,根除了先前的文化空间和时间,重新复制了新的文化资本形式,建立了对知识的垄断。大众传媒成了群体利益的永久的场所,纷争的焦点是谁的对现实的解释将会被确立或取代。"③

因此,在认清电视并非单纯的传播技术而也是一种"社会维系仪式中的重要组成部分"以后,讨论电视节目低俗化问题显然是一个值得讨论的问题。而当西方研究者将电视同"颠覆性媒介"这样的判断联系在一起时,令我们对电视节目低俗化问题有了更迫切的研究冲动。

---

① [美]尼尔·波兹曼:《娱乐至死》,章艳译,广西师范大学出版社 2004 年版,第 110—111 页。

② [加拿大]马歇尔·麦克卢汉:《理解媒介——论人的延伸》,何道宽译,商务印书馆 2000 年版,第 415 页。

③ 鲁曙明、洪浚浩主编:《西方人文科学前沿述评·传播学》,中国人民大学出版社 2007 年版,第 92、94 页。

第二章 抵制电视节目低俗化的西方思想资源

英国哲学家罗素在论及古希腊伯里克利时代的雅典时写道:"雅典城的财富以及文化都迅速地增加;而且正如这种时代所必然会发生的一样,尤其是当财富由于对外贸易而增加的时候,传统的道德与传统的信仰就衰退了。"① 当下中国内地的电视节目低俗化问题,就是在财富及文化迅速增加的背景下"传统的道德与传统的信仰"衰退的表征,不过,与彼时雅典城相比,除了等而下之的消费主义商业文化的乌烟瘴气外,笔者认为,当下中国电视节目低俗化所反映的更是,在现代市场形塑道德与信仰的过程中,中国电视人的慌不择路,而为这种行为失范加以辩护的理论根据正是基于自由主义的道德哲学框架。因此,尽管是一种艰涩的理论路径,我们仍然无法回避的是,抵制电视节目低俗化问题首先是一个道德哲学问题。将价值问题悬置起来的自由主义道德的哲学框架,借助收视率导向,把本应成为"社会公器"的电视变成形形色色的节目创作集体肆意寻租的"文化公地",而电视节目低俗化就是这一问题的最直接的表现。电视节目内容的生成是在公权力部门、电视节目传播机构和观众之间的博弈中完成的。媚俗是电视工业得以顺利运行的润滑剂,社会公权力部门有责任在大众传播领域对公民个人道德偏好进行引导,电视节目制作集体参与主体对电视节目质量承担着不可推卸的责任。

一 作为文化颠覆者的电视

"颠覆"一词在"后"学中出现的极为频繁,有人戏称一些"后"学的著述开口"颠覆后现代",闭口"解构后殖民"。而将电视称为"颠覆性传媒"的则是大名鼎鼎的美国社会学家和未来学家阿尔文·托夫勒,他在《力量转移》一书中的第二十七章的标题就是"颠覆性的传播媒介"。托夫勒认为:"在全世界各地,人们在利用新的传播媒介或使用老传媒的新方法来对国家的权力提出挑战——有时是推翻这种权力。"② 托夫勒在这里说的"新的传播媒介或使用老传媒的新方法",在相当大的程度上指的就是电视,因为他详细地描述了电视在东欧剧变、马科斯倒台等重大社会变革和政权交替中所起的巨大作用。因此,将电视称为"颠

---

① [英]罗素:《西方哲学史》,何兆武等译,商务印书馆1963年版,第115页。
② [美]阿尔文·托夫勒:《力量转移》,刘炳章等译,新华出版社1996年版,第383页。

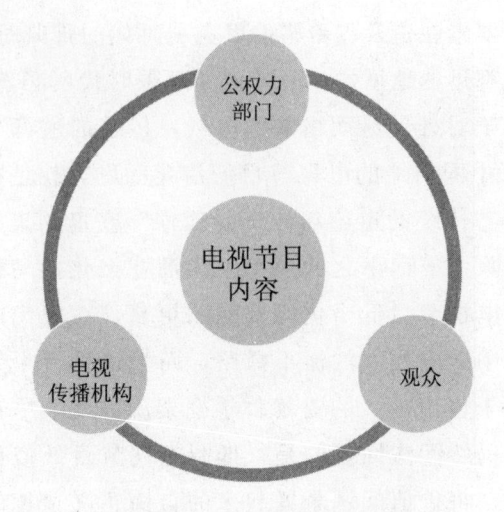

电视节目内容生成的三角关系

覆性传媒",正是托夫勒在研究分析了 20 世纪 80 年代以来世界上的一些重大政治事件后得出的结论。

这一结论在哈贝马斯为其著名的《公共领域的结构转型》一书于 1990 年所写的"再版序言"中得到了回应:"民主德国、捷克斯洛伐克和罗马尼亚巨变构成了链形事件,它不仅是电视转播的一个历史事件,它自身正是通过电视转播的方式完成的。大众传媒不仅起到了世界范围内的传播作用。与 19 世纪和 20 世纪早期不同,电视使得游行民众在广场和街道的真实在场转变成为无所不在的在场,因此,他们展现出了革命力量。"①

这种颠覆力量也同样相对隐秘地存在于文化领域,"文化的颠覆者"就是美国著名的国际问题专家布热津斯基给美国的影视制造厂家下的结论性断语。他指出:"可以毫不夸张地说,好莱坞影片和电视制作厂家已成了文化的颠覆者,正是他们——毫无顾忌地利用美国宪法第一修正案所提供的保护——一直不断地传播自我毁灭的社会伦理。"②

曾经担任美国总统国家安全顾问的布热津斯基,在充分注意到电视

---

① [德]尤尔根·哈贝马斯:《公共领域的结构转型》,曹卫东等译,学林出版社 1999 年版,第 32 页。
② [美]布热津斯基:《大失控与大混乱》,潘嘉玢等译,中国社会科学出版社 1995 年版,第 82 页。

第二章 抵制电视节目低俗化的西方思想资源

的吸引力和影响力的同时,对电视的批评可谓入木三分。布热津斯基对电视的批判的深刻和尖锐,无论在中国还是在外国都是十分少见的。

一方面,他对电视影响的正面评价可以达到很高的程度:"随着全世界观众越来越多地盯着电视机屏幕,不论是在强迫的宗教正统观念的时代,还是在极权主义灌输教育的最高潮,都无法与电视对观众所施加的文化和哲学上的影响相提并论。"另一方面,布氏在列举20个美国需要兴利除弊的基本难题时指出:"通过视觉媒体大规模地传播道德败坏的世风——作为吸引观众的手段,以娱乐为幌子,事实上宣扬性和暴力以及实际上是传播瞬时的自我满足。"①

布热津斯基还认为,西方的电视逐步地越来越成为感官的、性的和轰动性的,电视在破坏代代继承的传统和价值观念方面起了特别大的作用。电视的娱乐节目——甚至新闻节目——都拼命渲染现实,使之产生脱离道德支柱的有新奇感的刺激,同时把物质或性欲的自我满足描绘成正当的,甚至是值得赞扬的行为。电视对美国价值观念形成起了特别消极的作用,它迎合最低级的尽人皆知的本能。大众媒介所传播的价值观念一再表明,它完全有理由可被称之为道德败坏和文化堕落。在这方面,电视尤其是罪魁祸首。

布氏还谈到了电视在大众文化发展中的作用,他认为:"像詹姆斯·特威切尔在他的讽刺作品《狂欢作乐的文化——美国风格的沦丧》中所说,美国电视已成为'一种媒介,其内容有深远影响而又庸俗不堪,几乎一味地从现代文化中搬出不登大雅之堂的东西使之成为行为的准则'。结果是出现了一种被牟取暴利者所驱动的大众文化,他们正是利用了大众对庸俗、色情甚至野蛮行为的渴求心理。伤风败俗和享乐主义在文化中占了这么大的优势,就必然对社会价值观念起涣散的作用,并损伤和破坏曾经被人们笃信的信念。"②

布热津斯基这种对电视的激愤之情,并没有影响到他曾作为美国政府的高级谋士的"预警"职责,在他看来,"丰饶中的纵欲无度"是西方

---

① [美]布热津斯基:《大失控与大混乱》,潘嘉玢等译,中国社会科学出版社1995年版,第80、118页。
② 同上书,第124页。

国家面临的历史性危险,在西方社会里,物质享受上的纵欲无度越来越主宰和界定着个人生存的内容和目标。因而,对这个问题表示认真的和正当的关注是不无道理的。

布热津斯基断言:"电视——大众文化的主要提供者——越来越把幸福生活的定义说成是更普遍地获得商品和立即得到自我满足。乌托邦的狂热就这样被欲壑难填的消费挥霍所取代。""在一定程度上也可以从电视节目中推断出所倡导的价值观念:它们显然颂扬自我满足;视强暴和野蛮行为为正常现象;通过实例及对同龄人激起仿效的压力(向美国青少年和儿童播放的阴茎套广告,渲染了他们是'性主动'的潜在的顾客——显而易见的负面推论是,不这么干的人是'性冷淡')鼓励性乱行为;以及迎合最低级的尽人皆知的本能。其结果是对社会行为失去了控制。"①

特别需要指出的是,布热津斯基提出的"丰饶中的纵欲无度",堪称所谓追问"现代性"的一个著名命题。它与马尔库塞提出的"虚假需要"等命题一样,阐明了这样一个道理:人的贪婪和欲望的无限扩张,不仅塑造了独断的主体,而且也塑造了工具和手段意义上的客体。布热津斯基得出的这一结论是十分耐人寻味的:一个以自我满足为行事准则的社会也会成为一个不再有任何道德判断标准的社会。人人都认为有权利得到他所要的东西,不论他应不应得到。这样一来,道德判断就成了可有可无的了。这种道德真空状态界定了精神空虚概念的基本定义——一种看来越来越扩散到所谓西方文明的大部分领域的空虚之感。

而这种道德水准的销蚀,除了公然突破人类道德底线的那一部分传播内容以外,更多地是以一种媚俗的状态出现的,取悦观众是压倒一切的问题。在法国思想家让·波德里亚看来:"媚俗,和演说中的'陈词滥调'等值。而我们应该理解,媚俗和摆设一样,在这里指的是一个范畴,尽管这一范畴很难加以限定,但不应将其与这些或那些真实的物品混淆起来。……它自己会宁愿把自己定义为伪物品,即定义为模拟、复制、仿制品、铅版,定义为真实含义的缺乏和符号、寓物参照、不协调内涵

---

① [美]布热津斯基:《大失控与大混乱》,潘嘉玢等译,中国社会科学出版社1995年版,第81、82页。

第二章 抵制电视节目低俗化的西方思想资源

的过剩,定义为对细节的歌颂并被细节填满。"① 归根结底,媚俗的公式就是"好像……"首先表现为对仿照对象的再现,更重要的是,要把这种再现作为满足消费者口味的过程的一部分,把原本不属于消费者的存在物转换为消费过程的组成部分。在这个过程中,存在着两种截然不同的机制,一种可以称之为"灵韵机制","灵韵"一词与本雅明的关系众所周知,他将其与艺术品的独特品质相联系,这里我们不妨将其外延扩大至所有真实物品(或事件)那里,即生发出真实物品本身所具有的独有的或转瞬即逝的内涵的机制,而另一种则可以称之为"消费机制",即消费者持久的彼此相异的需求所必然引发的"内涵的空洞化"的过程。这两种机制彼此的关系与葛兰西的"霸权理论"所阐述的各种精神力量彼此争夺所构成的场域相似。而正是媚俗将二者的冲突加以弥合,并按照消费机制对灵韵机制加以整饬,以实现这两种机制外在和谐与内在紧张的存在状态,即可以用以出售的状态。

作为仿像的电视天然是媚俗的载体,媚俗是电视工业的血液。这种例子在电视的各种传播类型中很容易找到。例如对犯罪过程的精心再现,这是佛教的讲经文或基督教的宗教剧这类劝谕型作品在电视里的对应物,这种节目所仿制的显然是曾经出现的血腥现实,然而却抽离了当时情境中的个体所必然遇到的人性战栗,观众只需在毫无风险(文化工业对"看客心理"这一低俗消费需要的把握和满足,已经培养起至少几代消费者了,道德问题已经稀释到单纯作为社会文化的点缀,只是使人类区别于畜类的程度)的前提下模拟体验一下作为他者的社会成员曾经遭遇的苦难,刺激而又无道德风险,这是最重要的,而电视是在现有媒介技术条件下最接近这一要求的。

正如德国哲学家阿多诺所指出的那样:"使观众等闲看待像夜店这样的东西和暗示可能的作奸犯科不过是生活中的小菜一碟的方式,诱使观众用如许方式看待生活中的冲突。这可能足以说明在那些反对教唆观众犯罪的所有大众媒介的老派批评中所蕴涵的要义。具有决定性意义的是,这种犯罪常态化的氛围(其呈现基于日常生活场景)从不用多说,是通

---

① [法]让·波德里亚:《消费社会》,刘成富等译,南京大学出版社 2006 年版,第 80 页。

过真实场景铺天盖地地加以呈现的。这种做法可能对某类观众影响更大，这可比节目对犯罪的明确的道德训诫和绳之以法的常规做法效果更明显。问题的严重性不在于将犯罪表现为另类的无控制的性冲动或侵犯冲动，而是这种做法自以为是地坚持真实表现所有问题的观念。这样，真实的生活就充斥着从骨子里排斥充分经验的那类意义，无论被顽固地构建起来的那种'真实性'是多么虚有其表。"[1] 于是，公众的趣味就在这种伪现实主义的画布上绘出了亵渎神圣、躲避崇高、玩弄经典、戏耍真诚的胜景。

还有就是一些学者走上电视向观众讲述历史，尽管毋庸否认这一形式的历史进步意义，例如学术普及之类，但是正如资本主义社会具有巨大的历史进步意义，而这并不妨碍马克思、恩格斯对其进行毫不留情地、完全彻底地批判，同样，在这里，"电视历史学家"的进步意义也不妨碍我们对其与电视工业共谋的一面加以分析。这种学术传播形式本身就是地道的电视对于学术的仿像，对某一问题的结论，传播者往往回避了推理过程及相关研究，对历史细节的把玩超过了对事件本身真实性的深入考证，对在场或不在场观众心理的俘获超过了对学术分歧及其局限所带来的不确定性，人类对自身历史记忆的缺失以及必然带来的遗憾被忽略掉了。而对历史事实伦理内涵进行迎合当下情境的实用主义解读又明显与其学术正装不相匹配。不过，电视完成了观众消费学术的过程，观众完成了对学术的祛魅，学术完成了把自主性让渡给观众的过程。而这一切又是仿真的，但绝不是真实本身，真正完成的是用谰言诋毁人类精神换来了真金白银，用斯文扫地换来了收视率的蹿红。真正的学术场域并没有失去什么，倒是观众失去了了解真正学术生活的好奇心。而真正的学术人文科学研究作品哪怕通过电视进行呈现的学者讲座，绝非"不过如此"的消费品，而是直指世道人心、追求事实真相的上下求索。而涉及公共问题的电视谈话类节目也像哈贝马斯所指出的那样："今天，讨论本身受到了管制：讲台上的专业对话、公开讨论和圆桌节目——私人的批判变成了电台和电视上明星的节目，可以圈起来收门票，当作为会议

---

[1] Theodor W. Adorno, "How to Look at Television", in J. M. Bernstein (eds.), *The Culture Industry: Selected Essays on Mass Culture*, New York: Routledge, 2001, p. 170.

第二章 抵制电视节目低俗化的西方思想资源

出现,人人可以'参加'时,批判就已经具有了商品形式。"①

在梳理对西方电视节目低俗化批评中的伦理追问这条线索时,我们注意到了这样一种现象,这就是对电视进行了尖锐批评的非传播学学者们,在涉及电视的问题时总是表现出一种"宏大叙事"的特点,亦即将电视传播中的问题置于对当代资本主义的严重缺陷的抨击之中,这种开阔的视野较之单纯的大众传播学层面的电视批评显然要更深刻得多,更敏锐得多。而且,这种来自非传播学、电视学的话语,由于是在全面探讨资本主义作为一种价值体系和经济、社会组织结构的命运以及出路问题时表达的,所以,其直白叙述的特点较之学理的分析更容易有阅读的顺畅感并产生直接的联想。在这方面,美国当代著名的经济学家瑟罗在《资本主义的未来》一书中对电视的负面影响的分析,具有代表性。

与人类的印刷文化产生的书面文本相比,电视不是一种文化内涵丰富的媒体。美国的著名经济学家瑟罗就曾断言:"一种视觉——口头语言的媒介从很多方面把我们推回到文盲的世界。重要的是情绪视觉对感觉和恐惧的感染力,而不是逻辑对抽象的有活力的思维的感染力。""一个人只有通过学习才会阅读。学习阅读要花气力、花时间,要有投入。看电视则不必去学,不需要花气力。两者之间的差别是巨大的。随着电视语汇的缩小,看电视的人语汇也跟着缩小。从书写文字向视觉——口头语言媒介的转移将会改变我们思维和决策的方式。著名的演说家和古希腊、罗马的演说词都不会再有了。著名的美国演说家和演说词也不会再有了。"② 瑟罗的这种担心不无道理。尽管发达国家电视传播面对的社会环境与中国有极大的差别,但电视对人类在文字发明后几千年里逐步发展起来的读写能力是一种巨大的侵蚀。问题的更严重的程度在于:"电子媒介正在改变我们的价值观,这种价值观反过来将会改变我们社会的性质。"③ 显然,提高电视自身的文化含量的意义,已远远超过了电视文化发展本身。

瑟罗在阐述世界经济变化的内在动因时,提出了"五大板块运动"

---

① [德]尤尔根·哈贝马斯:《公共领域的结构转型》,曹卫东等译,学林出版社1999年版,第191页。
② [美]莱斯特·瑟罗:《资本主义的未来》,周晓钟译,中国社会科学出版社1998年版,第81页。
③ 同上书,第85页。

的观点,并将电视的影响置于"人工智能产业时代"这一板块,表达了作为一个经济学家对电视的影响和作用的深刻洞察:"人类的文化和人类的价值观有史以来第一次为追求利润最大化的电子媒介所左右。人类社会几乎彻底地让商业市场来决定他们的价值观和模仿的榜样,这是前所未有的。无论从深度(看电视花去的时间)还是广度(看电视的人口比例)上说,电视创造的文化渗透力也是前所未有的。"①

瑟罗一针见血地指出:"在媒体世界里,除了警察和贩毒者外,谁都吃不开。电视世界是一个不事生产只讲消费的世界。过去什么都不必做就能有今天的消费,今天什么都不必做就能保证明天的消费。根本没有什么为了将来的投资。但是,资本主义若想生存下去就需要为将来投资。"②只要我们看一看屏幕上常见的灯红酒绿、纸醉金迷、腰缠万贯、佳丽云集,再将社会的真实状况与屏幕上的人物生活作一个简单的比较,我们就不难发现这个屏幕为人们虚拟了一个多么虚幻的空间,正像这位对当代资本主义的缺陷进行了猛烈抨击的瑟罗指出的那样:"如今,最经常被邀请来你家的邻居并不是你真正的邻居。电视上的家庭比真实的一般美国家庭大约要富裕4倍,这就误导了许多真实的美国家庭,给他们留下一个夸大了的概念,好像一般美国家庭真有多富裕。把自己的家庭和这种虚构的家庭相比,结果大家都有一种丧气的感觉。"③"4倍"这一数字足以使人获得一种简单的清醒,4倍放在中国会是几倍呢?相信一切智力正常的人都会做出自己的正确判断。

瑟罗的上述观点,与布热津斯基颇有应和之处,布氏在抨击电视传播中的"道德上败坏的幸福生活"时指出:所谓高等社会的"奢侈生活尽管受到某些社会批评家的讥讽,在杂志和报纸的社会版上还是作为令人向往之事大加宣传,而他们的贪婪则往往被吹捧为衡量他们职业才干的准则"。对于消费时代的"贪婪的富有阶级"和"日益弥漫的精神空虚感",布氏认为:"大众文化主要媒体的大肆渲染——对物质财富的崇拜,

---

① [美]莱斯特·瑟罗:《资本主义的未来》,周晓钟译,中国社会科学出版社1998年版,第80页。
② 同上书,第84页。
③ 同上。

第二章 抵制电视节目低俗化的西方思想资源

提倡消费和鼓吹自我放纵就是幸福生活,从而掩盖了主要的社会难题,并抑制了做出某种终将真正有效补救行动的反应。"① 或许我们会对这些道德范畴的伦理追问产生一种情绪化的印象,但我们只要将这些对电视的批评置于一个更广阔、更宏大的历史背景与框架中来作完整的解读,我们就不难发现这些大师级人物的良苦用心——认清人类社会面临的挑战,形成向未来投资的共识,表达他们对时代性和体制性问题的真知灼见。因此,这些对电视的伦理追问,其着眼点仍不失为探讨电视的可持续发展这一根本问题。

电视是 20 世纪对人类生活产生了重大影响的伟大发明之一,从文化发展的意义上说,电视传播是文化传播的革命性变革,电视文化对人们的影响已经远远超过了当今其他任何文化形态,电视成为改造社会的一种全新的文化力量。然而,电视对文化的影响并非只有积极作用,许多有识之士早就指出了收视率、销售量等市场营销术语引入"电视文化生产",其本身就是文化的一种异化。

在商品经济大潮的冲击下,消费文化形成了对传统文化、精英文化的巨大冲击,"物质丰裕,精神痛苦"这种"病态社会"中人们被异化了的生活也通过电视表现出来。同电影、唱片和广播相比,美国学者尼尔·波兹曼认为:"电视是我们文化中存在的、了解文化的最主要方式。于是——这是关键之处——电视中表现的世界便成了这个世界应该如何存在的模型。娱乐不仅仅在电视上成为所有话语的象征,在电视下这种象征仍然统治着一切。就像印刷术曾经控制政治、宗教、商业、教育、法律和其他重要社会事务的运行方式一样,现在电视决定着一切。在法庭、教室、手术室、会议室和教堂里,甚至在飞机上,美国人不再彼此交谈,他们彼此娱乐。他们不交流思想,而是交流图像。他们争论问题不是靠观点取胜,他们靠的是中看的外表、名人效应和电视广告。"② 因此,研究电视对文化发展的影响,批判精神是绝对不可缺少的。

---

① [美] 布热津斯基:《大失控与大混乱》,潘嘉玢等译,中国社会科学出版社 1995 年版,第 83、123 页。
② [美] 尼尔·波兹曼:《娱乐至死》,章艳译,广西师范大学出版社 2004 年版,第 121 页。

二 作为"电子怪兽"的电视

检索电视低俗化批判的理论线索时,我们发现,在对电视乃至对大众文化的声讨声中,源于土生土长的本土理论话语并不多,更多的是来自西方现当代文化批判理论,尤其是法兰克福学派的大众文化批判理论。这一学派的一些代表人物,特别是阿多诺、马尔库塞、弗罗姆等人的理论,更是时常被人用来引经据典。这是因为,法兰克福学派标榜社会批判理论,批判的矛头直接指向现代西方资本主义社会。

有趣的是,这一学派的不少代表人物就生活在电视大发展的年代,他们的观点明显带有对包括电视在内的现代传媒的批判色彩。比如马尔库塞,他在《单向度的人》这部著作中就特别指出,科学技术越发展,当代工业社会的意识形态就越具有控制性。社会可以借助各种媒介和舆论工具如无线电、电影、电视、报刊、广告等加强对人们心理的控制和操纵,使人最终丧失那种人之所以成其为人的"内在的自由"。

马克思和恩格斯在《共产党宣言》中这样描述资产阶级时代不同于其他一切时代的地方:"生产上的不断变革,一切社会关系不停的动荡,永远的不安定和变动","一切固定的古老的关系以及与之相适应的素被尊崇的观念和见解都被消除了,一切新形成的关系等不到固定下来就陈旧了。一切固定的东西都烟消云散了,一切神圣的东西都被亵渎了。人们终于不得不用冷静的眼光来看他们的生活地位,他们的相互关系"[①]。

而法兰克福学派的出现就与上述情形的不断深化有着直接的联系。曾有学者形象地描述了法兰克福学派的历史成因:"在现代的工业社会中,人或者被视为孤立的个体,或者被视为集结在一起的群众;而无论如何,个体性的一切美善都已消失。现代世界变成了精神的荒漠,生命所曾拥有的一切意义都已消失;人是空洞、迷失的灵魂,游荡于他们无法了解的世界。这些主题以不同的面貌,出现于多位社会学开创者的著作中。在马克思,那是异化;在涂尔干,那是失范;在韦伯,那是魔咒的解除。而在法兰克福学派的笔下,萧瑟的风景已经变成梦魇:社会世

---

① 《马克思恩格斯选集》(第1卷),人民出版社1972年版,第254页。

第二章 抵制电视节目低俗化的西方思想资源

界变成了电子怪兽，不断喂饱它自己的成员，且不断操纵与吸收一切可能出现的反抗。"① 而显然，电视与"电子怪兽"的隐喻是很接近的，甚至可以说，电视本身就是一只无所不在的"电子怪兽"。

法兰克福学派"批判理论"的一个重要组成部分是对科学技术的批判。他们认为，科学的各种规则和技术的专门化操作以超于价值判断的方式支配人所有的认识活动，造成了文化和个性的毁灭。

法兰克福学派的科学技术批判理论在霍克海默20世纪30年代的著作中已见端倪。他和阿多诺在探讨法西斯主义形成的根源时，把法西斯主义看作是自培根以来的资产阶级启蒙运动发展的必然结果。他们认为，应用科学的伟大发现是以不断减少理性觉醒为代价的，它无视各种本质存在和人在社会中的唯一性，而只是对在任何状态下能用数量关系来表达并被利用来为技术服务感兴趣。在《启蒙的辩证法》这部著名的著作中，霍克海默和阿多诺对启蒙时代以来科学技术的充分发展进行了深入的批判。在他们看来，西方文化以科学技术为前导，把自然作为被剥夺的对象，这虽然导致了物质财富的成倍增长，但却付出了人和自然严重对抗以及人性堕落的昂贵代价，这就是所谓的"启蒙的辩证法"，即科学技术发展的辩证法。科学技术在建树文化的同时却又在摧毁文化，这一警钟长鸣般的警世恒言，随着文学名著被电视的"解构"，随着"大辫子"电视剧的热播和"气死历史学家"的喧嚣，随着屏幕上灯红酒绿的奢华和哼哼唧唧的爱情的"你唱罢来我登场"，人们不能不感到深深的认同、悲哀和忧虑。

法兰克福学派的代表人物之一马尔库塞是现代西方社会最有名的批判家，他对现代资本主义社会的批判，首先就是从对"消费控制"的批判开始的。在他看来，追求物质享受并不是人的本质特征，但是，在现代西方社会里，人们恰恰把物质需求作为自己的最基本的需求。一旦把追求物质享受这种"虚假的需求"奉为信条，就出现了人与整个社会制度的"一体化"。在这种"一体化"统治下人所过的是一种"痛苦中的安乐生活"。人们拥有自己的高级住宅、小汽车、彩色电视机，不言而喻，

---

① 转引自于海《西方社会思想史》，复旦大学出版社1997年版，第457页。

还有吃和穿的东西,这当然是够"安乐"的了,但须知,这是建立在痛苦基础上的"安乐"。全部的关键在于,人们在把物质需求作为自己的基本需求以后,实际上他们已是"为了商品而生活",已把"商品作为自己生活灵魂的中心"。人同产品的关系完全颠倒了,不是产品为了满足人的需要而被生产,而是人为了使产品得到消费而存在。人拜倒在物面前,把物作为自己的灵魂,这就意味着忘却了、失去了自己的灵魂。马尔库塞指出,这种由于实行"强迫性的消费"所带来的人与物之间关系的颠倒,人的本质的异化,比马克思在《1844年经济学哲学手稿》中所描述的那种发生在资本主义早期阶段的、由于"劳动产品"的异化所带来的人性的异化严重得多。①

马尔库塞在《单向度的人》中将当代工业社会称为"病态社会",其最大病症就是它使人变成了单向度的人,即丧失了对现存社会否定和批判的原则这一第二向度,而只剩下屈从于现存社会制度的向度的人。单向度的人丧失了合理地批判社会现实的能力,不去把现存制度同应该存在的"真正世界"相对照,也就丧失了理性、自由、美和生活的欢乐的习惯。人变成单向度的人是对人的本性的摧残。

哈贝马斯是法兰克福学派第二代的主要代表人物,他对现代科学技术的批判可谓入木三分。哈贝马斯认为,在"晚期资本主义"社会中,出现了抬高技术问题,排斥政治问题的倾向,即将社会问题重新界定为技术问题,而置政治问题于不顾,人民群众中普遍滋生一种"明哲保身主义"。大家都事不关己,高高挂起。丧失了政治意识的人民群众,只因"晚期资本主义"社会崇尚"技术统治论",发展科学技术,生产了足够数量的物质财富,就认为它是合法的,值得认可的。哈贝马斯对科技在"晚期资本主义"社会中的异化的揭露和批判是有积极意义的,他的思想在我国思想理论界,尤其在一部分青年学者中有广泛的影响。

那么,像法兰克福学派为什么会对掌握话语权的中国思想文化界产生巨大影响呢?有学者认为,这是因为这些理论的"价值取向与思维方式,与中国人文知识分子有着天然的、深刻的亲和性"②。我们知道,与

---

① 转引自于海《西方社会思想史》,复旦大学出版社1997年版,第479页。
② 陶东风:《经济民主与经济自由》,生活·读书·新知三联书店1997年版,第299页。

第二章　抵制电视节目低俗化的西方思想资源

中国开始步入社会主义市场经济基本同步，中国电视也开始名正言顺地走向市场，正当此时，"文化滑坡""文化失衡"的痛心疾首的惊呼也此起彼伏，电视中的庸俗化、商业化倾向受到了许多人的批评。这时，中国的思想文化界出现了一场有关人文精神的大讨论。人文精神论者在批判世俗化和大众文化时，对法兰克福学派等西方的人文主义理论表现出了一种高度的默契。

尹鸿在《为人文精神守望：当代中国大众文化批评导论》一文中断言："中国的文化主流突然离开了五四以来近百年的思想、美学和文化传统，人文知识分子对文化的控制权拱手让给了金钱、资本，创造、风格、艺术被策划、工艺操作所替代，中国文化进入了一个大众文化的时代。"① 然后，他介绍了西方的大众文化批判理论，尤其是法兰克福学派与英国当代文化研究中心的批判理论。最后是运用这些理论批判中国的大众文化，其所指出的中国大众文化的负面影响，如形象的复制导致对现实的非真实认知、梦幻性特征强化人们的妥协与逃避、放弃反抗、复制性导致审美能力的退化等，与法兰克福学派对西方大众文化的批判基本相同或相似。

金元浦在《试论当代的文化工业》一文中，明确地援用了法兰克福学派的文化批判理论范式，文章所列举的大众文化的商业化、标准化、模式化、伪个性、反艺术、批量化等特征无疑都是来自法兰克福理论家对西方大众文化的分析，而不是来自对于中国本土文化现实的解读。尤其值得注意的是，文章认为，自20世纪80年代以来，我国的文化经历了由单一革命教化文化向包括先锋文化、纯文艺、通俗文化、娱乐文化在内的多元文化发展，"以商品经济为根本特征的我国文化工业在这一过程中逐步发展起来"②。

实际上，在有关人文精神的讨论中，热衷于运用法兰克福学派的理论来批判中国当代大众文化随处可见。在对电视的学理批判中，"终极关怀""生命体验""痛苦""焦虑""战栗""生存境遇"之类生命哲学和存在主义的常用术语也很多见，也是中国电视批判话语中重要的理论来源之一。

---

① 尹鸿：《为人文精神守望》，《天津社会科学》1996年第2期。
② 金元浦：《讨论当代的文化工业》，《文艺理论研究》1994年第2期。

我们认为，法兰克福学派的社会批判理论之所以构成中国电视早期批评理论的主体，更重要的原因还在于社会的需求，正像恩格斯说过的那样："理论在一个国家的实现程度，决定于理论满足这个国家的需要程度。"① 今天，"人文"一词可以说已经成了许多人的口头禅。学术研究中的"人文关怀""人文精神""人文理想"，日常生活中的"人文景观""人文传统""人文地理"等用语司空见惯。

考察西方电视批评理论的思想资源，有两个关键词是绝不能忽略的，一个是大众文化，一个是文化工业。

法兰克福学派对大众文化抱着明显的批判态度。在对大众文化批判的问题上，阿多诺比较突出。在他看来，大众文化起码存在这样几个弊端："大众文化呈现商品化趋势，具有商品拜物教特性。""大众文化生产的标准化、齐一化，导致扼杀个性。""大众文化是一种支配力量，具有强制性。"大众文化"剥夺了个人的自由选择"②。而布热津斯基的这样一个断言却与法兰克福学派有异曲同工之妙："电视——大众文化的主要提供者——越来越把幸福生活的定义说成是更普遍地获得商品和立即得到自我满足。乌托邦的狂热就这样被欲壑难填的消费挥霍所取代。"③

"文化工业"这一概念，应追溯到法兰克福学派的外围成员本雅明 1926年发表的一篇文章——《机械复制时代的艺术作品》。本雅明在这篇文章里首先提出了 20 世纪二三十年代出现的一个新的文化现象，就是收音机、留声机、电影的出现带来的文化方面的变化，提出复制技术使文学艺术作品出现质的变化，艺术品不再是一次性存在，而是可批量生产的。这就使艺术品从由少数人垄断性的欣赏中解放出来，为大多数人所共享。本雅明认为这是文化的革命和解放，给无产阶级文化带来了广阔天地。

此文的观点招来了法兰克福学派的主要代表人物阿多诺的批评，阿多诺和霍克海默在 1947 年出版的《启蒙的辩证法》一书中，首先使用了"文化工业"（Culture Industry）一词。开始写作时阿多诺用的是"大众

---

① 《马克思恩格斯选集》（第1卷），人民出版社 1972 年版，第 9 页。
② 于海：《西方社会思想史》，复旦大学出版社 1993 年版，第 473—475 页。
③ ［美］布热津斯基：《大失控与大混乱》，潘嘉玢等译，中国社会科学出版社 1995 年版，第 82 页。

文化"一词，后来又改为"文化工业"。

1963年，阿多诺在《文化工业的再思考》中这样回忆说："在草稿中我们用'大众文化'。我们之所以用'文化工业'取代'大众文化'是为了从一开始就排除与它的鼓吹者相一致的那种解释：这里有点像从大众本身自发产生的文化问题，即现代大众艺术形式的问题。文化工业必定和后者有别。"[①] 显然，以"文化工业"取代"大众文化"，意在强调这种"文化"根本就与大众无关，"文化工业"是一个比"大众文化"更具批判性的概念。

在探讨当代资本主义社会的文化现状时，《启蒙的辩证法》专列一章"文化工业？欺骗群众的启蒙精神"，第一次系统地、分析性地使用了"文化工业"这个概念。两位作者认为，资本主义的发展已经使"电影和广播不再需要作为艺术"，而转变成了"工业"，因此就以"文化工业"指代这些新的文化现象。其含义是：马克思对商品生产的批判理论能够也应该被运用于符号产品的生产，应用于具有审美的、娱乐的、意识形态的使用价值产品的生产上。显然，在这一语境中，"文化工业"一词具有强烈的批判性和否定性意味，它像任何其他资本主义工业一样具有以下特征：使用异化劳动，追求利润，依靠技术、机器提供的竞争优势，主要致力于生产"消费者"，等等。通过这一概念，两位作者展开了当代发达国家文化和社会的深入批判。

虽然对法兰克福学派的总体评价不是本书的任务，不过，我们认为，法兰克福学派的研究结论自有其合理性："悲观主义是法兰克福学派伦理价值观的最后结论。他们否定无产阶级的历史使命，以绝望和恐惧的心理看待人类文明和科学技术的发展，缺乏任何有关未来社会的积极设想。因此，他们的批判是消极的，实际上是主张倒退。"[②]"法兰克福学派对文化工业所抱的敌视和忧虑态度中，那一种对晚期资本主义文明的深刻批判精神，以及强烈探求以文化救赎人生的使命感，每每思量下来，也难

[①] 阿多诺：《文化工业的再思考》，引自马丁·杰伊《阿多诺》，瞿铁鹏等译，中国社会科学出版社1992年版，第183页。

[②] 荣剑：《社会批判的理论与方法》，中国社会科学出版社1998年版，第265页。

叫人等闲视之。"①

而在消费主义大行其道的今天，法兰克福学派社会批判的研究理路自然在一些研究者那里显得有些落落寡合，正如英国学者迈克·费瑟斯通所说："今天，尽管人们对'消费文化'一词的兴趣和对它的使用与日俱增，阿多诺、霍克海默、马尔库塞及其他批判理论家的理论不再被看成很有意义的了。他们的方法取向，是通过对今天看来已经站不住脚的关于真实个体与虚假个体、正确需求与错误需求的区分，对大众文化进行精英主义式的批评。普遍的看法是，他们瞧不起下里巴人式的大众文化，并对大众阶级乐趣中的直率与真诚缺乏同情。而对后一点的强烈赞同正是人们转向后现代主义的关键。然而，尽管在分析消费文化时，出现了大众主义的转向，但批判理论家们提出的问题，诸如'如何区分文化的价值？''如何进行审美判断？'以及与实践问题相关的'我们应该怎样活着？'等，可以说实际上并没有被取消，而仅仅是被搁置到一边罢了。"② 笔者认为，这里仍然需要指出的是，即使前述法兰克福学派成员的学术思想现在看来仍有许多值得商榷之处，不过，造成这种现象的原因在很大程度上来自于他们对他们所处的那个历史阶段的时代精神的深刻把握，并比较充分地体现了那个时代的在今天看来所必然具有的局限性，也就造成了自身学术思想的片面性，以致时过境迁之后，与当下时学相比，颇有"闲坐说玄宗"之感。然而，当一些如今领风气之先的学者崇尚受众的日常经验、注重通过所谓"游击战"方式所带来的主观上的"解放"感相比，仍有问题难以回答：即这样的"解放"之后又怎样？无非准备着下一次的"游击战"，这距离"人诗意地栖居在大地之上"的追求又显得多么的苍白乏力，或许通过市场的"货币选票"机制对文化工业所带来的种种弊端加以纠正，然而这种推论的本身就是从一种乌托邦滑向了另一种经济民主最终导向文化解放的幻想，无论如何，种种对电视节目低俗化的辩解本身，都难以否认下面的现实：受众手中的文化资本依然有限，片刻的欢愉难掩终生的重负。不管怎么说，法兰克福学

---

① 陆扬、王毅：《大众文化与传媒》，上海三联书店 2000 年版，第 61 页。
② [英]迈克·费瑟斯通：《消费文化与后现代主义》（前言），刘精明译，译林出版社 2000 年版，第 2 页。

派终究是电视节目低俗化批判的极为重要的思想资源之一。

三 作为视觉文化的电视

如果说,法兰克福学派对电视的批判还显得吞吞吐吐的话,那么当西方社会思想发展到了丹尼尔·贝尔的后工业社会理论时,对电视的批判已经变得相当尖锐。

在他于1978年出版的《资本主义文化矛盾》一书中,贝尔进一步阐述了他的论点。贝尔尖锐地指出:"整个视觉文化因为比印刷更能迎合文化大众所具有的现代主义的冲动,它本身从文化意义上说就枯竭得更快。"对于事实上从20世纪50年代就已转向享乐主义的美国文化,贝尔显得痛心疾首,他写道:"享乐主义的世界充斥着时装、摄影、广告、电视和旅行。这是一个虚构的世界,人在其间过着期望的生活,追求即将出现而非现实存在的东西。而且一定是不费吹灰之力就能得到的东西。"贝尔认为:"电视新闻强调灾难和人类悲剧时,引起的不是净化和理解,而是滥情和怜悯,即很快被耗尽的感情和一种假冒身临其境的虚假仪式。由于这种方式不可避免的是一种过头的戏剧化方式,观众反应很快不是变得矫揉造作,就是厌倦透顶。"[①]

显然,像贝尔这样对印刷文化格外留恋的学者,对电视从心理上就有一种本能的排斥。他用"滥情""假冒""虚假"等词来形容电视传播,除了一个文化学者的精英意识之外,也表明了人文主义学者视野中对电视的基本判定——没文化。

贝尔追溯了资本主义文化的发展历程,集中探讨了当代西方社会的内部结构脱节与断裂问题,他对以大众传媒为载体的大众文化的批判,在一定程度上体现了美国传播学批判学派的观点。

"揭示资本主义文化从新教伦理到享乐主义,从清教精神到自恋主义的蜕变过程"[②]是贝尔关于资本主义文化矛盾论题的核心。而吕坤良的研究则表明:贝尔"从传播技术和传播内容、传播者和接受者的角度,剖

[①] [美]丹尼尔·贝尔:《资本主义文化矛盾》,赵一凡等译,生活·读书·新知三联书店1989年版,第36、157、118、157页。

[②] 傅铿:《文化:人类的镜子——西方文化理论导引》,上海人民出版社1990年版,第292页。

析了大众传媒在新教伦理向享乐主义、现代主义向后现代主义的反文化蜕变过程中的社会作用,从而把大众传媒与资本主义文化危机之间的关系揭示出来"①。

阅读并仔细研读贝尔的著述,让人感到他的宏大叙事的特点。贝尔的学术思想具有"组合型"的特点,并被当作一种典型的"现代思想模式"加以评论。② 作为在战后西方的社会学、未来学和发达资本主义研究等诸多领域内均处于领先地位的一位著名学者,贝尔的研究视野和研究成果确实与众不同。贝尔自己反复强调,他"在经济领域是社会主义者,在政治上是自由主义者,而在文化方面是保守主义者"③。显然,贝尔的研究绝不局限于大众传媒,更不局限在电视这一相对更小的领域。而就我们要研究的电视低俗化批判这一命题而言,尽管贝尔对电视的看法和分析是零散的、片段的,但既然他具有高屋建瓴的学术视野,那么,他的这种研究就必定会给我们以与众不同的有益启示。

贝尔的大众传播媒介观充满了批判的色彩。他虽然肯定了大众传媒的正面功能,如认为大众传媒导致大众社会的形成和大众文化的出现,以及引起人们生活方式和价值观念的变革,但贝尔更多地侧重于对媒介负面功能的批评。他和其他许多学者一样,认为视觉媒介为人们建构了一个虚幻的世界——"白日梦、幻象、打算、逃避现实"和"对常识知觉的歪曲","享乐主义的世界充斥着时装、摄影、广告、电视和旅行。这是一个虚构的世界,人们在其间过着期望的生活,追求即将出现而非现实存在的东西"。贝尔认为这只能造成人们灵魂的空虚。贝尔感叹:"在美国,新教那种天国道德大多已被淘汰,人世间的俗念开始恣情妄为了。"④ 贝尔在这里的揭露,很容易让人想到拉扎斯菲尔德和默顿等传播学先驱对大众传媒负面功能的批评。而到了贝尔这里,大众传媒则更是一副恶魔般的形象,"传播媒介的任务就是要为大众提供新的形象,颠覆

---

① 吕坤良:《大众传媒·大众文化·文化危机》,《新闻与传播研究》2000年第2期。
② 赵一凡:《资本主义文化矛盾》中文本序言,生活·读书·新知三联书店1989年版,第2页。
③ 同上书,第21页。
④ [美]丹尼尔·贝尔:《资本主义文化矛盾》,赵一凡等译,生活·读书·新知三联书店1989年版,第118页。

第二章 抵制电视节目低俗化的西方思想资源

老的习俗,大肆宣扬畸变和离奇行为,以促使别人群起模仿"①。

在贝尔眼里,大众传媒在颠覆和瓦解那种强调节俭、简朴、自我约束和抑制冲动的传统价值体系的过程中,扮演了非常可耻的角色。贝尔认为,大众传媒竭力提倡一种追求享受的生活方式,在"从新教伦理到幻觉剂哄动"的过程中,电影作为世界的窗口,首先起到了改造文化的作用。"电影美化了年轻人崇拜的事物(姑娘们喜欢留短发、穿花裙子),并劝告中年男女要及时行乐。"②广告在被贝尔称之为"透明的生活"中表现出不寻常的普遍渗透性。在大众消费的兴起和消费社会出现的过程中,技术革命"借助汽车、电影和无线电,打破了农村的孤立状态,并且破天荒地把乡村纳入了共同文化和民族社会"③。这反映了美国社会结构的改造,以及小城镇支配美国生活这一社会事实的终结。贝尔认为,在享乐主义盛行的世界里,"娱乐道德观多半集中在性问题上"。"五六十年代,人们对情欲高潮的崇拜取代了对金钱的崇拜,成为美国生活中的普遍追求。"④这其中有代表性的便是《花花公子》杂志的大肆畅销。

在历数了大众传媒的这些颠覆行径之后,贝尔的结论是:"放弃清教教义和新教伦理的结果,当然是使资本主义丧失道德或超验的伦理观念。这不仅突出体现了文化准则和社会结构准则的脱离,而且暴露出社会结构自身的极其严重的矛盾。"⑤贝尔认为,在现代主义的衰竭和异变的过程中,大众传媒的作用就是其普及化、庸俗化的一面,这是由大众传媒的传播者和接受者的文化趣味决定的,反过来又导致受众审美情趣和文化素养的进一步平庸化。贝尔一针见血地指出:"严肃艺术家所培育的一种模式——现代主义,'文化大众'所表现的种种乏味形式的制度化,以及市场体系所促成的生活方式——享乐主义,这三者的相互影响构成了资本主义的文化矛盾。"⑥

---

① [美]丹尼尔·贝尔:《资本主义文化矛盾》,赵一凡等译,生活·读书·新知三联书店 1989 年版,第 36 页。
② 同上书,第 115 页。
③ 同上书,第 112 页。
④ 同上书,第 118、119 页。
⑤ 同上书,第 191 页。
⑥ 同上书,第 132 页。

贝尔对大众媒介的负面功能和作用的这种基本判断，直接导致了他对在世界范围内影响广泛的加拿大多伦多学派的麦克卢汉持激烈的批评态度。贝尔把麦克卢汉称为享乐主义时代"胜任的预言家"，"在很多方面是在为人类的梦想做广告"。

他不无讽刺地写道："麦克卢汉这位作家不仅能利用编码方法为享乐主义时代下定义，而且在自己的文体中试用一套入时的公式，把这一时代的思想用号码表示出来——真是精于此道，无与伦比！"[①] 对于麦氏提出的"热""冷"两种媒介的区分和他关于电视创造"地球村"的概念，贝尔认为"除了在微不足道的水准上讲，似乎没有多大意义"[②]。

贝尔提出了大众文化的性质中最重要的方面就是它变成了一种视觉文化，他断言："当代文化正在变成一种视觉文化，而不是一种印刷文化，这是千真万确的事实。"[③] 贝尔的基本观点是，视觉文化在当代文化比重中的增加，实际上瓦解着文化的聚合力。他从审美的角度论证了这样一个事实，即视觉媒介创造出来的导致观众反应的情绪化和戏剧化的传播效果，不是来自内容而是几乎全部来自技巧。

贝尔还特别提醒人们，视觉文化的大行其道造成了社会距离的消失，而社会距离的消失意味着礼俗的消失和文明礼貌的腐蚀。视觉媒介不断为人们提供感官的刺激，"把直接、冲击和轰动作为审美的——和心理的——经验方式的结果就是把每时每刻都戏剧化，把我们的紧张增加到狂热的程度。然而这却没有留给我们决心、协调或转变的时刻，即没有那种仪式之后的净化。这种情况在所难免，因为创造出来的效果不是来自内容（某种超验的天职感、美化感，或一种经过悲剧或痛苦后的心灵净化），而几乎全部来自技巧。不断有刺激，有迷向，然而也有幻觉时刻过后的空虚"。其最终结果是："不可避免地要在人类经验的整个范围中制造一种对常识知觉的歪曲。"贝尔的结论是："整个视觉文化因为比印刷更能迎合文化大众所具有的现代主义的冲动，它本身从文化意义上说就枯竭得更快。"[④]

[①] ［美］丹尼尔·贝尔：《资本主义文化矛盾》，赵一凡等译，生活·读书·新知三联书店1989年版，第121页。

[②] 同上书，第156页。

[③] 同上。

[④] 同上书，第157页。

第二章　抵制电视节目低俗化的西方思想资源

贝尔在这里对视觉文化的深刻剖析不能不让我们感到特别的振奋。这是因为，贝尔对视觉文化的分析和批判没有停留在电视文艺和娱乐的圈子内，而是触及到了用我们本土化的话语形容的安身立命的"新闻立台"的电视新闻传播问题。显然，贝尔的批判目光伸向了电视新闻这一电视传播的核心领域。不幸的是，他早在近30年前提出的这些电视新闻的弊端，不仅没有得到彻底的纠正，反而愈演愈烈，恶性蔓延。

在贝尔的批判性传播观中，对从现代主义到后现代主义的反文化的批判，是他作为一位精英文化论者的重要特征，也是我们读懂贝尔所不可或缺的。

贝尔所说的现代主义，是一种遍及所有艺术领域并波及生活方式和行为规范的文化思潮或文化运动。现代主义自第一次世界大战前后开始向传统文化发动攻势，到了20世纪60年代，现代主义文化思潮已发展成为后现代主义，它彻底破除了艺术与生活的界限，尤其是与享乐主义生活方式的合流，便演变成了其极端的形式——反文化运动。贝尔认为，资本主义的文化正当性已经由享乐主义取代，即以快乐为生活方式。在自由主义流行的今天，文化意象的楷模已同现代主义冲动合二为一，它的意识形态原理就是把冲动追求当成了行为规范。资本主义的文化矛盾就在于此。现代主义的双重羁绊也因此产生。贝尔形象地指出："现代主义胜利的启示录里，黎明所展示的光彩不过是频闪电子管不停的旋转。如今的现代文艺不再是严肃艺术家的创作，而是所谓'文化大众'的公有财产。"[①] 贝尔认为，艺术家造就观众，最先由先锋艺术家定型的中产阶级文化趣味，表面上假装尊崇高雅文化，实际上却努力使其溶解并庸俗化。"中产趣味一词本身就反映了文化批评的一种新形式。正如中产阶级流行杂志所认为的那样，文化并非是对严肃艺术作品的讨论，它实际上是要宣扬经过组装、供人'消费'的生活方式。"[②] 贝尔在梳理从现代主义到后现代主义的反文化的异变过程时认为："过去三十年里，资本主义的双重矛盾已经帮助竖立起流行时尚的庸俗统治：文化大众的人数倍

---

① ［美］丹尼尔·贝尔：《资本主义文化矛盾》，赵一凡等译，生活·读书·新知三联书店1989年版，第37页。

② 同上书，第90页。

增，中产阶级的享乐主义盛行，民众对色情的追求十分普遍。时尚本身的这种性质，已使文化日趋粗鄙无聊。"①

《资本主义文化矛盾》中译本的译者之一赵一凡认为："现代主义文艺的另一个致命克星是中产阶级文化趣味对它的侵袭和改造。贝尔认为，高深严肃的现代主义思潮落入中产阶级手中便只能叫作'中产崇拜'。它变成了势利鬼和时髦者的游戏。他们将艺术和思想迅速翻制成商品加以推销。贝尔对这种'后现代主义'所代表的文化混杂倾向和所谓'反文化'的偏激冲动表示了严重的忧虑。"②

贝尔对大众文化内容的娱乐性、庸俗性和空幻性的痛心疾首，让我们很容易产生本土化的联想。或者说，贝尔当年对资本主义文化矛盾的分析，同样适用于中国当下的电视传播现状。

早在中国传媒刚刚知道要"下海走一遭"时，有识之士就拍案而起：有那么多的传媒拼命鼓吹港台艺人，传媒在文化滑坡中负有不可推卸的责任，而电视难道不是难辞其咎吗？而今天再来看我们的电视屏幕，和当年模仿港台电视相比，早就是大巫见小巫了。这种情景很像贝尔在谈到60年代美国的反文化"新"现象时所言："其目的无非是要打破幻想与现实的界限，在解放的旗帜下发泄自己生命的冲动。它扬言要嘲弄资产阶级的假正经，其实仅仅抖搂出自由派爹妈的私生活。它宣称代表着新潮与勇敢，实际上只会嘶哑着嗓子反复叫喊……与其说这类玩意儿是反文化，不如称它作假文化。"③ 包括电视在内的中国传媒在市场经济大潮冲击下出现的困惑与慌乱提醒着人们：被推向市场的中国电视是否太疏远了英雄，电视工作者是否太远离了责任。如果中国电视仍以躲避崇高、告别责任为乐事，那么，中国电视表面繁荣的背后，恰恰隐藏了深刻的危机。

贝尔指出："文化领域的特征是自我表现和自我满足。它是反体制的，独立无羁的，以个人兴趣为衡量尺度。在这里，个人的感觉、情绪和判断压倒了质量与价值的客观标准，决定着文艺作品的贵贱。这种个

---

① [美] 丹尼尔·贝尔：《资本主义文化矛盾》，赵一凡等译，生活·读书·新知三联书店1989年版，第37页。
② 同上书，第16页。
③ 同上书，第37页。

人情绪在最偏激的时候,只要求一首诗、一出剧或一幅画'与我有益',而不管它是精美佳作或虚浮赝品。不难理解,文化的民主化倾向会促使每个人去实现自己的'潜力',因此也会造成'自我'同技术——经济秩序所需的'角色要求'不断发生冲撞。"① 贝尔将"自我"与经济秩序的冲撞归结为"文化的民主化倾向",决定文艺作品的贵贱,这些作品的"质量与价值的客观标准",亦即"与我有益"的标准,在贝尔的批评对象中还是"个人的感觉、情绪和判断",还不是赤裸裸的钱。于是,中西方当代文化的差异也就由此可见一斑,与其说这种差异表现在思想原则上,不如说是集中在经济利益上。发达国家的电视文化尽管也有不少弊端,但经过与市场经济的反复"磨合",其影视文化的工业化生产在总体上是充满着人文关怀的,是致力于全社会形成共同理想和精神支柱的。比如说在美国,基督教中自由、平等、博爱、宽容的精神深入人心,成为大多数美国人的精神支柱,形成了人们对是非的正确认识。因此,其影视作品的创作主旨中除了要挖空心思地从观众口袋里掏钱外,也必然融入了一种"主旋律",这就是基督精神的弘扬。

与贝尔的文化深处的忧虑相呼应的是布热津斯基的"能不能向当代世界提供更深刻的启示"的追问。他写道:"《达拉斯》和《王朝》两部电视剧已在100多个国家里播放,而它们所展示美国价值观念的形象不大可能加强美国的全球声望。相反,尽管被歪曲的美国财富的画面会引起人们嫉妒,但这类美国的形象所显示的极端庸俗和精神空虚,却使人们更加怀疑美国还能不能向当代世界提供更深刻的启示。"② 这当然体现了布氏"美国中心论"的教师爷心态,不过,这倒也值得引起拥有悠久文明的中国人深入思索:中国电视能为当代世界提供更深刻的启示吗?这实在是一个值得人们深思的问题。

四 公权力:无奈的守夜人?

尽管由于传播技术的加速发展,电视变身为"传统媒体"的速度大

---

① [美] 丹尼尔·贝尔:《资本主义文化矛盾》,赵一凡等译,生活·读书·新知三联书店1989年版,第26页。

② [美] 布热津斯基:《大失控与大混乱》,潘嘉玢等译,中国社会科学出版社1995年版,第82页。

大高于先于其产生的那些大众传播媒介,但是,时至今日,电视仍然是我们这个时代的重要媒体。

在娱乐笼罩一切的背景下,法国社会学家雷蒙·布东注意到在这些无处不在的图像中的那些"叫人跌破眼镜的低俗"背后是"市场规律的产物":"人们都明白,对某些电视节目的出现和它们取得的成功感到欢欣鼓舞,是一件很困难的事情。例如那些被称为**真人秀**(黑体为原文所有——笔者注)的节目。可以直截了当地说:它们的低俗直叫人跌破眼镜。这些节目实际上正是那个'民主'社会特色的市场规律的产物。公众乐意我们向他们展露那些名人。"[1]

作为仿像的电视天然是媚俗的媒体,媚俗是电视工业难以割舍的。根据美国学者杰米·卡林·沃森和罗伯特·阿波的概括,至少有两类信息在一些人看来是不宜在电视上呈现的:"一些人认为某些影像是带有剥削性质的。'剥削'是指某个人或一些人被另一个人或一群人以不公正的方式使用或利用。因为剥削者拿到了快乐、收益或益处的主要部分或全部,而被剥削者得到的是次要部分或未获分文。……其他人认为一些影像被客体化了。在这里,'客体化'意味着不把人当人,而是像对待一件物品一样对待一个人。这种做法与剥削有着明显的联系,因为被剥削者通常是被客体化的。"[2]

抵制电视节目低俗化的文化立场不能不面对的是大行其道的文化市场经济意识形态,在对这种文化市场意识形态的种种表达中,最有力的就是美国宪法修正案的第一条:"国会不得制定下列法律:……削减人民言论或出版自由。"[3] 在这种思维框架下,社会公权力部门在大众传播领域对公民个人道德偏好进行引导的做法被供奉为一种悬置状态,这种干预可以被理解为是公共权力对公民私人领域的侵犯。

如果要具体地把握这种文化市场经济意识形态的道德意涵,美国学者迈克尔·桑德尔的看法值得我们关注。他将"我们据以生活的公共哲

---

[1] [法]雷蒙·布东:《为何知识分子不热衷自由主义》,周晖译,生活·读书·新知三联书店2012年版,第86—87页。

[2] Jamie Carlin Watson and Robert Arp, *What's Good on TV? Understanding Ethics Through Television*, Malden: Wiley-Blackwell, 2008, p.277.

[3] [美]汉密尔顿、杰伊、麦迪逊:《联邦党人文集》(附录),程逢如等译,商务印书馆1980年版,第465页。

学是某种版本的自由主义政治理论"的核心观念概括为："对于公民拥有的道德观和宗教观，国家应当持守中立。既然人们在最好的生活方式这个问题上各有不同的主张，政府就不应该在法律上支持任何一种特定的良善生活观。相反，政府应该提供一种权利框架，把人们尊为能够选择自己的价值与目标的自由且独立的自我。"①

这种版本的自由主义道德哲学所选择的是在公共生活中悬置道德问题合理性的路径。在电视节目低俗化的过程中，这种道德哲学立场体现为，把传播内容与公众道德感的冲突理解为人类学意义上的"文化震惊"，对传播内容不加省察的宽容态度似乎是最适宜的。宽容本身的意义不能不说是可取的，因为这种取向在客观上承认人类理性的有限性，进而对人类理性的多向度发展提供了广阔的空间。不过，承认人类理性的有限性是一回事，运用人类理性是另外一回事，如果担心滥用人类理性所带来的遏制理性发展的严重后果，就放弃运用人类理性对电视节目内容进行道德省察，那么，这种宽容也就是蒙昧主义。考虑到在通常意义上，电视节目低俗化背后的经济因素，那么这种宽容也就是某种"市场蒙昧主义"。这种道德哲学框架并不能在简单承认人类理性的有限性之后，就可以将其所面对的问题轻轻卸去。恰恰相反，这种做法必须回答，对关乎人类道德秩序的这种制度安排来说，这背后所隐含的否认一切价值判断的视角是否也沦为一种对那些反对这种视角的人们的价值判断。就像迈克尔·桑德尔所指出的那样："有时候人们认为自由主义的原则可以用一种简单的道德相对主义来给予辩护。政府不应该'制定道德法令'，因为所有的道德都是主观的，是主观偏好的事情——它不是诉诸论证或理性的辩论。'谁来决定什么是高雅、什么是污秽？那是一种价值判断，谁的评价应该算数？'相对主义通常不是表现为主张什么，而是表现为质问：'谁来判断？'同样的问题也可以质问自由主义者所辩护的价值。宽容、自由和公平同样也是价值，它们不可能通过如下的主张得到辩护，即没有价值能够得到辩护。因此，通过论证所有的价值都是主观的来肯定自由主义的价值，肯定是错误的。以相对主义来为自由主义辩护根本

---

① [美]迈克尔·桑德尔：《民主的不满——美国在寻求一种公共哲学》，曾纪茂译，江苏人民出版社2008年版，第4页。

就算不上是一种辩护。"①

相对主义对待价值的态度是借个人自由之名行市场专制主义之实。这种态度在实际上取消了人类社会公共价值的基础或者说取消了社会共同体的道德框架。如果我们按照这种分析路径,那么我们不妨在此基础上再追问一句:如果作为社会共同体的成员就价值问题无法达成共识,那么人们如何确认自己是宽容、自由和公平的,并将这种宽容、自由和公平作为衡量其他价值的尺度?

在电视节目低俗化之风愈演愈烈之际,这种自由主义道德哲学框架把全然拒绝对媒体内容的道德质疑变成某种天然合理的东西。这种做法将本来属于公共文化产品的电视节目内容等同于对个人言论不加限制的自由表达显然混淆了个人自由与公共利益的本质区别。就像古希腊思想家柏拉图所指出的那样:"有个人的正义,也有这个城邦的正义。"② 英国思想家霍布斯也指出:"人们很容易被自由的美名所欺骗,并由于缺乏判断力不能加以区别,以致把只属于公众的权利当成了个人的遗产和与生俱来的权利。"③ 他认为:"在没有一个共同权力使大家慑服的时候,人们便处在所谓的战争状态之下。""这种人人相互为战的战争状态,还会产生一种结果,那便是不可能有任何事情是不公道的。是和非以及公正与不公正的观念在这儿都不能存在。"④

德国哲学家黑格尔认为:"有这样一种观念,仿佛人在所谓自然状态中,就需要说,其生活是自由(着重号为原文所有——笔者注)的;在自然状态中,他只有所谓简单的自然需要,为了满足需要,他仅仅使用自然的偶然性直接提供给他的手段。""自然需要本身及其直接满足只是潜伏在自然中的精神性的状态,从而是粗野的和不自由的状态,至于自由则仅存在于精神在自己内部的反思中,存在于精神同自然的差别中,以及存在于精神对自然的反射中。"⑤ 电视节目低俗化的种种表现恰恰就

---

① [美]迈克尔·桑德尔:《民主的不满——美国在寻求一种公共哲学》,曾纪茂译,江苏人民出版社2008年版,第8—9页。
② [古希腊]柏拉图:《理想国》,郭斌和等译,商务印书馆1986年版,第57页。
③ [英]霍布斯:《利维坦》,黎思复等译,商务印书馆1985年版,第167页。
④ 同上书,第94、96页。
⑤ [德]黑格尔:《法哲学原理——或自然法和国家学纲要》,范扬等译,商务印书馆1961年版,第208页。

是拒绝反思这种"粗野的和不自由的状态"。迎合观众不是对观众精神世界的解放，而是对观众精神世界的奴役。低俗的电视节目通过对观众自由时间的占领完成了对其精神和肉体自由状态的双重剥夺。观众在这种节目的麻醉下放弃了对公众利益也就是自身利益的反思、悬置了主体精神领域对外部世界的探索，换来的只是对每日劳作所带来的压抑的暂时忘却。从本质上说，这种忘却就是一种虚假的自由，这种自由最根本的作用就是使耽于这种冒牌自由的人们失去追求真正的美好事物的可能性。这种冒牌自由不是别的，就是市场奴役的延伸。在这里，电视就是19世纪英国工人在从资本家那里获得微薄的薪酬后再送钱进去的小酒馆，唯一的区别在于低俗的电视节目显然在文化（如果有的话）和技术上的精致与获取的方便（甚至是近乎免费的，只要观众出卖注意力给广告商就行了），但是，二者的相同点也是明显的——对人类精神的禁锢。这种效应不啻为奥德修斯所聆听的"塞壬之歌"。不过，我们不得不遗憾地指出，奥德修斯对"塞壬之歌"危及生命的后果是有着充分的心理准备的，而许多观众对电视节目低俗化所带来的使人慢性自杀的潜在后果并没有实际的认识。这样，低俗的电视节目的毁灭力量显然要比"塞壬之歌"更大。

对这种自由主义道德哲学自信满满的优越感，澳大利亚学者约翰·哈特利的观点可谓一针见血："对操弄媒体的某种质疑总是合理的，因为出于商业目的利用电视的那些人的动机并不纯粹。实际上，有时看上去真有些不可思议：商业计划提出如此多的利益、重要性和价值，以致不令观察者走得太近，还竭尽所能地让大家认为我们就是这项商业计划所设想的那副德行——有着见不得人嗜好的被动消费者。"[①]

所以，在反对电视节目低俗化的过程中，公权力部门绝不是可有可无的"守夜人"，而有义务通过电视理直气壮地传播社会主流价值观，摒除腐蚀社会精神肌体的低俗化传播内容。黑格尔指出："每个人进入这世界，他具有比维持肉体生命的权利较多的东西；他有权利发展他的才能，这就是说，成为一个人。这个权利使得他的父母和国家有义务分别担负他适当的教育。甚至除开这个义务以外，国家最大的利益在于如此训练

---

① John Hartly, *Television Truth*, Malden: Blackwell Publishing, 2008, p. 4.

雏形的公民们的幼小心灵，以便在一定时期内国家可以从他们的成年[教养]里得到光荣和利益。"①

其实，形形色色的自由主义并非西方思想资源中"独此一家，别无分号"的道德哲学路径。至少在迈克尔·桑德尔看来，还有共和主义的视角是不能加以忽视的："根据共和主义的政治理论，共享自治包括更多的东西：它意味着与公民伙伴就共同善（the common good）展开协商，并致力于塑造政治共同体的命运。而就共同善展开充分协商，不仅需要选择自己目标的能力以及对他人做同样事情的权利的尊重，而且还需要关于公共事务的知识、归属感、对集体的关心和对与自己命运休戚与共之共同体的道德联系。因此，分享自治要求公民拥有或者逐步获得某些品质或公民德行。而这就意味着共和主义的政治不能对其公民所赞同的价值与目的保持中立。与自由主义的自由观不同，共和主义的自由观要求一种塑造性政治（a formative politics），即在公民中培养自治所必需之品质的政治。"②人在做出自己认为合理的选择之际，必然反映他在做出这种选择时所具备的某种品质，迈克尔·桑德尔将这种品质理解为："作为能够反思自身处境的存在者，看清楚自己的生命处境并担当起来；自己深深卷入其中的特定生活对自己有所要求，而自己又意识到这种生活的特殊性，也就是说意识到存在更广阔的世界、另外的生活方式。这正是那些把他们自己想像为无负荷的自我的所缺乏的品质，他们只为他们选择去承担的责任所束缚。"③ 他认为："尽管自由主义的自由观不乏其吸引人之处，但它缺乏公民资源来维持自治。这一缺陷导致它难以处理困扰我们公共生活的无力感。我们据以生活的公共哲学不能维护它所允诺的自由，因为它不能激发共同体感和自由所必需的公民参与（civic engagement）。"④

美国学者欧文·克里斯托指出："我们都相信公共权威应该在某些点上介入，以限制个人或一个群体的'自我表达'，即使这种表达采取的是

---

① [德] 黑格尔：《黑格尔早期神学著作》，贺麟译，上海人民出版社2012年版，第213页。
② [美] 迈克尔·桑德尔：《民主的不满——美国在寻求一种公共哲学》，曾纪茂译，江苏人民出版社2008年版，第6页。
③ 同上书，第18页。
④ 同上书，第6页。

第二章　抵制电视节目低俗化的西方思想资源

一种严肃的艺术表现形式，甚至这种艺术交换是发生于基于同意的成人之间的。一个剧作家或者一个艺术导演也许在我们这个疯狂的世界里会发现有人愿意在舞台上自杀，如剧本所要求的。但我们不会允许任何超过我们所允许的舞台上的真实的肉体折磨，即使这个受害者是一名自愿的受虐狂。我知道没有人，不管他的思想有多自由，会论证说我们应该允许在扬基体育馆里进行角斗，像罗马斗兽场曾经表演的那样，即使只让那些同意了的成年人参加。

这里出现的基本观点是华尔特·伯恩斯有力地论证过的：没有一个社会会对其公民公开娱乐自身的方式完全无动于衷。诱熊和斗鸡被禁止仅仅部分出于对受苦动物的同情，他们被废除的主要理由是人们感到它们让群聚起来观看这些活动的市民变得低俗和残忍了。而我们面对色情和淫秽的问题是，它们现在是否得到了最高法院强烈的司法保护，它们是否会让我们的市民变得低俗和残忍。毕竟，我们处理的不是一起过去的事件：一本书，或一个演出或一部电影。我们正在处理的是充斥我们整个文化的一股普遍倾向。"① 毕竟，就像英国学者霍布豪斯所指出的那样："言论应有某种礼节和克制，避免不必要地伤害他人的感情；我认为对这种含义必须予以承认，尽管它为紧张和不公正的应用留有余地。"② 英国经济学家冯·哈耶克认为："一个有良知且有勇气的人在偶然的情况下也许会决意冒犯公共舆论并无视某项他认为是错误的特定的道德规则，但是这种做法却必须以此为条件，即他能够通过认真遵循所有其他的道德规则来证明他在一般意义上对社会中盛行的那些道德规则是极其尊重的。但是，如果有人因为公认的道德规则缺乏不言自明的正当性理据而从整体上置这些道德规则于不顾，那么这种做法就不只是毫无道理的，也是不容原谅的。这是因为判定特定规则的唯一依据，便是这些规则与人们普遍接受的大多数其他规则是否相容或是否冲突。"③

收视率导向所掩藏的是这样一种对公众潜意识的把握：拒绝，至少

---

① ［美］欧文·克里斯托：《色情、淫秽与审查的案例》，见杰里·马勒《保守主义》，刘曙辉等译，译林出版社2010年版，第398—399页。
② ［英］霍布豪斯：《自由主义》，朱曾汶译，商务印书馆1996年版，第12页。
③ ［英］弗里德里希·冯·哈耶克：《人类价值的三个渊源》，见邓正来译《作为一种发现过程的竞争——哈耶克经济学、历史学论文集》，首都经济贸易大学出版社2014年版，第222页。

是厌恶,将道德感注入公共领域的媒介呈现之中。增强电视节目道德感被理解为是黑格尔国家主义在大众传播领域的变种,但是,当我们意识到,这种对电视节目与道德感之间本应存在的自然关联的强烈拒斥的背后是一种并非完美无瑕的自由主义公共哲学的折射,那么,借助与自由主义公共哲学相对峙的共和主义公共哲学思想资源的重新考察,我们认为,电视应该着力于增强公众的社会归属感,并通过对公民品质的塑造为维护社会共同体助一臂之力,而不应该利用本已稀缺的大众传播资源,借助在视觉传播领域践踏社会既有公序良俗给公众所带来的震撼感敛财。这就是抵制电视节目低俗化的道德哲学得以确立的学术基点。

然而,自由主义道德哲学框架把一切交给残酷的市场竞争去裁决。这就仿佛指望在熙熙攘攘的市场或金戈铁马的战场上生长出娇艳的玫瑰花一样,电视节目低俗化的泥淖,显然不是世间最美丽的花朵——思维着的人类精神最好的栖息之所。

笔者认为,在构建、维护和发展社会道德秩序的时候,我们当然绝不能低估电视的重要性。要是任由低俗化的电视节目肆意妄为,那么,国家或民族的文化记忆将烟消云散,哪怕这些东西曾坚如磐石。

五 个人:道德的他者?

笔者始终认为,那些真正一肚子男盗女娼的恶棍几乎无人能达到现代电视工业的基本从业要求,哪怕就是参与制作一些格调不高的电视节目的个体,就其个人的本质来说都是个"带着锁链跳舞"的文化人。说来有些残酷,与现代电视工业共谋以助力电视节目低俗化的,就是这些每一个人可能都是好人、可攒在一起却行恶棍之事的文化人,他们在电视节目低俗化的过程中承担着不可推卸的个人道德责任。

我们必须承认,在电视节目低俗化的问题上,个人的道德责任首先不能不是社会总体症候的折射。德国哲学家康德为我们提供了有益的看法,他写道:"有理性者,就他是智性(着重号为原文所有——笔者注)这方面看(不是就他较低级的能力看),一定要认为他自己是属于智性世界,不属于感觉世界。因此,他要打量他自己,要认识那支配他那些能力的运用的,因而认识支配他的一切行为的那些规律,都有两个观点可以根据：第一，从他属于感觉世界这个观点看，他见到他自己是受制于自然律的（他律）；第二，从他属于智性世界这个观点看，他见到他自己是受制于超乎自然界，不根据经验而只根据理性的规律。""我们现在见到在我们自认为自由的当儿，我们把自己作为智性世界的分子而承认意志的自律以及自律的后果——道德；在我们自认为受制于道德义务的当儿，我们是以为我们同时属于感觉世界和智性世界这两方面。"[1] 法国社会学家涂尔干从人类学角度回应了康德这个观点，他写道："尽管这两个世界表面上是相互龃龉的，但却从来没有远离对方而存在，为什么它们在彼此对立的同时，却又必须相互渗透呢？对这种独特的必然性，以往只有一种解释，那就是'人类的堕落'。但这个答案却面临着各种难题，在此也无须赘述了。与之相反，如果我们一旦发觉非个人的理性只不过是集体思想的另一个名字，那么这个问题的所有神秘色彩也就荡然无存了。因为只有通过个体所组成的群体，这种理性才成为可能。群体必须以个体为前提，反之，个体也必须以群体为前提，因为个体只有组成群体，才能继续存在下去。唯有通过特殊意志的合作，目的王国和非个人真理才能得以实现。而特殊意志分享目的和非个人真理的理由，也就是它们进行合作的理由。概言之，在我们心中，存在着某种非个人的因素，因为某种社会的因素内在于我们每一个人。既然社会生活既包括表现又包括实践，那么这种非个人性就自然而然地扩展到了观念和行为上面。"[2]

毋庸讳言，在包括电视在内的大众传播机构中，个人始终处于一种被控制的状态。这种状态是一切精神生产的共同特征，只是由于生产方式的原因，在电视等大众传播机构中表现得更为明显罢了。正如德国学者阿多诺所指出的那样："甚至在自主的艺术领域，表现个人意志的观念在很大程度上是言过其实的。尽管创作者意图会灌注到作品中，可这些想法绝非像想象的那样决定一切。一旦创作者确定主题，主题就会对创作者施加某种影响；比起当创作者将最初的想法变成现实时的自我表达

---

[1] ［德］康德：《道德形上学探本》，唐钺译，商务印书馆2012年版，第72—73页。
[2] ［法］爱弥尔·涂尔干：《宗教生活的基本形式》，渠敬东等译，商务印书馆2011年版，第611—612页。

的冲动,他更要在大多数情况下遵循作品的客观要求。当然,这些客观要求在大众媒体中不会起决定性作用,可对观众的影响会远超任何艺术。但是,这里的整个制度结构倾向于从根本上限制艺术家发挥个人想法的可能。那些制作人常常抱怨要屈从于各种繁文缛节、受制于人、制度框架和控制机制,这些东西迫使艺术家的任何个人表达都被压制于最小范围。事实是,大众媒介的大多数内容并非一人独立完成,依靠的是集体协作……对这个压倒一切的条件来说,这一事实是唯一起作用的因素。"①

不难看到,作为电视节目创作集体成员的个人,其处境类似于美国学者阿伦特在描述个人在政治系统中的"零件"的地位:"当我们描述一个政治系统时——仅举其要:它如何运作,政府不同分支部门之间的关系,那些由命令渠道构造的庞大的官僚机器如何运作,以及民族、军队和警察如何相互联系,我们用齿轮和轮子这些词来指称那些被这个系统利用以保障其顺利运行的人们,这样做是不可避免的。每一个零件,即每一个人,都必须是可报废的,而这又不会改变整个系统,这是所有官僚机构、行政事务以及确切地说所有职责的一个前提假设。"② 只要稍稍将上述这些描述的关键词替换为与电视工业相关的那些词语,就不难发现电视节目创作集体成员的个人处境的真实状态。在电视节目低俗化面对道德追问时,被追问的个体完全可以说:"不是我,而是那个体制犯下的,我在其中只是一个零件。"但是,阿伦特问道:"那么,对不起,你为何成为一个零件,或者,在这样一种情况下还继续做一个零件呢?"③这个追问同样可以被用来帮助我们思考电视节目创作集体成员个人的道德责任。

我们始终坚持这样的观点:电视节目低俗化源于收视率导向。但是,电视节目创作集体成员在制作节目时所遭受的经济权力的压制,并不构成将个人所应承担的道德责任推卸掉的理由。阿伦特的如下回答揭示了我们在反思电视节目低俗化过程中电视节目创作集体成员的个人责任的

---

① Theodor W. Adorno, "How to Look at Television", in J. M. Bernstein (eds.), *The Culture Industry: Selected Essays on Mass Culture*, New York: Routledge, 2001, p. 168.
② [美]汉娜·阿伦特:《责任与判断》,陈联营译,上海人民出版社 2011 年版,第 24 页。
③ 同上书,第 26 页。

重要根据:"法律问题和道德问题绝非同一个问题,但它们在这一点上是相同的:它们都关乎具体的人,而不是各种制度或组织。"①

阿伦特说:"向那些参与罪行并服从命令的人提出的问题绝不应该是'你为何服从',而应该是'你为何支持'(楷体为原文所有——笔者注)。这种用词的改变,对于那些知道单纯的'词语'对人(他们首先是说话的动物)的心灵具有奇怪而强大影响的人来说,就绝非只是语义的区别了。如果我们能够把'服从'这个毁灭性的词语从我们的道德和政治思想词汇中剔除,那我们就会受益匪浅。如果我们对这些事情深思熟虑,我们就有可能重新获得一些自信的财富,甚至骄傲,这就是说,重新获得从前时代被称为人的尊严或光荣的东西:也许不是关于人类的,而是关于人之为人的地位的。"② 作为大众传播工业的电视媒体一再力图将个体在电视节目创作集体中的作用降至最低,同语言、文字相比对创作自由的要求毫不逊色的电视影像的制作被细分为不同的工种和上下游彼此咬合紧密的工艺流程,任何个人的创作状态所带来的精神冒险被压抑至最小的状态。"非人化"是电视节目制作的潜规则。但是,在这个不断对人的精神进行矮化的过程中坚持对个体道德责任的追问,也就是对人在精神文化产品的创作过程中所应有尊严的坚持。电视节目内容的那些最初的素材总是要形成于电视节目创作集体成员的一次次选择(言语、图像、角度、机位、景别、音乐等),而这每一次选择在通常情况下是由个体自主完成的,个体绝非是完全被动之物。在电视节目的创作过程中,人不仅仅是齿轮和螺丝钉,这个世间最复杂和最精密的造物亦有所感、有所思、有所为。

在思考个体应该拒绝电视节目创作集体在收视率导向下将电视节目低俗化的"集体行恶"时,阿伦特讨论个人是否应该拒绝与纳粹合作的如下看法是值得我们重视的,她写道:"我认为,那些不参与者的判断标准与此不同:他们自问,在已犯下某种罪行之后,在何种程度上仍能够与自己和睦相处;而他们决定,什么都不做要好些,并非因为这样世界就会变得好些,而只是因为,只有在这种条件下他们才能继续与自己和

---

① [美]汉娜·阿伦特:《责任与判断》,陈联营译,上海人民出版社2011年版,第45页。
② 同上书,第38页。

睦相处。故而当他们被逼迫去参与时，他们也就会选择去死。不客气地说，他们拒绝去杀人，并不因为他们仍坚持'你不得杀人'这一戒条，而是因为他们不愿意与一个杀人犯——他们自己——相处。这种判断的前提并非一种在道德问题上的高深或世故，而毋宁是那种明确地要与自己相处、与自己交谈的倾向，即投入我与自己之间无声对话的倾向，自苏格拉底、柏拉图以来，我们通常把这种对话称为思。这种思，尽管位于所有哲学思想的根底之处，但它不是技术性的，并且无关于理论问题。那些想自己思考并因此必须自己做出判断的人们和那些不这样做的人们之间的界限，打破了所有社会、文化或教育的差异。"①

无论社会对电视的道德期许有多高，如果参与节目制作的个体缺乏自律，那么整个节目的道德追求就会堕于屈服于外界压力而形成的伪装状态，被奉为社会主流价值观的种种道德诉求在这里就会沦为人们虚应故事地加以敷衍的傀儡，而人们在行动中会自有一套追寻个人利益的原则，当这种自利性原则膨胀到一定程度上时，就会使照此原则行事之人得到相应的惩罚。

康德认为："支配万象的继续生起的规律是普遍有效的，就是我们从（在形式上）最广义说所谓自然（着重号为原文所有，下同。——笔者注）；换言之，自然就是指其存在受普遍率支配的品物。因此，普遍的义务令式可以这样说：照以为你行为的格准由你的意志弄成了普遍的自然律那个样子去行为。"② 如果按照这个道德令式，在我们探究电视节目低俗化的个人道德责任时，就会看到在公共文化生产领域恣意妄为以成就一己之私的做法是多么短视。假如有人作为某个电视节目创作集体的成员，迫于收视率导向的压力（也就是迫于个人生计的压力），参与制作哪怕在最宽容的公众看来都属低俗的节目，以在众多节目的竞争中脱颖而出以换取超额利润。如果这个人还未天良丧尽的话，他总要自问此种行为是否与他对自己的义务形成冲突。要解决这个问题，他要研究他的这一行为的准则能不能成为普遍的每一个电视节目创作集体的成员都可行的规律。他的准则是这样：为爱惜自己计，可以采取"为赚钱，可以向

---

① ［美］汉娜·阿伦特：《责任与判断》，陈联营译，上海人民出版社2011年版，第34—35页。
② ［德］康德：《道德形上学探本》，唐钺译，商务印书馆2012年版，第38页。

公众提供低俗电视节目"这个原则。随后只要问，这个根据自己珍惜自己的原则能否成为普遍的规律。那么，我们就会看到：所有的电视节目都会变为低俗的了，作为电视观众的这个电视节目创作集体成员，在面对"没有最俗，只有更俗"的众多电视节目的竞争中间仍然没有摆脱竞争的压力。随着这种压力的持续，很快，即使奉行"为赚钱，可以向公众提供低俗电视节目"原则的这个个体也会认为，看电视是一种极其下作的事情。那么，不要说这个个体的生计，可能整个行业的存续（如果将这个行业定位为公共文化行业的话）很快就会烟消云散，这个个体的爱惜自己的出发点最终变成了戕害自己的落脚点，即原本出于赚钱的目的而施行的种种行为，最终成了与这个目的背道而驰的做法了[1]。

但是，如果不是故意回避问题的话，人们不难发现，在实际中确实存在着这种情况：作为同一个个体，在他以低俗的电视节目创作集体成员的身份行事时，他并不以电视节目的文化质量为意；在他以电视节目观众的身份行事时，他却要求看到高质量的电视节目。对于这种现象，康德说："假如我们把一切事例从同一的观点看，就是从理性的观点看，那末，我们就见到我们意志内有个矛盾。这个矛盾就是：我们承认有个原则，在客观方面说，是必要的，或是说，是个普遍律，然而我们又以为在主观方面说，不是普遍的而是有例外的。我们的办法是：在这个时期把我们行为从完全合乎理性的意志的眼光去看，在另一个时期又把它从受私人的自然爱好所操纵的意志的眼光去看。所以，这儿并没有真正的矛盾，只是我们的爱好与理性的命令对抗罢了。"[2]

第二节 对电视节目低俗化的经济分析

正如马克思和恩格斯所指出的那样："资产阶级抹去了一切向来受人尊敬和令人敬畏的职业的灵光。它把医生、律师、教士、诗人和学者变

---

[1] 康德曾列举一些义务用以说明上述普遍的义务令式。本文在个体角度考察"为何'为赚钱，可以向公众提供低俗电视节目'的原则在道德上是不可行的？"这一问题时，所作的推断是按照前述康德在列举这些义务时所作推断的理路和话语所进行的。参见［德］康德《道德形上学探本》，唐钺译，商务印书馆2012年版，第38—40页。

[2] 同上书，第41—42页。

成了它出钱招募的雇佣劳动者。"① 同所有文化领域的问题一样,在西方语境中,电视节目低俗化问题本质上是一个经济问题。当文化与生产进行对接时,传统意义上的文化创作,就日益分裂为两个领域的生产——有限生产场域和规模化文化生产场域②(布尔迪厄语)。

产自有限生产场域的高级文化产品或产自规模化文化生产场域的大众文化产品都要面对各自的消费者,这是现代市场经济制度的通用法则。不过,高级文化产品对其消费者的定位是,消费者与生产者大体处于同一文化水准,掌握类似文化资本,具有相同文化禀赋,一言以蔽之,高级文化产品所期待的是"知音";大众文化产品对消费者的定位是,同生产者相比,消费者是被操弄的对象,是用最终落实为金钱的注意力资源购买信息和娱乐的群氓,一言以蔽之,大众文化产品所期待的是"顾客"。一般来说,电视节目生产主要属于大规模生产场域,电视节目低俗化是大众文化低俗化问题的一个具体表现。

当然,笔者并不认为包括电视在内的大众文化一无是处。正如美国学者约瑟夫·奈所指出的那样:"因为流行文化中往往包含着潜在的图像和信息,这些信息关乎个人主义、消费选择,甚至包含能对政治产生重要影响的价值观。"③ 正是由于这种文化形态凝结社会共识、塑造公众心性的重要意义使我们不得不对其更加仔细审视。美国学者道格拉斯·C.诺思认为:"最重要的是,任何成功的意识形态都必须克服白搭车问题。其基本目标是为不按简单的、享乐的、个人对成本收益算计来行动的团体注入活力。这是主要的意识形态的重大推力,因为没有这种行动,无论维持现存秩序,还是废除现存秩序都不可能。"④ 从国家层面上看,某些大众文化产品甚至具有"国家名片"的意义。美国学者小约瑟夫·奈提出:"随着现代经济中服务行业的发展,今后服务业和制造业之间的界

---

① 《马克思恩格斯选集》(第一卷),人民出版社1972年版,第253页。
② 参见 Pierre Bourdieu, "The Market of Symbolic Goods", in Randal Johnson (eds.), *The Field of Cultural Production: Essays on Art and Literature*, New York: Columbia University Press, 1993, p. 115。
③ [美]约瑟夫·奈:《软实力》,马娟娟译,中信出版社2013年版,第64页。
④ [美]道格拉斯·C.诺思:《经济史上的结构和变革》,历以平译,商务印书馆2009年版,第62页。

限会变得越来越模糊。信息量将变得更大，快速和灵活反应的组织能力将是重要的资源。政治凝聚力以及具有普世性和可输出的大众文化，也将依然十分重要。"[1] 从社会层面看，大众文化仍然具有解放的潜能。澳大利亚学者约翰·哈特利认为："就是在由商业文化（媒介空间中高度资本化创新的赞助者，也就是高端广告）创造的空间中，文化、差异、身份和人权在自主决定话语意涵和公民身份的时代，变得可见、可爱、可得。"[2] 从文化生产者角度看，显然，大众文化在经济上对文化生产者物质收入的提高不无助益。美国学者赫伯特·J.甘斯认为："若从严格的经济角度审视高级文化，就仿佛是一些工人被能开高工资的竞争者挖走了的产业一样，这个产业还希望剩下的人能'君子固穷'。但是，一想到其他人的富裕生活，精神满足便不那么具有吸引力了。高等文化创作者日益高涨的收入预期，只能靠提高其所得而非消灭大众文化来实现。"[3]

对大众文化的低俗化问题，新西兰学者乔·格里克斯提注意到，高雅文化与低俗文化之间界限模糊的"一个重要后果围绕于'大众文化'的负面评价日渐式微。出现这种情况不仅因为那些负面看法实在太具意识形态偏见和不分青红皂白，不具有真正或持久的分析价值，更是因为全然不顾阶层、信仰和教育水平，商业和消费主义的大行其道已将'大众文化'所代表的东西全都放到日常生活的中心。这可不是说，消费者—市场导向与精英主义、高雅文化或'高雅'同'低俗'区隔的对抗结束了。甚至当高雅文化和低俗文化合二而一之际，在他们之间所存在的区隔仍戏剧性地以不同的面目出现，不但在高雅艺术新形式中，而且也在通俗艺术新形式中镌烙下各自的印记，产生新的效果。相信存在超凡持久的艺术作品的信念还顽强挺立于通俗和高雅话语中。如下观念也同样是真切的：同'伟大的艺术'或'经典'相比，'低俗'或'通俗'文化是另类的，通常不那么持久或更为转瞬即逝。但是，将'高级'和'低俗'加以融合的惯习做法日益居于主导地位，终将改变重新定位的高级文化和

---

[1] [美]小约瑟夫·奈、[加拿大]戴维·韦尔奇：《理解全球冲突与合作：理论与历史》（第九版），张小明译，上海人民出版社2012年版，第55页。

[2] John Hartly, *Uses of Television*, London and New York: Routledge, 1999, p.162.

[3] Herbert J. Gans, *Popular Culture and High Culture: An Analysis and Evaluation of Taste*, New York: Basic Books, 1999, p.40.

通俗文化的关系和意义。"①

甘斯对西方语境中的批判话语进行了如下概括:"借助生产过程对大众文化进行的批判由三个彼此勾连的指控构成:大众文化是逐利产业;为了逐利,这个产业必须生产同质的和标准的产品以迎合大众;这便要求这个产业将创作者变成大规模生产线上的工人,要求其放弃自身技艺和价值的表达。"② 显然,上述概括仍然难以解释下述问题:在西方现代市场经济条件下,物质产品的质量并未因生产的逐利化、标准化和流水线化而变得低劣到突破消费者使用底线的程度。如果我们仍然坚持将道德标准作为文化产品质量要素的话,那么,为何产自大规模生产场域、包括电视在内的大众文化产品却屡屡爆出低俗化问题,即文化产品质量已经低劣到公然挑战公众道德底线的程度?

笔者认为,要解释上述问题必须看到,随着电视节目低俗化的不断"与时俱进",那种大众文化—高雅文化的二元对立的思路受到更为直接的挑战。电视节目低俗化正在以更加精致的手段将有识之士对这种标志着人类精神退化的做法的抵制,逐步压缩至似乎只有意识形态分析的角落。抵制电视节目低俗化仿佛成了单纯的针对思想认识问题的"纯粹理性批判"。电视节目低俗化对公众文化生活的威胁在"仁者见仁,智者见智"的相对主义宏论中似乎烟消云散了。不过,这背后绝非电视节目创作集体成员作为个体所能够实现的,市场透过对电视工业整个产业盈利模式的修正,借助收视率导向的新游戏规则的确立,进而实现产业本身的流程再造,最终使电视节目内容的文化基因产生突变:"文化使者"终于变身为"电子怪兽"。

要解释上述问题必须看到,在收视率导向的作用下,电视节目评价体系的唯收视率马首是瞻的惯常行径,已经是一种类似商品拜物教的收视率拜物教。收视率导向所关照下的观众是一个既被重视、又被漠视的具有二重性的范畴,并非如一般意义所理解的已获取对电视节目生杀予

---

① Joe Grixti, "Pop Goes the Canon: Consumer culture and artistic value in screen adaptations of literary classics", *European Journal of Cultural Studies*, Vol. 12 (4), 2009, pp. 448 - 449.

② Herbert J. Gans, *Popular Culture and High Culture: An Analysis and Evaluation of Taste*, New York: Basic Books, 1999, p. 30.

夺权力的终极裁判者。这种二重性给消费主义意识形态包裹上了市场民主的外衣，从而使电视节目播出机构滥用公共资源、歪曲公共服务的商业行为更具欺骗性。以收视率导向为代表的电视产业标准出现了偏差，公共权力部门监管缺位的产业标准必须从根本上进行调整。

在我们历数西方有识之士对电视低俗化的抨击时，我们注意到了他们对一些本属经济学领域的概念的使用，比如"商品""资本""货币""生产"等。对电视商业化和庸俗化的批评，不管是侧重于伦理的追问还是学理的批评，只要看到了电视传播现象背后的市场这支"无形的手"的作用，只要不再局限于单纯的道德的愤怒，我们就有理由相信，这种批评触及了问题的要害和实质。对此，还是让我们听听恩格斯早在一百多年前是怎么说的："道义上的愤怒，无论多么入情入理，经济科学总不能把它看作证据，而只能看作象征。相反地，经济科学的任务在于：证明现在开始显露出来的社会弊病是现存生产方式的必然结果，同时也是这一生产方式快要瓦解的标志，并且在正在瓦解的经济运动形式内部发现未来的、能够消除这些弊病的、新的生产组织和交换组织的因素。"[①]

我们认为，西方电视低俗化的批评理论中，从经济分析的这条线索之所以比伦理的追问更为深刻之处就在于：后者只是着眼于电视低俗化"有什么""干什么"，侧重于现象的批判，而前者则进一步研讨了电视"是什么"，更侧重于本质的探询。如果说这也是一种追问，那么这种追问就更接近了问题的要害和实质。在这里，理查德·戴恩斯特提出的"电视，我们时代的机器"的论点颇为引人注目。

戴氏认为："如果电视仅仅被理解为一种商品或宣传喇叭，如果它在当代资本中的地位能被孤立在一个特殊的消费领域（一个甚至包括享乐在内一切都有可能的领域），那么，它就几乎不值得被叫作机器，也几乎不值得被推崇到偶像物和时代精神载体的地位。但由于我们现在所处的地位更有利于认识到资本主义制度的机器包括价值可以转型的任何转换点，那么也就更容易认识到下列事实：即电视形象本身总是过程中的价

[①] 《马克思恩格斯选集》（第3卷），人民出版社1972年版，第189页。

值,而不是新异漂亮的二手图画,这种与其他形式的资本的绝对近似,表明电视的特定价值形式在当前是极为重要和必需的。"①

戴恩斯特将可能受操纵的经济用"机器"和"形象"这两个概念加以规范,其中使用了许多马克思当年在《资本论》和《政治经济学批判〈导言〉》中的论点,尽管这篇题为《形象/机器/形象:电视理论中的马克思与隐喻》的行文有些艰涩,但其中的一些基本观点还是令人耳目一新。比如他提出:"电视与资本的关系促成了从微观模仿到宏观社会总括在内的许许多多比喻活动。在电视的视觉关联中,政治经济与文化即刻并永远借助彼此而传播。""无论电视经历了怎样的形式变革,它的基本经济使命在于将物质形象通过新的流通框架转换为价值单位。""首先,电视按照马克思式的基本论述而运作,在已被定为价值的时间量中充当转换点,在形象的时间和观看的时间之间(总是不能完美地)进行转换,由此而进一步促进生产和流通。第二,电视出现在某一特定历史时刻,借助形象媒体将日常生活和文化作为'自由'时间而纳入资本的机体内。""电视已成为价值的构成、分配和对于在劳动、商品和资金的总流通中而形成的机体的依附方式的'一部分'。它借助于对社会关系的想象力量进行改变、联结,即实行机械化而扩大了价值区域。"②顺着这样的思路,自然可以将电视传播内容比喻为文化资本的产品,而电视传播内容的低俗化自然也就可以将其视为文化资本运行的润滑剂。

一 低俗化是文化资本运行的润滑剂

当今法国社会学大家布尔迪厄提出过一个著名的概念——"文化资本"(cultural capital)。布尔迪厄的"文化资本"概念是与他社会学理论中的其他许多概念,尤其是"场域"(field)概念紧密关联的。他认为,"场域"并非指的是物理空间,也不同于一般所说的领域,而是特指社会空间,是"诸多力量较量之场所",是一个充满了斗争的场所。在场域中,总是充满了力量、斗争,充满了利害关系,拥有不同资本与力量的人在那里争权夺利。布尔迪厄还有两个重要概念是"地位"(position)和"行动者"

---

① 王逢振等编译:《电视与权力》,天津社会科学出版社2000年版,第67页。
② 同上书,第43、76、77、85页。

(actor)。每个人在场域中都占有一定的地位,各种地位之间的关系构成了场域的结构。场域内之所以充满争斗,就是因为处于场域中的人都或为维持场域的现成结构关系或为改变这种关系而斗争。那么,地位又是由什么来决定的呢?布尔迪厄认为,地位是由一个人所掌握的资本数量及强度决定的,而资本的数量则取决于特定社会中资本的分配方式。所以,地位之争实际上就是资本之争。布尔迪厄把场域中卷入地位、资本之争的人称为行动者,他甚至认为,一个人只有进入了场域之后才成其为社会意义上的人。行动者由其拥有资本而获得其在场域和社会空间中的地位,所以地位之争实际不过就是资本之争(拥有量及相对值)。

布尔迪厄认为,在不同的场域中,不同类型的资本(经济资本、政治资本、文化资本、社会资本等)的价值与等级也是不同的。在一种特定的场域中显示较高价值与有效性的资本可称之为"强势资本",其余则为弱势资本。在特定时期两个同样数量资本的个体,其地位可能不同,因为一个拥有大量的经济资本、少量的文化资本,而另一个相反,拥有大量的文化资本、少量的经济资本。所以,决定一个人在游戏空间中的地位与游戏策略的不只是他的资本拥有量,而且还要看他所拥有的是何种类型的资本以及资本在特定时间中的比值。

布尔迪厄研究问题时的经济学视角,的确使他的理论见解与众不同。布尔迪厄强调:行动者不是被动孤立、被机械地推来推去的"粒子",他们总是为了争夺地位与资本而积极活动着,这种以利益为驱动的"计算"是一个人采取不同的姿态、倾向、态度的根本原因。一个人对于他所生活于其中的社会文化结构的态度和评价,说到底取决于他在该社会结构中的地位,即他的资本拥有量以及他对资本分配方式的评价。但是,布尔迪厄又强调,他的利益观不但与把一切化约为物质的经济主义不同,而且是对之的反拨。因为利益在布尔迪厄看来绝不仅仅是物质经济利益,"每一场域都产生一种特殊的利益形式"。布尔迪厄批评了古典经济学的"资本"概念只关注了经济资本而没有关注另一些重要的资本形式,忽视了符号权力在社会斗争与社会支配中的作用。他认为,一种关于社会实践的总体理论(这正是布尔迪厄所致力的目标),如果不把自己局限于经济,就应当全面地把握资本,充分考虑资本的各种形态和不同形式,并且努力发现不同的资本形式相互转化的规则。①

这很容易让人想起中国电视的情况。过去很长的一段时期内,纯粹以宣传工具身份出现的中国电视无疑具有强势的政治资本,而其自身和围绕电视运作的民间的经济活动都处于社会的边缘,甚至处于"另类"的位置上,经济资本是电视运作中的弱势资本。然而,到了世纪之交时,随着电视集团化、产业化的浮出水面,特别是制播分离、频道专业化等体制创新举措的登台表演,电视传播中的经济资本开始从弱势资本上升为强势资本。这种强弱的转化充分说明了不同资本类型的相对价值的确取决于它所处的社会空间或场域的性质。

在电视这部庞大的机器上,文化资本的作用好生了得。"和其他资本一样,文化资本之所以重要,人争人抢,是因为它也是权力与地位的基础、支配与统治的基础。……这里的奥妙在于:各种类型的资本是可以相互交换与转化的,文化资本的力量不仅在于它的相对自主性,更在于它可以转化为经济资本或其他资本。"② 这的确点到了问题的节骨眼儿上。小到各种"星"级人物在电视上先混个"脸熟",然后便不失时机地用"名声"(文化资本之一种)开公司,做买卖;大到一些被称为"痞子文人"的所谓"后知识分子"的大红大紫,以至非官方的文化市场的形成和文化产业发展,都说明了文化资本转化为物质资本与经济利益的深刻联系。特别需要指出的是,中国电视出现的种种变革,已不是单纯的原体制内的资本再分配,由经济市场化带来的文化市场化表现在中国电视的方方面面。比如各种各样的影视文化制作公司,开始瓜分电视资源重新配置的文化资本和文化权力,并成为电视文化的新的弄潮儿。

文化资本转化为经济资本的另一个明证是许多文化学者略显生疏的资本市场,或者通常理解的股票市场。目前,中国电视是传统媒体中在资本市场挺进速度最快的一个媒体。我们知道,当美国纳斯达克股票市场一路下跌时,其中的一些有线电视网络股仍然逆市飘红。曾经,中国股市中的有线电视网络股也如异军突起,引领大盘创出历史新高。目前,中国股市上具有有线电视网络背景的公司主要有中视股份(中央电

---

① 参见陶东风《社会转型与当代知识分子》,上海三联书店1999年版,第157、158页。
② 同上书,第158页。

第二章　抵制电视节目低俗化的西方思想资源

台)、歌华有线(北京)、电广传媒(湖南)、东方明珠(上海),等等。它们的基本面和成长性所具有的独特性和垄断性是公认的,有些确实是名副其实的绩优股。与电视相关的上市公司在资本市场上的不俗表现,耐人寻味。尤其是在中国的现实状况下,更给人以多方面的启示。

正是这样的逐利机制,催动着电视人甘愿冒犯一切文化底线,就是其节目内容被指低俗化也在所不惜。法国伦理和政治科学院院士阿尔贝尔认为:"众所周知,新闻媒体在经济生活中起着越来越大的作用。一个简单的理由是它们同股市的运行保持着密切联系。""反过来,当新闻媒体不得不向短期利润规则折腰称臣的时候(莱茵体系国家无疑将是最后保留国有电视不登广告的国家,例如BBC电视台),它们就不得不像大腕儿们主持电视娱乐节目时那样信口开河,胡乱解释经济生活和金融生活,由于他们对这些论点抱有偏执狂,把随心所欲凌驾于法律顾问之上,不惜违背法律、背离时代。阿兰·科达又补充写道:'电视娱乐节目要办得好,就应该拒绝浪费时间,聚焦在瞬间上,人的制约,首先是死亡的制约也应该撇开这个瞬间。电视系列节目播出的时间,是对线性时间发展的刺激,好像一切都在不停地运转,时间一晃就过去了。'这就是说,现在是永恒的,要为现在争取利润。"[①]

"新闻媒体在经济生活中起着越来越大的作用""同股市的运行保持着密切的联系""不得不向短期利润规则折腰称臣",这些见解可谓一语中的。当现代新闻媒体的产业特征日益凸显,并且与意识形态的规定性并行不悖时,我们可以更清楚地看到,中西方不同社会制度下的新闻媒体,他们的生存与发展中的许多关键词,在经济全球化的今天有了共同的意蕴,比如市场份额、收视率、争取利润,等等。

阿尔贝尔对传媒的经济特征的揭示和布尔迪厄的文化资本理论无疑有异曲同工之妙。他们都挣脱了电视研究的"形而上"的羁绊,即纯粹将电视传播视为一种文化现象,而将目光投向文化现象背后具有终极意义的经济原因。如果说,布尔迪厄提出的文化资本的论点有助于我们弄清电视在社会宏观层面上运作时那支"无形的手"的魔力,那么阿尔贝尔则简明扼要地

---

① [法]阿尔贝尔:《资本主义反对资本主义》,杨祖功等译,社会科学文献出版社1999年版,第173、179页。

阐明了新闻媒体商业化和庸俗化的终极原因——"要为现在争取利润"。

美国后现代主义文化研究的代表人物詹姆逊在《文化转向》一书中，对后现代的特征进行了深刻的分析，他认为，后现代文化、特别是当今的大众文化与市场体系和商品形式具有同谋关系，它们把艺术包装成商品，作为纯粹审美消费的实物提供给观众。詹姆逊写道："这个后现代主义名册的第二个特征是一些主要边界或分野的消失，最值得注意的是传统的高雅文化和所谓的大众或通俗文化之间的区别的消弭。这在学院派看来也许是最令人沮丧的发展。学院派向来极力维护高雅或精英文化领域，以对抗周围庸俗、廉价和媚俗的环境，包括电视连续剧和《读者文摘》文化的环境，同时向初学者传授读、听、看的一些困难复杂的技巧。然而，许多新的后现代主义却热衷于广告、汽车旅馆、拉斯维加斯的脱衣舞、午夜场和好莱坞的B级片，以及机场旅行类的准文学，包括哥特式的、罗曼蒂克的、通俗传记、推理探案和科幻小说等。他们不再'引用'像乔伊斯或马勒写过的'文本'，而是将它们合成，以至高雅艺术与商业形式之间的界限似乎越来越难以划清。"①

詹姆逊还谈到了现代性与后现代性在美学上的区别，他认为，如果说崇高是属于现代性的话，那么后现代性则是一种美的回归，不过，这里的美的内涵发生了变化，美不再处于自律的状态，而是被定义为快感和满足，是沉浸在灯红酒绿中的文化消费和放纵。现代性的语言是私人化的，它沉溺于单一和癖好之中，它的流行和社会化是通过注解和经典化的过程实现的。而后现代性的语言是通用的、套话式的，具有非个人化的特征，在某种意义上说它可以称为媒体语言。并且，与现代艺术关注语言和技巧相比，语言在后现代中不再具有特权的位置，后现代更关注装饰性的实践，推崇视像作品。

在《文化转向》中，詹姆逊还为我们揭示了后现代社会的两个新层面，一是视像文化盛行，二是空间优位。"因为在我们这个时代，技术与传媒真正承担着认识论的功能：自此，文化生产领域发生了变革，传统形式让位于各种综合的媒体实验，摄影、电影和电视开始渗透和移入视

---

① ［美］弗雷德里克·詹姆逊：《文化转向》，胡亚敏译，中国社会科学出版社2000年版，第2页。

觉艺术作品（和其他艺术形式），正生产出各种各样的高技术的混合物，包括从器具到电脑艺术"。①

詹姆逊特别强调电视的普及使整个人类生活视像化，形象取代语言成为文化转型的典型标志。他指出："现代社会空间完全浸透了影像文化，萨特式颠倒的乌托邦的空间，福柯式的无规则无类别的异序，所有这些，真实的，未说的，没有看见的，没有描述的，不可表达的，相似的，都已经成功地被渗透和殖民化，统统转换成可视物和惯常的文化现象。"

詹姆逊在形象研究上的主要贡献是他提出了"形象就是商品"的观点，他认为，在当今时代，文化逐渐与经济重叠，通常被视觉形式殖民化的现实与全球规模的同样强大的商品殖民化的现实一致和同步。形象这种文化生产"不再局限于它早期的、传统的或实验性的形式，而且在整个日常生活中被消费，在购物，在职业工作，在各种休闲的电视节目形式里。在为市场生产和对这些产品的消费中，甚至在每天生活中最隐秘的皱褶和角落里被消费，通过这些途径，文化逐渐与市场社会相连"。②文化领域中后现代性的特征就是伴随形象生产，吸收所有高雅或低俗的艺术形式，抛弃一切外在于商业文化的东西。由此，今天的人们已处于一个与过去完全不同的存在经验和文化消费的关系中，每天面对数以千计的形象轰炸，"幻像"（simulacrum）取代了真实的生活。与形象转换相关的是后现代的空间性特征。在詹姆逊看来，当今世界已经从由时间定义走向由空间定义。不仅时间具有空间性特征，而且一切都空间化了，市场的货币形式和商品逻辑也转换为空间形式，成为结构性要素。

詹姆逊进而指出了这些变化后面的技术背景和美学转向，无论是形象转换还是空间优位，都与现代技术密切相关。当今世界正被高科技的狂欢所占据，后现代艺术家正充分利新的技术手段来制作各种视像制品，并且随着电子媒介和机械复制的急剧增长，视像文化已不再限于艺术领域，而成为公共领域的基本存在形式。电子空间延伸了空间的概念，"在这个空间中，货币资本已经接近了它的最终的解区域化，作为信息它

---

① ［美］弗雷德里克·詹姆逊：《文化转向》，胡亚敏译，中国社会科学出版社2000年版，第4页。
② 同上书，第107、108页。

将瞬间从一个节点到另一个节点,穿越有形的地球、有形的物质世界"。①同时,在后现代社会中,美学也发现自身已转移到感知领域,并开始向感觉为核心的生产,追求视觉快感成为人们的基本需求。

詹姆逊提出的"形象就是商品","大众文化产品和消费本身像晚期资本主义的其他生产领域一样具有深刻的经济意义"等论点,进入了对电视的本质的认识。对此,我们的认识不妨回到主流意识形态的学理层面作为参照之一。列宁曾高度评价了马克思的研究方法,他说:"马克思在《资本论》中,首先分析的是资产阶级社会(商品社会)里最简单的、最普通的、最基本的、最常见的、最平常的、碰到亿万次的关系——商品交换。这一分析在这个最简单的现象之中(资产阶级社会的这个'细胞'之中)暴露了现代社会的一切矛盾(以及一切矛盾的胚芽)。"② 以此为出发点,马克思揭示了商品关系是资本主义一切生产关系的萌芽,从而发现了资本主义一切剥削的秘密,创立了剩余价值学说。我们认为,只有将电视与资本、商品、货币、交换等经济学范畴相联系时,才能对电视的本质有全面的、科学的认识。

在这里,我们还可以举出英国伯明翰学派的代表人物之一——雷蒙德·威廉斯对电视是怎样占据了我们文化生活的中心部分的追问时,提出的"易变的个人条件"的观点。"按照威廉斯的话来说,公用电视事业的发展,可以说是过度取决于经济、国家和他所称的易变的个人条件。在威廉斯所分析的许多原因中,最关键的原因是私人资本,其利益支配了传播技术的发展。与广播的文化形式一样,电视的文化形式必须适应由家庭为基地的消费主义所形成的市场。换言之,电视技术必须适应各种'个人'收视条件的需要,而且体积要小得便于移动。"③ 并且,在威廉斯研究的三个层面上,他"看来特别钟情于第一个"④。

---

① [美]弗雷德里克·詹姆逊:《文化转向》,胡亚敏译,中国社会科学出版社2000年版,第150页。
② 《列宁全集》(第38卷),人民出版社1962年版,第409页。
③ [英]史蒂文森:《认识媒介文化》,王文斌译,商务印书馆2001年版,第34页。
④ 同上。威廉斯探讨电视的问题是在三个层面上展开的:"1. 决定电视发展的社会物质关系;2. 对电视内容达到潮流或格调的分析;3. 对隐藏于某些电视'效果'研究背后的某些假设的批评。"

第二章 抵制电视节目低俗化的西方思想资源

显然,威廉斯的研究出发点颇有历史唯物主义的意味。当年,恩格斯在著名的《在马克思墓前的讲话》中指出:"正像达尔文发现有机界的发展规律一样,马克思发现了人类历史的发展规律,即历来为繁茂芜杂的意识形态所掩盖着的一个简单事实:人们首先必须吃、喝、住、穿,然后才能从事政治、科学、艺术、宗教,等等;所以,直接的物质的生活资料的生产,因而一个民族或一个时代的一定的经济发展阶段,便构成为基础,人们的国家制度、法的观点、艺术以至宗教观念,就是从这个基础上发展起来的,因而,也必须由这个基础来解释,而不是像过去那样做得相反。"[①] 并且,恩格斯认为,马克思的这一发现,才使"历史破天荒第一次被安置在它的真正的基础上"[②]。

而这种决定作用却是曲折和间接的,在谈到英国、法国和德国哲学(兼及文学)发展时,恩格斯指出:"经济发展对这些领域的最终的支配作用,在我看来是无疑的,但是这种支配作用是发生在各该领域本身所限定的条件的范围内:例如在哲学中,它是发生在这样一种作用所限定的条件的范围内,这种作用就是各种经济影响(这些经济影响多半又只是在它的政治等等的外衣下起作用)对先驱者所提供的现有哲学资料发生的作用。经济在这里并不重新创造出任何东西,但是它决定着现有思想资料的改变和进一步发展的方式,而且这一作用多半也是间接发生的,而对哲学发生最大的直接影响的,则是政治的、法律的和道德的反映。"[③]

经济的力量对处于现代市场经济社会的电视间接影响最显著的就是直接将消费与文化联系在一起,即作为消费社会的文化,大众消费运动决定着符号生产、日常体验和实践活动的重新组织[④]。"很明显,消费文化的一个重要特征就是,商品、产品和体验可供人们消费、维持、规划和梦想,但是,对一般大众而言,能够消费的范围是不同的。消费绝不仅仅是为满足特定需要的商品使用价值的消费。相反,通过广告、大众传媒和商品展陈技巧,消费文化动摇了原来商品的使用或产品意义的观

---

① 《马克思恩格斯选集》(第3卷),人民出版社1972年版,第574页。
② 同上书,第41页。
③ 《马克思恩格斯选集》(第4卷),人民出版社1972年版,第485—486页。
④ 参见迈克·费瑟斯通《消费文化与后现代主义》,译林出版社2000年版,第165页。

念，并赋予其新的影像与记号，全面激发人们广泛的感觉联想和欲望。所以，影像的过量生产和现实中相应参照物的丧失，就是消费文化中的内在固有趋势。因此，消费文化中的趋势就是将文化推至社会生活的中心，不过它是片断的、不断重复再生产的文化，难以凝聚成占主导地位的意识形态。"①

事实上，电视的商业性质和受市场机制的影响，在欧美不断再版的高等院校广播电视教材中，在对电视节目的批评的有关章节中，也毫不隐讳电视节目的千篇一律等弊病背后的终极的经济原因。例如，《广播电视节目编排与制作》一书中写道："让节目得到'最高额的美元'意味着取得最大数量的利润——这是一个并非总是服务于公众利益的目标。""千篇一律？必然要如此！原因之一是节目的意图就是要吸引观众和取悦他们，而不是得罪他们和把他们赶走。""追求收视率这套做法的结果是节目千篇一律毫无生气。商业台的目的就是把观众交给广告客户。"②

很显然，我们上述列举的材料，都从不同的角度触及了电视生存与发展的根本问题。任何社会现象都有终极的经济根源，这是马克思主义的基本原理之一，也是我们认识和评析西方电视低俗化批判的一个绝佳的切入点。

二 电视低俗化的消费者是商品化了的观众

英国伯明翰大学的"当代文化研究中心"（Center for Contemporary Cultural Studies，简称CCCS）是在立场和方法上与法兰克福派鲜明对立的学派。

伯明翰学派重新定义了"文化"的概念，这包括三方面的内容：一是使文化不再以"经典"为标准；二是强调民众在接受"文化工业"产品时的创造性；三是消解高级艺术与大众文化的区别。③伯明翰学派矫正了法兰克福学派过于强烈的批判精神，对大众文化明显持乐观态度。"在

---

① [英]迈克·费瑟斯通：《消费文化与后现代主义》，刘精明译，译林出版社2000年版，第166页。
② [美]赫伯特·霍华德等：《广播电视节目编排与制作》，戴增义译，新华出版社2000年版，第310、311页。
③ 参见《文化产业论》，广东经济出版社2001年版，第67页。

第二章 抵制电视节目低俗化的西方思想资源

理论和方法论上为英国批判传媒研究奠定了坚实基础。其开创性的学术价值和社会意义,对后来在高校中逐渐普及了的传媒与文化研究来说,是极为重要也是难以超越的。"[1] 20 世纪 80 年代以来,伯明翰学派的研究方向及兴趣在世界范围内掀起了一股学术风潮,并逐渐形成气候。"文化研究"为许多新研究,尤其是为当代生活及文化现象的研究提供了新概念、新方法以及新的理论思路。[2]

伯明翰学派的著名学者约翰·费斯克在其颇具代表性的修正主义文化研究著作《理解大众文化》中,提出了"两种经济"的理论,所谓两种经济,费斯克说,一是"金融经济",一是"文化经济"。对此,有人认为这种理论的根据是马克思主义的商品交换价值和使用价值理论。[3] 费斯克以电视作为文化工业的范例,阐述了他的两种经济理论。他认为:在资本主义社会里,电视节目作为商品,生产和发行于这两种平行而且共时的经济系统之中,其中,金融经济注重的是电视的交换价值,流通的是金钱;文化经济注重的是电视的使用价值,流通的是意义和快感。

为了更好地说明这两种既相互独立又相互作用的经济系统,在《理解大众文化》一书中,费斯克列其模式如下:[4]

	金融经济		文化经济
	Ⅰ	Ⅱ	
生产者:	演播室	节目	观众
商品:	节目	观众	意义/快感
消费者:	经销商	广告商	观众自己

费斯克指出:"演播室生产出一种商品,即某一个节目,把它卖给经销商,如广播公司或有线电视网,以谋求利润。对所有商品而言,这都是一种简单的金融交换。然而这不是事情的了结,因为一个电视节目,或一种文化商品,并不是微波炉或牛仔裤这样的物质商品。一个电视节

---

[1] 赵斌:《英国的传媒与文化研究》,《现代传播》2001 年第 5 期。
[2] 参见陆扬、王毅《大众文化研究》,上海三联书店 2001 年版,第 275 页。
[3] 同上书,第 111 页。
[4] [英]约翰·费斯克:《理解大众文化》,王晓珏等译,中央编译出版社 2001 年版,第 32 页。

目的经济功能,并未在它售出之后即告完成,因为在它被消费的时候,它又转变成一个生产者。它产生出来的是一批观众,然后,这批观众又被卖给了广告商。"① 由此可见,电视节目在金融经济系统中的运行实际上分为生产和消费两个流通阶段。第一阶段是制片商(生产者)生产出电视节目(商品),然后卖给电视台(消费者)。第二个阶段则是电视台将观众作为"商品"卖给广告商,广告商成了"消费者"。电视台播出节目,则成了"生产者"的行为。电视台的"产品"不是节目,而是广告的播出时间。表面上看广告商买的是电视广告的播放时间,而实际上买的是观众。

要全面理解费斯克的"两种经济"的理论,我们有必要对他的论述作进一步的解读。费斯克在《电视文化》一书中提出了大众文化是"生产性文本"(生产者式文本)的概念,其特征是对它的阅读并不难,并不一定要读者绞尽脑汁方能理解,它和日常生存没有什么明显的区别。

费氏在《理解大众文化》一书中指出:"'生产者式文本'这个范畴,是用来描述'大众的作者式文本'的,对这样的文本进行'作者式'解读,不一定困难,它并未要求读者从文本中创造意义,也不以它和其他文本或日常生活的惊人差异,来困扰读者。它并不将文本本身的建构法则强加于读者身上,以至于读者只能依照该文本才能解读,而不能有自己的选择。"② 比如像电影、电视这样的文本,虽然是大众能懂的,却并不就是意义封闭的文本,相反,它具有"作者性文本"的开放性。它不要求作者行为,也不提供规则,它只是为大众生产意义所用。

那么,大众文本何以是"生产性文本"呢?这是因为这种文本是现代文化商品生产过程中的一个环节。观众和读者不只是消费者,而且和制作人一样是这种文本的生产者。费斯克反对笼统地把现代社会中的一切商品都放到金融经济体制中去理解。他认为,在现代社会中还存在着与金融体制相平行的文化经济体制,前者流通的是金钱,而后者流通的是意义和快乐。

以电视为例,就需要放入金融经济和文化经济这两个互为联系但并

---

① [英]约翰·费斯克:《理解大众文化》,王晓珏等译,中央编译出版社2001年版,第32页。
② 同上书,第128页。

不相同的体制中才能理解。在金融经济体制中,电视节目制作人投入资金制作出节目,那就是商品,商品被销售给消费者——出钱购买节目的电视台。于是又开始了第二轮金融体制内的生产/消费关系:节目本身就是生产者,它生产的商品是观众,观众这个商品被卖给出钱做广告的客户。到此为止,流通的只是金钱,如果只在金融体制中看观众,那么观众完全是消极被动的。

为了真正理解观众与文化产品的关系,还必须引入"文化经济体制"这一概念,在这一体制中流通的不只是金钱,还有意义和快乐。原先是商品的电视节目在文化经济中便成了"文本"。文本是具有意义和乐趣潜力的话语结构,是大众文化资源的主要构成部分。在文化经济中,不再存在别的消费者,只有意义的流通者。意义和快乐是观众自己生产、自己需要的。

实际上,在《电视文化》一书中,费斯克就曾详细地论述过他的两种经济理论。[①] 他认为,文化产品流通于两种同时存在但并不相同的经济中——金融经济和文化经济。金融经济的运作方式无法充分说明所有的文化因素,对文化产品的流行程度具有关键作用的流通存在在与其平行的经济中——文化经济。这里交换和流通的不是财富,而是意义、快感和社会身份。"在产业化文化中,以制造者/发行人为一方,以各种类型的民众为另一方,两者经常有利益上的冲突。两种经济——金融经济和文化经济,是这一斗争中的对立两方面。金融经济想把电视作为一元化的媒介:对它来说,电视是中心化的,功能单一,处于金融经济的生产与传播中心。而在文化经济中,电视则完全不同。它是解中心的、多样的,由它的多元接受模式和收看时间决定。电视是阅读实践的多元化,快感的民主化,只能零零碎碎地理解。"[②] 费斯克强调,电视在金融经济中的成功取决于它满足和提高观众的利益的能力,这些利益千差万别而且常常对立。在这个意义上,是文化经济的意义和快感决定着资本的经济利润的大小:文化经济用一种与资本权力相对抗的辩证力量推动着金融经济。"金融经济为文化商品的流通提供了两种模式:在第一种模式

---

① 《电视文化》出版于 1987 年,《理解大众文化》出版于 1989 年。
② 陆扬、王毅:《大众文化研究》,上海三联书店 2001 年版,第 151 页。

中，节目的制作者把它卖给发行人：节目纯粹是物质产品。在第二种模式中，作为商品的节目改变了角色，成为生产者。它生产的新的商品是观众，观众则被卖给广告商或赞助人。"①

我们还注意到，早在费斯克的两种经济理论面世之前，英国传媒理论家哈特利就已经指出，观众在欣赏电视节目时，既是消费者，又是生产者。与物质产品的消费不同，意义的消费不是一次性的，在媒介再生产的流通过程中，意义的生产和再生产并不完全来自电视台和制片人。而法国社会学家波德里亚在他著名的《消费社会》② 一书中则给人们阐述了这样深刻的论点："铁路带来的'信息'，并非它运送的煤炭或旅客，而是一种世界观、一种新的结合状态，等等。电视带来的'信息'，并非它传送的画面，而是它造成的新的关系和感知模式、家庭和集团传统结构的改变。谈得更远一些，在电视和当代大众传媒的情形中，被接受、吸收、'消费'的，与其说是某个场景，不如说是所有场景的潜在性。"③

英国学者史蒂文森在论述马克思主义与大众传播研究时，列举了一些研究者在政治经济学和意识形态范围内的讨论，其中，他提到了达拉斯·斯迈思。"在斯迈思看来，马克思主义者应该自问的第一个问题是，传播产业在经济方面发挥何种作用？只有掌握了资本主义文化形式在经济方面的情况而不是意识形态方面的情况，我们才能对这个问题作出回答。根据斯迈思的观点，在垄断资本主义统治下的时间分为工作时间（用于商品生产的时间）和休闲时间（出卖给广告商的时间）。受众被广告商收买的是以收入、年龄、性别、种族和阶级等不同的具体情况为基础的。因而，受众需要做的事情就是要学会怎样去购买供出售的商品，这样才能明确地安排'自由时间'，以有利于消费资本主义。他断言，当代文化的经济基础对西方马克思主义来说在某种程度上依然是一个'盲点'。"④

---

① 陆扬、王毅：《大众文化研究》，上海三联书店 2001 年版，第 135 页。
② 为该书写了前言的 L. P. 梅耶的这样一段话颇耐人寻味：《消费社会》"的任务就在于：砸烂这个如果算不上猥亵的，但算得上物品丰盛的并由大众传媒尤其是电视竭力支撑着的恶魔般的世界，这个时时威胁着我们每一位的世界。"
③ [法] 让·波德里亚：《消费社会》，刘成富等译，南京大学出版社 2001 年版，第 132 页。
④ [英] 史蒂文森：《认识媒介文化》，王文斌译，商务印书馆 2001 年版，第 22 页。

第二章　抵制电视节目低俗化的西方思想资源

　　由此可见，斯迈思的两种时间划分与费斯克的两种经济理论可谓异曲同工。并且，斯迈思提出了"受众被广告商收买的是以收入、年龄、性别、种族和阶级等不同的具体情况为基础的"的论点，与当代电视的频道设置的依据是完全吻合的。电视在宏观层面上的演进和发展，其基本动力和终极原因是经济的推动，当代电视为什么是这样的而不是别样的，"只有掌握了资本主义文化形式在经济方面的情况而不是意识形态方面的情况，我们才能对这个问题做出回答"①。

　　美国电视研究的佼佼者康姆斯托克在谈到美国电视的竞争时则说得更为直接："电视业的业务内容，其实就是将观众的'注意力'贩卖给这一批观众的客户。正确地说，电视业的产品并非节目，乃是观众。观众人数的多寡，以及其消费的水准倾向，决定了电视公司的利润的高低。"②

　　我们特别应当提到的是，在电视工业的要务便是生产商品化的观众这一深刻的问题上，大众传播学的一些学者并不存在盲点。例如，在分析媒介对大众文化的依赖时，德弗勒和丹尼斯认为："大众媒介为什么要继续传播粗劣艺术呢？答案是：大众文化就像鱼儿需要水一样。大众文化是维持媒介作用的重要因素。……美国的媒介是私营的营利企业。要赢利，媒介就要抓住消费者的注意力，并将它出售给别人。出高价购买媒介的时间和版面的广告客户要求收看或收听广告节目的受众越多越好。这种经济基础迫使媒介编制和传播能尽可能多地吸引听众、观众和读者的内容。正是这种大多数法则把适合大多数消费公众口味的大众文化带给了大众传播。因此，批评家们称之为'粗劣艺术'的东西，既满足了媒介的需要，也满足了受众的需要。大多数法则、大众文化的生产和消费、公众的欣赏水平都是美国媒介基本体系不可分割的三个部分。""由于广播电视台是出售听众和观众的注意力，所以它们必须精心地向广告商提供有关收听或收视率调查的充足材料，说明它的节目究竟有多少只眼睛或多少只耳朵在收看或收听。"③这里，这两位学者提出的"广播电

---

①　[英]史蒂文森：《认识媒介文化》，王文斌译，商务印书馆2001年版，第22页。
②　[美]乔治·康姆斯托克：《美国电视的源流与演变》，郑明椿译，台湾远流出版公司1994年版，第24页。
③　[美]德弗勒、[英]丹尼斯：《大众传播通论》，颜建军等译，华夏出版社1989年版，第362、173页。

视台是出售听众和观众的注意力","要赢利,媒介就要抓住消费者的注意力,并将它出售给别人"的观点,显然深得费斯克的"两种经济"理论的要领。只是,他们的分析和论述缺乏费斯克那样的系统和条理。

对于电视工业第一要务是生产商品化的观众这一涉及电视存在与发展的关键问题,我国的一些学者也给予了较早的关注,比如,1996年,陈刚就在他的那本很受关注的《大众文化与当代乌托邦》一书中指出:"电视是最具有当代性的大众传媒,大众的反馈从量上可以通过收视率反映出来,收视率直接关系到电视台的生存。而收视率是不能够由电视台本身决定的,观众接受与否是个人的选择,不能通过社会的强制手段来实行,而要达到高收视率,必须尊重接受者的需要。如果广告主的广告使电视观众反感而影响到收视率,那么电视台肯定会牺牲前者而不是后者。广告主不仅不敢强制接受者,相反会去主动迎合接受者的趣味,而且它要依赖高收视率的电视节目达到获取最佳广告效果的目的。高收视率的节目由于买主众多因而广告费可以高到惊人的价位。"[①]

现在,人们对费斯克阐述的这些观点已经深信不疑:对于金融经济来说,电视工业首要的任务是生产商品化的观众,电视节目必须倾其全力吸引观众的眼球,只有这样广告商才会"购买"他们,电视也才可能获得所必需的资金支持。

费斯克进一步提出了要把文化经济纳入原有的经济概念的论点。他写道:"在文化经济中,流通过程并非货币的周转,而是意义和快感的传播。于是此处的观众,乃从一种商品转变成现在的生产者,即意义和快感的生产者。在这种文化经济中,原来的商品(无论是电视节目还是牛仔裤)变成了一个文本,一种具有潜在意义和快感的话语结构,这一话语结构形成了大众文化的重要资源。在这种文化经济里,没有消费者,只有意义的流通者,因为意义是整个过程的唯一要素,它既不能被商品化,也无法消费;换言之,只有在我们称之为文化的那一持续的过程中,意义才能被生产、再生产和流通。"[②]

显然,费斯克更加重视的文化经济产品的形式是形象、思想和符号,

[①] 陈刚:《大众文化与当代乌托邦》,作家出版社1996年版,第80页。
[②] [英]约翰·费斯克:《理解大众文化》,王晓珏等译,中央编译出版社2001年版,第33页。

第二章 抵制电视节目低俗化的西方思想资源

电视观众是能够"生产"意义和快感的,当电视台向这样的观众播放电视节目时,交换的是心理满足、快感以及对现实的幻想。在这里,费斯克无疑提出了"消费者同时也是生产者"这样一个深刻的命题。"费斯克强调消费者的力量。他指出一个通常的误解,就是以为大众传媒必有'大众'的观众。所以假如成千上万名观众观看同一个电视节目,他们的理解势必如出一辙,广告亦然,势必产生同样的效果。这类误解显而易见是媒体尤其喜欢灌输的理论。但是如果仔细研究观众的接受过程,费斯克说,整体的'大众'即刻消失无踪,取而代之的是形形色色的亚文化群体,不同的背景,不同的解读方式,不同的理解。同一节目是有不同的解读,而决定不同解读的是不同的文化代码和文化能力。对此,费斯克强调说,文化经济阶段,'观众作为生产者在文化经济中的力量值得重视',观众的力量就在于'意义在文化领域的流通与财富在金融经济的流通并不相同'。"[①]

不难看出,费斯克通过对电视的深刻洞察,昭示出文化是一个充满生命力的积极过程。并且,费斯克的研究成果实际上已经触及了当下中国电视的一个热门话题和体制变迁——频道专业化。今天,人们已经意识到,频道专业化是电视观众进入"分众""小众"时代后电视传播的一种必然选择,是观众在文化经济中的力量发生变化的客观要求。因此,费斯克的理论建树,对我们考察今天中国电视的发展变化,提供了一个绝佳的视角。

全面理解伯明翰学派对大众文化的积极关注,不能不提到这一学派的另一位代表人物斯图尔特·霍尔。他的《编码,解码》一文,堪称文化与传媒研究中一篇至关重要的文献。这篇写于1973年的文章问世时不过是一篇油印文章,而后被人引用转载却不计其数。霍尔文章的中心内容是电视话语"意义"的生产与传播,其理论基础来自马克思主义政治经济学理论的生产、流通、使用(包括分配或消费)以及再生产四个阶段。

霍尔提出,电视话语"意义"的生产和传播也存在同样的阶段。就电视话语的流通而言,可划分为三个阶段,每一个阶段都有相对独立的

---

① 陆扬、王毅:《大众文化与传媒》,上海三联书店2001年版,第115页。

条件。第一阶段是电视话语"意义"的生产,即电视专业工作者对原材料的加工。这也是所谓的"制码"阶段。"制码是指传播工作者选择言辞,注释事件,将事件放入某一特定的相关架构中,以彰显其立场与意义。"① 由此可见,制码阶段占主导地位的是加工者对世界的看法,如世界观、意识形态等。第二阶段是"成品"阶段。霍尔认为,电视作品一旦完成,"意义"被注入电视话语后,占主导地位的便是赋予都市作品意义的语言和话语规则。此时的电视作品变成一个开放的、多义的话语系统。第三阶段也是最重要的阶段,是观众的"解码"阶段。这里占主导地位的,仍然是对世界的一系列看法,如观众的世界观和意识形态等。观众面对的不是社会的原始事件,而是加工过的"译本"。观众必须能够"解码",才能获得"译本"的"意义"。换言之,如果观众看不懂,无法获得"意义",那么观众就没有"消费","意义"就没有进入流通领域。而最终是电视"产品"没有被"使用"。②

霍尔指出:"根据这种一般看法,我们可以粗略地勾勒出电视传播过程的如下特点。广播的制度结构及其实践和生产网络、它们的构成的关系和技术基础结构,都是制作一个节目所必需的。这里,生产建构了信息。那么,在某种意义上,流通就从这里开始。当然,生产过程并非没有其'话语的'方面:它也完全是由意义和思想来架构的:即应用中的知识——这关乎生产和日常秩序、历史地界定了的技术技巧、职业观念、制度知识、定义和设想,有关观众的设想等,所有这些都通过这种生产结构来架构节目的体例。进而言之,尽管电视节目的种种生产结构开创了电视话语,但并未构成一个封闭系统。"③

霍尔认为:以"艺术成品"为中心的高等文化的选择和评价标准是审美的"品质"("素质""质量"等),而对大众文化来说,更重要的却是文化产品同使用者日常生存需要和经验的现实联系和相关性。这种相关性不是超时空的,而是受具体实在的社会和历史的限定。高等文化的代言人总是把他们看重的某些审美品质当作普遍正确的品位标准,强

---

① 张锦华:《传播批判理论》,台湾黎明文化事业公司1995年版,第146页。
② 陆扬、王毅:《大众文化与传媒》,上海三联书店2001年版,第68—71页。
③ 罗钢、刘象愚主编:《文化研究读本》,中国社会科学出版社2000年版,第347页。

第二章 抵制电视节目低俗化的西方思想资源

调他们所钟情的经典作品具有超时空的"内在价值"。这种恒定的品质模式注定不可能适用于芸芸大众不断变化的生存世界。高等文化人看不起大众文化产品的朝生暮死和昙花一现,这是可以理解的,但他们也应当明白,大众文化有它自己的选择的相关标准,如果文化产品不具有这种相关性,大众就在市场上拒绝它,让它寿终正寝。文艺作品是"高雅严肃"还是"通俗大众",其界限并不在作品自身,而在不同接受方式的区别。

将诸如生产、消费、商品、交换、资本等经济学的范畴引入电视批评理论,就获得了对电视的更为全面的、科学的认识。电视批评不应当是一种"纯粹理性批判",必须考察电视传播、文化生产与市场经济的共谋关系。读"懂"电视必须有经济学的视角,这对于电视批评乃至整个文化研究来说,至关重要。

特别值得人们重视的是,这种共谋关系,不仅表现在电视传播的日常运作中,而且在一些震惊世界的重大事件中表现得更为明显,英国学者史蒂文森写道:"1991年的海湾战争,也许是历史上由媒介助长的最为激烈的人类冲突。……关于这场战争的报道,支配了电视、报刊和广播节目制作的大多数内容,使得这场战争成了一个媒介事件,这是极为罕见,而且几乎是史无前例的。不论是坐在印度的恒河河畔,带着一台小小的手提收音机,还是坐在纽约某一豪华公寓的顶层收看实况转播的电视,整个世界都通过大众传播媒介来跟踪这场战争,仿佛麦克卢汉对一个世界村的预言已最终变为现实。"[1] "那么媒介缘何如此热情地支持这场战争呢?在凯尔纳看来,这一问题的答案,在于军事和政治集团之间的联盟以及在整个20世纪80年代里根政府和布什政府维持的大财团的利益。"[2] 军事和媒介之间,存在着盘根错节的利益关系。根据凯尔纳所掌握的情况看,美国通用电力公司拥有全国广播公司这一电视网,1989年从与军方的协议中获利90亿美元。

90亿美元,如此暴利,怎能不让电视媒介不"如此热情地支持这场战争呢"?

---

[1] [英]史蒂文森:《认识媒介文化》,王文斌译,商务印书馆2001年版,第290页。
[2] 同上书,第293页。

法国著名社会学家布尔迪厄则从另一个角度考察了电视媒介的受控关系，他说："就一家电视台而言，如果我们仅仅知道电视台业主的名字，预算中各个广告客户所占的份额和政府补贴的数目，那么我们就了解不了什么大问题。提醒大家注意这一点，是非常重要的，知道美国的NBA（全国广播公司）是 General Electric（通用电力公司）的产业（这就意味着，倘若美国全国广播公司冒险对某一核电站周围的居民进行采访，那就很可能……当然，谁也不会想这么做……），CBS（哥伦比亚广播公司）是 Westinghouse（西屋电气一台）的产业，ABC（美国广播公司）是 Disney（迪斯尼公司）的产业，法国的 TF1（法国电视一台）是 Bouygues（公共设施建筑公司）的产业，这很重要，因为通过这一系列的中间公司会造成某些后果：显然，有些事情法国政府是不会对公共设施建筑公司采取行动的，因为它是法国电视一台的后台老板。"布氏这里的提醒不仅在于告诉人们电视与商业的关系，而且揭示了电视和商业与政府的关系——那种剪不断、理还乱的共谋关系。布尔迪厄特别强调："这些事情非常重要，也是很明显的，连最普通的批评家也能注意到，然而正是这些东西遮藏着匿名的、看不见的机制，而种种审查就是通过这套机制贯彻下来，使电视成为维护象征（symbolique）秩序的了不起的工具。"[1]

在解读西方电视批评理论时，我们曾提到过理查德·戴恩斯特提出的"电视，我们时代的机器"的观点。戴氏认为："尽管几乎不能将电视误认为是一块完全未经商业染指的纯美学领域，然而也不可能将其降低到粗俗的商业套语的地位。价值的电视视觉形态同时在好几个区域运作，在图像转播的动态过程中，就交叉于金钱、政权、文化利益等一长串力的链环之中。……因此，我在此提供一幅地图，将可能受电视操纵的经济用两个概念轴极加以规范，这两个概念轴以高度凝练的简略表达，即'机器'和'形象'。任何对电视的具体分析都必须处理名为'机器'和'形象'的问题。"[2] 戴恩斯特提出了一个简单的断言：电视是全球性资本主义这台机器的一个组成部分。他写道："尽管我们知道电视技术的发展

---

[1] [法]皮埃尔·布尔迪厄：《关于电视》，许钧译，辽宁教育出版社 2000 年版，第 12 页。
[2] 王逢振等编译：《电视与权力》，天津社会科学出版社 2000 年版，第 43 页。

主要以资本主义的需要为依据，但是电视从来就不是资本主义积累的简单工具，也不仅仅只是众多商品中的一种。电视与资本的关系促成了从微观模仿到宏观社会总括在内的许许多多比喻活动。"[①] 假如我们换一个角度，或者说站在一个积极、乐观的高度，亦即戴恩斯特说的"几乎不能将电视误认为是一块完全未经商业染指的纯美学领域，然而也不可能将其降低到粗俗的商业套语的地位"去俯视电视引入经济学范畴的历史，我们不难发现：同中国 20 多年的改革开放一样，对电视的本质认识，我们同样经历了人们在西风东渐时对许多东西一样的心路历程。从少见多怪、嗤之以鼻，甚至予以批判和否定，到见多不怪、跃跃欲试，再到身体力行，为我所用。小的如牛仔裤、太阳镜、迪斯科等，大的如电视的产业化、电视品牌、精品节目，等等。仅以电视产业化为例，不过是几年前，人们在谈及此论时，虽不说是谈虎色变、噤若寒蝉，但也是一幅欲言又止、穿靴戴帽状。从争论电视能不能提产业属性，到能不能提产业化，再到不谈产业化就可能被视为观念落伍甚至是业内"另类"，让人不能不感叹"萧瑟秋风今又是，换了人间"。至于学界的演变就更让人感到"与时俱进"的广泛含义。人们只要花一点时间去检索为期不远的学术资料，我们就很容易地发现，在当年运用法兰克福学派的理论批评大众文化泛滥的学者中，如今研究起"文化产业""电视品牌"等"显学"问题，他们仍然不失为前卫。

三 观众的二重性

在收视率导向大行其道的西方媒体那里，不可否认，作为电视产品的消费者——观众被赋予了重要地位：对节目去留有着重要影响。但是，如果我们稍微仔细地审视一下观众的这种境遇，就不难发现，对电视节目创作集体来说，观众只是作为收视率的附属物进而在卖给广告商（生产商）的意义上才是重要的。换句话说，那些构成作为收视率采集样本的观众的整体才是重要的，因为只有高收视率才能获得广告商（生产商）的青睐，进而使电视节目创作集体获得经济收益。作为个体，观众欣赏

[①] 王逢振等编译：《电视与权力》，天津社会科学出版社 2000 年版，第 43 页。

品味与收视习惯又对电视播出机构难有影响。观众的二重性从另一个角度为我们揭示了收视率导向的荒谬性和反文化性。

一方面,作为整体的和抽象意义上的观众,对电视节目的去留极端重要。美国学者道格·安德伍德说:"现在,随着电视制片人热衷于戏说历史、播出犯罪行为的情景再现、炒作怪力乱神以调动起观众神出鬼没的收看兴趣,新闻和娱乐的差异日渐模糊。""在这个要在激烈的经济竞争中活下来和到处是受众研究的产业中,充斥着性、暴力、煽情节目,还搭配各种搔首弄姿和黄金时间节目的片花。电视评论家约翰·恩斯特龙引用一位地方电视台新闻编导的话说:'我们不是在搞新闻的生意,而是在做观众的买卖。'一位地方台的新记者告诉他:'我不是记者。我是收视率机器。'"[①] 但是,笔者还想在这里赘述一句,就像甘斯所指出的那样:"媒介只是在某些时刻唤起某些人的暴力观念行为。""电视和其他媒体可不是在大多数孩子的生活中称王那么简单;孩子从父母和小伙伴们那里学到的东西要多得多。"[②] 电视节目低俗化对公众生活的影响不能用"魔弹论"或"刺激—反应论"加以简单解释,但是从长期看,低俗的电视节目充斥屏幕并不是什么体面的事情,况且还有某些人会受到影响,显然电视节目低俗化问题不可小觑。

为什么观众如此重要?可以从英国学者雷蒙德·威廉斯在回答"为什么'消费者'会变得如此重要"这个问题时所给出的答案中获得相应的启示,他说:"我们必须回到关于市场的那套观念那里,才会有所明白。市场当然是一个有实际意义的场所,在那里人们可以获得各种必需的物品,但在供需过程实际上已经改变之后,场所的意象也就慢慢消失了。我们过去也常常以顾客的身份去市场和商店,为什么现在却被当作了消费者?在大规模工业化的发展过程中,愈益明显的是,根本性的变化即在于必须事先做出计划并知道市场需要什么。我们现在所说的市场调研作为一种合理的预防措施,其目的就是为了摸清需要以便组织生产。但实际上,由于生产

---

① Doug Underwood, *When MBAs Rule the Newsroom: How the Marketers and Managers Are Reshaping Today's Media*, New York: Columbia University Press, 1993, p.59.

② Herbert J. Gans, *Popular Culture and High Culture: An Analysis and Evaluation of Taste*, New York: Basic Books, 1999, p.44.

第二章　抵制电视节目低俗化的西方思想资源

未经全面的规划，而是许多互相竞争的公司决策的结果，所以市场调研不可避免地要涉及广告，而广告本身也已经发生变化，从宣传某种特定产品的方法转变成一套刺激和引导需要的手段。有时候这种刺激是说这个产品比那个产品更好（Mountain 牌是最好的），但更常见的是激发一种新的需要（你需要袖珍式收音机），或是复兴一种正在衰退的需要（每天要喝一品脱牛奶）。在这种情况下，以往那种认为推销商和供应商处于平等地位的简单市场已经一去不复返了。如此就能明白'消费者'作为一个描述的概念为何会大受欢迎了，虽然在我们的经济活动中，有很大一部分明显是为了满足已知的种种需要，但还是有相当大一部分（而且还在不断增长）是为了确保我们去消费那些产业界觉得便于生产的商品。随着这一趋势愈益增强，愈益明显的是：不是社会控制着其经济生活，而是经济生活在某种程度上控制着社会。这种强大的经验试图把人类活动简化为一些可以预测的需要模式，从而直接导致那种有着明确目标的社会思考日趋衰退。如果我们不是什么消费者，而是使用者，也许就能以一种完全不同的眼光来看社会，因为'使用'这个概念设计一些一般的人类判断——我们需要知道如何使用以及为何使用这些物品，还要知道这些特殊的使用对我们的整个生活会产生什么影响。与之相反，消费带有糊口谋生的粗糙模式，它倾向于取消这些问题，用刺激出来的、受控制的产品吸引力来取代，而这些产品则是由一个外在的、自动运行的系统所生产的。我们还没有完全被这种新的趋势带着走，仍然还有可能逆转这一趋势，但这种诱导模式背后的确有着强大的社会力量在支撑。关于'消费者'的这套说法还带来一个同样重要的后果，那就是通过具象化为个人形象，它阻止我们去充分思考经济活动的真正使用范围。有很多东西虽说有着重要的意义，但我们不是一个人去使用或是消费，而是如通常所言，是在社会中使用或是消费的。一种生活方式若不能使我们将社会性使用视为评判经济活动的一个标准，那么它就是一种可怜的生活方式，然而我们却在被推往这个方向，对'消费者'的强调，假定的市场法则，以及作为其源头的生产和分配体系，都构成了推力。"[①]

[①] [英]雷蒙德·威廉斯：《漫长的革命》，倪伟译，上海人民出版社 2013 年版，第 314—315 页。

具体到电视工业,英国学者科斯认为:"简单地说,能播出的节目是那些能使电视台和广播电台有利可图的节目。我不想对商人只爱钱这一点再说点什么。""我不怀疑播出某些节目会减少电视台和广播电台的利润,可我确信节目的播出是由利润决定的。"①

甘斯表示:"媒体一般力图以最少的成本向广告商提供最多的受众,这就要求媒体为众多节目尽可能多地吸引受众。""今天,因低等中产阶级公众数量最多并拥有强大的购买力,逢迎此类人群的经济力量已植根于大众媒体及其赞助商。"②

毋庸置疑,收视率导向的要害就是根据作为调查样本的观众对某一个节目的收看情况,来决定这个节目的去留。但是,当我们仔细审视观众态度对电视节目的决定意义时应该认识到,如果将造假这个几乎是收视率调查行业永恒的命题排除,那么这种决定意义的根据实际上是经过收视率调查的数据透镜的折射所形成的公众收视行为的镜像,是经过了层层构拟而形成的仅具数学意义的真实性的人类行为描述,只能是间接的、局部的和暂时性的。英国学者雷蒙德·威廉斯说:"我们所说的沟通(communication),其本身不过是一种传输(transmission)而已;换句话说,是一种单向传递。"③ 这是包括电视台在内的大众传播机构在构拟观众收视心理时永远难以解决的极限问题。

另一方面,作为个体意义的观众(这显然是现代社会将人"原子化"之后的常态),对电视节目的影响几乎可以忽略不计。例如,甘斯说:"既然大多数的文化内容靠的是商业化传播,引导经济其他部分的规律同样在很大程度上引导着品味结构,创作者和雇他们的公司得把产品卖给那些花得起钱的消费者,而对那些出不起钱的就只能视而不见了。"④ 在谈及广播工业的经济来源时,科斯指出:"对商业广播来说,给广播节目

---

① R. H. Coase, "The Economics of Broadcasting and Government Policy", *The American Economic Review*, Vol. 56, No. 1/2 (March 1966), p. 444.

② Herbert J. Gans, *Popular Culture and High Culture: An Analysis and Evaluation of Taste*, New York: Basic Books, 1999, pp. 182, 141.

③ [英]雷蒙德·威廉斯:《文化与社会:1780—1950》,高晓玲译,吉林出版集团有限责任公司2011年版,第317页。

④ Herbert J. Gans, *Popular Culture and High Culture: An Analysis and Evaluation of Taste*, New York: Basic Books, 1999, p. 138.

第二章 抵制电视节目低俗化的西方思想资源

付费的是广告商。那就是说，播出的是那些能最大限度地从广告中榨取利润的节目。广播节目市场是个消费者禁入的市场：他要买什么，对确定节目没什么影响。结果是，一些公众的需求未获关注。"①

在讨论休闲时间同文化工业之间的关系时，德国学者特奥多尔·阿多诺借此机会再次对"文化工业"的概念进行了与时俱进的思考，他写道："处理文化工业问题的意识形态批评，是以'文化工业标准就是以前的娱乐和低俗艺术的僵化标准'这一论断为前提的。这种批评倾向于认为文化工业完全决定和控制了它所指向的那些人的意识和无意识，文化工业源于这些人在自由时代的品位。但是，有理由相信，在精神生活过程中，生产就像在物质生活中那样规制消费，特别是精神生活与物质生活如此相似。文化工业也是如此。有人可能认为文化工业充分满足消费者的需要。但是，既然文化工业同时是整体性的——它是承诺临时为人们提供娱乐的现象——那么文化工业和消费者意识简单等同的看法就是可怀疑的。""文化工业在休闲时间给人们演了什么，如果我的结论不是太武断的话，实际上是消费和接受，可我还有点保留，同样甚至连最天真的戏剧或电影观众也不会简单地对其所见信以为真。可能更准确的说法是不那么信。"②

德国学者本雅明指出："在趣味的形成过程中，商品生产相对于任何其他生产都具有确切的优势。把产品作为供市场出售的商品生产出来的后果是，人们越来越意识不到生产的社会条件（比如剥削）和技术条件。消费者在跟手艺人订货的时候多多少少是个专家，因为手艺人总是个别地向他提供建议，但当他作为一个买主出现的时候，一般是不具备有关商品的知识的。更何况，以提供廉价商品为目的的大生产一定具有掩盖低劣质量的倾向。在大多数情况下，它情愿买主对产品一无所知，因为这样更有利可图。工业越发达，它就越能够向市场投放仿制品。商品总是沐浴在一种亵渎神圣的光芒中，这种光芒和制造

---

① R. H. Coase, "The Economics of Broadcasting and Government Policy", *The American Economic Review*, Vol. 56, No. 1/2 (March 1966), p. 446.
② Theodor W. Adorno, "Free Time", in J. M. Bernstein (eds.), *The Culture Industry: Selected Essays on Mass Culture*, New York: Routledge, 2001, pp. 195, 196.

出它的'神学的欢呼雀跃'的光芒毫无共同之处,但对社会却有一定的重要性。"①

颇为反讽的是,在号称将高度自由的市场经济作为经济根本制度的西方语境中,对西方社会意识形态具有高度影响力的电视,却不折不扣地是一种典型的高度集中的中央计划式的媒介机构,没有什么媒体能够如此高度地资本化和科层化。电视只同资本和国家对话,当然这并不妨碍提线木偶式的"自由人士"在屏幕上贩卖自由。甘斯认为:"大众文化创作者也努力将其品位和价值硬塞给观众,许多人把自己当成是努力提升公众品位的教师爷。例如,在我几年前跟一些电视连续剧编剧交流时,这些人说他们总是视图将其价值观写入其作品中,特别是总想道德说教。要是制片人不同意这么干(他们有时会这样),结果通常是达成妥协,毕竟没有编剧,制片人也玩儿不转。就像高级文化中的同道中人一样,编剧也不情愿拿他们的价值观念讨价还价。"②

不过,事情还有完,如果我们止步于此,似乎会产生一种错觉:仿佛在西方电视传播机构那里有一群正义之士顶住了市场和政治的重重压力自觉自愿地传播着自由和真理。甘斯说:"根据我的观察,新闻从业者独立于商业考量的自由以及他们对实在受众的寥寥的关注暂时都仍然能够'行得通'。但归根到底,新闻机构处于追求利润的公司执行官的监督之下。新闻判断拒绝变化,新闻从业者也会戮力保持他们的自主;但如果公司的经济状况受到威胁,执行官可能会迫使属下的新闻机构顺应变化。"③ 道格·安德伍德认为:"对收视率的孜孜以求已使电视新闻管理者们在寻找观众的过程中变得越来越商业化。约翰·韦斯曼 1985 年在为《电视先锋》撰写的一篇文章中写道,这意味着,给公众应知的东西越来越少,而欲知的东西越来越多。他说,电视已成了个大买卖,不是由'凭感觉工作的记者,而是靠调查、质检和顾问工作的经理们'来管

---

① [德]瓦尔特·本雅明:《发达资本主义时代的抒情诗人》(修订译本),张旭东等译,生活·读书·新知三联书店 2012 年版,第 134 页。

② Herbert J. Gans, *Popular Culture and High Culture: An Analysis and Evaluation of Taste*, 1999, New York: Basic Books, p. 34.

③ [美]赫伯特·甘斯:《什么在决定新闻》,石琳等译,北京大学出版社 2009 年版,第 316 页。

理，'这些经理们承诺对新闻精益求精并保持新闻业务运营的独立性，不必怀疑他们的忠诚。但是，实际上，作为大公司中层管理者，当这些人的坚守无法带来观众份额或利润的提升时，他们也会屈从于来自高层的压力。'"①

再让我们看看加尔布雷斯是怎样说的吧："出于实际需要，报纸和电视台等媒体部门，必须雇用一些具有自由主义思想和特立独行气质的人。而且，这一类人通常不在少数。这些人从自己身上看到的是独立性，从别人身上看到的则是顺从性。在他们当中，相当多的人希望别人把他们看成是有独立思想的人，他们拒绝接受任何力量的束缚，他们有着独一无二的倔强个性。而且有时候，对于媒体而言，在经济或政治主张上不顺从传统规范，在商业利益上是有好处的。""'有权有势的人拥有一种非凡的能力，他们总是能够说服自己，也能够说服别人相信，他们所做的一切，与社会自身的利益需求是一致的。'而且，这也是媒体的编辑人员、出版人员和广播人员的行为准则，任何时候，只要这一准则面临遭到质疑和破坏的风险，他们马上就会主动采取补救措施。"②

四 电视节目质量需政府监管

在讨论电视节目质量是否需政府监管的问题上，美国新自由主义经济学家弗里德曼的态度可谓直截了当。他曾经"简单地列出美国政府现在从事的……我看不出有任何正确的理由来从事的某些活动"，其中就包括"一个类似的例子。但是，由于它所含有的审查和对言论自由的侵犯而特别值得注意。它是联邦通讯委员会对电台和电视的控制。"③

在这里，市场机制显然是我们最先遇到的。即使有足够多的频道和足够大的市场，观众的需求似乎仍然难以获得满足。美国学者甘斯指出："甚至到现在还无人知道人们能看多少频道，但是，好像这个数量

---

① Doug Underwood, *When MBAs Rule the Newsroom: How the Marketers and Managers are Reshaping Today's Media*, New York: Columbia University Press, 1993, p.64.
② [美]约翰·肯尼斯·加尔布雷斯：《经济学与公共目标》，于海生译，华夏出版社2010年版，第181—182页。
③ [美]米尔顿·弗里德曼：《资本主义与自由》，张瑞玉译，商务印书馆2004年版，第41—42页。

不能超过某种限度,除非对娱乐或信息(或二者兼而有之)来说,产生出新的品位公众,或者除非人们愿意或能看电视的时间显著提高。即使有500个频道的系统建立起来,也不会有个纯然高级文化的频道能自给自足。

但是,其他选择也是可见的,例如,拥有和运作一个有线电视频道的成本大幅降低,这样,非常小众的观众也能拥有他们自己的频道和节目;或者美国人可以在一种电视节目的国际化差异的层面上予取予求。可是,在250—500个电视频道范围有望实现的时候,这些设想(或其他设想)因许多观众还在抱怨无节目可看而在变成镜花水月。"[1]

不难发现,对电视节目低俗化问题而言,市场的"那只看不见的手"的作用是显而易见的。道格·安德伍德说:"在许多支持者心目中,市场与政治无涉。但是,很难说市场没有潜在的意识形态,这种意识形态最终重塑了新闻活动。"[2]

西方国家政府监管缺位是电视节目低俗化的根本原因。英国学者吉姆·麦奎根认为:"就媒介制度而论,例如,在西方的民主国家中,资本主义经济表明了文化生产受市场规律的制约,但是民主规则意味着文化的某种调整则受制于国家。在既定社会内,二者之间通常存在着一些分歧,涉及哪些活动应该只受市场规则的制约,国家在多大程度上的调整和干预才是合适的,从而保证广播节目的多样性,保证制止公害现象,诸如香烟广告或色情图片的发生。"[3]

奥地利学者弗里德里希·希尔说:"影片,特别是有声影片发明之后,渗入到以前还能抵制外部世界影响的许多领域,把人的最深层的贪欲激发出来;连同无线电广播,把人变成一种原始的生物。人的贪婪的眼睛与耳朵变为一个感官,嘴与肛门也像单细胞生物那样直接联系起来了。对价值的理解已被破坏无遗,使由圣还俗的眼睛和耳朵陷入于不能

---

[1] Herbert J. Gans, *Popular Culture and High Culture: An Analysis and Evaluation of Taste*, New York: Basic Books, 1999, pp. 22 – 23.

[2] Doug Underwood, *When MBAs Rule the Newsroom: How the Marketers and Managers are Reshaping Today's Media*, New York: Columbia University Press, 1993, p. 54.

[3] [英]吉姆·麦奎根:《文化研究方法论》,李朝阳译,北京大学出版社2011年版,第23页。

第二章 抵制电视节目低俗化的西方思想资源

自拔的声色之娱之中。在大规模影视工业的支持和国家的容许下，电视屏幕上的暴力和色情，使人很快地生物化、非人化的了。"①

如果抽象地坚持市场经济意识形态，拒绝政府部门的有效监管，那么自由主义意识形态与政府监管相争，只能使资本"渔翁得利"。英国学者雷蒙德·威廉斯认为："在广播电视领域，我们看到BBC这个不够完善但总体上还算负责的政府机构遭到了各种新机构的强有力的挑战。很显然，随着这些政府机构的扩张，我们需要不断地扩大选择范围，但如果我们把独立解释为拥有来自别处（如今主要是来自广告）的营运资本，那么我们能否在可靠的基础上扩大选择的范围，就很难说了。"② "文化工作的实际生产者凭借其自身资源，除了最简单的工具之外，无法掌握任何其他工具的所有权。而在他们真的能够掌握所有权的地方，却不需要做什么改变。在新闻出版、广播电视、电影戏剧这些行业，这种简单的合作所有制显然是无法实行的。然而，不能因此就认为这些昂贵工具的控制权就应该落到出价最高的人手里，当这个人对实际工作完全没有兴趣而只关注能否靠它牟利时，就更不应该了。"③ 他说："现在的情形很危急，一方面是有些自由主义者还在以艺术自由的名义回避改革，或是主张文化无论如何都是无法被管制的（精神是自在不受羁绊的）；另一方面，实际上又正在进行着一场不同性质的极其快速的重组，伴随而来的是在我们文化的每个部分，实际所有权和独立自主的区域都缩小了，而且看来肯定还将继续缩小。我必须坦率地问这些自由主义者他们到底在捍卫什么，因为他们所推崇的自由与现实中的自由似乎并不相同，——最近，一位电视台及连锁报业集团的老板把现实中的自由形容为'一张自己印钞票的许可证'。"④

科斯曾经注意到流行于西方的如下观念："商品市场中需要有政府管制，而在思想市场中，政府管制是不适宜的，应该对政府管制加以严

---

① [奥地利] 弗里德里希·希尔：《欧洲思想史》，赵复三译，广西师范大学出版社2007年版，第493—494页。
② [英] 雷蒙德·威廉斯：《漫长的革命》，倪伟译，上海人民出版社2013年版，第360页。
③ 同上书，第356页。
④ 同上书，第361页。

格限制。"① 在科斯看来，这种观念陷入了一种悖论之中："在一个领域中十分有害的政府干预，在另一领域却又变得十分有益。"② 他认为，这种悖论的成因在于："思想市场是知识分子从事经营的市场。我们可以用自利（self-interest）和自尊（self-esteem）来解释上述悖论。自尊使知识分子夸大他自己所在市场的重要性，尤其是当知识分子中的很多人把自己视为就是在做管制工作时，他们认为别人应该受到管制的想法看来就会很自然了。但是，自利和自尊的混合，使他们自以为别人都应受到管制而自己却不该受到管制。于是，关于两个市场中的政府职能的矛盾观点就可能并行不悖了。这个结论很重要，它也许不是一个令人愉快的解释，但我认为，对此等怪状别无解释。"③

科斯认为："我不相信商品市场与思想市场之间的区分是有充分根据的。这两个市场没有根本差异，在决定与之有关的公共政策时，我们必须考虑到相同的因素。在所有市场中，生产者都有理由诚实，也有理由不诚实；消费者掌握了一些信息，但信息并不充分，以至不能领会所掌握的信息；管理者一般都希望恪尽职守，但往往不称职而且受特殊利益集团的影响，因为像我们所有人一样，他们也是人，其最强烈的动机未必是最高尚的。"④ "再来考察一下有关消费者无知的问题，它常被视为政府干预的正当理由。很难相信，普通大众在评价众多相互竞争的有关经

---

① 罗纳德·H. 科斯：《论经济学和经济学家》，格致出版社、上海三联书店、上海人民出版社 2010 年版，第 79 页。在这里，笔者想强调一点，对于科斯在这篇文章中的立场，台湾学者冯建三认为："这里，我们应该可以清楚看到，科斯的逻辑一贯，同时也正是相当有效的书写策略，更容易达成科斯的目标，也就是扬举市场机制，压制政府规范的正当性或必要性，至少是降低政府介入的范围或深度。以这篇文章来说，70 年代初，美国舆论及学界的凯恩斯风潮余韵犹存，但同样的这些机构却认为国家不能介入传媒。于是，通过暴露这两种态度的吊诡与冲突，可以推演得出两种逻辑。一是知识分子转向接受政府对于传媒的更深入之管制。二是知识分子转向认为政府对于传媒以外财货的管制应当松绑。"[见查尔斯·埃德温·贝克《媒体、市场与民主》（译跋），上海人民出版社 2008 年版，第 459 页] 在这里，笔者更想强调科斯在这篇文章所揭示的逻辑，即政府对商品市场和思想市场应该一视同仁。笔者认为，既然不应放弃对一般商品质量的监管，同样也不能放弃对包括电视在内的"思想商品"的监管，这是符合科斯的逻辑的。至于是否赞同科斯的总体学术立场那就是另外的问题的，笔者在此就不再赘述了。

② [美] 罗纳德·H. 科斯：《论经济学和经济学家》，茹玉骢等译，格致出版社、上海三联书店、上海人民出版社 2010 年版，第 81 页。

③ 同上书，第 82 页。

④ 同上书，第 87 页。

济和社会政策的观点时，会比在不同食品中进行选择时的处境要好。然而，人们却支持商品市场的管制，而不支持思想市场的管制。"[1]

在西方语境下，按照收视率导向量身定做的电视节目本质上是披着文化外衣的商品。就文化的意义而言，这种电视节目借口其商品的本质而逃避公众对其文化内涵的追问；就商品的意义而言，这种电视节目借口其文化的外壳而逃避政府对其产品质量的监督。这样，通过"偷换概念"的拙劣手法，收视率导向为电视节目低俗化提供了双重防护，把来自公众和政府的合理干预消弭于无形。电视节目低俗化又怎能不大行其道呢？科斯认为："我认为我们不该对商人求利痛心疾首。我们应因势利导。我们的任务（和好的政府政策的任务）是利用制度安排引导商人去做那些可取的事情（让其有利可图），就像用看不见的手那样。"他说："我想强调的是，信仰看不见的手不意味着政府对经济系统无所作为。恰恰相反。如果'人按其个人利益行事对社会有利'是普遍真理的话，那么，按照埃德温·坎南的说法就是'因为人类社会制度安排就是迫使个人利益采取对社会有利的取向运作'。"[2] 这或许是西方电视节目走出低俗化陷阱的路径。

第三节 对电视节目低俗化的体制批判

对电视节目低俗化问题，在经过伦理追问、经济分析之后，我们还要对勾连其间的体制做一分析。在这里，市场机制显然是我们最先遇到的，然而，在许多研究者那里，市场似乎与低俗化无缘："市场，就其本性而言，对知识的美德是中性的。如果知识上的美德并没有得到其应有的最高报酬，人们就会认为这是错误的，但即使这算是错误的，也不是市场的错，而是掏钱购买的公众通过市场表达出来的趣味和偏好有问题。"[3] 但是，"公众通过市场表达出来的趣味和偏好"又是如何有了问题

---

[1] [美]罗纳德·H. 科斯：《论经济学和经济学家》，茹玉骢等译，格致出版社、上海三联书店、上海人民出版社2010年版，第88页。

[2] R. H. Coase, "The Economics of Broadcasting and Government Policy", *The American Economic Review*, Vol. 56, No. 1/2 (March 1966), p. 444.

[3] 罗伯特·诺齐克：《知识分子为何拒斥资本主义》，转引自秋风编《知识分子为什么反对市场》，吉林人民出版社2003年版，第60页。

呢？马克思和恩格斯下面的这段关于"意识的生产"的话对说明这个问题很有意义："单独的个人随着他们的活动扩大为世界历史性的活动，愈来愈受到异己力量的支配（他们把这种压迫想像为所谓宇宙精神等的圈套），受到日益扩大的、归根到底表现为世界市场的力量的支配；这种情况在过去的历史中也绝对是经验的事实。"① 显然，在"公众通过市场表达出来的趣味和偏好"的问题上，市场的作用并不简单。无论市场机制在文化产制的过程中扮演着多么"中性"的角色，可是，在收视率导向魔咒的控制下，在每一个节目的制片人那里，市场就直接意味着将有限的、具体的、活生生的人力、物力和财力的投向必须要至少能收回成本的观众数量，于是，寻找公众文化的"最小公倍数"成为当务之急：既要满足最起码的工艺标准，又要有起码的与众不同；既要不伤害大多数公众的文化情感，又要保持观众对节目的好奇心……这类"既要……又要……"的辩证法把戏成为每一个节目制作者头上的紧箍咒，对电视节目的文化指标，只作为装饰品或识别初出茅庐者的标签而使用。而"这一切文化实体之所以被'消费'，是因为其他内容并不是为了满足自主实践的需要，而是满足一种社会流动性的修辞、满足针对另一种文化外目标或者干脆就只针对社会地位编码要素这种目标的需求。因此这里发生了颠倒，本来意义上的文化内容在此将只不过是内涵的、次要的功能"②。

　　如果上述论述多少显得有些宏阔，那么，俄罗斯学者谢·卡拉-穆尔扎的研究就直接将电视低俗化与市场的关系一语道破了："一位西方电视制片人公开说：是市场迫使我寻找和播放卑鄙的、有轰动效应的事件；演一个教人行善的神甫对我有什么意义——太平庸无味了；可是如果某个神甫是强奸了幼女的话，最好是鸡奸小男孩，强奸老太婆更好，那么这将会引起人们的兴趣。我就是在满世界地寻找这种有轰动效应的消息。世界这么大，对电视来说，这种素材有的是。""特别是那些视为文化禁忌的形象，对于电视来说，才是特别有利可图的商品。这些形象的清单正在不断扩大，而且变得越来越具有破坏性。普通的淫秽作品和暴力早已不新鲜了，一大批有才华的人正在文化中寻找剩余的禁忌，并寻找能

---

① 《马克思恩格斯选集》（第1卷），人民出版社1972年版，第42页。
② ［法］让·波德里亚：《消费社会》，刘成富等译，南京大学出版社2006年版，第79页。

第二章　抵制电视节目低俗化的西方思想资源

破坏它的艺术形象。"谢·卡拉-穆尔扎得出结论说："可见，市场是不以电视企业家的个人品质为转移的，是它强迫电视企业家教唆人们道德败坏。"① 因此，对广播电视低俗化问题而言，市场的"那只看不见的手"的作用是显而易见的，如果还是坚持市场在文化问题上的价值无涉，便多少有些显得过于学究气了。

一　电视节目低俗化的制度安排

传播学有两大学派，一是以美国为代表的经验学派（Empirical School），又称传统学派（Traditional School）；一是以欧洲为主流的批判学派（Critical School）。传播学的批判学派又可分为美国批判学派和欧洲批判学派。前者具有代表性的人物和著作有阿特休尔的《权力的媒介》，席勒的《大众传播和美国帝国》《思想管理者》等。而后者则显得阵容更为壮观。现代西方思想理论界的一些"大腕儿"，都可列在其中。比如哈贝马斯的《交往行动理论》、布尔迪厄的《关于电视》等。而给批判学派提供了相对具体的理论基础的主要人物，还有大名鼎鼎的葛兰西和阿尔都塞。

大众传播学的批判学派是作为与经验学派相抗衡的学术力量而闻名的。对传播体制的关注和深刻批判，是这一学派的突出特点。批判学派与经验学派的"一个重大区别是，对现存媒介体制所持的立场与态度截然相反"②。"批判学派对具体的、经验应用层面的问题不感兴趣，他们善于从大处着眼，对传播体制尤为关注，把'为谁传播'和'为何传播'视为关键。研究中，批判学派主要致力于深层背景的考察，注重传播及传播体制的阶级性和历史性，强调传播与控制的密切关系。"③ 与经验学派认为资本主义媒介体制是合理的这一基本观点针锋相对的是，批判学派着重探讨媒介的所有制结构以及媒介的垄断和控制问题，并对现存的资本主义媒介体制进行了猛烈的批判。

《新闻媒介与社会》一书在阐述批判理论时，特别提到了一部批判

---

① ［俄］谢·卡拉-穆尔扎：《论意识操纵》，徐昌翰译，社会科学文献出版社2004年版，第365页。
② 张国良主编：《新闻媒介与社会》，上海人民出版社2001年版，第55页。
③ 徐耀魁主编：《西方新闻理论评析》，新华出版社1998年版，第289页。

学派的代表作——美国学者阿特休尔的《权力的媒介》。"阿特休尔用大量篇幅详尽地阐述了一个基本观点：在所有的新闻体系中，新闻媒介都是掌握政治和经济权力的代言人。任何体制下的媒介，不管其形式如何，都是某种权势的媒介，都是为那些所有者和经营者的利益服务的。新闻媒介与权力的关系是共生共存的，政治（或经济）权力需要新闻媒介，正如传播媒介需要领导的权力，由于彼此需求，它们并不互相对抗。"①

阿特休尔对一直被西方视为是有关媒介体制理论方面具有权威性的自由主义理论和社会责任理论进行了猛烈的批评。他认为："新闻媒介看起来确实独立自主，看起来确实在向权势们挑战——俨然成为政府第四大部门。然而，只要进一步深入调查，显然就会看到这种关于新闻媒介权力的信念，只是那些拿它追逐自身目的者手中庞大的武器而已。政府和政治经济权贵们操纵报纸的事实贯穿于整个历史。"②阿特休尔揭示了资本主义制度下，新闻媒介的经济命脉完全受资本的控制，媒介对客观性的推崇，其初衷是由于经济上的需要。所谓客观主义新闻观念不过是媒介商业竞争的产物，政治上的中立就是能取得商业上的赢利。因此，新闻媒介受利润的驱使，根本不可能成为独立的"第四阶层"。

阿特休尔认为，无论过去或现在，新闻媒介都是为其所有者和经营者的利益服务的，"新闻媒介历来没有发挥过独立的作用，也从来没有摆脱权力的操纵，无论是政府权力还是经济权力"③。他举例说，在"水门事件"中，新闻媒介抨击的只是总统，而不是总统制，即没有触及权力的根基。据此，阿特休尔提出绝对的客观性是不可能达到的，客观性只能是一个相对的概念。资本主义社会对客观性的推崇是美国的通讯社基于经济上的需要，因为在新闻竞争中，"政治上的中立就能取得商业上的赢利"④。

---

① 张国良主编：《新闻媒介与社会》，上海人民出版社2001年版，第56页。
② [美] J.赫伯特·阿特休尔：《权力的媒介》，黄煜译，华夏出版社1989年版，第165页。
③ 同上书，第276页。
④ 同上书，第148页。

第二章　抵制电视节目低俗化的西方思想资源

对西方主要资本主义国家新闻学界奉为新闻媒介的"理想模式"的社会责任论，阿特休尔同样提出了尖锐的批评。他指出，"标榜'新闻自由'的美国新闻界实际上陷入了一个自身无法克服的两难困境。一方面，人们认为'新闻自由'神圣不可侵犯，众多新闻从业人员将此视作自己崇高的职业理想并毕生为之真诚地努力工作；另一方面，新闻媒介从整体上说又是社会统治力量的代言机构，受到商业利润的支配。他认为，在这个两难困境中，决不可能有真正的'新闻自由'可言。"[①]

显然，阿特休尔的高明之处在于他没有把新闻媒介理想化，他十分重视对媒介现实生存的经济环境的考察。也就是说，阿特休尔对新闻媒介运作背后那支"无形的手"的作用是看得清清楚楚的。对媒介受到商业利润的驱使和支配，对新闻媒介受到资本的控制等这些涉及媒体自身生存与发展的首要问题，阿特休尔的剖析和批评是十分到位的。从宏观的角度看，传播学的批判学派虽然门类繁多[②]，但我们对政治经济学派的研究范式似乎更感兴趣，原因如前所述：将资本、商品、交换等经济学范畴引入电视批评理论，就获得了对电视本质的更为全面的、科学的认识。或者说，政治经济学派的研究方法和结论对电视批评来说更具有理论的亲和力。"传播政治经济学是将传播活动作为一种经济活动，以生产、分配、流通、交换及其宏观决策活动这种政治经济学的思路来观察媒介及其传播行为的。""传播政治经济学具有'经济的'和'政治的'双重特点。只有在北美（更确切说，是美国）从一开始，媒介及其传播便径直袒露出其经济本性（叫作商业化）。从而被学者提出，并深入分析。""传播政治经济研究的突出特点是具有宏观思考、历史观察、道德追问和主动实践的特点。"[③]

在这里，我们还应当特别提到一位传播学批判学派中更为激进的人物——美国的席勒。这位美国传播学批判学派的先驱在他的研究中重点调查了美国的传播制度和传播程序。席勒在他的著作中对美国大众传媒

[①] 张国良主编：《新闻媒介与社会》，上海人民出版社2001年版，第58页。
[②] 《西方新闻理论评析》一书曾列举了五种学派，分别是法兰克福学派、社会文化学派、政治经济学派、独霸理论学派、结构和功能学派。
[③] 郭镇之：《传播政治经济学之我见》，《现代传播》2002年第1期。

的两种倾向提出了警告：一种是在美国国内，私有势力对公共空间和公共体制的占领；另一种是在国外，特别是在第三世界国家中，美国公司垄断着文化生活。

席勒在其著名的《思想管理者》一书中，大量讨论了"美国媒介被大公司和政府所操纵"这一议题。他认为，媒介对广告的依赖的结果是媒介成了大公司的控制物，电视表现得尤为明显。大公司通过对广告的控制，彻底控制了所有媒介的内容，而媒介一旦被控制，无论媒介最终归属于谁，都会成为商业文化的工具。席勒认为，曾被称为媒介的"上帝"和"衣食父母"的受众，如今也成了商品，由媒介出卖给广告公司或大客户。现在的媒介只想为他们的出资者服务，媒介最关心的是能不能招揽广告和得到跨国大企业的财政支持。

不仅如此，在政治上，美国媒介还要受到来自政府的严格管理。美国政府为了充当全世界的领导者，它需要强大而又服从的媒介来对全球人民进行有效的思想操纵，为其"全球美国化"的最终目的服务。这样一来，在政治和经济的双重压力下，美国媒介的"第三种权力"和"第四部门"特征也就消失殆尽，媒介成了完全服从的工具。

有学者认为："席勒对美国媒介进行政治经济批判时与唯物主义站在了一起。但是，笔者认为，他绝不是一个马克思主义者，更不是一个共产主义者。""席勒以政治经济分析法为武器批判了美国媒介的'缺陷'，剖析了美国媒介的'病情'。但是，我们要看到，这些批评不管言辞如何激烈，充其量只是席勒在为美国媒介找向第三世界国家或大众道歉的理由而已。"[①]

谈到传播学的批判理论，不能不又提到大名鼎鼎的法兰克福学派。传播学的"批判学派就是来自西方马克思主义"[②]。法兰克福学派认为，"资本主义的大规模地生产商品、服务和思想的整个体制实际上在或多或少地全面推销着资本主义制度，也推销着它所崇尚的消费主义、及时行乐和无阶级神话等。商品是这一进程的主要意识形态工具，因为即使是艺术作品乃至批判性的文化作品也可以因为追求利润而市场化从而失去

---

① 陈共德：《政治经济学的说服》，《新闻与传播研究》2000年第2期。
② 李彬：《大众传播学》，中央广播电视大学出版社2000年版，第39页。

第二章　抵制电视节目低俗化的西方思想资源

批判的力量。法兰克福学派把传播媒介视为阻碍社会变革的强大机制的观点，至今在西方传播学界仍然很有影响"①。

在我们梳理大众传播学作为电视低俗化批评的思想资源之一时，我们很容易对这种判断产生共鸣："当代大众传播学理论一般是保持在微观水平，而没有注重宏观水平上的依赖关系。……没有哪一种理论是完全错误的，但确实还没有一种把总体社会结构的各个组成部分与社会中的存在的深刻体制化的媒介系统联系起来探讨的方法。"②

于是，他们在考察现代社会中的媒介时，提出了媒介系统依赖论。德弗勒和鲍尔首先提出了媒介依赖关系的双向性质："媒介系统的力量在于它控制着个人、群体、组织、社会系统和整个社会为达到其目标所依靠的珍贵信息资源。这种依赖关系不是单向的。它不仅涉及其他方面怎样依靠媒介资源以达到目标，而且涉及媒介系统怎样依靠其他方面所控制的资源。媒介系统也有自己的目标，为了达到这些目标，它必须能够得到多方面的资源，而不只是自己控制资源。"③ 德弗勒和鲍尔首先明确指出了媒介系统所处的经济关系，包括印刷（如报社）部分和电子（如电视）部分，信息搜集、创作、处理及传播所涉及的所有跨媒介组织（如通讯社、广告商和制片公司），专业协会，工会和其他参与大众传播产品生产的组织。

接着，德弗勒和鲍尔又考察了媒介系统和政治系统的依赖关系。他们提出，既然资本主义社会中的媒介系统的首要目标是赢利，那么政治系统控制的有些资源就是媒介系统为达到自己的目标所需要的。德弗勒和鲍尔还提出了媒介的另一个重要的目标是合法性，即其他方面给予媒介的某些权力，如新闻自由、从事监督及调查活动的权力。"政治系统控制着立法和管理机构，以及影响媒介系统的利润，扩张机会和经济稳定的税赋政策和贸易政策。它还控制着更微妙的合法性资源。政治系统根据民主社会的活动不可缺少媒介系统的理由，承认媒介系统，赋予它作

---

① 徐耀魁主编：《西方新闻理论评析》，新华出版社1998年版，第96页。
② ［美］德弗勒、鲍尔：《大众传播学理论》，台湾五南图书出版有限公司1995年版，第338页。
③ 同上。

为信息系统而工作的宪法权利及其他合法权利。如果媒介系统得不到这些资源,它的稳定和经济利益就会受到严重破坏。"①

德弗勒和鲍尔的观点可以说深得历史唯物主义的要领。按照马克思主义经典作家的观点:一方面,"物质生活的生产方式制约着整个社会生活、政治生活和精神生活的过程"②。另一方面,"一个阶级是社会上占统治地位的物质力量,同时也是社会上占统治地位的精神力量。支配着物质生产资料的阶级,同时也支配着精神生产的资料"③。正是在这里,涉及在我们看来最敏感的传播体制问题时,德弗勒和鲍尔堪称是马克思的忠实信徒,请看他们的大胆设想:"如果卡尔·马克思在今天著书立说,他无疑会大谈大众媒介不断提供的信息能够形成共认的意义。他无疑会断言,那些拥有和控制经济生产资料的人也会有强烈的动机来控制大众传播的性质及其分布,以作为保存他们的利益和维持他们的统治地位的手段。因此,在控制经济生产资料的同时,需要控制精神生产资料,以便强化有利于他们继续行使权力的意识。"④

在这里,笔者还想提示读者的是,在前述已经着重分析过的贝尔的批判性传播观中,还有两点是我们不能忽视的,这就是他对"文化大众"的追问和对大众传媒的社会控制机制——资本主义市场机制的揭示。

贝尔所说的"文化大众""属于社会的知识和传播行业中新兴的知识分子阶层"⑤。"文化大众"不是指文化的创造者,而是那些为文化提供市场的人们,其中的许多人也是文化的传播者,他们在广泛的文化领域影响和形成文化产品的普及,同时为更多的大众文化受众生产通俗的产品。尽管文化大众的数量不算多,但他们形成了强大的阵营,目前即使不是支配却也实际影响着现代文化设施。贝尔甚至对"文化大众"进行了量化,他认为,从职业的角度来说,文化大众主要由知识与传播工业系统的雇员组成,

---

① [美]德弗勒、鲍尔:《大众传播学理论》,台湾五南图书出版有限公司1995年版,第341页。
② 《马克思恩格斯选集》(第2卷),人民出版社1972年版,第82页。
③ 《马克思恩格斯全集》(第3卷),人民出版社1960年版,第52页。
④ [美]德弗勒、鲍尔:《大众传播学理论》,台湾五南图书出版有限公司1995年版,第337页。
⑤ [美]丹尼尔·贝尔:《资本主义文化矛盾》,赵一凡等译,生活·读书·新知三联书店1989年版,第80页。

第二章　抵制电视节目低俗化的西方思想资源

若加上他们的家属，总数可达几百万人。同时，贝尔也注意到了"文化大众"的不可缺少的一个较小的层次——即力图为文化定调子的所谓"文化弄潮儿"，他们的特征是追求"新潮""入时"或"赶浪头"。① 显然，贝尔的所谓"文化大众"就是所谓的白领阶层，他们引领着时尚。

不难看出，"文化大众"拥有"文化霸权"，因为他们盘踞在贝尔所归纳的文化的传播者和创作者的范围之内，例如高教、出版、杂志、广播、戏院和博物馆，并且这些部门本身就足够形成一个文化市场。贝尔在论述文化变革与社会结构发生交互影响的关系时，谈到了"文化霸权"。贝尔写道："'文化霸权'一词——这是意大利马克思主义者安东尼奥·葛兰西的理论创造——意味着在某个单一群体影响下形成了一种为当代民众广为接受的主宰性世界观。历史上曾多次产生过这种单一型世界观，它来自并服务于统治阶级。"②

在阐述资本主义市场机制对大众传媒的社会控制时，贝尔看到了资本主义文化危机背后的深刻的社会根源，他列举了美国的黑人争取平等运动、青年的异化、越南战争等社会因素在60年代的"反文化"运动中的作用，并且贝尔还分析了人口的增长、都市的出现、通讯的革命等社会结构的变迁，从而剖析文化变革背后的社会根源。也就是说，贝尔看到了文化现象和文化矛盾的终极的经济原因，他认为："大规模消费和高水平生活一旦被视为经济体制的合法目的，所有这一切出于对社会变革的需要及其对文化变革的接受而产生了。"③ 显然，贝尔看到了文化变革与经济体制之间的内在联系，即扩大消费和提高生活水平不仅对于社会经济的发展具有合法性，而且必然带来文化的变革。也就是说，资本主义的市场机制是大众文化的兴起和控制大众传媒的根本力量。贝尔认为："资本主义是一种经济——文化复合系统。经济上它建立在财产私有制和商品生产基础上，文化上它也遵照交换法则进行买卖，致使文化商品化渗透到整个社会。"④ 在市场成为社会与文化的交汇点之后，"经济逐步转

---

① ［美］丹尼尔·贝尔：《资本主义文化矛盾》，赵一凡等译，生活·读书·新知三联书店1989年版，第66页。
② 同上书，第33页。
③ 同上书，第166页。
④ 同上书，第60页。

而生产那种由文化所展示的生活方式"①。不难看出,贝尔这里的观点颇有些"经济基础决定上层建筑"的历史唯物主义的味道,尽管贝尔不是一个马克思主义者,但他看到了市场这只"看不见的手"的巨大作用,这或许是他获得了中西方不同学术背景和不同理论语境的研究者的一致肯定的重要原因之一。

对于贝尔的批判性传播观,中国学者在给予充分肯定的同时,也指出了其缺陷。吕坤良认为:"贝尔把大众传播媒介和资本主义文化危机联系起来,也基本上是在文化领域内解释文化,他不可能找到资本主义文化危机的真正根源。""他大书失落的痛苦,呐喊重建精神价值的需要,力图使资本主义社会恢复它赖以生存、发展的道德正当性和文化连续性,这一立场决定了他对大众传媒和大众文化的批判,是温和的,也是不彻底的。"② 有关贝尔的思想的局限性问题,我们还可参考学界对他的后工业社会理论的评析。"贝尔的后工业社会理论既有大胆的探索,也有轻率的结论,既富有启发,也颇多疑点。他的理论是一种整体主义的社会理论。……贝尔假设市场力量作为组织与变化的轴心终将消灭,这一观点与事实相去甚远。贝尔的兴趣集中在未来西方社会结构与政治影响的宏观研究上,却没有为行动者的分析留下余地。"③ 并且,贝尔设想的资本主义企业正在自动向服务于社会的模式发展等观点,也充满了乌托邦的色彩。

尽管贝尔的批判性传播观有这样或那样的缺陷,但他的思想深刻与语言犀利,他的缅古怀旧的独特情怀,仍然让我们充满了敬仰之情。和他的后工业社会理论一样,贝尔的思想体系明显持有法兰克福学派的精英主义观点,无论从哪个角度讲都不失为一种批判的社会理论。他批评自由放任,因为这导致了对社会整体利益的忽视和社会成本的增加;他指出了经济学模式的最大的缺点是只衡量经济商品,而忽视了像清新的空气、纯净的清水、明亮的阳光以及诸如访朋会友的愉快等"自由财

---

① [美]丹尼尔·贝尔:《资本主义文化矛盾》,赵一凡等译,生活·读书·新知三联书店1989年版,第35页。
② 吕坤良:《大众传媒·大众文化·文化危机》,《新闻与传播研究》2000年第2期。
③ 于海:《西方社会思想史》,复旦大学出版社1993年版,第512页。

货",等等,所有这些都或多或少地为我们指点着电视低俗化批评的理论迷津。

二 收视率是电视节目低俗化的万恶之源

"20世纪下半叶,由于信息技术的突飞猛进,卫星电视、因特网等大众传媒的迅速普及,人类社会进入了'图像世界'。……许多著名学者从幕后走到台前,从宁静的书斋走向热闹的电视演播大厅,直接面对发问的观众和主持人,直接面对纷繁复杂的各种社会问题,侃侃而谈,与在场的和不在场的电视观众即时互动,反响强烈。"①哈贝马斯作为西方社会科学界的领军人物,他不仅对20世纪80年代末和90年代初世界上发生的一系列重大事件给予了密切关注和严肃的思考,而且对电视传播在海湾战争等国际重大事件中扮演的特殊角色给予了哲学层面的分析,认为传播媒体史无前例的在场作为海湾战争的三个重要特征之一,不仅造成了战争的知觉方式的变化,而且改变了的知觉方式创造了另外一种现实。布尔迪厄就更是与电视有着"亲密"的接触,他的著名的《关于电视》一书,就是他在巴黎电视一台所做的电视讲座。并且,他开宗明义地宣称:"我选择在电视上讲授这两门课,是想作一尝试,突破法兰西公学院的限制,面向普通听众。"②

我们知道,"远离电视"是西方电视批评理论最通俗、最大众化的关键词。一些激进的知识分子拒绝媒介,特别是拒绝上电视,他们似乎也恪守着中国学人那种"板凳要坐十年冷"的信条。

对于这种思想立场的渊源,我们甚至可以上溯至古希腊思想家柏拉图那里,他十分强调对认识的对象要具有"一种内在的亲缘性"和"天赋能力",否则,"天然的理智与良好的记忆同样没有能力对人进行帮助",他写道:"由于这个原因,没有一个严肃的人会想要为一般公众写有关严肃的实在的作品,以免使公众成为妒忌和困惑的牺牲品。总之,这是一个不可避免的结论,如果某人在某处看到有人写这样的作品,无

---

① [德]尤尔根·哈贝马斯、米夏埃尔·哈勒:《作为未来的过去》,章国锋译,浙江人民出版社2001年版,出版前言。
② [法]皮埃尔·布尔迪厄:《关于电视》,许钧译,辽宁教育出版社2000年版,第1页。

论是立法家的作品还是以别的什么形式，而他又是一个严肃的人，那么他所描写的都不可能是他最关心的那个严肃的主题。他最严肃的兴趣实际上存在于他的活动领域的最高尚之处。然而，如果他真的严肃地关心这些事情，并且把它们写下来，那么'破坏了人的聪明才智的'不是诸神，而是凡人。"①

在西方语境中，这种学者与公众关系的探讨从来没有止歇，德国思想家康德在其《答复这个问题："什么是启蒙运动？"》一文中，疾呼"公开运用自己理性的自由"，在他看来，对自己理性的公开运用"则是指任何人作为学者在全部听众面前所能做的那种运用。一个人在其所受任的一定公职岗位或者职务上所能运用的自己的理性，我就称之为私下的运用"②。

这种"理性的公开运用"逐渐形成了一整套运作流程。在谈到19世纪的最后30来年英国维多利亚时代道德的文化转变时，弗朗西斯·福山写道："最上层是抽象的思想领域，这些思想由哲学家、科学家、艺术家和学究们，间或也由个别学术贩子和骗子之流来传播，他们为更广泛基础上的转变奠定了理论基础。第二个层次是大众文化，这一层次将简明的有关复杂抽象的思想通过书籍、报纸和其他形式的大众媒介传播给更加广泛的受众。最后便是实际行为层次，因为抽象的或被广泛传播的思想中所蕴含的新规范已深深地植入到广大民众的行为之中。"③ 显然，大众传播媒介或者说为公众写作的作品承担着复杂思想通俗化的重任，以促进广大民众的行为转向。

在利用媒体引导公众的长长的知识分子名单上，我们甚至可以看到俄国作家列夫·托尔斯泰的名字，他被英国学者保罗·约翰逊称为"媒体上的第一位预言家"④，在当时媒介技术条件下，托尔斯泰表演体力劳动被拍成照片和电影。而英国思想家伯兰特·罗素则把其一生中发表作品或在电台做节目得到的酬金都一笔笔记入一本小小的记事簿上，放在

---

① [古希腊]《柏拉图全集》（第四卷），王晓朝译，人民出版社2003年版，第99—100页。
② [德]康德：《历史理性批判文集》，商务印书馆1990年版，第24—25页。
③ [美]弗朗西斯·福山：《大分裂：人类本性与社会秩序的重建》，刘榜离等译，中国社会科学出版社2002年版，第91页。
④ [英]保罗·约翰逊：《知识分子》，杨正润等译，江苏人民出版社2003年版，第136页。

一个贴身的口袋里。"偶有懒散或是灰心的时候,他就会把它掏出来仔细翻阅,并称之为'最有益的消遣'。"① 虽然保罗·约翰逊多少是从负面视角来审视这些思想巨人与媒体之间的关系的,不过,毕竟这也从一个侧面反映出媒体在这些文化巨擘心目中的分量。

随着西方社会话语传播和利益宣导机制的逐步多元化,再加上大众传播媒介自身的功能转型(已经从"高卢雄鸡"式的思想先锋转向行业大亨的摇钱树),知识分子在大众传播媒介中的地位、作用与影响发生着本质的变化。传播技术的改进似也不能忽略不计,就像加拿大学者哈罗德·伊尼斯所认为的那样:"工业革命和机械化的知识,把学者的影响摧毁殆尽。外在力量再不会呵护他们,而是千方百计置之于死地。传播技术的伟大进步,反而加重彼此的理解困难。就连科学、数学和音乐这些西方思想的最后庇护所,也落入了机械化俗语的控制。"②

美国学者尼尔·波兹曼通过对电视的其他非媒介用途——例如光源、电子布告牌和书架——加以列举,其目的是"想嘲笑那些妄想利用电视机来提高文化修养的人。这样的愿望正是马歇尔·麦克卢汉所说的'后视镜'思维:认为一种新媒介只是旧媒介的延伸和扩展,如汽车只是速度更快的马,电灯是功率更大的蜡烛。在我们讨论的这个问题中,那种人犯的错误就是完全误解了电视如何重新定义公众话语的意义。电视无法延伸或扩展文字文化,相反,电视只能攻击文字文化。如果说电视是某种东西的延续,那么这种东西只能是19世纪中叶源于电报和摄影术的传统,而不是15世纪的印刷术"③。此种分析,一语道破了一些知识分子拒绝电视的理论动因。

不过,法国著名社会学家布尔迪厄却堪称是一位"用电视的手段批评电视"的大师,他明确提出:"抱有偏见,断然拒绝在电视上讲话在我看来是经不起推敲的。我甚至认为在条件合理的情况下有上电视讲话的'责任'。"④ 于是,为布尔迪厄带来巨大声誉的《关于电视》一书便应运

---

① [英] 保罗·约翰逊:《知识分子》,杨正润等译,江苏人民出版社2003年版,第237页。
② [加拿大] 哈罗德·伊尼斯:《传播的偏向》,何道宽译,中国人民大学出版社2003年版,第25页。
③ [美] 尼尔·波兹曼:《娱乐至死》,章艳译,广西师范大学出版社2004年版,第110页。
④ [法] 皮埃尔·布尔迪厄:《关于电视》,许钧译,辽宁教育出版社2000年版,第10页。

而生，这本字数不过 7 万字的小册子是根据他的两次电视讲座的内容修改而成的。为此书的中文版作了译序的周宪认为："布尔迪厄却提供了另一种策略：利用电视来为电视解魅。""与阿多诺式的在媒介体制之外来批评媒介的方法相比，布尔迪厄'参与性对象化'的方法似乎带有更大的破坏性，它从内部揭露了媒介体制鲜为人知或人所忽略的那一面。难怪《关于电视》一面世，便在法国传媒界和知识界引起了轩然大波，持续论争数月之久。"①

布尔迪厄在《关于电视》中，开宗明义地断言："电视通过各种机制，对艺术、文学、科学、哲学、法律等文化生产的诸领域形成了巨大的危险。""电视对政治生活和民主同样有着不小的危险。"② 由这一基本判断出发，他有力地揭露了电视在资本主义社会中的两个基本功能：反民主的象征暴力和受商业逻辑制约的他律性。周宪认为，由此便构成了《关于电视》的两个基本主题："第一个主题是分析论证了电视在当代社会并不是一种民主的工具，而是带有压制民主的强暴性质和工具性质。""第二个主题，涉及电视与商业的关系，或者换一种表述，涉及商业逻辑在文化生产领域中的僭越。"③

在第一个主题中，布尔迪厄从三个方面揭露了电视在当代社会中的符号暴力特征。

首先，他认为"电视求助于双重意义上的戏剧化"，但其结果"却导致了千篇一律和平庸化"。④ 布氏认为，电视记者有着特殊的"眼镜"，"他们运用这些眼镜见某种东西，但对某些东西却视而不见；同时又以某种方式，见他们所见的东西"。这里，选择的原则"就是对轰动的、耸人听闻的东西的追求"。对于"电视求助于双重意义上的戏剧化"，布尔迪厄的解释是："它将某一事件搬上荧屏，制造影像，同时夸大其重要性、严重性及戏剧性、悲剧性的特征。"由于记者感兴趣的只是异乎寻常的东

---

① ［法］皮埃尔·布尔迪厄：《关于电视》译序，许钧译，辽宁教育出版社 2000 年版，第 3、4 页。
② ［法］皮埃尔·布尔迪厄：《关于电视》，许钧译，辽宁教育出版社 2000 年版，第 1、2 页。
③ ［法］皮埃尔·布尔迪厄：《关于电视》译序，许钧译，辽宁教育出版社 2000 年版，第 7、9 页。
④ ［法］皮埃尔·布尔迪厄：《关于电视》，许钧译，辽宁教育出版社 2000 年版，第 17、18 页。

西,所以,"他们对那些寻常中的非寻常的东西,亦即为寻常的期待所能预料到的,诸如火灾、水灾、谋杀、各种社会新闻等,赋予特殊的位置"。为了抢新闻,特别是独家新闻(scoop),各家电视台的新闻大战是不可避免的。从表面上看,这似乎造成了媒介间的竞争和新闻业的多样化和多元化,但实际上却是传播的同质化和平庸化。布氏一针见血地指出:"为了第一个看到或第一个让人看到某种东西,他们几乎准备采取任何一种手段,但是,为了抢先一步,先别人而行,或采取与别人不同的做法,他们在手段上又相互效仿,所以最终他们又做同一件事,那就是追求排他性,这在其他地方,在其他场可以产生独特性,但在这里却导致了千篇一律和平庸化。"读到这里,我们不由自主地想到了一个词——克隆。电视的同质化传播观念向个性化传播观念的转变当然是一种进步,问题在于,电视台、电视节目的互相模仿和相互"克隆",不断地制造着电视媒介的同质化。其结果是:一方面,看似丰富的电视节目并未真正给观众带来选择面的扩大;另一方面,电视传播由于缺乏个性而丧失了对观众的吸引力。就世界范围的电视传播的发展而言,同质化的传播观念和举措,已经成为电视发展的严重桎梏。[①]

布尔迪厄把社会新闻视为追求轰动效应的传媒最钟爱的东西,这是因为血和性,惨剧和罪行总能畅销,为了抓住观众,势必要让这些佐料登上头版头条,占据电视新闻的开场。因此,布氏形象地将这类能吸引公众注意力的新闻事件称为"公共汽车"。然而,布尔迪厄警告说,正是在人们对这类社会新闻趋之若鹜的时候,却因此而掩藏了弥足珍贵的东西,排斥了公众为行使民主权利应该掌握的重要信息。布尔迪厄感叹:"我强调这一点,是因为我知道很大一部分人是不读报的,他们把自己的身体和灵魂都交给了电视,把电视当作了消息的唯一来源。电视成了影响这很大一部分人头脑的某种垄断机器。"[②]

其次,布尔迪厄入木三分地剖析了电视的固有弊端,他指出:"电视是一种极少有独立自主性的交流工具","电视并不太有利于思维的表

[①] [法]皮埃尔·布尔迪厄:《关于电视》,许钧译,辽宁教育出版社2000年版,第17、18页。
[②] 同上书,第15页。

达",① 电视必须在"固有的思想"的轨道上运作。布氏提出了一个十分有趣的概念——"快思手"(fast-thinkers),意即电视赋予了那些认为可以进行快速思维的思想者以话语权。这种话语权是一种特权,因而出现了一批"媒介常客"。在这里,布尔迪厄不愧是一个"电视通",他写道:"电视只赋予一部分快思手以特权,让他们去提供文化快餐,提供事先已经过消化的文化食粮,提供预先已形成的思想……"② 他还更形象地指出,电视部门掌握着一本通讯录,其名单永远不变,电视节目若涉及俄罗斯,找 X 先生或太太,涉及德国,就找 Y 先生。这些媒介的常客,随时可以效劳,时刻准备制造文章或提供访谈。

坦率地说,读了布尔迪厄的这些见解,笔者在心悦诚服时,也如坐针毡。我们这些电视的研究者、批评者,是不是就是布氏眼里的"快思手"和"媒介的常客"呢?我们无法否认,我们这些电视的研究者、批评者,同时还有两种身份:策划者和参与者。前者可以在各种电视节目的策划会、研讨会和评奖会上见到我们,后者可以在电视屏幕上"混个脸儿熟"。扪心自问,我们确实是在电视部门的那本通讯录上,而且,我们经常有"万金油"之感,因为,我们经常出现在形形色色的电视节目研讨会和策划会上。至于布尔迪厄说的"这些媒介的常客,随时可以效劳,时刻准备制造文章或提供访谈"③ 则更被我们视为分内的工作。然而,无论如何,我们不能忽视布氏这样的警告:"上电视的代价,就是要经受一种绝妙的审查,一种自主性的丧失。"④

"最后,他点出了在后现代文化中,影像文化的特殊优越地位,构成了电视在新闻场中经济实力和符号表达力都占据上风,进而对其他媒介(比如印刷媒介)构成了一种暴力和压制,甚至影响到它们的生存。以至于文字记者的主题只有得到电视机制的呼应,才变得更有力更有影响,这便导致文字记者的地位和角色的深刻怀疑。"⑤ 布氏显然深谙大众传播学的"议程设置"理论,比如影响媒介议程设置的一支很重要的力量来

---

① [法]皮埃尔·布尔迪厄:《关于电视》,许钧译,辽宁教育出版社 2000 年版,第 28、39 页。
② 同上书,第 30 页。
③ 同上。
④ 同上书,第 11 页。
⑤ 同上书,第 9 页。

第二章 抵制电视节目低俗化的西方思想资源

自其他媒介的内容；印刷媒介影响电视网的议程而不是相反，等等。布尔迪厄谈到，对于记者来说，读报是每日的必修课，必须了解别人说过的东西，以便确定自己要说的内容。记者们互相阅读对方的报道，看对方的电视，"决定信息是否重要，是否值得报道的关键，也就是所谓的有关信息的信息，大部分都来自同行"。"这种镜子游戏照来照去，最终营造出一种可怕的封闭现象，一种精神上的幽禁。此现象的另一佐证是互相阅读，这已被所有的访谈所证实：要做午间的电视新闻，就要先温习一下前一天晚上八点的新闻和晨报的标题；要确定晚报的标题，就要阅读晨报。"① 重要的是，布尔迪厄这里的揭露，决不仅仅是传播媒介技术层面上的一个问题，而是信息的内部封闭循环流通所导致的某种整饬，即重要性等级划分的一体化。布尔迪厄这样的话可谓一语中的："信息在圈内人之间（恶性）循环，他们都有一个共同点，那就是都受到收视率的制约。"②

这样，布尔迪厄也就顺理成章地引出了他的《关于电视》的第二个主题，即电视与经济、商业的关系问题。

布尔迪厄不愧是一位当代西方思想界的大家，他这样阐述了他的文化批判立场："我要做的，正是要解开这种种机制，在这一套机构致使电视行使了一种形式特别有害的象征暴力。象征暴力是一种通过施行者与承受者的合谋和默契而施加的一种暴力，通常双方都意识不到自己是在施行或在承受。和其他科学一样，社会学的职能就是揭示被掩盖起来的东西；只有这样，它才能有助于将作用于社会关系尤其是把传媒关系的象征暴力减少到最低程度。"③

那么，如何深入地揭露电视的象征暴力的本质呢？布尔迪厄的过人之处就在于他在追问机制。用他的话来说就是："为了不仅仅限于对电视演播台上所发生的一切进行描述——不管描述的多么详尽——而要再进一步，力图弄清能阐释新闻工作者实践活动的机制，那就必须引入一个

---

① ［法］皮埃尔·布尔迪厄：《关于电视》，许钧译，辽宁教育出版社 2000 年版，第 25、23 页。
② 同上书，第 26 页。
③ 同上书，第 14 页。

'新闻场'的概念。"① 布尔迪厄认为，新闻场比其他文化生产场，如数学场、文学场、法律场、科学场等，更受外部力量的钳制。它直接受需求的支配，也许比政治场还更加受市场、受公众的控制。与此同时，所有的文化生产场都受制于新闻场的结构，而媒体的从业人员也被场的力量所控制着。"一个越来越受制于商业逻辑的场，在越来越有力地控制着其他的天地。"②

"场"是布尔迪厄社会学理论中的一个核心概念，布氏认为社会文化可以划分为不同的领域，这些领域的运作实际上就像物理学意义上的"力场"一样，是由内部和外部的各种力量构成的。他认为："新闻界是一个场，但却是一个被经济场通过收视率加以控制的场。这一自身难以自主的、牢牢受制于商业化的场，同时又以其结构，对所有其他场施加控制力。"布尔迪厄特别强调，在新闻场中，"商业性"的分量要重得多。而电视的发展在新闻场，并通过新闻场，在其他文化场中所产生的影响，无论就其强度，还是就其广度而言，都是其他媒体所无法相比的。"新闻场与政治场和经济场一样，远比科学场、艺术场甚至司法场更受制于市场的裁决，始终经受着市场的考验，而这是通过顾客直接的认可或收视率间接的认可来进行的。"③ 从文化生产场与商业逻辑的相互关系中洞悉和追问电视，这是布尔迪厄给人印象和启示最深之处。

在布尔迪厄看来，科学场是最远离权力和商业逻辑的，艺术场次之。但是，在布氏称之为"电视的控制"下，这样一些现象不能不引起人们的深深忧虑。首先，电视充当了仲裁和裁决的角色，热衷于搞十年的总结，评选"十大知识分子"等活动。简言之，当科学理论和科学研究的领军人物是由电视来定夺时，科学场和艺术场的内在游戏规则便遭到了极大的破坏。布尔迪厄还揭露了媒体内外存在一种"互搭梯子"的把戏，比如所谓"畅销书"的商业化操作，等等。另外，布尔迪厄提出了"电视知识分子"的概念，他们"在电视上'挖一段时间'，得以靠

---

① [法]皮埃尔·布尔迪厄：《关于电视》，许钧译，辽宁教育出版社2000年版，第44页。
② 同上书，第65页。
③ 同上书，第62、87页。

媒介生存"①。他的这样一种观点，应当引起我们的高度重视：传媒的力量，亦即传媒化的经济力量渗透到最纯粹的科学领域，传媒就必须在它看重的场中找到同谋。布尔迪厄形象地说道："记者们往往非常得意地看到，众学者纷纷投奔传媒，希望自己的作品得到介绍，乞求传媒的邀请，抱怨自己被遗忘，听了他们的那些有根据的抱怨，相当让人吃惊，不禁真要怀疑那些作家、艺术家、学者自己主观上是否想保持自主性。"② 于是，传媒的认可越来越得到重视，当电视台邀请某个学者在电视节目中露面时，这实际上就是对他的某种形式的承认。这样一来，专家学者所处领域的同行的评价已变成次要，而他们所获得的在电视节目中亮相、杂志上的好评、人物专访等，也就是他们在传媒上所获得的知名度就成为成功的重要标志。布尔迪厄感叹："传媒的评判越来越重要，因为一个人能否得到承认，有可能取决于他的知名度，然而，现在人们已经弄不太清楚一个人的名气到底应归功于传媒的好评，还是同行间的声誉。"③

布氏的"众学者纷纷投奔传媒"的断言绝非空穴来风，也不仅仅是一家之言，萨义德在《知识分子论》一书中写道：

大约在1968年，知识分子大都舍弃了出版社的守护，成群结队走向大众媒体——成为新闻从业人员、电视电台访谈节目的来宾和主持人、顾问、经理，等等。他们不但拥有广大的阅听大众，而且他们身为知识分子毕生的工作都仰赖阅听大众，仰赖没有面目的消费大众这些"他者"所给予的赞赏或漠视。"大众媒体借着扩大接受的领域，降低了知识分子合法性的来源，以更宽广的同心圆——那些要求较不严苛因而更容易获取的同心圆——包围了职业的知识分子，而以往职业的知识分子是正统的合法性的来源。……大众媒体已经打破了传统知识阶层的封闭，以及传统知识阶层的评价规范和价值标准。"④

不难看出，布尔迪厄的"众学者纷纷投奔传媒"和萨义德的"知识

---

① ［法］皮埃尔·布尔迪厄：《关于电视》，许钧译，辽宁教育出版社2000年版，第87页。
② 同上书，第71页。
③ 同上书，第70页。
④ ［美］爱德华·W.萨义德：《知识分子论》，单德兴译，生活·读书·新知三联书店2002年版，第60页。

分子成群结队走向大众媒体",其语境总有一种喜忧参半的意味。一方面,他们强调"最不应该的就是知识分子讨好阅听大众;总括来说,知识分子一定要令人尴尬,处于对立,甚至造成不快"[①]。另一方面,他们又声明"知识分子并不是登上高山或讲坛,然后从高处慷慨陈词。知识分子显然是要在最能被听到的地方发表自己的意见,而且要能影响正在进行的实际过程,比方说,和平和正义的事业"[②]。而像布尔迪厄、萨义德这样的学术大师,他们在对大众传媒的负面影响进行猛烈抨击时,又在利用媒体发表知识分子的声音方面身体力行。

对于"电视知识分子",布尔迪厄在另一个场合从知识分子的批判精神的角度做了这样的深刻论述:"他们要求电视为他们扬名,而在过去,只有终身的而且往往总是默默无闻的研究和工作才能使他们获得声誉。这些人只保留了知识分子作用的外部表象,看得见的表象,宣言啦、游行啦、公开表态啦。其实这倒也无所谓,关键是他们不能抛弃旧式知识分子之所以高尚的基本特点,即批判精神。这种精神的基础在于对世俗的要求与诱惑表现出独立性,在于尊重文艺本身的价值。而这些人既无批判意识,也无专业才能和道德信念,却在现时的一切问题上表态,因而几乎总是与现存秩序合拍。"[③] 在解读布尔迪厄的时候,我们特别应当注意这样一个问题,就是布氏批评"要求电视为他们扬名"的那些知识分子是一些"既无批判意识,也无专业才能和道德信念"的人,而不是一味地反对知识分子上电视。事实上,布尔迪厄本人的《关于电视》,不就是两次电视讲座的集大成吗?同时,我们也可以清楚地看到,布尔迪厄对知识分子之所以高尚的基本特点的高度概括——批判精神。"这种精神的基础在于对世俗的要求与诱惑表现出独立性,在于尊重文艺本身的价值。"看来,我国史学大师陈寅恪的"自由之思想,独立之人格"的学人操守,在布尔迪厄那里得到了法兰西式的回应。

这里,"互搭梯子"的把戏也好,在电视上"挖一段时间"的伎俩

---

① [美]爱德华·W. 萨义德:《知识分子论》,单德兴译,生活·读书·新知三联书店 2002 年版,第 17 页。
② 同上书,第 85 页。
③ [法]皮埃尔·布尔迪厄、[美]汉斯·哈克:《自由交流》,桂裕芳译,生活·读书·新知三联书店 1996 年版,第 51 页。

第二章 抵制电视节目低俗化的西方思想资源

也罢，抑或"在现时的一切问题上表态"，说穿了无非是在争取和争夺市场。

因此，布尔迪厄提出的"谁是话语的主体"？科学理论和艺术价值能否能以公决的形式裁判？这种追问就更加显得振聋发聩。布氏在驳斥有人说他所持的是精英主义的言辞时指出："不错，我确实是在维护人类最崇高的创造所必不可少的生产和传播条件。为了避免在精英主义与蛊惑术之间作非此即彼的选择，必须维持甚至提高进入文化生产场的入场权。"① 对于这种"文化公决制"，曾为法兰克福学派的领军人物的霍克海默曾经有过这样的看法："今天，个人的本质依旧封闭在自身之下，个体的理智行为不再内在地与他的本性相联系。他们采纳情境可能强加给他们的任何指令。流行的判断不论真假，都如其他社会功能一样来自上面的指导。无论民意调查多么丰富，无论统计调查或心理调查多么翔实，它们所能达到的往往是一种机制，但绝不可能是人的本质。""人们把注意力集中在统计数字上，集中在某种产品的用户总数上。这些用户数目被计算出来，同时也受到了操纵。个体并未完全消失，他成了一个边缘人物，成了一个贬义的消费者。"② 可见，不论精英主义显得多么曲高和寡，但总还是从人的角度对文化本身的反思，其基本前提是拒绝与商业利益相联系。而文化公决制必然要配合以蛊惑术，在遮蔽个体的同时，直接按照商业逻辑运行实现经济利益。而英国经济学家弗里德里希·冯·哈耶克对这种统计仪式背后所秉持的方法论缺憾分析得一针见血："尽管我们拥有关于个人理智运行原理的知识，但主要事实依然是，我们不可能对导致个人在特定时间做了一件特定的事情之全部具体事实加以说明。对于我们来说，个人的个性仍然是一种非常独特的、难以计算的现象，我们有望通过一些从经验中发展出来的做法，比如赞扬和谴责，从可取的方向对它施加影响，但是对于它的具体行为，我们无法进行预测或控制，因为我们无法了解决定着它的全部具体事实。"③

---

① [法]皮埃尔·布尔迪厄：《关于电视》，许钧译，辽宁教育出版社2000年版，第77页。
② [德]霍克海默：《霍克海默集》，曹卫东编，上海远东出版社2004年版，第218、321页。
③ [英]弗里德里希·冯·哈耶克：《哈耶克文选》，冯克利译，江苏人民出版社2007年版，第452页。

那么，经济因素和商业逻辑又是如何对电视施加影响的呢？布尔迪厄注意到了并深入地剖析了电视收视率的关键作用，他说："通过收视率这一压力，经济在向电视施加影响，而通过电视对新闻场的影响，经济又向其他报纸、包括最'纯粹的'报纸，向渐渐地被电视问题所控制的记者施加影响。同样，借助整个新闻场的作用，经济又以自己的影响控制着所有的文化生产场。"[①] 可以说，"收视率"在布尔迪厄的论述中始终是解读电视现象的关键词，他形象地指出：收视率"是个隐匿的上帝，它统治着这个圈子，失去一个百分点的收视率在某种情况下无异于直接走向死亡"[②]。他清楚地意识到新闻场内部的竞争实际上就是一场"由收视率裁决的斗争"，而各电视台之间的相互竞争以及不同媒体之间为争夺受众所展开的经济竞争，实际上就是为抢占市场份额的竞争。

在这个过程中，"艺术追求"、"人文关怀"等标识人类精神发展价值取向的指标已经被抽离了其应有的内涵，仅仅保留的是不触动任何个人和团体利益的装饰作用，如果没有这些装饰，就太俗气了；可如果以这些装饰作为节目本身的最大目的，又太书生气了。因为就像在民意测验的操弄下，政治领袖把其责任让渡给选民一样，就像美国学者尼尔·波斯曼所看到的那样：在电视收视率的指挥棒下，电视剧作家已经把对作品内容的最终评判权交给了观众，"作者死了"。他写道："在电视收视率里，我们能够更加清楚地看到这个责任迁移过程。'好'电视节目的定义成为单纯的高收视率。'差'节目就是收视率低的节目。因此，电视剧作家的责任在于他是否能够创作出吸引数以百万计观众的剧本，自始至终都是如此。一句话，作家完全为观众负责。他不需要顾及传统、审美标准、主题的真实性、品位的高雅，甚至不需要考虑观众是否容易看懂。公共舆论铁的法则成了唯一重要的标准。电视台的执行官喜欢说，他们的媒体是美国最民主的制度：每周一次的收视率调查决定节目的存亡。另一个主张给这个主张增加了分量：创造性的艺术家从来就不会冷漠对待观众的喜好和意见。比如他们会说，作家为人民写作，为得到观众的嘉许和理解而写作。然而，作家也需要为自己写作。而且，他们写作的

---

① [法] 皮埃尔·布尔迪厄：《关于电视》，许钧译，辽宁教育出版社2000年版，第65页。
② 同上书，第24页。

第二章　抵制电视节目低俗化的西方思想资源

时候并非总是因为观众有什么东西要他们去表达。由于民意调查总是顺从公众的偏好，它就会改变作家写作的动机；于是写作完全就是为了增加观众的'人头数'。通俗文学依赖的是受众的希望，而不是艺术家的创作才能，这样的依赖程度是前所未有的。"① 这种责任让渡的错谬可以借用古希腊思想家柏拉图著名的"洞穴比喻"② 加以引申，如果那个解缚的人把本该引领众人一道走出洞穴、认识真理的责任轻易放弃，转而屈从仍在束缚中的众人的谬见，那么，其结果是多么可悲啊！

关于收视率对电视传播的制约作用，布尔迪厄的分析采取了历史与现实相结合的综合对比方法。在梳理电视的历史发展这条线索中，布氏指出，50年代的电视关心和追求的是文化品位，它利用自己的垄断给公众强加了有文化追求的产品，包括资料片、经过改编的古典作品、文化讨论会，等等。这种看法与德国思想家康德在回答："人类是在不断朝着改善前进吗？"这一问题时所给出的答案非常相似，康德写道："答案是：不能靠自下而上的事物进程，而只能靠自上而下的。"③ 这种跨越时空的思想契合绝非偶然。

在当代媒体环境中，电视可谓是典型的"依靠自下而上的事物进程"运作的媒体了，当然，似乎离促进人类不断朝着改善前进的目标渐行渐远，如果电视有这样的目的的话。布氏指出，到了90年代，电视为了尽可能地招徕最广大的观众，竭力地迎合并利用公众的趣味，给观众提供一些粗俗的产品，比如脱口秀、赤裸裸的社会经历曝光等，而这些都不过是满足观众的"偷窥癖"和"暴露癖"。在分析电视的"通俗化的力量"这一现实问题时，布尔迪厄指出，任何一个新闻机构越是希

---

① ［美］尼尔·波斯曼：《技术垄断：文化向技术投降》，何道宽译，北京大学出版社2007年版，第80页。

② 这一比喻出自柏拉图《国家篇》（第七卷），参见《柏拉图全集》（第二卷），人民出版社2003年版，第510—518页。"洞穴比喻"意指，一群从小便被铁链捆缚于洞穴中的众人，终身向壁，只能通过身后光源投射到洞壁上外界事物的动影来感知洞穴外面的世界。一日，其中一人偶然挣脱束缚，返身走出洞穴，亲眼看到太阳以及其他外物，之后，他回到洞中要带领众人一同走出洞穴。柏拉图的本意在于利用这一比喻来说明受过教育和缺乏教育的人的本质。德国思想家韦伯将这一比喻理解为，挣脱束缚的那个人"是一位哲人，太阳则代表着科学真理，唯有这样的真理，才不理会幻觉和影子，努力达到真正的存在"。参见《学术与政治》，生活·读书·新知三联书店2005年版，第29—30页。

③ ［德］康德：《历史理性批判文集》，何兆武译，商务印书馆1990年版，第161页。

望触及广大的公众，就越要磨去棱角，摈弃一切具有分化力和排除性的内容，而这样做的后果就是使整个新闻工作趋于类似，趋于通俗化，"随大流""非政治化"。对此，布氏特别指出了"电视募捐"这种实例，他的批评可谓痛心疾首："如今，用美好的情感，制造的却是'收视率'。"[①]

布尔迪厄在《自由交流》一书中曾指出："经济对文化生产的影响，一般是通过报刊，通过报刊对文化生产者（特别是其中缺乏自主性者）的诱惑，通过报刊对作品的促销作用以及文化产品商（出版商、美术馆馆长等）来实现的。艺术、文学、科学，这些自主性领域反对商业法则，而今天主要是通过报刊将这些商业法则强加给这些领域。这种统治从根本上说是致命的，因为它有利于直接听命于商业需求的产品和生产者，正如维特根斯坦所说的'记者型哲学家'。"[②]

商业逻辑对电视的作用是通过收视率来实现的，高收视率必然带来丰厚的广告利润和商业资助，这是当代电视的一条基本运作规律。在市场份额和收视率的作用下，电视从50年代注重文化品位向90年代的媚俗倾向的转变是不可避免的。布尔迪厄的过人之处就在于，他对电视的批评不是停留在对游戏娱乐类节目这种显而易见的靶子上，而是将批评的矛头直指表面上看来是"客观公正"的电视新闻。

一方面，电视传播走向非政治化或中立化，用最有收视效果的社会新闻取代了电视的文化品位和政治功能。布尔迪厄将吸引公众注意力的事件称为"公共汽车"，意即服务于全体大众。"'公共汽车'式的新闻不应触犯所有人，没有风险，千篇一律，不会产生意见分歧，让所有人都感兴趣。"布尔迪厄在谈到电视对人们时间的占有时显得痛心疾首，他警告说："只关注社会新闻，把宝贵的时间浪费在空洞无聊或者无关痛痒的谈资上，这样一来，便排斥了公众为行使民主权利应该掌握的重要信息。"[③] 布尔迪厄还从电视台追求收视率的角度，对电视台极尽犬

---

① ［法］皮埃尔·布尔迪厄：《关于电视》，许钧译，辽宁教育出版社2000年版，第65页。
② ［法］皮埃尔·布尔迪厄、［美］汉斯·哈克：《自由交流》，桂裕芳译，生活·读书·新知三联书店1996年版，第17—18页。
③ ［法］皮埃尔·布尔迪厄：《关于电视》，许钧译，辽宁教育出版社2000年版，第14、15页。

儒主义之能事的做法予以了深刻的揭露，他指出："为争夺市场份额，各电视台越来越求助于轰动性报刊使用过的那些老掉牙的手段，虽不是把整个位置，但是把首要位置让给了社会新闻和体育消息。""社会新闻造成的后果就是政治的空白，就是非政治化，将社会的生活化为轶闻趣事和流言蜚语，把公众的注意力集中并吸引到一些没有政治后果的事件上去。"[1] 他在《关于电视》一书中，多次提到了"蛊惑民众术"这个关键词，而电视的蛊惑的始作俑者，不过是商业逻辑支配的收视率。

另一方面，对于收视率的追求还有另外一种表现方式，这就是把非政治事件政治化，表现出强有力的煽动性和情绪效果。电视可以轻易地把社会新闻和日常琐事转化为某种政治伦理意义，激发起公众的负面感情，如种族歧视、排外主义、对异邦异族的恐惧和仇视，等等。"追求轰动效应自然是为了商业成功，这也可以导致对社会新闻进行选择，而社会新闻一旦为蛊惑术（自发的或精心策划的）加以野蛮的炒作，就足以引起人们普遍的关注，如以绑架儿童之类的事件和能激起民愤的丑闻，来刺激人们最基本的冲动和情感，甚至以儿童谋杀案或犯罪集团挑衅滋事等新闻来达到某种形式的群情总动员，煽动公众的怜悯或愤慨，这种种形式的情感总动员具有攻击性，接近于象征的私刑处死行为。"[2] 电视既可以把事件都非政治化，又可以把非政治事件政治化，这双重功能就使得电视成为民主社会中一个危险的暴力符号。

就在我们对布尔迪厄有关收视率的论述感慨不已的时候，我们读到了李晓枫的这样的观点：造成中国电视的文化混乱和理性迷失的市场原因，"万恶之源是中国的收视率"。他认为，中国电视的收视率，反映的是非主流文化人群和亚文化状态人群的需求，拼命追求收视率，实际上是一种文盲、半文盲的导向，亚文化的导向。收视率的问题在于："它实际上是对电视观众一种集体无意识心理的反映。什么叫集体无意识？就是个体的本能需求的反映。电视是观众自己在家里随意地收视的，是一种个体收视，是无约束、无压力、无顾忌、无障碍的收视。在这种状态

---

[1] ［法］皮埃尔·布尔迪厄：《关于电视》，许钧译，辽宁教育出版社2000年版，第59页。
[2] 同上书，第60页。

下，人的自发的本能——生命的、肉体的、功利的、世俗的需求，即不可能按主流意识形态和主流道德的要求和规范收视，追求的是官能愉悦和个体宣泄，这种需求相对社会的主体进步来说常带有消极性，是一种隐私性的低级需求。收视率既是集体无意识的反映，受大众消费心理的引导，那么这种以收视率为导向，跟着这种收视率走，追求高收视率，就是迎合，就是媚俗。"[①] 以我有限的视野，这是我读到的对收视率最深刻的本土化批判。

布尔迪厄对电视的批评主要的依据是法国电视的传播内容，在这种批评和分析中，有两点很自然地诱发了我们的本土化联想，一是电视台之间的相互竞争问题，二是电视在经济实力和象征力上的发展变化。

布尔迪厄认为，要了解法国电视一台的运作情况，就必须考虑与它所处的位置有关的一切因素，在一个有多家电视台所形成的客观关系网中，各电视台相互竞争，这些电视台之间的实力对比关系，可以通过市场份额、在广告客户中的影响及记者的集体资本等一系列指数加以确定。布尔迪厄不无忧虑地指出，在属于整个新闻场的电视场中，"目前总的发展趋势正导致旧式的文化生产机构丧失自身的特色，进入一个无论如何都将遭受惨败的境地。就这样，原来为电视七台的文化台，如今成了艺术台，很快就放弃了原本毫不动摇甚至咄咄逼人的为圈内人服务的政策，不无羞愧地屈从于收视率的苛求，进行了妥协，在黄金时间安排普通浅显的节目，而把深奥难懂的节目放在深夜播出"[②]。实际上，中国电视业当前的竞争态势又何尝不是这样。对市场份额的争夺，对广告客户的趋之若鹜，对记者的素质的越来越高的要求，无一不是竞争的必然结果。可以说，在电视台之间的相互竞争上，中国电视与国际接轨的速度和力度都是惊人的。

布尔迪厄在《自由交流》中警告说："当国家在医院、学校、电台、电视台、博物馆、实验室方面以盈利和利润作为思考与行动的原则时，人类最高的成就就受到了威胁，也就是说一切具有普遍性、涉及总体利益的东西受到了威胁。"他大声疾呼："不能让文化生产依赖于市场的偶

---

① 参见《重视研究》2002年增刊。
② ［法］皮埃尔·布尔迪厄：《关于电视》，许钧译，辽宁教育出版社2000年版，第61页。

第二章 抵制电视节目低俗化的西方思想资源

然性或者资助者的兴致。"① 可以说，对批判性知识分子和知识分子的批判性做了多方面探讨的布尔迪厄，在这两方面都是身体力行的。我们很难不让自己对布氏产生一种深深的敬意。

在谈到电视在经济实力和象征力上的发展变化时，布尔迪厄指出，50年代，电视在新闻场中崭露头角，人们谈起新闻业时很少会想到它。那时电视人受到双重统治：他们攀附于各种政治力量，因此从文化的、象征力的角度和职业声望的角度看，他们是受统治的；同时，由于他们依靠政府津贴，他们在经济上也受统治。而现在这种关系已经彻底改变了，电视在新闻场中的经济实力和象征力渐渐地占据了统治地位。布氏指出的电视的这种变化，与中国电视的发展何其相似。中国电视由文化娱乐工具发展为第一新闻传媒是从20世纪80年代开始的，而在此前的20多年里，中国电视对政治的图解和攀附是令人不堪回首的。至于依靠政府津贴过日子的时代，对于今天的电视人来说，绝不是什么"美好的回忆"，布尔迪厄指出的"电视在新闻场中的经济实力和象征力渐渐地占据了统治地位"的断言，在中国电视的本土发展中，同样令人信服。

当然，正像电视具有两面性一样，对布尔迪厄的解读也是多元的。徐友渔就提出："值得指出的是，布尔迪厄的书本身也表现为一个悖论。他应法国电视台之邀作了两次讲座，他的书就是根据讲座的内容修改、整理而成。正是因为电视的影响力，《关于电视》一书引起了广泛的争论，使得该书长期名列最佳畅销书排行榜之首。也许有人要问，布尔迪厄是在对电视作批判，还是与电视共谋？在这里，我们必须承认电视的两种两面性，它既提供了信息，又可能遮蔽思想；它既体现了话语霸权，又提供了反思和批判的机会——如果没有电视，我们怎么知道布尔迪厄对电视的批判呢？当然，布尔迪厄对两个方面都有遭遇和体会，看来，电视的正面和负面作用，与它是处在垄断和竞争状态下很有关系。"②

这里，"布尔迪厄是在对电视作批判，还是与电视共谋"的问题提得十分有趣。我们认为，知识分子的拒绝电视应该是指拒绝电视的商业化

---

① ［法］皮埃尔·布尔迪厄、［美］汉斯·哈克：《自由交流》，桂裕芳译，生活·读书·新知三联书店1996年版，第68、70页。
② 徐友渔：《电视的两面性》，《南方周末》2001年11月1日第18版。

和庸俗化，拒绝自己可能会因在电视上露面而成为这种商业化和庸俗化的傀儡或帮凶。但是，知识分子，包括可以称作大家的知识分子不应拒绝将电视作为一个平台，一个鼓吹启蒙，启迪民智的平台。提出"剧作家的真正关怀在哪里？电视人的真正关怀在哪里？"的剧作家张宏森写道："鲁迅先生的一生，都致力于揭示中华民族的国民性，他的《呐喊》和《彷徨》多么希望给当时麻木的心灵敲响重槌；然而，尽管如此，《呐喊》也罢，《彷徨》也罢，当时的总印数也不足几千册。如果鲁迅先生生逢今世呢？他有力的呐喊声定然不会放过这个一夜之间传遍各个角落的现代传播媒体。现在，手段和媒体正摆放在我们面前，从物质条件上说我们比鲁迅先生优越了许多。优越的条件呼唤的不仅是文化守灵人，它更在呼唤慷慨高歌的文化开拓者。所有真正意义上的文化人都应该重视并重新评估现代科技手段和现代传播媒体在实现文化思想中所发挥的力量。这种力量也许会重新构建出当代中国大文化的崭新模型。"①事实上，国外一些学术大家像布尔迪厄一样，并没有把媒体视为学术的对立物，而是将媒体作为学术表达的一个话语系统，并发表了不少真知灼见。比如著名的英国广播公司的瑞思②系列演讲，像汤因比、萨义德等人，就曾在这个平台上作过著名的演讲。特别是萨义德的《知识分子论》一书，就是他在1993年的瑞思系列演讲，其中那种知识分子的不屈不移、卓然特立的风骨典型跃然纸上。

提高电视的文化品位和人文力度的关键之一，恰恰在于应该给知识分子提供更多的在电视上出镜的机会，使他们能够充分利用电视传播这一影响最大的公共空间，将学术话语变为电视话语。这无论是对于知识分子的学术话语的完善和普及，还是对于电视的档次不断上台阶，都是不无裨益的。

在《关于电视》一书的最后，布尔迪厄大声疾呼："人们能够并且应该以民主的名义与收视率作斗争。……应该给人们评判、选择的自由。"③

---

① 张宏森：《中国电视剧给我们带来了什么》，《新华文摘》1995年第10期。
② 瑞思于1922年任英国广播公司总经理，自1927年至1938年担任董事长，对英国广播业发展贡献良多。
③ [法]皮埃尔·布尔迪厄：《关于电视》，许钧译，辽宁教育出版社2000年版，第78页。

第二章 抵制电视节目低俗化的西方思想资源

面对电视从民主的工具沦为商业的工具和象征的暴力的严峻现实，持有批判的立场的知识分子应当做些什么呢？在这里，布尔迪厄给人的有益启示是多元而深刻的。

美国学者甘斯指出："最近关于电视观众的调查表明，人们对大量电视节目并不满意，特别在娱乐节目方面，不仅品味更高的公众看不上，甚至恰恰是那些电视节目所着力迎合的公众也不买账。而且，电视不能给其观众提供他们想看的好节目，因为电视从观众那里所得来的一点反馈既不全面也很贫乏。公共电视网播什么节目，在很大程度上取决于尼尔森收视率，这个收视率取自由大约1200个家庭所构成的样本。这种技术由不管人们看什么的开机数并对这些数据辅以简短的日志以作补充所构成，不仅无法搜集到观众对节目的评价，也不能提供足够大的能充分体现全体观众差异的样本。可以肯定，更大的样本可能不会给现在的节目带来完全不同的收视率，可含有观众对电视节目评价的收视率系统，将体现出满意或不满意的数量和强度，甚至会表明小众文化的电视节目在哪里最受欢迎。"[①]

无论是否在感情上被接受，在电视节目创作集体那里，收视率导向已被理解为评价电视节目质量的终极标准，也就是说，收视率成为决定电视节目去留的最终决定性力量，收视率导向成了收视率拜物教。电视节目质量成了一种人类主观精神力量所难以把握的神秘的事物，仿佛只有借助收视率才能给出客观的、合理的和公允的评价。

其实，收视率导向也好、收视率拜物教也好，都不是什么新鲜的东西，而只是西方现代市场经济条件下的必然产物——商品拜物教在电视领域的对应物罢了。马克思说："商品形式的奥秘不过在于：商品形式在人们面前把人们本身劳动的社会性质反映成劳动产品本身的物的性质，反映成这些物的天然的社会属性，从而把生产者同总劳动的社会关系反映成存在于生产者之外的物与物之间的社会关系。由于这种转换，劳动产品成了商品，成了可感觉而又超感觉的物或社会的物。……商品形式和它借以得到表现的劳动产品的价值关系，是同劳动产品的物理性质以

---

① Herbert J. Gans, *Popular Culture and High Culture: An Analysis and Evaluation of Taste*, New York: Basic Books, 1999, p. 181.

及由此产生的物的关系完全无关的。这只是人们自己的一定的社会关系,但它在人们面前采取了物与物的关系的虚幻形式。"

他指出:"直到现在,还没有一个化学家在珍珠或金刚石中发现交换价值。可是那些自以为有深刻的批判力、发现了这种化学物质的经济学家,却发现物的使用价值同它们的物质属性无关,而它们的价值倒是它们作为物所具有的。在这里为他们作证的是这样一种奇怪的情况:物的使用价值对于人来说没有交换就能实现,就是说,在物和人的直接关系中就能实现;相反,物的价值则只能在交换中实现,就是说,只能在一种社会过程中实现。在这里,我们不禁想起善良的道勃雷,他教导巡丁西可尔说:'一个人长得漂亮是环境造成的,会写字念书才是天生的本领。'"[①]

不难发现,在商品拜物教的召唤下,人们无法用商品的物质属性来把握商品的使用价值,而必须借助交换价值来把握商品的使用价值。同样的,在收视率导向大行其道之际,人们无法用测量文化产品所习用的主观评价的方式(即评价文化产品使用价值的方式)对电视节目的内容和社会效果加以评价,而必须借助收视率的统计仪式,才能对电视节目的内容和社会效果进行评价。

作为文化产品,电视节目的使用价值被潜意识化或者说被神秘化了:一个电视节目的质量不取决于收看者的主观评价,而取决于对由收视率调查公司所雇用的"受众选民"的无形注意力的有形统计。在这里,对文化的主观评价让位于对使用者的数理统计。于是,一个节目的质量评价标准从内容本身"好不好"被收视率拙劣地偷换为"看的人多不多"。由低俗媚俗庸俗的电视节目所引发的收视行为同由高雅精致的电视节目所引发的收视行为是那么地难以区分,这是时时浮现于收视率导向鼓吹者脑海的噩梦,因为对收视率来说,用客观的标准估算主观的感受是注定无法完成的任务。除了不断地借助统计学公式、行话和仪器,不断地给收视率包裹上层层"科学"外衣外,收视率拜物教的徒众们只能一次又一次徒劳地宣称已经在测量人性这个问题上又"科学"地前进了一大步。

不可否认,"既叫好,又叫座"的电视节目精品是少之又少的,可以

[①] [德]马克思:《资本论》(第一卷),中共中央马克思恩格斯列宁斯大林著作编译局译,人民出版社2004年版,第89—90、101—102页。

不客气地说，大部分电视节目是平庸的。但是，这种情况完全符合人类文化生产的基本逻辑。不能指望绝大多数的电视节目制作集体都是由天才组成的，制作的每一个电视节目都是精品。这种指望在大规模文化生产领域语境中，甚至比在有限生产领域中的同类要求来得更加虚妄。但是，如果对电视节目质量主观评价有足够的坚持，那么我们应当把这种平庸理解为一种善良的平庸，一种在文化创新过程中的坚韧探索，虽不完美但极为可贵，蕴涵着产生电视节目精品的文化基因。如果自觉地放弃这种坚持，而代之以收视率导向的颐指气使，那么我们便不得不把这种平庸理解为一种邪恶的平庸，一种在文化售卖过程中的反复折腾，虽很热闹但极可厌弃，隐藏着不断突破公众道德底线以换取利润的经济意图。

三 作为电视管理镜鉴的哈贝马斯公共领域理论

今天，电视节目低俗化问题使公众遭遇到某种"嵌入式"的文化挑战，除了"第四权力"和收视率导向这两大支撑电视工业的制度安排以外，电视作为公共领域媒介呈现的重要载体也提醒我们：电视低俗化污染的绝不仅仅是公众的心灵，更重要的是阻碍了现代社会成员所应具备的起码的道德良知、审美趣味和消费品位的一种现实途径。很难想象，一个到处充斥着道德沦丧、趣味低下、唯物质享乐是求的大众如何能够建设一个富强、民主、文明、和谐的现代国家。而正是这种忧虑，提醒我们借助西方思想话语中的公共领域理论资源对电视节目低俗化问题做一剖析。在这里，我们将以考察哈贝马斯的公共领域理论为切入点，梳理并分析他的理论体系中对我们研究电视节目低俗化问题可资借鉴的思想资源。

公共领域（public sphere）一词可谓是学术话语转变为公众话语的范例之一。现在，媒体上"公共领域"一词的出现率是很高的。

从本来的意义上说，公共领域是"指国家和社会之间的一个公共空间，市民们假设可以在这个空间中自由言论，不受国家的干涉。传媒运作的空间之一，就是公共领域"[1]。资产阶级公共领域产生于封建制度，

---

[1] 陆扬、王毅：《大众文化与传媒》，上海三联书店 2000 年版，第 89 页。

哈贝马斯认为，公共领域最初发生于咖啡馆和沙龙，而"资产阶级公共领域的悲剧在于，正是促使资产阶级公共领域形成的各种社会力量，最终导致了它的衰落和灭亡。由于传播通过各大商业财团而日益变得有序化，沙龙和咖啡馆里的讨论必定会作出让步。只消看看报纸产业，这种嬗变轨迹就会昭然若揭"[1]。尽管我们在这里着重要讨论哈贝马斯的公共领域理论和交往理性，但我们首先必须指出，哈贝马斯的理论并不是一种"纯粹理性批判"，他对于如前所述威廉斯所称的"易变的个人条件"是十分重视的。也就是说，哈贝马斯对市场这支"无形的手"对于公共领域的影响是特别看重的。"哈贝马斯补充说，随着文化的'个人消费'，文化产品的平庸化与追求市场高额利润的目标相符合。在哈贝马斯看来，看待市场的最佳方法，就是将市场看作是一个具有双重性和矛盾性的过程：既具有解放又具有支配的效应和内涵。"[2] 事实上，哈贝马斯的《公共领域的结构转型》的英译本（1989年）出版成为轰动西方学术界的一件大事，其中一个重要原因就是西欧大众服务式传播媒介的解体，市场机制被引进了传播领域。

我们知道，欧美国家从20世纪80年代开始，对传媒实行了一系列的改革，这一改革的一个突出特点就是传媒向市场化的转轨，这其中尤为引人注目的是电视产业出现的全球性巨变。美国三大电视网的垄断、西欧保护性传媒政策的纷纷解禁、第三世界国家电视业的崛起、有线电视和卫星电视的挑战，等等，商业化和市场化的大潮导致了大众服务性传播结构发生深刻的变革，所谓公共传媒面临商业性传媒的严峻挑战。以英国为例，英国的电视私营化政策，孕育出了独立电视台，被BBC主宰的传媒市场因此受到了极大的冲击。在西欧其他国家，也都面临着大众台与商业台激烈竞争的局面。对此，有学者认为：这股潮流的主要原因，是西欧社会在向信息社会和信息经济转向，资本主义国家争先恐后，相互竞争，跨国集团不遗余力寻找电子高科技以及信息产品和服务的新市场，其结果便是把大众服务性传媒推向市场，彻底改变了文化领域中市

---

[1] ［英］史蒂文森：《认识媒介文化》，王文斌译，商务印书馆2001年版，第82页。
[2] 同上。

场控制和国家控制文化和传媒服务机构的比例。①

由此可见，欧美大众服务式传播媒介的解体，是有着深刻的社会经济原因的，这其中最重要的就是市场机制被引进了传播领域。作为西方民主社会的重要组成部分的新闻传媒，在其市场经济和民主进程中不仅仅是一个观察者，同时它也是参与者，也是一位"业内人士"。这种传媒社会角色和市场定位的深刻变化，把一个显而易见的严峻问题摆在人们面前：传媒向何处去？哈贝马斯的公共领域理论和由此引出的中西方不同语境对该问题共同的高度关注，显示出了理论关注现实时的动人魅力和亲和力。

"《公共领域的结构转型》的研究对象，是自由主义模式资产阶级公共领域。哈贝马斯以社会学和历史学为切入点，探讨了自由主义模式资产阶级公共领域的产生、发展、瓦解的历史及其社会结构、政治功能、观念与意识形态。"② 哈氏认为，"公共领域"的概念是一个历史范畴，是一个具有划时代意义的范畴，最早可以追溯到奴隶制时期雅典广场的政治集会。哈贝马斯特别注意到了在公共领域的结构转型中大众传媒的力量，他认为："大众传媒影响了公共领域的结构，同时又统领了公共领域。"③

"哈贝马斯公共领域理论的核心是民主政治，其特征为公共领域能够'逃避'国家和市场的制约。然而我们发现，资产阶级民主政治下的传媒事实上没有摆脱国家和市场的制约，这恰恰阻碍了民主政治的运行过程。"④ 从历史的发展进程上看，哈贝马斯认为，传媒的民主功能从18世纪以来是在不断下降的。当资本主义发展到垄断阶段后，公共舆论就不再是理论话语的讨论过程，而变成了传媒操纵的结果。"用哈贝马斯本人的话来说，是'社会的对话被管理起来了'。公共领域被广告的传媒技术'劫持'。公众因此从文化批判走向文化消费。这一切的结果，是大众与决策层的鸿沟越来越宽，对政治和民主社会的参与热情越来越低，最终

---

① 陆扬、王毅：《大众文化与传媒》，上海三联书店2000年版，第92页。
② 同上书，第93页。
③ ［德］尤尔根·哈贝马斯：《公共领域的结构转型》，曹卫东等译，学林出版社1999年版，第15页。
④ 陆扬、王毅：《大众文化与传媒》，上海三联书店2000年版，第97页。

导致现代社会的'政治冷淡症'。"①

研读哈氏的公共领域理论，我们没有艰涩的感觉，这是因为我们同样面临"市场经济大潮冲击"的环境和语境。哈贝马斯的公共领域理论，研究的指向简单而又深刻，这就是媒体，特别是广播电视是不是该"管"？怎么管？谁来管？这实际上就是我们习惯上（事实上也是如此）认为最敏感、最复杂的体制问题，即面对市场的挑战，大众传媒如何改革，改革的路径何在。生存与发展的问题既是基本问题，又是根本问题，我们不能不感叹中西方传媒在此惊人的相似，更感叹中国传媒致命的缺陷之一就是缺乏像哈贝马斯这样的大家来指点迷津。无论如何，哈贝马斯强调民主政治领域应与经济和政治分离，政治利益不能化解为物质利益，这些公共领域理论的精华对于中国电视的启示也是有益而深刻的。

全面而深刻地领会哈贝马斯的公共领域理论，还有一个非常重要的参照系，这就是哲学的高度。作为当代法兰克福学派最有影响的代表人物，哈贝马斯对中西方思想理论界的意义绝不仅仅因为他是一位大众文化研究者，而是由于他首先是一位哲学家。他把法兰克福学派的辩证法理论和实证主义同哲学释义学结合起来，吸取了语言学的研究成果，在批判理论中，实现了"语言学的转向"，以交往行动为核心，建立了一个庞大的总体性哲学。

哈贝马斯从行为角度出发，认为现代西方社会是一个交往行为不合理，而工具行为合理化的社会，人受到异化，这是由于科学技术作为第一生产力并执行了意识形态功能，使社会形成了工具理性。工具理性是启蒙精神在发展中走向它的反面的结果，是资本主义在建立和发展过程中被极端功利化了和技术化了的理性。在哈贝马斯看来，"资本主义现代化的历史，实质上是工具理性越来越发达的历史，其运用范围无限扩张的历史，西方现代社会的许多弊端正产生于此"。"理性决不能还原为技术原则，也不能等同于目的——手段的合理性……理性的工具化所带来的毋宁说是理性的摧毁，社会的非理性化。"②他一针见血地指出："工具

---

① 陆扬、王毅：《大众文化与传媒》，上海三联书店2000年版，第96页。
② ［德］尤尔根·哈贝马斯、米夏埃尔·哈勒：《作为未来的过去》，章国锋译，浙江人民出版社2001年版，第181、183页。

理性是被资本主义的惟功利原则'异化'了的理性,它仅仅着眼于'利益关系',即把是否能为人带来利益视为唯一的衡量尺度,因而与'伦理和道德要求'相分离(即为了获取利益,人往往可以无视道德)。""工具理性的实质是:在目标确定的情况下选择达到这一目标最有效的手段,或在被给定的条件下现实地权衡和制定所要实现的目的。"[①]

哈贝马斯认为,工具理性损害了人类的社会世界,这包括文化、社会和人格三个层面,工具理性压抑了交往的合理性,正常的人际交往被破坏,不仅个人之间的思想无法交流,而且舆论也无法对行政机构和国家政权发挥批判作用。从历史发展的本来意义上看,社会的进步与传播工具的发达是成正比的,而人们之间对交往的需求也自然会越来越强烈并呈现出多样化的特点。然而,人们不幸地看到,就像城市的许多住在一座楼里甚至一个单元里的居民,一起住了好多年却从未说过话一样,尽管技术进步了,信息量大了,但人们的联系却简单了,而思想的交流和精神的交往就更成为一种奢侈品,人的孤独感、压抑感成了社会的通病。哈贝马斯的高明之处正是从人们的行为层面为考察的起点,认为晚期资本主义社会的问题不在生产领域,而在人的社会生活和人际交往领域,在于交往行为的合理化。

于是,哈贝马斯提出了"交往理性"的概念,"要求一种从过程、内容到形式,从过程到功效的合理性,它不是僵化的、绝对的,而是相对的、动态的,只有在这种理性的视域内,人们才能对抗工具理性对人生活世界的吞噬,在平等的交往基础上达成相互理解与意见一致,缔造没有暴力没有压制,自由而和谐的共同生活"[②]。那么,如何实现交往的合理性呢?哈贝马斯认为有效的途径就是"选择恰当的语言进行对话"。他强调重建交往理性的唯一途径便是在生活世界和公共生活中实现符合交往理性的"语言意志"的平等和自由:交往各方共同参与,在对话中,除了论证,没有强迫,话语活动的参与者无论其社会政治经济地位如何,在不允许使用权力的前提下,每个人都应享有平等的发言权。哈贝马斯

[①] [德]尤尔根·哈贝马斯、米夏埃尔·哈勒:《作为未来的过去》,章国锋译,浙江人民出版社 2001 年版,第 184 页。

[②] 孟威:《"合理化"的意义与实现》,《新闻与传播研究》2000 年第 2 期。

说:"语言所讨论的是公众的事,任何一项决定都必须为多数人赞同才能有效,反之,得到公众一致支持的决定又必须为所有人视为对自己有约束力的而遵守之。唯有如此,话语意志的民主和自由才能实现,一种社会制度也才能获得稳固的基础。"①

要重建交往理性,恢复人际交往合理的固有结构,哈贝马斯还提出了保证这一目标实现的"话语伦理",包括在公共生活中必须实现"话语的民主和自由";在语言交往活动中必须贯彻"话语平等原则";所有话语活动的参与者都必须采取"无偏见、公正的立场";话语活动所制定出的任何一种规范或决定必须获得话语参与者的一致赞同,等等。这样,哈贝马斯"所主张的'交往理性'便能得到重建,社会就将朝着合乎理性的方向转化,而当代资本主义社会的许多弊病亦能得到克服,所谓西方民主制度将重新获得稳固的'合法性基础'"②。

对于哈氏试图通过"交往理性"的重建来实现话语的民主、平等和自由的观点,许多学者都认为这一设想显然具有一种社会改良的乌托邦色彩和理想化色彩,例如,福柯将交往行为理论称为"交往的乌托邦",布尔迪厄则称其为"乌托邦现实主义"。但是,哈贝马斯对此却表现得十分自信,他说:"我认为,绝不能把乌托邦与幻想等同起来。幻想建立在无根据的想象之上,是永远无法实现的,而乌托邦则蕴含着希望,体现了对一个与现实完全不同的未来的向往,为开辟未来提供了精神动力。乌托邦的核心精神是批判,批判经验现实中不合理、反理性的东西,并提供一种可供选择的方案。它意味着,现实虽然充满缺陷,但应当相信现实同时也包含了克服这些缺陷的内在倾向。我们必须肯定启蒙理性的历史成就,相信社会进步的逻辑。许多曾经被认为的乌托邦的东西,通过人们的努力,或迟或早是会实现的,这已经被历史所证实。"③

哈贝马斯说:"即使我的理论有些理想化,那也不是一位孤独的理论家无视我们每日每时面对的现实而炮制出来的理想。"④ 事实确实是这样。

---

① [德]尤尔根·哈贝马斯、米夏埃尔·哈勒:《作为未来的过去》,章国锋译,浙江人民出版社2001年版,第189页。
② 同上书,第192页。
③ 同上书,第122页。
④ 同上书,第104页。

第二章 抵制电视节目低俗化的西方思想资源

从1991年的海湾战争，到1999年的以美国为首的北约对南斯拉夫发动的大规模袭击，哈贝马斯在对这些震惊世界的重大事件的关注中，不仅坚持了其交往行为理论的基本观点，而且对新闻媒体特别是电视在人们对战争的知觉方式的改变中的作用，阐述了他独到的见解。

一方面，哈贝马斯明确表示："我仍然坚持应当用相互理解、宽容、和解的立场处理不同的价值观和道德观，乃至不同文化传统之间的差异与冲突。我认为，我提出的交往行为理论和话语伦理学同样适用于处理国际关系和不同文化类型之间的矛盾，即是说，不同信仰、价值观、生活方式和文化传统之间，必须实现符合交往理性的话语平等和民主，反对任何用军事的、政治的和经济的强制手段干涉别人、通过武力贯彻自己意志的做法。"① 另一方面，哈氏显然对自己的理论的社会认同程度有一个清醒的认识，他说："一种合理的理论主张要成为现实，必须经过长期的，有时甚至是充满痛苦和失败的过程。面对当今世界和我们自身生存的严重道德——政治负担，面对种种挑战性事实，我关于话语伦理具有何种效用的界定性表述，也许在一段时间内会令人失望。因为，规范的话语论证不可能立即保证道德认识的实现。……但是，一种理论观念的强大之处就在于，一旦越来越多的人认识到它的正确性，它就会顽强地存在于人们的意识之中，无论遇到的障碍有多大，它总有一天会变成现实。"②

特别值得我们重视的是，哈贝马斯在考察海湾战争时，指出了这场战争的三个重要特征——电子和信息技术在战争中的运用；对战争进程的精密策划；传播媒体史无前例地在场。这不仅带来了战争方式的重大变革，而且造成了人们对战争的知觉方式的改变，他谈道："作为命运较量、被偶然性所主宰的传统战争，于是转变为一种'人造现实'，变成了一种风险极低、然而技术上高效的'清洁'的指挥艺术，一场迅速、精确、已方极小'血的代价'的战争。"③ 只要一按电钮，不但"敌人"瞬

---

① [德]尤尔根·哈贝马斯、米夏埃尔·哈勒：《作为未来的过去》，章国锋译，浙江人民出版社2001年版，第133页。
② 同上。
③ 同上书，第6页。

间被杀死，而且大量无辜平民也被杀死。这场"被模拟的"战争的全过程好似在播放一盘录像带，犹如一个电子程序在令人眼花缭乱、无法抗拒的展开。关于战争的报道也受到严格控制，甚至成了战争的一部分，与在电视屏幕上虚拟出来的所谓战场现实融为一体。

哈贝马斯认为："电视屏幕上的黑洞激发了我们的想象力。此外，它也把感到受了愚弄的观众的失望目光引向了媒体自身。拒绝将这样的负片曝光的做法增加了公众的紧张情绪，展示了媒体的强大，展示了24小时不停运转的媒体无所不在的在场。总而言之，我们对事件的知觉，不但被虚拟出来的事件，而且也被事件、新闻报道和大众接受的同步性所决定。在我们面前出现的，是一台用高科技武装起来的战争机器那可以在瞬间将一切碾得粉碎的履带——经过无害化处理，抹去了体验和苦难的阴影，并涂上了一层人道的色彩。这不仅仅是一种异化了的现实，人们甚至产生了这样的印象：改变了知觉方式创造了另外一种现实。"[1] 哈氏指出，人们对这类经过抽象化的事件的知觉越是被操纵，越是破碎，其道德感便愈是被左右，他们的想象力便愈是会被延伸到战争的政治维度的解释所控制。于是，一场造成大量无辜平民伤亡的血腥军事打击，就变成了一场可以坐在电视机前轻松观看和欣赏的"游戏"。

从时间的概念上说，哈贝马斯同样生活在电视"君临天下"的时代，因而，他在看待和评价电视时，比起其他生卒年月早于他的西方思想理论界的"大腕儿"有更切近的认识和批评。从这个意义上说，哈氏也是幸运的，因为，思想大师肯定会直接或间接地影响到电视的传播，但电视传播的内容和方式也必然会影响到他们的研究思路和成果，比如，他认为人类已经开始超越民族和国家的界限，逐步走向一个"世界公民社会"；公民的公众舆论已经发生重大的结构变化，交往的全球化以及一种以电子大众传媒为载体的"世界舆论"正在形成。由此可见，即使是把哈贝马斯仅仅放在法兰克福学派的历史传承中考察，也很容易看出他与阿多诺等人在批判文化工业时的激愤之情的明显差别。

---

[1] ［德］尤尔根·哈贝马斯、米夏埃尔·哈勒：《作为未来的过去》，章国锋译，浙江人民出版社2001年版，第6页。

第二章 抵制电视节目低俗化的西方思想资源

四 我们的思索

或许，我们读到以上这些西方论者的表述时难免觉得费劲，但人们如今对这样的词汇却已经耳熟能详——"抓住'眼球'""注意力经济"，等等。人们对"眼球——注意力——收视率——广告收入"这样的电视经济运作的因果关系再也不感到陌生了。不仅如此，在某种极端的层面，电视被一些人视为是"名利场"和"摇钱树"，玩弄于掌骨之上，也早已是业内公认的电视"黑洞"和"黑幕"。

这种电视经济运作的终极指向——广告实际上是与低俗化直接挂钩的，在这个问题上，俄罗斯学者谢·卡拉-穆尔扎可谓一针见血："广告影响着电视的整个文化政策。人们经常会指出一个明显的事实，电视为了'抓住观众'，就大肆播映非同寻常的、耸人听闻的事件。当然，这样一来，电视就会歪曲现实的形象。然而，更重要的是另一点：吸引观众，也就是吸引广告顾主的最简单的办法就是诉诸潜意识中积淀下来的那些隐秘的、受到压抑的、不健康的本能和愿望。如果这些愿望隐藏得太深，那就应该把观众变成道德败坏的人，人为地激起不健康的兴趣。"[1]

在笔者检索西方学界对电视节目低俗化的伦理的、经济的和体制的种种批评的同时，也清晰感到其中所生成和弥漫的一种浓重的无力感。各种言辞犀利、分析恰切、思想深邃、立意高远的批判，都难以阻挡电视工业制度——即利润第一的价值取向，大众主义的文化立场所构成的奇妙组合——不断地侵蚀着社会公众的本以有限的空闲时间，这也意味着，公众摆脱消费主义文化控制的最起码的时间成本被剥夺干净，公众唯一拥有的抵制资源就是日常生活本身。当然，这种抵制资源的效度只是在最起码的直觉意义上才是有效的，而不能寄望过深，至于更深入的批判任务应该落在拥有更多思想资源的知识分子身上。在这里，值得注意的是列菲佛尔（Lefebvre）所阐述的现代都市扩张所形成的日常生活模式迥异于此前社会所盛行的生活模式的观点，强调现代都市的日常生

---

[1] ［俄］谢·卡拉-穆尔扎：《论意识操纵》，徐昌翰译，社会科学文献出版社2004年版，第365页。

活具有一种强烈的例行化特征,它被剥夺了道德的意义,也被剥夺了"生活的诗意",现代社会的日常生活所从事的大部分行为都表现出强烈的功利色彩,"资本主义的扩张造就了一个'平凡的世界',它把经济的、工具性的和技术性的东西置于首位,而把'任何设计文学、艺术、客体以及一切诗意驱逐得无影无踪。'"[①] 这种过程在构成公众个体部分生命历程的同时,也想时时处处向公众传递着人类最基本的、最平实、最普通的文化共识以及这种规定所必然与电视低俗化产生抵触。而由于普通公众对其他文化资源以及对符号系统的掌握有限,那种内化于公众内心的冲突往往只是一种不祥的感觉或无力的咒骂,"边看边骂"成了文化公众与电视节目低俗化关系的简明描述。不难推论的是,当作为社会良心、至少拥有外在于传媒文化的其他文化资源的知识分子,应该可以帮助公众意识到这一点,并为维护公众个体起码的道德尊严而有所行动。

然而,知识分子的这种无力感却使干预电视工业制度的正面企图都难以实现。其根源似乎在于现代大学(研究院)制度的市场化,从知识的生产者来看,最主要的生产者知识分子已经完成了从苏格拉底式的"闲暇出真知"变成了科层制的被动因子,唯一与别的职业不同的是,晋升的门径主要依靠学力;从知识的消费者来看,最主要的消费者学生的规模已经较以往任何一个时代都有过之而无不及,而获得某种职业的从业资格日益取代习得某种学科的研究能力而成为主流求学目的。这样,现代大学(研究院)制度的市场化从积极的意义上来说,无疑促进了知识的传播,并提高了劳动者的素质和眼界;从消极的意义上说,这种制度本身也消解了知识分子的精神优势,知识分子只是一种生活方式,一个学养深厚的教授并不比一个官运亨通的政府工作人员或一个财源滚滚的商人更具有令人尊敬的社会地位,而这也在更广泛的意义上,消解了人们对于知识本身的尊重,遑论敬畏了。知识日益沦为一种商品,而知识分子对社会文化的意见也往往在社会公众眼里沦为充满学究气的隔世之论,这种境遇往往在人文知识分子之中显得更为明显:"决策者往往确

---

① [英]安东尼·吉登斯:《批判的社会学导论》,郭忠华译,上海译文出版社2007年版,第86—87页。

第二章 抵制电视节目低俗化的西方思想资源

信,他们对人文科学知识分子所掌握的资料和要应付的难题相当在行。他们丝毫认识不到专家们处理这些问题的能力比他们技高一筹。因此,常常只有在处理微不足道的小事上,社会科学家才真正对自己建议的有效性又确实把握。而在处理重大的问题时,他们的知识可能不如决策者从多年直接经验中所获得的那么多,这或许是社会科学知识分子处于不令人羡慕的炼狱苦境的原因之一吧。他们永远不十分清楚自己的前程是升入天堂还是被打入地狱。工作中他得随叫随到,唯命是从,却又很少被认为是不可缺少的。如果他的建设不符合'实干者'的观点,就可能被打回自己的个人炼狱;如果对供选择的政策的后果估计得非常不明确,他的建议就会被轻易地束之高阁。"①

在现代大学（研究院）制度的市场化过程中,知识分子已经逐渐形成了学术人格与市场人格的双重人格,前者对应的是生产环节（当然,这种对应愈显乏力）,而后者对应的消费环节也正向作为生产环节的上游回溯,影响,甚至直接支配着知识分子的学术人格。

而更令人震惊的是,知识分子的双重人格不但没有随着社会对学术研究和思想表达渐趋宽松而有所纾解,相反,迎合公众对文化的消费已经成为一种必须遵行的制度,而许多知识分子在这种制度下正在实践着德国学者汉娜·阿伦特所谓的"平庸的邪恶",唯一的区别就是,比照着那些只知道按照上级意图按时开关毒气阀门的人来说,在消费制度下喘息的知识分子的这种"邪恶"不是源于无知,而是源于无力反抗,是"明知其不可为而为之"的。于是,知识本身的作用在面对强大的消费制度时给知识分子带来的却是更为巨大的精神痛苦。在充满无力感的知识分子那里,古希腊神话中的西西弗斯难道不是一个很合适的隐喻吗？无力改变渗透到整个社会肌体每个毛孔的消费制度,无力改变社会公众对文化的偏见,无力改变在电视传播领域的收视率导向,那么,电视节目低俗化本身仅仅是这一切的结果罢了。而更为可怕的是知识分子所能做的要么为着自己的生计与消费制度形成"共谋"关系,要么去做在短期内难以看到结果的无望悲鸣,而更多的似乎只剩下"独善其身"的等待

---

① [美] 罗伯特·K. 默顿:《社会理论和社会结构》,唐少杰等译,译林出版社 2006 年版,第 366 页。

与忍耐了。

面对电视节目低俗化,西方知识分子的这份沉甸甸的无力感不能不令我们在面对类似问题时发出一声叹息。在叹息之余,不妨让我们重温一下已走到人生边上的杨绛先生的谆谆告诫:"天生万物,人为万物之灵。天地生人的目的,该是堪称万物之灵的人。人虽然渺小,人生虽然短促,但是人能学,人能修身,人能自我完善。人的可贵在人自身。"① 对当代中国电视而言,"人的可贵在人自身",人是目的而非手段。

如果我们把在这个种种"后"学风靡的时代里所拒斥的所谓"宏大叙事"先置一边,面对电视低俗化这样沉重而急迫的问题,电视的传播内容应该有益于世道人心、应该使人向着不断改善的方向前进、应该使人知道何以为人,似乎并非迂阔之论,恰恰相反,这应该成为中国电视应尽的社会责任和基本义务。而外国的不算,中国的电视人中有这样追求的例子就有不少,收到良好传播效果的作品并不鲜见,但是,毋庸置疑,反面的例子也有很多。于是,超越单纯经验层面的价值追求不应在这里缺席,就像德国思想家康德所认为的那样"如果我们意志的某些作用在经验之中(不管我们把经验想象成是已经完成的,还是不断趋近于完成的)乃是不可能的话,则追求这种作用也就不会成为一种义务了",这样,那种借口"道德律令与经济效益根本矛盾,以至于电视不惜以低俗化以娱乐公众、如水之就下,因此,社会责任或基本义务都是相对次要的"的人们,不妨再读读康德下面的话:对于义务而言,"凡是其中可能正确的东西,在实践上都是无效的;并且还是以一种显然是充满轻蔑口气的傲慢,竟要在理性安置其最高的荣誉的所在地以经验来改造理性本身;以一种死盯在经验上的鼠目寸光的智慧,竟要比被造得盎然挺立、眺望天外的那种生物所赋有的眼睛还看得更遥远、更确切。这条在我们这个光说不做的时代里已经是十分习以为常的准则,当其涉及某种道德的事物(德行义务或权利义务)时,就会导致极大的危害。因为这时,它所要处理的乃是理性(在实践中的)规范,而在这里实践的价值就完

---

① 杨绛:《走到人生边上》,商务印书馆2007年版,第79页。

全取决于它对为它所依赖的理论的适应性；如果把实行法则时的经验的、并因此也就是偶然的条件弄成为法则本身的条件，而且这样就把根据迄今为止的经验所估计为一种可能的结局的实践转化为有权去主宰那种其本身是独立自在的理论，那一切都就完了"[1]。

---

[1] ［德］康德:《历史理性批判文集》,何兆武译,商务印书馆1990年版,第167页。

第三章　国外抵制电视节目低俗化的成功经验

1992年，邓小平同志在著名的南方谈话中指出："社会主义要赢得与资本主义相比较的优势，就必须大胆吸收和借鉴人类创造的一切文明成果，吸收和借鉴当今世界各国包括资本主义发达国家的一切反映现代社会化生产规律的先进经营方式、管理方法。"[①] 西方广播影视业的产业化、商业化、市场化程度比中国要高得多，历史也长得多。市场经济的特性和西方发达国家的社会制度，决定了这些国家广播影视的产业属性从来就没有受到怀疑。我们则不同，中国广播影视不仅要坚持意识形态的既定属性，而且还要为自己是文化产业中的一员而大声疾呼，并要在实务操作中千方百计地壮大自己，这就决定了中国广播影视背负着比发达国家的广播影视要沉重得多的历史重负。

因此，抵制电视节目低俗化必须有一种国际视野和世界眼光。我们的文化批评和制度建设应当有融合的功能，以更大的文化自觉意识，以更加开放的眼光和恢宏的气度，整合人类社会创造的一切文化资源，使我们的文化批评和制度建设具有鲜明的时代特色。在本章中，我们将系统梳理国外抵制电视节目低俗化的成功经验，目的是为我所用，以期把我们的事情做好。

第一节　美国抵制电视节目低俗化的成功经验

在美国，电视是最普及的媒体。只要打开电视机顶上的有线接收匣，

---

① 《邓小平文选》（第3卷），人民出版社1993年版，第373页。

第三章 国外抵制电视节目低俗化的成功经验

一般可以选择至少有三四十个频道、最多时可达近百个频道的节目。不同的电视台具有不同的特色，且大部分 24 小时不断播放。例如以"全天时间"为口号向国内外专发新闻著称的《有线新闻网》；以现场直播政府、议会及国内外重大政治活动为主的《有线及卫星公共事务网》；以日夜不断播放电影为业的《家庭影院》；以现代美国文艺娱乐为主要内容的《表演时刻》；以儿童节目为主的《迪士尼》；以科普专题为主的《发现》；以私人购物为目的的《购物台》；以日夜不断报道各地气象著称的《气象预报台》等。20 世纪 60 年代，美国联邦通信委员会（FCC）前主席牛顿·米勒曾用"博大的荒原"一语来形容美国电视事业的繁荣而良莠不齐的景象。

曾任美国广播公司总裁的斯特林格，在一次演讲中说，美国的电视节目"多不一定好，广大受众被传媒驱动着，心烦意乱地拨动着一个又一个的频道，找到的却是相同而有害的东西"。媒介法教授米勒说："有一天晚上，我手里拿着遥控器看电视，调向一个又一个频道，看到的第一个台是有人拿枪，又看到另一个频道是有人拿枪瞄准别人，在看到第三个台却是持枪荷弹地对准别人射击。如果你不信，可以自己去试试。"他又说："1961 年我担心自己的孩子从电视中受益不大，而在今天担心的却是我的孙子实际在受害。一项研究表明，每个 18 岁的青年平均已从电视中目睹了 25000 个杀人凶手。1961 年列为 13 岁以下须由家长带领才能观看的电影是不在电视中播出的；现在内容厉害得多，注明 17 岁以下不能观看的电影，实际上五六岁的孩子就能在电视中看到。"美国电视中大量淫秽色情、凶杀犯罪、恐怖迷信、荒诞不经的东西层出不穷。

美国心理学会的调查表明，电视暴力节目收视增多与认可暴力的态度和实施暴力的行为密不可分。在较小年龄儿童中，看暴力音像节目的孩子比不看的孩子在以后的生活中更具有暴力和挑衅行为倾向，看暴力内容节目的儿童容易认为暴力是可以接受的行为[1]。有数据表明，美国儿童在小学毕业前平均在电视上看到 8000 例杀人和 10 万例暴力行为。美国电视家长协会（PTC）在一份题为《垂死的娱乐》研究报告中指出：

---

[1] 宋克明：《美英新闻法制与管理》，中国民主法制出版社 1998 年版，第 117 页。

2005—2006季的暴力内容与上一次1998年研究相比有了大量增加,暴力内容在数量上增加了75%。就2006季而言,全国广播公司节目中的暴力内容在数量上最多,每小时达6.79次,比2005季增加了83.3%。美国广播公司每小时达3.8次,自2004—2005季以来增加了155%。根据电视家长协会的研究报告,WB在晚上8—9点的节目《家庭时光》中的暴力频率最高;哥伦比亚广播公司在晚上9—10点的节目中的暴力内容最多(当播出《犯罪现场》);美国广播公司在晚上10—11点节目中的暴力内容最多。例如,2005年,在美国高收视率电视剧《CSI:犯罪现场调查》一期节目的开头部分,首先就出现了一对男女做爱的镜头,最后画面中的男子站起来粗暴地将女子从床上拖了下来,但这名女子奋起反抗时,男子随即拿出一把刀子朝她的脖子狠狠刺去并割破了她的喉咙。鲜血从女子的血管中汩汩流出,染红了地板,甚至溅到了摄像机的镜头上,整个电视画面极其残暴、血腥。像这样在晚间黄金时段播出这些逼真而残酷的电视暴力画面,几乎已经成为美国电视网络的夜间播出习惯。其他电视网,尤其是那些以犯罪为主要题材的电视频道,如:FX网络公司的"盾牌"(The Shield)和美国家庭影院有线电视网(HBO)的《黑道家族》(The Sopranos),也经常尽可能逼真地向观众展示凶残的殴斗、枪击、猥亵的电视画面。[①] 但是,美国的剧作家和制片商却依然认为,"暴力、性"以及与之相关的一切低俗因素,已成为观众能够接收的故事叙述当中一个不可缺少的基本元素。

暴力和淫秽色情镜头的频繁出现已经在美国政府中引起了极大的愤怒。针对如潮水般的以"性和暴力"为主题的低俗化节目,FCC不得不对播出单位进行严厉惩罚。2006年3月15日,美国联邦通信委员会(Federal Communications Commission,简称FCC)宣布对哥伦比亚电视公司(CBS)及其旗下几十家电视台处以总额为363万美元的罚款,理由是CBS在2004年播放的电视剧集《寻人密探组》(Without a Trace)中有一集出现了美国青少年放荡的色情场面。这笔空前的大额罚款将由CBS下属111家电视台分担,每家大约承担3.25万美元。如果这笔超过360

[①] 田宇编译:《美国国会和联邦通信委员会力禁电视暴力》,《世界广播电视参考》2004年第12期。

万美元的罚款都支付的话，那么这个数目将会成为FCC对色情内容的罚款创立了一个新的纪录，超过以前由福克斯电视台的真人秀节目《在美国结婚》创下的118万美元的罚金记录。

《寻人密探组》中有问题的一集是围绕FBI调查一个高中学生的失踪并有可能被强暴的事件展开的。虽然没有出现淫秽镜头，但是数十个男孩女孩都有不同程度的裸露。但受害者被三个年轻人强行非礼的时候，只穿着胸罩和短裤，这一集在通常22点档首播之外的重播时也能看到。据此，FCC判定：这集内容涉及色情是因为其"场景中有许多次的性行为出现"，并且还有孩子都能轻易发觉有性导向的动作、声音和言辞。

之前，CBS还曾因"露胸事件"受到过FCC对其处以55万美元的罚款。所谓"露胸事件"，是指2004年2月1日美国第38届超级碗大赛的中场休息表演时，歌星珍妮·杰克逊和贾斯汀上台演唱，当贾斯汀在做一个接触珍妮的表演动作时，珍妮的皮装突然破裂，右边乳房整个呈现于亿万名观众面前。虽然这个裸胸镜头只出现了一秒钟，然而其影响却是很长久的。这件事件促使FCC加大惩罚"猥亵镜头"的力度。在珍妮露胸事件上，FCC坚持认为CBS是故意没去阻止这个镜头的播出，所以CBS应该对这个事件负责。

除了CBS受到惩罚外，国家广播公司（NBC）和福克斯（FOX）等电视台也曾受到FCC的惩罚或警告。例如NBC播放"非常明显的色情行为"的《Corazon》，FOX播放真人秀节目《在美国结婚》等被罚。

自凯文·马丁担任FCC主席以来，FCC已经判决了很多案件。马丁曾经为布什总统竞选阵营担任过律师。2005年刚刚上任就提倡重罚媒体的不当行为。FCC目前加强了对所有广播电视媒体的管制，包括运用一些干扰声音屏蔽广播节目中的"脏话"。马丁曾经说，FCC应当对所有的"不当语言"进行罚款。除了FCC的罚款之外，美国政府也一直在不断地完善立法和执法。美国法律保护的重点是18岁以下的未成年人。美国政府制定了一系列保护未成年人利益的法律，以保证青少年的身心健康，明文规定禁止利用未成年人从事色情活动，违者将受到严厉惩罚。事实上，经过美国社会共同对低俗节目的严格监管，美国观众对不健康影视作品的抱怨声这两年减少了很多。统计表明，2004年，关于不健康电视节目的投诉案有 140 万件，2005 年则降到 18.9 万件，减少了 86%。[①]

本节将从国家法律政策、社会团体、媒体组织、媒体个人四个方面就美国如何抵制这种低俗化倾向进行总结。美国是世界上对电视节目内容最早进行管制的国家，形成了一套比较完整的制度系统。从力量层次上看，可以分为五级：宪法基础，法律规定，政策制度，行业规范，公民监督。

一 美国公商并存的广播电视体制

美国的广播电视体制建立的基础是美国的政治制度、经济制度、文化制度。诞生于 1787 年的《美利坚合众国宪法》，是世界上第一部资产阶级成文宪法。它奠定了美国资本主义社会制度的法律基础，在此基础之上建立的政治体制和资产阶级民主制度一直为世界上其他资产阶级国家所效仿。美国宪法所确立的各项基本原则至今仍是美国政治生活的准则。1791 年 12 月 15 日，宪法第一修正案被正式批准，第一修正案涉及新闻自由的表述是：国会不得制定限制言论或出版自由的法律。

美国的经济制度是建立在资本主义私有制至上的市场经济，它尊重个人的物质所有权，强调自由市场理念，并信奉利益至上的精神价值观念。美国的广播电视媒体及行业正是在发达的产业体系和市场机制的支撑下得以运行。通过公平竞争促进产业发展一直是美国制定广播电视政策的出发点。

在以私有制为基础的资本主义市场经济制度下，私人拥有的广播电视企业成为美国广播电视行业的微观主体。与之相对应的是非商业性质的广播电视媒介，其中包括公共广播电视台、官方广播电视台和其他的一些宗教组织、非政府组织的广播电视台。

美国的商业广播电视已成为一个成熟的体系，这一体系从功能上说，既有强大的市场盈利能力，又有广泛的社会影响力。

美国的公共广播电视机构是商业电视体系外的较有影响力的体系，

---

① 中国广播电视年鉴编辑部：《世界各地广播电视反低俗化法规资料选编》，中国传媒大学出版社 2008 年版，第 58—60 页。

无论是规模还是资金实力、受众数量等均无法和商业电视竞争。但是，公共广播电视一直有其存在的合理空间。美国全国性的公共电台电视台，起源于1952年福特基金会赞助的全国教育电视网。由此开始，将分散在全国各地的以教育为主旨的非商业台联合起来，组成一个松散的网络，共享资源和节目。美国国会在20世纪60年代和70年代相继立法，授权建立全国公共电台和公共电视网。1967年成立的管理机构公共广播公司（CPB），仍然是独立的私营机构。它的九位董事由美国总统提名，参议院通过，六年一任。公共电台和电视网的经费，和其他非商业台一样，主要来自本身的募款活动，包括大基金会的捐款和每年两次的捐款，每次一周发动广大听众、观众捐款。由于公共台制作和播出的一些教育节目，比如脍炙人口的儿童节目"芝麻街"，造福公众，所以国会对公共台给予公款资助，大约占公共台经费的15%，每年四亿美元左右。美国政府本身依法不得干预公共台的节目。公共台在评论公共政策方面，像多数知识界学术界一样，对政府和官员取一种比较公允的批评姿态。[①]

由于美国的对内广播电视一直强调公共利益原则、地方主义原则、自由观点的市场原则、普遍服务原则等。而这些理念商业广播电视不一定都能够满足。所以政府和公民社会都相信，公共广播电视机构能提供公民所需要的教育服务和信息服务。美国的公共广播电视自20世纪60年代诞生以来，对于发达的商业广播电视体系一直发挥着重要的补充作用。

除了公共台和商业广播电视台之外，在美国还有一些非主流的广播电视台。如设在乡间和小城镇的宗教广播台、非政府组织开办的小规模广播电视台等。这些台属于边缘化的媒体，对社会的影响不是很大。

本节我们所说的低俗节目主要是指在商业广播电视台中播放的低俗节目。

二 美国对广播电视行业进行规范的基本力量

美国广播电视和有线电视政策是诸多因素相互作用的结果。立法、行政、司法、政治的和经济的力量都是管理规范的重要决定因素。具体

---

① 林达：《美国人的公共台之争》，《新京报》2006年7月30日。

就是政策制定过程中的8个关键组成部分：联邦通信委员会（FCC）、国会、联邦法院、白宫、行业游说集团（Industry lobbyists）、公众、各州和地方政府，及市场。①

1. 联邦通信委员会（FCC）

联邦通信委员会（FCC）现在包括5名委员，其中一人担任主席，由总统提名，参议院任命，任期5年。为了达到政治平衡，要求来自同一政党的委员会委员人数不得超过3名。如下图所示，为联邦通信委员会（FCC）服务的是6大事务局：一是消费者与政府事务局，向消费者通告电信产品及其服务，协调与其他政府性机构之间的关系。二是执法局，负责执行和实施联邦通信委员会（FCC）制定的制度与规范。三是国际事务局，在卫星以及涉及美国与其他国家的事务中代表联邦通信委员会（FCC）。四是无线电信局，管理移动电话、寻呼机、收发两用无线电设备，以及相似的设备。五是有线竞争局，分管电话公司。六是媒体事务局，负责管理调幅和调频广播、广播电视、有线电视和卫星电视。如下图：

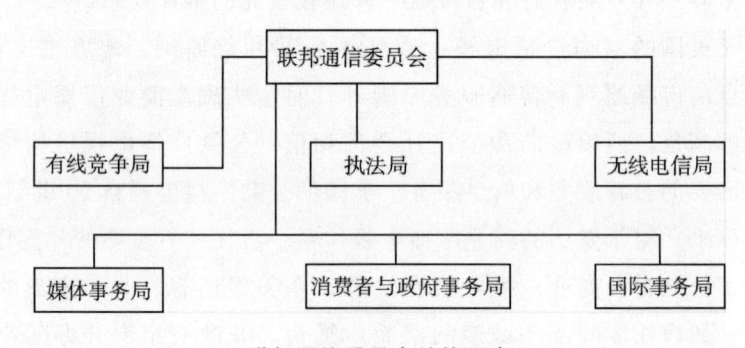

联邦通信委员会结构示意

联邦通信委员会（FCC）利用各种手段管理广播电视、有线电视和卫星电视。我们将在下文中详细考察这些手段。它是电子媒体政策的发展与运用过程中最重要的组织。

2. 国会

联邦通信委员会（FCC）管理广播电视事业，但是国会站在联邦通信

---

① 本段参考刘宇清译《美国电视法规与管理研究》，《电影与电视》2008年第1期。内容译自约瑟夫·R. 多米尼克等《广播、有线电视、因特网及其他》，麦格劳-希尔出版社2004年版。

委员会的后面进行监督。联邦通信委员会实际上是国会的一个工具,是国会创立了联邦通信委员会,如果国会愿意的话,也可以废除它(在1982年,国会就改变了联邦通信委员会的地位,由原先的永久性机构降格成为每隔两年就必须重新授权的机构)。美国国会是广播电视和有线电视管理政策制定过程中重要的机构,因为国会有权制定和修改法律。尤其是国会通过了1934年通讯法和1996年电信法。除了这两部根本性的通信法之外,国会还制定了一些其他的法律,都对广播业和电视业产生了深刻的影响。比如,国会制定法律禁止在广播和电视节目中播放香烟广告;在1990年又通过了有关儿童电视节目的法律。国会还经常终止一些悬而未决的法律提案或者无限期地搁置立法请求。1994年,当为建立新的"信息高速公路"而设计的法案在国会不但没能获得通过,它还强制法案的发起人重新提交法案。

国会也可以通过非立法途径施加影响。首先,国会控制着联邦通信委员会的财政预算。如果联邦通信委员会在执行过程中某些地方触犯了国会,它就会减少FCC的预算。其次,总统对联邦通信委员会的所有人事任命与委派决定都必须得到国会的支持才能生效,这使得国会有机会拖延甚至阻碍特别敏感的人事任命。最后,国会可以召开公开的听证会,在最一般的意义上,听证会可以将国会对于某个问题的关注态度提到突出的位置。在另一方面,联邦通信委员会也可以相应地由此获得信息并调整自己的政策。

3. 联邦法院

如果说美国国会站在联邦通信委员会(FCC)的左肩后面进行监督的话,那么站在右肩后面的就是美国联邦法院系统。如果一个广播业者、有线电视经营者或普通市民不同意联邦通信委员会(FCC)的某项决定,他或她就可以向联邦法院提起诉讼。绝大多数关系到广播业的诉讼案都由位于哥伦比亚特区的美国诉讼法院裁决。该法院的裁决决定只接受联邦最高法院的复审/监督。如果联邦通信委员会(FCC)在这些问题上拥有实际的管辖权的话,法院通常并不积极介入。尽管法院并不卷入联邦通信委员会(FCC)的许多决定,但是,当司法系统确实找到了可以发表观点的机会时,它绝不会放过证明自己是决定广播电视政策的重要机构的机会。正是法院的决定明确地阐述了广播管理规范之后的普遍渗透论

(Pervasive presence theory) 的理念,也是法院的决定批准了联邦通信委员会(FCC)有管理电视节目中淫秽内容的权力。

法院的另一个决定便是彻底修正了更新后的听证程序。在 1996 年之前,只有那些会受到技术性干扰和遭遇经济困境(由于更换新的执照或给电台/电视台颁发执照而引起的)的人才会出现在公开的听证会上,并在会上提供证据和声明。之后,上诉法庭规定个体公民可以参与对广播和电视的申诉程序。在此后的几年时间里,个体公民参与的案例就明显增多了。广播和电视管理中的去规范(deregulation)倾向在某种程度上减少了个体公民参与诉讼,但是法院确立了公民对广播电视管理的参与权利。当然,法院也并不是存在于真空中;它们与许多其他力量在广播管理活动中相互作用。联邦法官是由总统任命并获得参议院支持的。国会制定和修改法律,而法院负责解释法律。法院可以为某些群体的利益而改变它的决定,使这些群体可以更容易地进入管理程序。广播业者和普通市民可以利用诉讼案件来引起司法注意。总之,法院在管理过程中起到了一种枢纽的作用。

4. 白宫

如果联邦通信委员会(FCC)还有一个肩膀的话,那么站在那个肩膀后面实行监督的肯定就是白宫。来自行政部门的影响很有可能不像来自国会和法院的那样显而易见,但它的影响毕竟是潜在的、有力的。

(1) 总统有任命联邦通信委员会委员和联邦法院法官的权力。至于联邦通信委员会,由于很多委员都不会任职到期满,总统可以很快就提出一份和自己意气相投的委员会成员名单。例如,乔治·布什总统在他任期的头 20 个月内,就任命了 3 名联邦通信委员会委员。尽管通信法规定来自同一个政党的委员人数不能超过 3 个,但是,几乎所有的总统都能够找到愿意表达自己施政理念的人。另外,总统可以在任何时候指定某个委员作为该委员会的主席,而且可以不受国会的干预或者请求国会通过。这样,总统就可以通过人员任命来设定联邦通信委员会的管理基调。

(2) 白宫有自己的专门处理电信领域事务的机构——国家电信与信息管理局(NTIA)。该管理局的办公地点设在商务部。国家电信与信息管理局负责分配联邦政府使用的无线电射频、授权公共电信设施建设、为电信事务管理提供建议、在联邦通信委员会和国会面前代表管理局自身的利益。国家电信与信息管理局在有关广播与有线电视的政策制定过程中扮演总统所希望的角色。

（3）各种各样的内阁办公室也会影响到广播电视与有线电视政策。司法部可以防止可能导致垄断问题的兼并行为。国务院代表美国在国际事务中处理涉及卫星轨道和大众传播的业务。由于国际通信系统的发展，国务院的角色在以后会越来越重要。

最后，白宫可以通过提交通信法案来影响政策制定。尽管总统不能在国会提交法案，但是白宫可以起草法案，然后在国会找个朋友把它提出来。与此相关的是：总统可以否决国会通过的不受欢迎的法律，当然，国会也可以推翻总统的否决。

5. 州和地方政府

联邦的法律可以超越地方和州的法律，但是，很多州都有自己的法规。地方法规所涉及的领域都是联邦通信法律条文中没有专门提及的内容。例如，几乎每一个州都有自己的处理诽谤案件（伤害个人或组织的名誉）的法律以及记者拥有为消息来源保密权利的法律。很多州都有自己的关于彩票的法律（规范竞赛与促销行为），以及关于处理欺诈和误导消费者的广告的法律。另外，很多州的公共广播是通过制定有关教育性广播电台与电视台的所有权、经营权、基金的法律来进行规范与管理的。当然，广播和电视业者必须遵守当地关于税收和工作条件等方面的法律。某个州或城市都可以制定保护地方电台/电视台用户隐私的法律。关于个人收看节目的习惯方面的信息不能泄露给任何未经授权的个人或者组织。例如，这样就可以防止政治候选人从有线电视公司获取他的竞争对手的信息——比如竞争对手是成人电影频道的观众。社区也可以向有线电视经营者收取一种特许经营费用并且决定特许经营协议的期限。

6. 行业游说等利益集团

行业游说集团就是那些代表特殊利益集团并设法影响立法者投票行为的人。一些人把行业游说集团当作是政策制定过程中的反面力量。但必须指出的是，他们的确起到了提供必要信息的作用。而很多立法人员则把行业游说集团当作一种财富：他们可以帮助立法委员了解那些悬而未决的法案对各种社会群体的影响。游说活动在华盛顿已经持续了两百多年并且已经成为政治生活中不可缺少的一部分。所以，广播和有线电视产业供养大量的游说组织也就不足为怪了。这些游说组织的任务就是要让国会、联邦通信委员会、联邦法院和总统知道广播及有线电视产业的愿望。每一个主要的广播电视网都供养着自己的产业游说者来进行许许多多的商业交往活动：全国广播者协会（NAB，传统上是对广播产业最有影响力的组织）、全国有线电视联盟（NCTA，是 NAB 在有线电视产业中最主要的竞争者）、独立电视台协会、全国公共电视台协会、全国宗教广播者协会以及全国农业广播者协会……这里只是列出其中很少的一部分。

游说活动在否定的意义上更容易获得成功。因为对于游说者来说，阻止一件他们认为不好的事情发生似乎要比促使一件他们认为好的事情发生容易得多。一些最大的游说成功案例都是起源于对已经提出的立法议案进行阻碍。例如，在 2002 年，广播电视行业的游说者们就击败了国会打算强迫广播电台和电视台在联邦政客购买竞选广告时给予大折扣的立法企图。

最后，为了支持游说组织而不得不花费的开支和投入的精力表明了在政治竞技场中，最关键的表演者（最广大的公众）是没有被充分代表的。绝大多数的市民群体都没有专门的知识、时间和金钱来供养专职的游说人员。结果，政策制定过程受到产业人士的影响就要远远大于普通市民施加的影响。但是，还是有那么几条途径，普通市民可以通过它们参与到立法程序中去，这就是我们下一节要关注的焦点。

7. 市场

在朝着减少政府管理（Deregulation）方向发展的过程中，联邦通信委员会常常说的一句话是"让市场来决定"。那么，随之而来的就是：在决定广播政策的过程中，市场将会成为一种至关重要的因素。但是，市场到底是什么呢？广而言之，市场就是买家和卖家在一起自由地交换商品和服务的地方。显而易见地，对于广播电视和有线电视行业而言，没有一个买家和卖家可以同时出场的地方。在这种情况下，市场这个概念就转而指普遍的经济力量，比如，供应、需求、竞争和价格，它们共同决定了广播电视和有线电视的产业市场。

联邦通信委员会针对市场的态度随着不同的行政首脑和不同的委员

而变化。但是，多年以来的总趋向是联邦通信委员会更多地依靠市场力量作为决定公共利益的重要因素。这种态度背后的理念是：把频谱当作一种经济资源，只有当政府退居幕后，真正让市场经济规律做主的时候，这种资源才能得到有效的利用。一句话，就是希望市场机制能够鼓励那些能够满足公众需要的服务。市场有自己的优势。它可以提高经济效益、鼓励服务创新、提倡多样化。就其缺点而言，市场只是对经济力量反应迅速，但对真正的社会需求缺乏敏感。另外，真正的市场几乎都不能达到教科书所讲的那种理想化的模式。例如，一旦进入自由竞争的市场，大公司就会获得比小公司多得多的机会以及大得多的势力范围。

在新世纪之初，美国国会和联邦通信委员会都对市场采取特别关注的态度。但是，在某些领域里，市场观念被放逐了，取而代之的是加强管理。例如，在加快向数字电视转变的努力过程中，联邦通信委员会在2002年中期出台了一条规定，要求所有的电视机生产商在2006年以后生产的所有电视机都要配备数字转换器。在另外一些领域，比如电话公司和有线电视经营者之间的竞争，竞争的推动力似乎来自政府方面。无论如何，市场的力量在未来的日子里似乎将继续在广播电视和有线电视行业扮演重要的角色。

8. 公众

普通市民对广播政策的介入在70年代达到最高峰。1974年，大约在30多个州，市民利益团体或者媒体改革团体都相当活跃，签署了大约300多份请愿书，抵制各州对即将到期的执照进行更新。但是，到80年代初期，减缩的财政支持、更长的执照期限，以及对减化管理（Deregulation）倾向的强调等因素，共同削弱了这些市民团体的抗争力量。但是，这种力量对比的下降并不意味着公众成员都被排除在了管理过程之外。一些公众利益团体依然存在。最值得注意的是："媒体教育中心""媒体介入计划"和"优质电视观众"这样一些团体通常都会努力向国会施加压力并且根据他们自己的理由提出许多很受观众欢迎的所谓"公众意见"。最后，公众还可以一种更普遍的方式影响政策的制定，那就是通过他们对国会和总统的选举，总统和国会反过来会帮助制定他们所希望的通信政策。

三 美国抵制电视节目低俗化的措施

美国商业电视运作的核心是围绕受众，制作那些能够吸引尽可能多的受众的节目，争取高收视率，进而获得广告客户的青睐并获得广告利润。因此，受众的多少、受众的忠诚度等因素都直接影响到美国电视节目制作。如果仅仅以收视率为导向来制作或选择电视节目的话，就极易造成低俗甚至恶俗的电视节目频频出现在银幕上。为了公众利益，比如保护未成年人的健康成长等，就必须对色情等节目内容进行规范。

（一）淫秽标准与第一修正案

在美国，言论自由被看成是最普遍、最基本、最重要的价值观念之一，不仅是新闻界信奉的信条，也是民主政府运作技能的核心。1781年12月15日，当十条修正案作为《人权法案》得到批准的时候，其中第一修正案直接涉及新闻自由的条款仅仅是一个由4个英文单词组成的短语"or of the press"：国会不得制定任何法律来干涉宗教的建立，或者阻止其开展宗教活动；不得剥夺言论或新闻出版自由；不得剥夺人民和平集会或向政府申冤请愿的权利。[1]

1868年，美国国会批准了第十四修正案，它扩展了宪法第一修正案对于新闻自由的保护。直到1925年，美国最高法院才完全接受了第十四修正案的扩及范围[2]。20世纪80年代，美国的一些研究表达自由领域的专家已经越来越相信，在过去的数10年内，美国的新闻自由从来就没有得到过有力的或更好的保护，如沙利文案件（NEW YOUR TIME CO. VS. SULLIVAN）等。其实，正是隐私权、知晓权[3]等相关的一系列案例共同构成了美国社会理解第一修正案的基础[4]。

其实当初宪法起草者对这个问题只用了很少的时间予以讨论。麦迪

---

[1] 英文原文是：Congress shall make no law respecting an establishment of religion, or prohibiting the free exercise thereof; or abridging the freedom of speech, or of the press; or the right of the people peaceably to assemble, and to petition the government for redress of grievance.

[2] Press and Speech Freedoms in America (1619 – 1995): A Chronology, 1997, 292.

[3] privacy and the press、access to news of government、newsgathering rights、regulation of broadcasting、business issue and so on.

[4] 闵大洪、易速利：《易速利评明安香论文》，《e 传播周刊》增刊2001年第3期，学术批评专刊。

逊关于立宪大会的详细记录表明，对新闻出版只是随便地、偶尔地提及而已[①]。而在本质上，美国宪法第一修正案所保护的新闻自由和核心是防止官方对新闻传媒内容的控制。

但是，对媒体低俗内容的管制必然会与宪法的这一条款发生冲突。法院在审理此类案件时，必然会考虑政府的这种规范是否会影响到宪法第一修正案保护的言论和出版自由。

最高法院认为，言论和出版自由的利益有时会和其他社会利益发生冲突，比如和保护未成年人的利益发生冲突，在这种情况下，政府不能单单为了保护未成年人，就随意限制成年人享有的宪法第一修正案权利。为了既不损害成年人的宪法权利，同时又为未成年人创造一个良好的成长环境，美国法院和代表政府对大众媒体行使管理权的联邦通信委员会制定了相关标准。这些标准是美国政府管制大众传媒媒介中的色情暴力内容的主要依据。[②] 比如对淫秽标准的确立。美国内战结束之后，联邦政府才开始关注淫秽出版物，并开始系统制定反淫秽的法律。刚开始时，美国法院一直采用英国在希克林案中确立的标准，即衡量作品是否属于淫秽，要看该出版物是否具有腐化和败坏那些思想上对此类读物不存戒心之人的倾向，和持有此类出版物的人是否会堕落。在1933年的合众国诉尤利西斯案中，法官伍西对这一标准进行了修订。他要求从整体上而不是局部或断章取义地来审视《尤利西斯》这本书是否淫秽；淫秽所造成的影响也不应当是任何不确定的个体，而是它对正常人的影响，即对具有普遍性本能的人的影响。

在1957年的罗斯诉合众国案中，法院认定：淫秽言论不在宪法所保护的言论和出版自由的范围之内。1966年的范尼·希尔案，为了更确定地界定隐晦作品，最高法院强调：在判定某件物品淫秽时，除了应当满足罗斯案的标准外，还应当同时满足下列要求：第一，物品明显令人厌恶，即明显违反描写和表达性事的当代社区标准；第二，物品完全没有

[①] [美]埃德温·埃默里、迈克尔·埃默里：《美国新闻史报业与政治、经济和社会潮流的关系》，苏金虎等译，新华出版社1982年版，第93页。
[②] 中国广播电视年鉴编辑部：《世界各地广播电视反低俗化法规资料选编》，中国传媒大学出版社2008年版，第50页。

社会补偿性价值。

在米勒案件中，加州的米勒主动寄送了五本小册子到该州新港海滩的一家宾馆，小册子刊登了四本色情书和一部电影的广告，其中有性行为和明显显示性器官的照片和图画。最高法院最终维持了对米勒的有罪指控并且做出了如下的裁定：第一，再次强调了罗斯案的观点，淫秽表达不受宪法第一修正案和第十四修正案的保护；第二，不再使用范尼·希尔案所确立的标准，而是代之以新的三要素标准，用于指导案件的审判官（主要是陪审团）。这三个标准是：（1）使用当代社区标准，普通人是否会从整体上认为材料意在刺激性欲；（2）作品是否以明显令人厌恶的方式，描写或刻画州现行法律中明确规定的性行为；（3）从整体上看，作品是否缺乏严肃的文学、艺术、政治或科学价值。第三，最高法院指出：根据这些标准，只有赤裸裸描写性行为的色情作品，才应当受到处罚，并且这种标准可以为各州确定自己的以"明显令人厌恶的方式"描写或刻画性行为提供指导。第四，认定赤裸裸描写性行为的色情作品时，所参照的当代社区标准应当是地区或各州的标准，而不是全国的标准。

根据美国法院的司法判决，只有公然描述或展示性行为并且完全符合米勒案件标准的材料、表演或展示，才超出宪法第一修正案的保护范围，联邦和州政府可以对这类内容进行规范。大量的色情杂志如《花花公子》《棚屋》和与色情相关的活动，如同性恋艺术展示、成人电影等，虽然也充斥着许多令人厌恶的色情内容，但只要不符合米勒案件中的淫秽标准，就受第一修正案的保护，政府就无权对这类内容进行规范或管制。

但是，对于这类对青少年有害而成年人有权享有的东西，美国政府采取分区的办法，将与这类内容有关的商业经营或艺术活动，集中在远离未成年人出入的场所，从而达到既保护未成年人，同时又不损害成年人所享有的表达自由权。

（二）美国众参两院的新规定

面对近些年低俗节目在电视屏幕上的肆无忌惮地出现，国会和联邦通信委员会将采取严厉措施来惩罚播放色情和暴力的电视台。例如珍妮的"露胸事件"后，美国众参两院纷纷通过新的法律，严厉打击电视广播中的猥亵暴力内容。2004年3月9日，参议院商务委员会通过一项法案规定，如有电视台或者广播电台播放猥亵内容，涉及的广播电视台和艺术家都将被处以巨额罚金。此外，有意收购更多同行的电视广播公司只有澄清对方是否与猥亵节目有联系后才能进行收购活动。根据参议院这一新法案，美国联邦通信委员会可以提高罚金至原来的10倍，初犯者的最高从目前的2.75万美元升至27.5万美元，而第二次违反者的最高罚金可达37.5万美元，多次的可高达50万美元。

新法案还规定，联邦通信委员会可以在以下情况下向播出污言秽语和不雅动作内容的电视公司收取两倍罚金：若有关节目的猥亵内容是提前准备好的；如果观众数量非常大，例如全国性的、国际性体育盛事，或全国性、国际性颁奖典礼等。新法规定，FCC除了可以对广播电视公司处以罚款外，如果艺术家在明知节目会被播出的情况下，仍然擅自口出秽言甚至做出不雅动作，FCC还可以对艺术家处以相同数量的罚款。新法案还对FCC如何在儿童可能看节目的时间里控制暴力内容做了相应的规定。

为了最终控制美国电视暴力的蔓延趋势，康涅狄格州民主党人正在推动增加一项法律条款，即要求国立卫生研究院对电视暴力以及其他媒介对儿童成长的影响进行调查研究。它们的目的就是只要数据显示儿童表现的暴力行为与他们经常观看电视暴力节目有关，就可以加速限制电视暴力节目的进程。

此外，参议院于2004年通过的反淫秽暴力法案中已经增加了不准在晚上10点到次日早上6点的时间档和各电视台家庭收视时段播出有过分暴力场面的电视节目的内容。并且，立法者还采取一些措施，以便国会能更好地倾听来自公众对电视暴力节目的批评和抱怨：联邦贸易委员会在其网站上专门为电视暴力的批评者们建立相关的论坛和链接。

美国参议院商业委员会一致批准立法严格控制电台电视台播出内容淫秽的节目。委员会同意对此增加罚金，但不像众议院提议的那么多。委员会批准对第一次违规者罚款27.5万美元，第二次罚款37.5万美元，第三次及第三次以上者为50万美元。众议院对议案进行投票表决，决定对违规者每次征收50万美元的罚款，但不设罚款上限。根据目前的法律，每次最高罚金是27.5万美元。

（三）相关法规的规制

美国宪法强调言论自由，美国法律不得干涉成年人浏览色情节目。但是，保护未成年人却是法律的责任。

1.《刑典法》的相关条款

美国的《刑典法》对严重危害社会价值的节目内容制定了课刑标准和处理方式。《刑典法》第 1464 条规定，禁止电台、电视台播放淫秽、下流、欺骗受众的内容，对违反的有关人员罚款 1.25 万美元或监禁两年。许多电台、电视台由于触犯了反淫秽法而被吊销了执照。1961 年，南加利福尼亚州金斯特里市 WDKD 电台的唱片主持人在白天的广播中使用了挑逗性的言语，而该台的管理部门没有对播出的内容进行适当的监督，被联邦通信委员会吊销了执照。

《刑典法》第 1443 条规定，使用手段欺骗公众，或"使用虚假的说明或承诺"获取钱财都是违法的。1950 年，圣路易斯的一个电台举办虚假的藏宝竞赛而被吊销了执照。这个电视台在竞赛中，尽管一再向观众讲解寻宝的线索，但事实上，直到寻宝最后期限的前一个月才真正将"宝"藏起来。

洛杉矶的一个电台节目主持人在一次节目中向观众说，每个人都有不可告人的过错，只有把这些过错坦白出来，才能得到心情上的平静。节目中，一个匿名的听众打来电话，声称杀害了自己的女友。之后，这段广播节目被电视台在《未解之谜》节目中播出。接着，有观众指出，那位自称杀害女友的人，其实是同一个电台工作的唱片节目主持人。罗德岛普罗维斯登的一个电台主持人，在节目中谎称有人在演播室外被射杀，弄得警察和救护人员信以为真，闻讯后冲进这个电台。这些电台最后都受到不同程度的惩罚。

2. 1996 年《联邦电信法》

这部法律强调广播电视传媒的义务是满足："公众的利益、便利和必需"，隐含的意思就是要把社会效益放在第一位。其中，1996 年的《联邦电信法》取代 1934 年的《美国通讯法》，并出现了三大改动：一是打破媒体壁垒，允许跨媒体渗透；二是放宽媒体的所有制管制，放宽广电公司拥有电台电视台的数量；三是通过立法规范节目内容，限制色情、暴力等低俗信息的传播。

第三章 国外抵制电视节目低俗化的成功经验

此法出现的背景就是鼓励媒体间的兼并以利于媒体的壮大,但是美国的广播电视台,除了少数例外,每个电台只占有地区市场。在每个市场,利润一般被三家广播电视网的附属台瓜分。它们的市场占有率(利润),不论三家之间的排序如何变化,如何引起歇斯底里似的惊恐,实际上第一和第二之间的差距不会超过15%,而三家和起来占有80%至90%的当地市场。这是经典的寡头控制现象,只不过是地区性的①。对于媒体经营者而言,一方面竞争残酷;另一方面盈利不易。一旦看到放松媒体的所用权管制,只有竭尽全力去追逐财富才能保住自己的基业不被其他行业的企业者所并购。对于广播电视网,收视率的多少在一定程度上就代表着财富或这个媒体的生命力。由此,节目品格的进一步下滑也算是一种无可奈何的选择。

1996年《联邦电信法》的第一部分②是关于电信设施用于淫秽和骚乱等不正当用途的:任何人在公共媒介上均不能传播淫秽或有下流内容的信息,如有违反,最高可处以25万美元罚款或2年监禁,或两罚并处。任何人在国内间或在国家间使用电信器材时不得有意做出、造出或引发出,也不得主动传播任何淫秽、下流、淫荡、污秽、凌辱、威胁或骚扰他人的内容。任何人,明知接受者不满18周岁,不得做出、造出或引发出,也不得主动传播任何淫秽、下流、淫荡、污秽或不洁的言辞、要求、

---

① [美]本·H.贝戈蒂克安:《媒体垄断》,吴靖译,河北教育出版社2004年版,第233页。
② 第503条规定主要删除了原1943年通讯法的罚中不高于10000美金罚款的规定。
第504条,关于干扰非付款订收户的有线电视频道,规定:在付款订户的要求下,优先服务的提供者应免费干扰或屏蔽所指定的频道节目的声音和图像,使非付款订户无法接受。"干扰"一词指重新安排节目信号,使这些节目无法收看或接听。
第505条,关于性暴露类成人录像服务节目的干扰,规定:多频道可视节目的发行商在色情为主的节目频道上安排赤裸性色情成人节目或其他不洁节目时,须对这一频道做出干扰并对声频部分完全阻塞,使非固定用户者无法接收。未达到这一要求时,在儿童可看到的时间段(由联邦通讯委员会确定)不得播映,以限制儿童对此种节目的观看。
第506条,关于有线电视拒绝载波的节目,规定:有线电视经营者须拒绝在公众频道、教育频道和政府频道,在公众均可收视的节目中,播放淫秽、不洁或裸体内容。商业用途的有线电视频道可拒绝在全部或部分租用路径中播放淫秽、不洁或裸体内容。
第551条,关于父母对电视节目的选择,主要内容是:国会认定以下内容:电视影响着儿童对社会上普遍的、被接受的价值和行为的认知;
电视台经营者、有线电视系统的经营者和影像节目的制作者,应遵循影视节目制作的惯例,要考虑电视节目及有线电视节目已在美国儿童生活中占有很大的比例。

暗示、建议、形象或其他内容并用以干扰、凌辱、威胁或骚扰他人。不得在拨打电话或使用电信设施时有一部表明身份而干扰、凌辱、威胁或骚扰受话人或通信者。不得在知晓的情况下让他人使用自己控制下的电信设施进行上述禁止的活动。蓄意这样做者，根据《美国法典》第八章的规定，处以罚款或 2 年以下监禁，或两罚并处。

该法规定，联邦通信委员会可具体说明什么是使用合理、有效和适当的措施来限制获得本法禁止的通信联系。本法不授予也无意提供给联邦通信委员会以批准、制裁或许可使用这些措施的强制执法权。对于未实现上述措施的，委员会无权强制执行。与这类措施相关的产品并不由该委员会认可。

3. 1997 年"安全港"法案

据研究者戴姝英介绍："所谓'安全港'（safe harbor）是美国为保护未成年观众将成人电视节目播出排除在儿童收看电视节目的时间之外，即要求含有色情和暴力内容的电视节目，应当在大多数儿童入睡的时段（晚 10 点至早 6 点）内播出。在大多数未成年人可以看到电视节目的时段内，要播出有益其健康的内容，以便为未成年人创造一个收看电视节目的'安全港'。"

为了帮助家长监护其子女对电视节目的选择，便于筛选出讨厌的电视节目，这项措施是由第 105 届和第 106 届议会提出并通过，于 2000 年 1 月 1 日起实施的。

1997 年 2 月 27 日，美国参议院商业委员会举行听证会并公布了 3 项提案。其中由参议员科茨（Coats）提出的"家庭收看电视信息与授权法案"（Family Television Viewing Information and Empowerment Act）（S. 409）要求广播电视机构使用（内容）描述性的电视分级系统，为受众提供更多节目信息；而另两项分别由霍森斯（Hollings）和马基（Markey）提出的"儿童远离暴力节目保护法案"（The Children's Protection from Violent Programming Act）（S. 363、H. R. 910），经常被称为"安全港"法案，这个法案要求阻止电视机构在孩子们可能观看期间播放暴力节目，除非这个节目能被 V-Chip 明确地过滤出去。

1999 年 4 月 26 日，参议院通过了安全港法案，规定在儿童观看电视节目时间段内，给公众播放任何电视暴力节目都将被视为非法的法案，要为儿童构建一个"安全港"。作为说明,这个法案要求 FCC 规定"安全港"时间段为午夜12点至早上6点。同时规定了收费的有线电视节目和按次支付的有线电视节目将不被分级。①

4.《2005年广播电视反低俗内容强制法》

宪法虽然维护了美国媒体的言论自由,但是,在具体的执行过程中,必须要有许多法规来细化。美国是案例法国家,对法律条文的理解和阐释,依靠历史发展过程中积累的大量案例。所以涉及电视节目的法律法规,也基本上是在社会上出现的大量案例的基础上制定的,这样也就具有很强的针对性。

前面我们已经分析了美国宪法第一修正案在保护成年人获得言论自由的权利,而《反低俗法》的立足点在于淫秽言论有害于儿童。成年人与儿童的区分决定了儿童不得购买色情杂志、不得观看成人节目。广播电视也不得在儿童活动的一般时间范围内播放成人节目,因为这是成年人的消费品。除了禁止儿童成为色情、淫秽、有伤风化材料的受众以外,法律还禁止成年人、色情业者把儿童作为色情、淫秽、有伤风化材料的客体。成年人与儿童的区分划出色情与淫秽之间的中间标准,即有伤风化。美国国会认为广播直露的性材料有害于儿童,受权管制广播电视的 FCC 据此使用"有伤风化"标准,凡涉及明确的性行为或排泄行为的材料即为有伤风化材料,不得在广播电视上出现。

如前面指出的珍妮·杰克逊案例,面对几乎所有电视台都以播报新闻的方式不断播放珍妮的露胸画面,为了保护青少年的身心健康,美国国会于2005年3月11日以压倒多数票通过《2005年广播电视反低俗内容强制法》,经布什总统签署后上升为法律。布什在签字仪式上说:"所有人都应当认真而负责,保持广播频道不受淫秽、亵渎和不雅内容的污染。"② 此法旨在加大对广播电视机构播出淫秽、下流内容以及播出污秽语言的处罚力度。该法共有13条,主要规定了以下几个方面的内容:一是将播出

---

① 戴姝英:《美国电视分级制研究》(1996—2009),东北师范大学世界史专业博士论文,2010年,第95—96页。

② 《广播影视法制工作简报》2007年7月31日,中国广播影视法律网,http://www.cnr.cn/gbys/gzjb/200707/t20070730_504527344.html。

低俗内容的罚款额度从 3.25 万美元提高到 50 万美元；二是细化《美国联邦通信法》中有关对低俗内容惩罚的附加条款和例外；三是修改了联邦通信委员会（FCC）处理投诉的程序、时限，并规定投诉的程序和 FCC 有权采取的强制措施；四是加强播出机构执照管理的相关力度，增加对播出低俗内容的机构在许可证获取、续延、吊销方面的处罚；五是增加政府相关职能部门对低俗广播电视内容的调查、统计和年度报告等职责。

该法案强调，FCC 在判定播出机构持照人或临时持照人播出了淫秽、下流或色情内容时，有权根据《联邦通信法》第 503 条要求该持照人播出公共服务性通告，以服务儿童的教育和信息需要。这种通知的受众覆盖范围可以是原淫秽、下流或色情内容覆盖范围的 5 倍。

另外，该法案还强调政府责任办公室对以下几条的关于淫秽、下流或色情广播电视内容的投诉的调研。（1）就淫秽、下流或色情内容向 FCC 投诉的数量；（2）FCC 对此类投诉最终采取行动的数量；（3）FCC 处理此类投诉所花费的时间量；（4）FCC 接收、调查此类投诉并之做出反应的机制；（5）提交 FCC 的投诉是否得到了充分的反馈。最后，政府责任办公室应在本法生效后一年内，向参议院的商业科学和交通委员会以及众院的能源和商业委员会就以上问题提交报告。

5. 2005 年《儿童友好电视节目法》

据研究者戴姝英介绍："2005 年是美国国会在社会压力下集中颁布法律法规治理电视媒体节目环境的一年，除广播电视反低俗内容强制法外，这一年还提出并通过了儿童友好电视节目法（Kid Friendly TV Programming Act of 2005）。儿童友好电视节目法强制电视播出机构为儿童播出不含淫秽、下流、低俗、性或无缘由暴力和过度暴力内容的节目，为儿童提供健康的收视环境。儿童友好电视节目法议案（S.946）2005 年 4 月 29 日由参议员罗恩维登提出。国会在介绍儿童友好电视节目法时同时公布了调查结果，结论是：

（1）2003 年的一项调查发现，频繁收看电视暴力节目的儿童在成人后，犯罪倾向以及使用暴力攻击配偶和其他人的倾向要比常人高出 3 倍至 4 倍；

（2）频繁收看暴力节目的儿童在成人后，更有可能因虐待配偶、子女以及谋杀和人身攻击行为而触犯法律；

（3）10％的青少年暴力行为与收看电视暴力节目有关；

（4）如果一个儿童平均每天收看两小时卡通节目，则一年中将收看到将近1万次暴力行为；

（5）频繁收看有关性爱节目的青少年，在随后一年中发生性行为的可能性较收看此类内容较少的青少年要高出两倍；

（6）美国恺撒家庭基金会2002年报道，72％的青少年认为，电视上的性描写'在某种程度'或'在很大程度'上影响了他们同龄人的性行为；

（7）恺撒家庭基金会2003年报道，在所有的电视节目中，含有不同程度性爱内容的占64％。在黄金时段播出的节目中，四大电视网71％的节目含有一定的性内容；

（8）少年儿童持续收看淫秽、下流和性描写的节目，以及收看无缘由暴力或过度暴力描写的节目，将会对全国社区的公共卫生和社会安全造成危害；

（9）限制淫秽、下流、暴力和性内容节目的努力，以及对该类节目实施惩罚和罚款的努力尚未有效地保护儿童不接触有害的节目；

（10）阻止儿童远离有害电视内容至今没有成功的关键问题在于，联邦管理机构没有权力要求有线电视运营商和卫星电视提供商提供一个儿童友好节目层；

（11）父母在防止儿童接触不健康电视内容的时候，需要更多有效的方法，需要儿童友好节目层等更多的选择。

依据以上调查结果，国会制定了对儿童节目层内容的限制性法律规定，要求：每个多媒体视频节目传输商应提供一个至少含有15个节目的儿童友好节目层；作为每月收费说明的一部分，每个多媒体视频传输商应为订户提供如何屏蔽某些频道的提示；违反本条例者，将被处以每天50万美元的民事处罚。每天的违规行为将被视为独立的违规案例。

该项法规同时对'儿童友好节目'进行了定义，即指不含有淫秽、下流、低俗、性或无缘由暴力和过度暴力内容的节目、广告和公共服务公告等。"[1]

---

[1] 戴姝英：《美国电视分级制研究》（1996—2009），东北师范大学世界史专业博士论文，2010年，第98—99页。

6. 《2006年净化广播电视内容执行法案》

为了进一步打击电视节目低俗化现象,美国政府在2006年6月正式签署了《净化广播电视内容执行法案》。根据这一法案,所有公共广播电台和电视台在任何时间都不能播出淫秽节目,特别是在6:00—22:00青少年观众活动频繁的时段,更不能播出"不健康节目"。该法案对在广播电视中讲淫秽语言或过度暴露身体的行为做出更为苛刻的规定,将单镜头罚款额从3.25万美元提高到32.5万美元。根据这项法规,美国国内主要电视网如果在每日6:00—22:00点播出任何猥亵、咒骂的语言以及任何形式"过分真实"的性爱画面,都将面临巨额罚款。

除了这些法律以外,美国电视节目低俗化监管法律还包括《1967年公共广播法》《1984年有线通讯法》《1990年反电视暴力法》《1992年电视消费者保护及竞争法》《1992年卫星接收促进法》《2006年数字电视传输和公共安全法》《广播电视的公共服务责任》《FCC电视节目指导原则》,等等。这些法律法规公共构成了美国电视节目低俗化监管体系中的重要制度环境。

此外,各州和各地方政府也可以根据各自的具体情况,对联邦通信法律条文中没有专门提及或粗线勾勒的内容进行细化,对本地区的电视媒体、电视记者、电视机构和在本地传播的电视节目、相关媒体及其责任者等构成地方性规制力量。如2007年11月,美国哥伦比亚广播公司的儿童真人秀节目《孩儿国》,由于涉及"虐待"儿童和缺乏成人监管以及涉嫌触犯新墨西哥州劳工法等行为,受到当地政府的关注和调查。

(四)《1996年电信法》对电视节目进行具体分级

《1996年电信法》明确规定:从1997年2月起,美国电视业必须制定一项电视节目分级标准,帮助人们避免收看令人反感的节目。在这样的背景下,美国电视业制定了一套电视节目自愿分级标准,由电视网在播出时标明,以便提供"家长指导"(Parental Guidelines)控制儿童的收视。这套标准包括6个等级:

第一等级是电视普适级(TV-Y):适合所有的儿童观看。

第二等级是电视7岁级(TV-Y7):适合7岁以上儿童收看。其中可能包含某些让儿童害怕的内容。

第三等级是电视一般级（TV-G）：适合一般的观众收看。其中没有或仅有少量暴力、粗俗语言或两性环境。

第四等级是电视家长指导级（TV-PG）：建议在家长指导下观看。其中可能包含少量暴力、某些粗俗语言或隐含的两性语言、环境。

第五等级是电视14岁以上级（TV-14）：仅适合14岁以上的儿童观看。其中可能包含强烈的粗俗语言、暴力和淫秽语言、暴力或两性内容。强烈建议家长对此类节目应多加小心。

第六等级是电视成人级（TV-M）：仅适合成人观众观看，不适合17岁以下青少年观看。其中包含淫秽语言、凶杀暴力和明显的色情内容。

这套标准主要适用于除新闻节目和体育节目以外的电视节目，有节目的原创者对自己制作的节目进行分级。这些节目的原创者可以是制片人、电视网、有线电视频道、辛迪加公司或者其他组织机构。凡是已经进行分级了的节目，其分级的标志应该在节目播出的头15秒钟出现在电视荧屏的左上角。

（五）《降低商业广告音量法案》对电视节目插播广告音量进行"精准调控"

由于难忍高音量广告连番轰炸，美国民主党参议员谢尔登·怀特豪斯2009年12月11日提议电视节目中插播广告的音量不得高于节目音量。

相关议案《2009年限制商业广告音量法案》正在等待美国联邦电信委员会审批。不过，美国联邦电信委员会对这类议案似乎并不热心。委员会2009年6月说："借助遥控器手控音量仍是最简单降音办法。遥控器上的静音键也可以让大音量消失。"①

据英国广播公司和《澳大利亚人报》2012年12月13日综合报道，美国国会通过的《降低商业广告音量法案》（Commercial Advertisement Loudness Mitigation，CALM Act）近日正式生效，美国电视广告商将不得不降低广告音量，把插播广告的声音降至和普通节目的音量一致。

据报道，该法案2010年12月由美国总统奥巴马签署通过，经过一年的宽限准备期后，近日由美国联邦通信委员会（FCC）正式开始负责监督

---

① 据新华社北京2009年12月13日电，《美参议员提议限制广告音量》。

执行。美国的广播电视公司、有线电视及卫星电视公司都必须遵守这一法案的规定,电台及网络节目则不受限。

报道称,该法案的提出是为了保护观众不受音量过大的广告的侵扰,尤其是过吵、过于刺耳的广告对儿童的危害。这个看似小题大做的法案广获美国民众的支持,同时也将推动一些无法适应目前美国电视节目平均音量的广告商与广电公司的技术升级[1]。

(六)联邦通信委员会(FCC)的管制

早在1915年,美国最高法院就认定,在宪法第一修正案下,不同的媒体享有不同的自由权利。特别是在20世纪20年代后期,广播电台的蓬勃发展造就了广播频谱的短缺,形成了电台之间争夺频率的无序竞争。这时,政府和国会的干预已经势在必行。于是形成了电波的"托管概念"。该理念认为,电波与报纸不同,不是私有财产,而是像公路一样属于全社会的共有财产,而且其资源(频率)是有限的,因此必须接受管制以便使之为公共利益服务。为此在1927年,美国国会通过《联邦广播法》(federal radio act)决定成立联邦广播委员会(FRC),实施对广播业的管制。按照是否服务于"公众利益、便利和需要"的标准,决定是否给电台颁发营业执照。1934年,随着电视的发展,美国国会又通过了《联邦电信法》(Federal Radio Communication Act)成立了联邦电信委员会取代联邦广播委员会,统一实施对广播、电视的管制。

FCC由5名委员组成领导集体,他们由总统委派,任期5年。总统有任命委员会主席的权力。FCC雇有2000名左右的工作人员,分别安排在不同的部门,其中大多数是工程技术人员、律师以及办公室文书。FCC下设4个局,其中的"大众媒介局"负责管辖包括电视在内的电子媒介。FCC的组织构图如下:

尽管1934年的联邦传媒法明确禁止内容审查,美国政府也从来没有人坐镇电台进行内容审定,但是,考虑到电台是一种普及型传媒,其内容的接受者不分男女老少和文化水平的高低,因此,其内容不能像传媒那样百无禁忌。为此,美国联邦电信委员会对于广播电视的传播内容还

---

[1] 《美国国会通过新法案要求控制电视商业广告音量》,网络来源:http://gb.cri.cn/27824/2012/12/14/6011s3959254.htm。

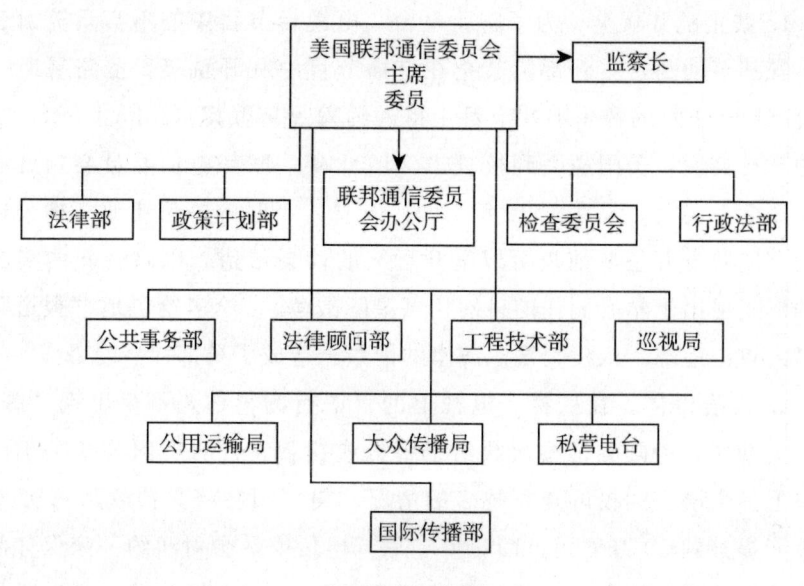

第三章　国外抵制电视节目低俗化的成功经验

FCC 的组织构图

是做出了一些规定和限制，并通过八年一次的执照审核来实施这些规定。对于民众的投诉，FCC 还是会加强管理的。例如，1969 年，密西西比州杰克森市的一家电视台（WLBT）因为坚持种族歧视立场而失去了营业执照。这家在一个主要是黑人的社区播出节目的电视台，既不雇用黑人雇员，也不播出黑人节目，结果受到了联合基督教会传播办公室的起诉，在法庭判决中失去了继续营业的执照[①]。

联邦通信委员会（FCC），着重以行政手段来管理广播电视。FCC 规定创办电台和电视台有严格的审批手续，进行登记，领取批准书。所用的频率要经过联邦和地方政府所设的部门进行分配。所办电视台没有教育功能或违反"公共利益"的原则，政府就可以干预。营业批准书每五年要重新核查一次。政府可以利用公众的反映，或对其播放效果进行测评研讨的方式，影响和限制它的活动，甚至拒绝登记注册。这种管理是在肯尼迪时期开始强化的，里根时期再一次加强。

除了审查执照外，美国联邦电信委员会在这些方面的限制有：

---

① John Vivian, *The Media of Mass Communication*, 2003 update, New York: Allyn & Bacon, Inc, 2002.

1. 禁止乱开玩笑。为了防止电台、电视台节目中的不当玩笑引起社会不安甚至动荡，主管部门禁止在广播节目中乱开玩笑。圣路易斯一家电台（KSHE）的音乐唱片节目主持人约翰·乌赖特（John Ulett）在广播中开玩笑说，美国遭受到核攻击。1991 年，联邦电信委员会判定该台罚款 2.5 万美元。早在 1938 年 10 月 30 日，当时的哥伦比亚广播公司就因为利用西方万圣节前夜可以乱开玩笑的社会习俗，以录音新闻实况报道的形式播出了精心制作的科幻片《星际战争》，绘声绘色地"报道"了火星人攻击地球、入侵美国东海岸的情景，造成了局部社会的恐慌[1]。

2. 言语得体。在广播、电视上的言语行为得体，不得出现"脏话"和下流动作，否则酌情按次数给予警告或罚款。针对美国公众关于广播电视上狎亵语言的投诉越来越多的情况，美国国会将其罚款从每次 2.75 万美元提升到 50 万美元。1998 年，联邦电信委员会对纽约一家保守派电台主持人的下流语言罚款累计达 130 万美元。2004 年 7 月 7 日，联邦电信委员会拟议，各电台、电视台必须将每天早 6 点至晚上 10 点期间播出的节目录制下来，保存 2—3 个月，以便当公众有投诉时，委员会可以调阅审查。

据美联社 2004 年 10 月 13 日报道，美国联邦委员会对于福克斯广播公司旗下的电视台在限定的时间段内播出色情镜头处以 120 万美元的罚款。这是迄今为止美国历史上针对电视传媒开出的数额最大的罚款[2]。

3. 公平公正。从 1949 年到 1987 年，联邦电信委员会一直要求电台、电视台应该公平地播出公共问题讨论各方的意见。这一要求被称为公平对待原则。1964 年，宾夕法尼亚州的红狮广播公司（Red Lion Broadcasting Co.）的一家电视台（WGCB）广播了牧师必利·哈利吉（Billy Hargis）对一本书的作者费雷德·库克（Fred Cook）的激烈抨击，谴责他对联邦调查局和中情局进行了攻击。库克为此要求凡是播出了该内容的电台应按公平对待原则为自己提供免费播出时间以便给予答复，但是

---

[1] ［美］威廉·曼彻斯特：《光荣与梦想：1932—1972 年美国社会实录》，朱协等译，海南出版社、三环出版社 2004 年版，第 176—182 页。

[2] 张春燕：《美主流媒体色情镜头惹事端 政府重罚决不手软》，《新闻晨报》2004 年 10 月 14 日第 6 版。

第三章　国外抵制电视节目低俗化的成功经验

遭到拒绝。于是，库克申诉到联邦委员会，该会判定该台应提供免费播出时间。但是，该台老板牧师约翰·诺利斯（John Norris）认为，公平对待原则侵犯了宪法赋予他的自由表达权，因而不服上诉。1967年，哥伦比亚特区上诉法院判定维持该委员会的原判。法院认为，坚持公平原则不会侵犯新闻自由。那些获得了广播执照的人并不比别人拥有更大的宪法第一修正案的权利。不过这一原则在媒体实现多样化以后已经被取消了，原因是人们现在表达自己意见的渠道已经大大增加了。

如果某个广播电台、电视台违反了相关的法律则将受到经济制裁。联邦通信委员会制定了一个罚金价目表（相当于罚款数额表），并且依据这个表格来确定对那些违反联邦通信委员会规定的电台、电视台进行财政处罚的基线。下面就是针对一些常见的违法行为进行罚款的基本金额：

罚金价目表

违法行为	罚款金额（美元）
违反儿童节目管理规定	8000
传送下流和色情内容	7000
播送欺骗行为	7000
天线高度过高	5000
超越权限	4000
不能进行台名识别	1000

但是上面所列举的只是一些最低额度的罚款。通常情况下，联邦委员会有很多理由来调高这些数字，如电台、电视台的行为特别具有危害性；违法行为造成了一些实质性的伤害；电台、电视台有前科或者一再违反规定等。如2004年10月，美国联邦通信委员会对福克斯电视台处以总计120万美元的罚款，作为对该台2003年播出的节目《嫁给美国人》违反有关节目内容法律的处罚。在该节目中的一个情景中，几个参加聚会的人舔脱衣人身上的生奶油，其行为带有性挑逗意味。联邦通信委员会提出，对25家为福克斯所有并控股的电视台，以及144个独立电视机构处以每家7000美元的罚款，作为其在黄金时段播出淫秽节目的处罚。联邦通信委员会把淫秽节目定义为："性行为或排泄活动，或被现代社会标准认为可能让人不快的器官等。"福克斯公司当时对画面做出了处理，

去掉了裸体镜头。

4. 禁止淫秽内容。FCC对淫秽内容有以下三个鉴定标准：一是按照当前社会标准，所播放的材料在总体上能引起一个正常人的性欲；二是以露骨的方式描述或记录性行为；三是这种淫秽节目总体上缺乏足够的文学、艺术、政治或科学方面的价值。新闻媒体上的下流语言一般情况下受到《第一修正案》的保护，但是联邦法院支持国会对一定时段广播电视中的下流语言加以限制，因为这些语言有可能对儿童产生影响。因此，从早晨6点到晚上10点这段时间，任何电台或电视台不得播放含有下流语言的节目。FCC曾将"下流语言"定义为按当前社会标准，广播电视所使用的语言或材料，在其上下文间对色情、排泄器官或相关活动有明显的描述或形容。

5. 禁止愚弄节目。播放涉及犯罪或灾害的虚假信息，属于对FCC规则的侵犯。此类虚假信息的定义是：电台或电视台明知信息虚假，虚假信息的播放对公众造成实质性伤害，这种伤害是在播放信息时可以预见的。这里所说的"犯罪"是指某种将被法律惩罚的犯罪行为或疏忽行为；所说的"灾害"是给公众带来伤害的突发事件或自然灾害；"公众伤害"是必须及时发生的，并对公众的财产、健康、安全造成实质性的伤害。

6. 禁止博彩节目。1934年的《联邦通信法》就禁止电台播出与彩票发行有关的任何广告和信息。长期以来，联邦法律一直禁止在电台或电视台上播出任何宣扬或涉及六合彩等博彩活动的节目、信息或广告。但从20世纪80年代有所改变，一系列的修正案给越来越多的"例外"。这里所说的"博彩"，是指任何博彩游戏、有奖竞赛或含有抽奖、中彩等内容的促销活动。目前例外的是：（1）州所允许的博彩活动，电台或电视台可以在举行博彩活动地点进行报道；（2）由印第安部根据《印第安博彩调节法》组织的博彩活动；（3）经州政府批准的由非营利性组织或政府组织举办的博彩活动；（4）经州政府批准的由商业组织出于临时需要而举办的辅助性博彩活动。

另外，美国电视分级制自1996年出台并实施后，据研究者戴姝英介绍，FCC又出台"三小时政策"命令。

"所谓'三小时政策（three-hour rule）'是指联邦通信委员会在1996

第三章　国外抵制电视节目低俗化的成功经验

年8月发布报告和命令，规定从1997年9月起，所有电视台每周至少要播放三小时儿童教育节目，满足儿童成长过程中对知识的需求。如果电视台网不能完成这样的节目要求，在执照审查或延续时，将会受到联邦通信委员会（FCC）的彻查或吊销执照的处理。

人们普遍认为电视对儿童的行为和观念会产生积极和消极的双重影响。鉴于此，联邦通信委员会采取了制度化的措施来增加会产生积极影响的商业节目，减少可能会产生消极影响的电视内容。《1990年儿童电视法》规定了电视台网有义务为儿童提供知识性和教育性节目，电视台必须通过播放为满足儿童的知识性和教育性需要而专门设计的节目来完成自己的义务。该法规也为在儿童节目中插入商业广告的时间规定了上限（周末每小时10分30秒，平时每小时12分钟），并且设立数百万美元的捐款基金作为儿童教育节目的专项基金。'三小时政策'则进一步将电视对儿童进行正面教育的义务进行了量化。

联邦通信委员会于1996年发布通知，要求所有电视台都必须播放一定时间的少儿节目，而且这些节目必须符合下列标准：一是具有教育性和知识性，这是指16岁以下儿童在增长知识或获取信息方面有可能受益；二是时间适宜，必须安排在每天早晨7点至晚上10点之间，其他时间不得安排少儿节目；三是固定时刻，每周都有定期的少儿节目时刻表；四是每次播出的时间不得少于30分钟；五是广告限制，针对12岁以下儿童播放的节目，周末每小时的广告不得超过10分钟30秒，平时不得超过12分钟；六是标识明确，即少儿节目播出开始时，必须标明节目的类型。时任美国副总统的戈尔认为，美国电视分级制和'三小时政策'使得1996年成为电视的革命年，随着时间的推移，这两项政策将会带来很多变化。"[1]

（七）公民和团体的监督

公民个人和民间团体也是构成美国电视节目低俗化监管力量中的重要部分，他们可以根据自己的收视实践和切身体验提出"公众意见"，对电视媒体施加压力，并最终推动处罚结果的产生和相关政策的制定。这些团体除了帮助形成广播行业的立法及其政策环境之外，还通过与广播

---

[1] 戴姝英：《美国电视分级制研究》（1996—2009），东北师范大学世界史专业博士论文，2010年，第93—94页。

业者的直接交流，向行业的自我规范施加影响。① 因此这些民众组织也被称为"压力团体"。美国家长电视协会、恺撒家庭基金会、媒体教育中心、媒介介入计划组织和优质电视观众组织等都是其中的代表。

1. 媒体人的监督。对于电视媒介究竟怎样对待经济利益和社会责任，怎样对待收视率，美国的一些媒介专家和媒介实践者也有着一些清醒的认识。从社会层面看，商业逻辑对社会深层的渗透是电视媒体追逐收视率的最佳驱动。布尔迪厄在《关于电视》一书中明确揭示了商业逻辑和收视率的关系："新闻界是一个场，但却是一个被经济场通过收视率加以控制的场。"通过收视率这一压力，经济在向电视施加影响，而通过电视对新闻场的影响，经济又向其他报纸、包括最"纯粹"的报纸，向渐渐地被电视问题所控制的记者施加影响。同样，借助整个新闻长的作用，经济又以自己的影响控制着所有的文化生产场。②

美国媒介巨头、时代华纳副总裁、CNN总裁泰德·特纳在谈到当前美国的电视节目时，称现在的电视节目"愚蠢、低劣、糟糕，充满暴力和征服"。他说："电视行业中的太多的人关注挣钱了。③"他呼吁是暗示节目制作人应该履行他们的职责生产出他们引以为豪的节目来。

在地方电视台，收视率的作用至高无上。世界拉力锦标赛的新闻导演鲍勃·朗表示，他在电视节目开始的几分钟里便创造了巨大的利润。鲍勃·朗说，新闻负责人并不会因为播放了质量粗劣的新闻节目而被解雇的，但如果对手的收视率超过了他们，那就有可能被解雇。洛杉矶地方电视台（KTLA）的新闻主持人哈尔·菲斯曼也表示："从管理者意识到新闻能够赚钱这个事实后，整个事情就变化了。重点不在于提升电视台的形象，而在于提升收视率以增加利润。④"

大多数记者都希望能够更好地报道，提供更有用的新闻，但是超越

---

① [美]约瑟夫·R.多米尼克：《美国电视的自我规范与道德准则研究》，《世界电影》2007年第4期。

② [法]皮埃尔·布尔迪厄：《关于电视》，许钧译，辽宁教育出版社2000年版，第62、65、66页。

③ 汪文斌、胡正荣：《世界电视前沿》，华艺出版社2001年版，第66页。

④ [美]伦纳德·小汤尼、罗伯特·G.凯泽：《美国人和他们的新闻》，党生翠译，中信出版社、辽宁教育出版社2003年版，第207页。

第三章　国外抵制电视节目低俗化的成功经验

他们控制能力之外的许多压力却使这一愿望难以实现。商业的考虑使得新闻产品越来越向戏剧化的方向发展①。哈钦斯领导的新闻自由委员会早就明确地指出：因为广播有争取最大的可能的听众的意愿，这就妨害了他更好地为社会需要的服务。美国著名专栏作家李普曼也曾经在不同的场合说："电视的竞争是不可避免的，但是究竟是为了私人还是为了大众的利益，这才是问题的关键。电视节目品鉴标准，不应当看他有多少观众，而应该看节目的品质。②"当然，美国的一些影视艺术学院设立的奖项标准大多以质量为标准。这在一定程度上指引了电视节目制作者的选取方向。

2. 公共利益团体的抵制努力。在商业化的大潮中，恺撒家庭基金会、福特基金会、卡内基基金会和电视家长协会等基金会在挽救公共广播电视节目上面做了巨大的贡献。

（1）恺撒家庭基金会和电视家长协会。该组织每两年组织一次有关电视节目中的性描绘对青少年的影响的调查。调查对象包括了美国有影响力的10家频道共1000多个电视节目。他们将调查的结果反馈给政府管理部门，并提出立法和监管意见。同时，他们还会向社会公布调查结果，引起社会的注意，从而向媒体和有关机构形成舆论压力。进入21世纪，美国的恺撒基金会每两年便会进行一次这样的调查。2005年它抽样调查了美国主流电视频道，包括美国广播公司（ABC）、国家广播公司（NBC）、哥伦比亚广播公司（CBS）、福克斯电视台（FOX）、家庭影院（HBO）在内的10家频道共1154个节目，最受12岁至17岁的青少年欢迎的前20个节目进行了分析。

另一个协会是成立于1995年的美国电视家长协会，这个协会的宗旨是保护儿童不受电视和其他媒体色情、暴力等低俗化节目影响的民间团体，在全美有100多万名会员，并且同各大电视媒体、电视制片人和电视台网工作人员、网络媒体传播人员等有着广泛的联系，成为监督政府机构更严格监管和各电视台更加自律的代表性民间力量。

---

① ［美］W. 兰斯·班尼特：《新闻：政治的幻觉》，杨晓红、王家全译，当代中国出版社2005年版，第38页。
② 马庆平：《外国广播电视史》，北京广播学院出版社1997年版，第89页。

(2) 福特基金会。20 世纪 60 年代，美国人在经历肯尼迪遇刺等一系列重要事件之后，美国人的民族精神遭到创伤。虽然广播电视团结了人民，抚慰了人心，但是同时也遭受到怨恨和不信任。这个时期，对于电视产生的后果是：一方面，电视遭受到人民的嫌恶；另一方面，电视确实权力过大，令人反感。电视傲慢、贪婪，它一边向附属台要求越来越多的播出时间，一边播出一些不符合当地的"傻瓜电视节目"。小附属台由于经费问题也害怕得罪电视网，不得不答应它们的无理要求。同时电视网还控制着节目销售和发行公司，电影公司也怕电视网"枪毙"它们的系列节目，不得不在利益上做出妥协[①]。

此时整个美国正处在思想动荡的时期，各种思潮蜂拥而至，为了变相挣钱，许多教育频道被迫改为商业频道，许多优秀的节目因为经费问题无法申请到电视经营执照。正是在这个时候，福特基金会伸出援助之手。1952 年，福特基金会正式成立了全国教育电视和广播中心，以开发教育广播电视节目。其实在 1951 年，当福特基金会介入公共电视领域时，空中还没有非商业电视台播出。福特基金会不希望非商业广播失去 AM 频段的历史重演。为此，它在各个方面开展了卓越的斗争。

首先，福特基金会资助了一系列对电视与学校教育关系的研究，这些研究后来产生了儿童电视制作公司和《芝麻街》节目。其次，在 FCC 解除对电视的"解冻"政策中，福特基金会游说 FCC 通过了一项有利于教育电视的政策——预留教育电视频道。此外，福特基金会资助了一些教育电视台的成立，促成了全国教育电视台（NET）的诞生。

(3) 卡内基基金会。另一个以纽约为基地、在教育和广播政策制订方面颇有影响力的私人基金会是卡内基基金会。1965 年，钢铁大王卡内基建立了卡内基教育电视委员会。

卡内基基金会创始人卡内基认为，改良社会的高尚工作应该有一系列非营利性的机构（如图书馆、博物馆、教育机构和慈善机构）承担起来。这样的机构有助于保持社会组织的健全，使国家免于两方面的罪恶：来自下层的无秩序大众运动与来自上层的国家官僚控制。他劝告那些主

---

① 郭镇之：《中外广播电视史》，复旦大学出版社 2005 年版，第 73 页。

要是从自由经济制度获得利益的人们以慈善行为去减少社会的不平等。根据这种更新了的清教徒的道德观，社会问题可以通过应用专业知识进行启蒙教育来解决，科学技术被看作连接贫富鸿沟的桥梁。

卡内基基金会显示了设立公共议程和在政治圈内操作实施的娴熟技巧。1967年，卡内基教育委员会的报告——《公共电视：行动纲领》将福特的"教育电视"的含义推广开来，变为"公共电视"的时下之意，并流行开来。《公共电视：行动纲领》为美国的公共电视立法和建构体系绘出了蓝图。报告指出，电视作为公共启蒙和社会教化的工具具有许多潜在的功能：一是超越传统教育的范围，弥补美国教育制度的不足；二是在更普遍的意义上，用公共事务节目帮助美国人了解他们生活的时代，使他们成为更好的世界公民；三是有助于戏剧、音乐、电影和其他艺术形式的实验，使先锋派的美国艺术家获得承认。卡内基教育电视委员会的活动最终催生了《1996年公共广播（电视）法案》。

（4）其他研究机构的研究成果。美国有关研究机构在调查了1999年10月到2000年5月间美国主要电视台播出的1114个节目后表示，美国电视节目中谈论"性"、拿性做噱头和对"性"做描述的越来越多。在1999年至2000年电视档期中，有三分之二（68%）的节目涉及了"性"的内容。两年前这一数字是56%[①]。还有美国民间倡议组织"关注家庭行动"（Focus on the Family Action）也对电视节目进行了关于低俗内容的揭露。

（八）媒体组织的自觉抵制活动

永不疲惫地挖掘和炒作丑闻，自恋，偏执，党争吵嚷，缺乏诚信和职业素养，过度煽情与娱乐……这些东西使原本笃信媒体的人群大失所望，也导致年轻一代对新闻的漠视。有调查显示：30岁以下的受访者中，只有23%的人经常读报，18%的人看晚间新闻，29%的人看有线电视新闻，36%的人则从网上获取信息。

煽情新闻、名人新闻、色情新闻，对大众而言，好似一种麻醉剂，让人消磨思考力和批判力，变成媒体霸权的跟屁虫，便于精英分子对其精神奴役。60年代的美国的商业电视网，还普遍信奉着所谓"最低公分

[①] 新华：《美国电视"性"泛滥》，《当代传播》2001年第3期。

母原则"和"最少抵制原则",也就是坚持让自己的每一个节目,都要尽可能满足最大多数观众的需要,得到最大多数观众的喜爱,同时不会引起任何人的反感和不满。在这样的战略思想指导下,最初的电视电影很自然地走上轻松娱乐的路子。传统的好莱坞式惊险故事、浪漫故事和喜剧故事,是60年代后期和70年代电视电影的主流。只是由于这些专门为电视制作的影片预算很低,拍摄周期很短,而且播出时间基本上为90分钟,去掉广告时间只有普通影院电影长度的四分之三左右,因而是些名副其实的小制作,很少有能给观众留下深刻印象的作品。

但从70年代起,这种情况开始发生变化。1970年1月,全国广播公司播出了一部由百老汇戏剧改编的影片《我亲爱的查理》(My Sweet Charlie)。这是一部讲述黑人青年与白人姑娘爱情故事的影片,动作性不强,其封闭式结构也不可能为将来的发展留下什么余地,更重要的是,这种黑白恋爱的内容肯定会引起南方保守的白人观众种族主义情绪的不满。但在经过60年代民权运动和社会大动荡洗礼后的美国社会和美国观众毕竟与以往不同了,全国广播公司在经过再三考虑之后,还是决定上这部片子。结果这部影片受到了相当高的评价,同时创下了很不错的收视率,在不久后还得到了三项艾美奖。《我亲爱的查理》的成功,对以后相当一部分电视电影转向更严肃的题材,无疑起到了推动作用①。

还有一个例子就是,CBS麾下的芝加哥WBBM电视台曾经因为2000年初的几个月把晚上10点的新闻完全变成东部海岸或西部海岸的11点的地方新闻,将传统上富于戏剧化的煽情新闻变成了没有逗乐的严肃新闻。它集中于深度报道市政、环境等问题,并以这样的新闻与那些报道枪杀、水管破裂之类新闻的电视台竞争。它缩减了天气预报和体育报道,主持人逗乐的镜头取消了,名人特写也被地方官员的采访所替代,一度只关注食品的健康报道也开始转向严肃地谈论像癌症的镜头,这些变化把眼光从国家新闻媒体身上转移到了WBBM身上。但是,不幸的是,芝加哥的观众却减少了很多。新闻主持人和设计者罗尔·马林承认:"收视率状况并不是很好,我们正在做的事情可能有些激进,播放的节目中灾难性

---

① 苗棣:《美国电视电影的发展与现状》,《当代电影》2000年第2期。

报道、交通事故和火灾少了。我们报道的东西更多是文化性的、宗教报道和调查性的报道,我们依靠的就是对这里政治家的公众依赖度。"[①]

(九) 技术过滤

20 世纪 80 年代,在美国,以 1—900 号码为开头的声讯电话台开始兴起。这种电话按分钟或者包月收费,为人们提供股票行情、天气预报、交通旅游甚至早晨叫醒等方面的信息服务。慢慢地,声讯服务内容发生了变化,声讯台成了色情电话泛滥的地方。色情电话收费很高,当时每分钟都在 2 美元以上,整个行业一年的收入就达数百万美元。

可怕的是,当时电视广播、报纸杂志上到处都有声讯台的广告,许多孩子迷上了色情声讯电话。在学校里,各种声讯电话号码被孩子们传来传去,电话公司接到的各种抱怨雪片般飞来。一位叫南希的女士说,她一个月的电话费账单突然高达 5000 美元,原来她的孩子一个月就打了 300 多个色情电话,而且陷进声讯电话的诱惑中不能自拔。更可怕的是,色情电话还引发儿童犯罪。密歇根州一名 10 岁小姑娘被 12 岁和 15 岁的两个男孩强奸了,强奸的原因是他们听了声讯电话里的许多信息。女孩的父亲痛苦地说:"色情电话毁了一个家庭。"加利福尼亚州一个 12 岁男孩在打了两个半小时声讯电话后把一个 4 岁的小姑娘强奸了。于是,以美国家庭协会为首的各种民间组织开始抗议,并呼吁政府严惩声讯台。持续近十年的围绕色情声讯电话的立法斗争由此拉开帷幕。

从 1984 年开始,负责监管电信业的联邦通信委员会先后出台了一些规定:色情电话服务商不能向儿童提供服务,要求所有包含色情、暴力等儿童不宜内容的声讯服务台,在接电话时必须首先询问客户年龄,要求客户报出驾驶证和信用卡号码,以确认客户已年满 18 岁。这些问讯都要通过录音记录,以备司法部门检查,保证不让未成年人打电话;或者给成年消费者提供接入密码,通过确认密码,才能进入服务;或者把信息进行乱码处理,然后向成人销售解码器,这样只有成人才能进行通话。此外,限制色情声讯台的广告时间,一般都限制在深夜 10 时以后,因为此时未成年人多已入睡。在一般时段播放的节目中有裸露镜头或是粗俗言语,

---

① [美] 伦纳德·小汤尼、罗伯特·G. 凯泽:《美国人和他们的新闻》,党生翠译,中信出版社、辽宁教育出版社 2003 年版,第 226 页。

要加上马赛克或剪辑,露骨的色情节目只能在加密的收费频道里播放。

联邦通信委员会出台的这些技术手段在一定程度上起到了防火墙的作用,把孩子们挡在了墙外。但是,有些家长发现孩子竟然盗用家长的信用卡号码,冒充家长打声讯电话。为了斩草除根,1988年,美国国会通过了一项法案,彻底禁止经营声讯电话服务。但是,1989年美国最高法院裁定这一法案违反了美国宪法第一修正案有关言论自由的规定,将之搁浅。最高法院1992年最终认定联邦通信委员会的做法——通过技术手段防范儿童接触色情电话不违宪。到此为止,将近十年的立法过程终于告一段落。在现有的法律政策下,还没法完全杜绝孩子盗用家长的信用卡号或者介入密码信息来打色情电话,所以家长们必须提高警惕。目前,美国不少新型电视机和有线节目接收装置都有锁定功能,父母给不适合儿童观看的频道加密码锁。

除了这个要求之外,《1996年电信法》也对电视机遮蔽节目的生产做出要求,在美国各州间进行商业运输或在美国制作13英寸或13英寸以上(对角线长度)电视信号接收装置,要求设计装配使观众能遮蔽分级节目的功能。未设计和装置遮蔽分级节目的电视信号接收装置,不得在美国各州间运输。

相关研究表明,美国儿童平均每周有25小时在电视机前,有的甚至更多达11小时[①]。父母们对暴力和色情影视节目表示严重关切,强烈支持用技术使他们对有害于孩子的节目更好地控制。据媒体专家分析,美国有可能按照美国电影协会的电影分级系统,一是把暴力场面、语言表达、裸露程度、性描写、吸毒等内容分为"无问题""最好父母相伴""尤需父母相伴""未满18折必须由父母相伴""18岁以下禁止观看"等若干等级。二是电视机必须安装防暴力芯片,即"V芯片"。这样家长就可以将不希望孩子看的节目讯号预先输入电视机,在V芯片的作用下,含有害内容的节目会自动删除。

四 小结

对电视节目低俗化的抵制,在美国主要依靠是已有各种判例法和联

[①] 宋克明:《美英新闻法制与管理》,中国民主法制出版社1998年版,第150页。

邦通信委员会的执照审查。这是最基本的社会保护，同时也是政府的责任。再加上公民个体和以各种名义成立的协会和慈善组织的监督，同时充分发挥家庭的防护作用，那么抵制低俗化的工作便可以得到基本的成功。但是，理论一旦遇到残酷的现实，便显示出自己的弱点。对于低俗节目的抵制远远没有让人们满意的程度。这里有两个含义。

一是在美国，反抵制的行动从来就没有停止过。《资本论》早就揭示出了这样的一句话："如果有100%的利润，资本家们会铤而走险；如果有200%的利润，资本家们会藐视法律；如果有300%的利润，那么资本家们便会践踏世间的一切。"而这句话用在利润丰厚的美国媒体上最合适不过了。比如2006年国会通过的《反低俗法案》就遭到很多公司的反对。该法出台以来，在美国广播电视界引起了很大争论。哥伦比亚广播公司、全国广播公司、福克斯电视网这些在有线电视领域占有强大而稳固市场份额的媒体机构都不支持该法。其理由是，限制播出低俗节目时段的做法不能有效地阻止不良内容对儿童侵蚀。随着技术手段的进步，他们认为对于有线电视最好的反低俗节目办法应是使用频道加锁工具，例如安装数字专用机顶盒。

再如前几年美国国会通过了一项法律《Communications Decency Act》，试图阻止网上色情及其他"不体面"内容的传播，结果美国民权机构ACLU向代表美国政府的司法部挑战，起诉这项法律违宪。最后ACLU打赢了官司，这个法律被美国最高法院判决为违宪，主要原因之一是谁也不能够下准确的定义，什么样的内容是低俗的，这样会给执法部门滥用权力干预言论自由提供可能。

而《1996年电信法》中关于分级的问题也一直受到批评者的质疑。许多批评者认为，这一分级系统的不足之处是太笼统、太含糊，而且不够一致和规范。他们认为，应该将语言、暴力和色情的内容分开进行分级，让家长对于节目中的暴力、色情和语言的类型、数量和强度等详细信息有更好的了解。他们还认为应该由一个独立的专家小组而不是由制片者来对节目进行分级，那样的分级可能更客观、更准确[1]。

---

[1] K. Timwulfemeyer, *Mass Media in the new millennium: structures, functions*, Issues & Ethics, 2000, p.188.

二是关于淫秽和色情,在美国它们的定义也不统一,在不同的地方掌握也是不一样的。总的来说,关于淫秽的立法表面上很清楚,实际上很模糊,执法中漏洞很多。有些美国教授很明确地指出,在淫秽和色情的问题上,法律就从来没有真正成功过。再有,联邦立法和政府机构一方面要管,一方面一再声明实行尽量少的管理;一方面要大力提倡和保护公共利益,一方面又要一再申明保护私营企业、个人财产的利益。所以经常表现为既要管又不愿影响它的自由发展的两难状态。这种情况造成了实际生活和执法、司法过程中的烦琐、不确定、费时费力和其他复杂情况的出现。

更可怕的是,除了以上具有话语权的社会组织抵制外,现在很多民众也不再信任媒体,这在一定程度上更加加剧了广播电视节目的低俗化。近两年各种民调都显示:美国公众一半以上不相信新闻媒体的报道。而在20世纪70年代,70%以上的受访人笃信新闻,媒体的公信度堪与最优秀的公共部门媲美[1]。正如美国华盛顿大学政治传播学教授W.兰斯·班尼特在其著作《新闻:政治的幻象》所引用的那样:"答案并不在于新闻行业的突然坍塌,而在于最近几年出现的一系列新的挑战,这些挑战是由以下几点带来的:1. 新技术;2. 行业经济支柱的结构调整。这两点挑战使得新闻行业从过去的公共服务部门变成了一个商业企业,在新闻道路的每一个弯道上,服务都要向利润让步。"[2]

更加引起我们的注意的是低俗节目的制片人正在借用各种冠冕堂皇的理由为自己托词,如2007年电影《死刑犯——罪人求生》[3]中制造真

---

[1] 李丹:《变形虫——异化的美国传媒》,《新闻战线》2007年第1期。

[2] Marvin Kalb, "The Rise of the 'New news'": A Case Study of two root cause of the modem scandal coverage. discussion paper D-34, shorentein center on press, politics, and public policy, kennedy shool of government, Harvard university, October, 1998.

[3] 斯科特·韦伯(Scott Wiper)导演。主角杰克·康拉德是一名死刑犯,正在美国中部的一个监狱中等待着死刑的他,被腐败的狱方卖给有钱的电视制作人伊恩,从而被迫参加一个非法的生死游戏真人秀。当杰克被带到了一个孤岛上后,他发现这场游戏的参赛者除了自己外还有其他九个人,这些人都是来自世界不同地方的死囚。在这场游戏中,他们被告知自己必须竭尽全力与其他九人展开生死搏斗,因为只有最后生存下来的一个人才有机会重获自由。他们的一举一动都通过网络向全世界的观众进行现场直播。随着这些死囚惨烈的血腥争斗,这个电视网络真人秀登录人数达到了4000万,同时全世界有171个国家在观看这个充满着血腥和暴力的真人秀节目。载 www.watchthemdielive.com。

人秀的伊恩在接受记者多娜采访时就有一番自己的理论,而他的说辞很具有代表性。"咱们这些表演者有什么区别啊?好好想想吧,有些我们制作的电影和游戏,只不过是帮助他们逃到为他们准备好的世界里罢了,你知道我是什么意思吗?就是那些年轻人,对吗?年轻人。他们都只有十几岁""那些小孩又怎么办?全世界的小孩都可以登录,然后观看谋杀直播吗?""当然可以,只要他们有信用卡就行,听着,多娜,我们作为演艺人员……不可能让所有的事情也都能为小孩子准备好,监管这些小孩看什么,那是父母的责任!""那是逃避责任,伊恩先生,你也应该清楚!""你也应该承担些责任吧!""多娜,我并没有强迫任何人登录并收看我们的节目啊!我创造了人们想看的真人秀,但我并没有创造任何命令要求啊。人们喜欢观看暴力。他们一直都是这样,可能还会一直继续下去!"最后记者多娜对观众说:"当我结束这次访问之后,我对某人的表现非常气愤!他就是伊恩·布瑞克,我知道我的反应可能有些未经考虑,在过去的24小时里,成百上千的人登录了他的站点,看到他的成功,我也气愤不起来了,我很难过!我们这些付给他酬劳的人们,我们这些观看的人们,我们是不是也有罪呢?"[①]

第二节　英国抵制电视节目低俗化的成功经验

英国实行公共和商业广播电视并存的二元体制。它的公商并举的广播电视体制为许多国家所仿效,特别是BBC,无论是在规模还是在公信力、影响力都是世界闻名。

一　英国的广播电视概况

英国的广播电视分为两种:公共性质的英国广播公司(BBC)和商业性质的"独立"广播电视事业。在广播时代,历史悠久的英国为世界广播树立了一个标杆式的类型——公营广播制度和体系;而在电视时代,英国又顺应潮流,把公共广播体系改变为公共服务与商业经营并行不悖

---

① Scott Wiper, "The Condemned", 2013, http：/www.youtube.com/watch? v = IRPH-GDKPu9A.

的"双重"体系。现在，随着传播技术的发展，有线电视、卫星电视的崛起，英国的广播电视体制及政策又发生了较大的变化，由原来的"双峰对峙""二水分流"的局面，转变为"群雄并起""逐鹿中原"。

1. BBC的基本情况。

BBC在英国是独一无二的公共服务广播公司，它也一直被认为是世界公共广播电视体制的典型代表，它"不仅为世界广播事业的鼻祖，而且直到现在，一直具有最高的声望"①。它的资金主要来源于每个用户每年缴纳的112英镑许可使用费，这笔钱可以为BBC的各类节目制作提供必要的资金。现在，BBC投资倾向于经济生产和文化教育。著名的巴勒斯坦裔美国学者萨义德曾对BBC做过这样的评价："英国广播公司在国内外公众生活中所享有的地位非美国之音（VOA）那样的政府机构和包括有线电视新闻网（CNN）在内的商业电视网可比，这是一个不争的事实。原因之一就是，英国广播电视所播送的瑞思系列演讲和许多讨论会、纪录片这类节目，并不像官方核准的节目，而是提供观众和听众一些场合，可以广泛接触到严肃且往往是精彩的题材。"②

关于BBC的法律地位和管理方式，主要有两个法律文件加以说明：一是皇家约章；二是每次皇家约章颁发后，该公司同内务大臣之间订立并由议会批准的"执照协定"。BBC是特许经营的公共广播电视，其最高领导机构是董事会，成员包括各政党和社会界的代表，以及苏格兰、威尔士和北爱尔兰地区代表，最初由政府提名，后由国王任命。

BBC的业务分为国内、国外两个方面。国内台各有侧重，相互不补充，广播方面：第一台转播流行文艺节目；第二台主要是轻音乐、体育节目；第三台播放 Classical Music；第四台以新闻为主。电视台设有两个全国性电视台，在地方也有不少电视中心。

BBC的宗旨是提供信息、教育和娱乐，其节目应兼顾各方面的需求和兴趣，而且必须是健康的、良好的。BBC具有注重教育节目的传统，从1929年起，它就制作并广播专供学校采用的节目。BBC也一贯注重受众反馈研究，从1939年起就对广播、1952年起对电视定期收集反映，几

---

① ［美］萨义德：《知识分子论》，单德兴译，生活·读书·新知三联书店2002年版，第1页。
② 同上。

十年从未间断过。曾任英国广播公司董事长的 Christopher Bland 在 2000 年 8 月第二十五届爱丁堡国际电视节的演讲中指出,英国广播公司在网络时代生存的目标简单,就是制作出卓越的英国节目,其他都是次要的。

BBC 的主要特征是:(1) 以服务公众为原则,不以营利为目的;(2) 以播放教育性、文化性的节目为主,节目内容一方面要反映本土文化,和文化身份,另一方面要兼顾多元文化和少数族群。这是为了满足公民的需要,而非迎合顾客的喜好;(3) 有一个代表公众利益的独立机构,负责经营和管理。所以,一般的公共电视通常都会通过国会立法来保障其独立性,并有相应的宪章,以促使其行使职责,同时成立独立于政府的监管委员会和对外招聘行政总裁,虽然那些委员会和总裁通常在经过立法机构提名或通过后,由政府首脑委任,但他们都是具有一定资历、有声望的社会知名人士组成,并具有四年到六年的任期。英国广播公司中最常听到的一句话是:"将受欢迎的节目做成有品位,将有品位的节目做成受欢迎。"英国的电视研究者已经认识到,公共电视的健全发展基本上需要来自于立法、财务赞助和观众需求等三个方面的投入[1]。Blumler 等人在接受英国 PEACOCK 委员会委托对英国广播公司 BBC 财源政策选项评估的结构报告中,曾经扼要提出英国广电系统和欧美国家的区别,只属于英国独特的节目品质内涵[2]是:(1) 是个公共频道展现的普及性意义;(2) 节目表现在广度、品质与通俗性等三项目标的追求与重要性是一致的,并不偏废其中之一;(3) 对提供娱乐节目的责任与提供资讯及教育的责任并无二致;(4) 评估节目品质的标准是"公正""高尚"及"品味"等三项;(5) 节目编排的原则,是让其在时、日、周间,均能表现最大多样化;(6) 对国会负责的形式来实现回应观众。

2. 商业电视的发展

20 世纪 50 年代,英国广播电视公司的独家垄断权受到当事英国人的指责。1952 年,英国兴起"压力运动",新成立的"大众委员会"认为独家垄断限制了英国的言论自由,阻碍了英国广播电视事业的发展。在这样的社

---

[1] 钟起慧:《节目品质与优质电视——兼论当前台湾电视节目产制的困境及出路》,台湾广电基金出版社 2003 年版,第 68 页。

[2] 魏永征等:《西方传媒的法制、管理和自律》,中国人民大学出版社 2003 年版,第 235 页。

会背景下，在保守党执政后的 1954 年，英国议会通过《独立电视法案》，该法案允许在英国开办商业性电视台。从而在法理上打破了 BBC 独家垄断英国电视业的基础，使破除英国广播公司在英国的独家垄断成为可能。

1955 年，英国第一家商业电视台——伦敦电视台开播。该台依靠广告收入与出售节目维持运转。这样，BBC 一家独大的英国广播电视业的局面在事实上被打破。

英国广播电视系统构成表[①]如下：

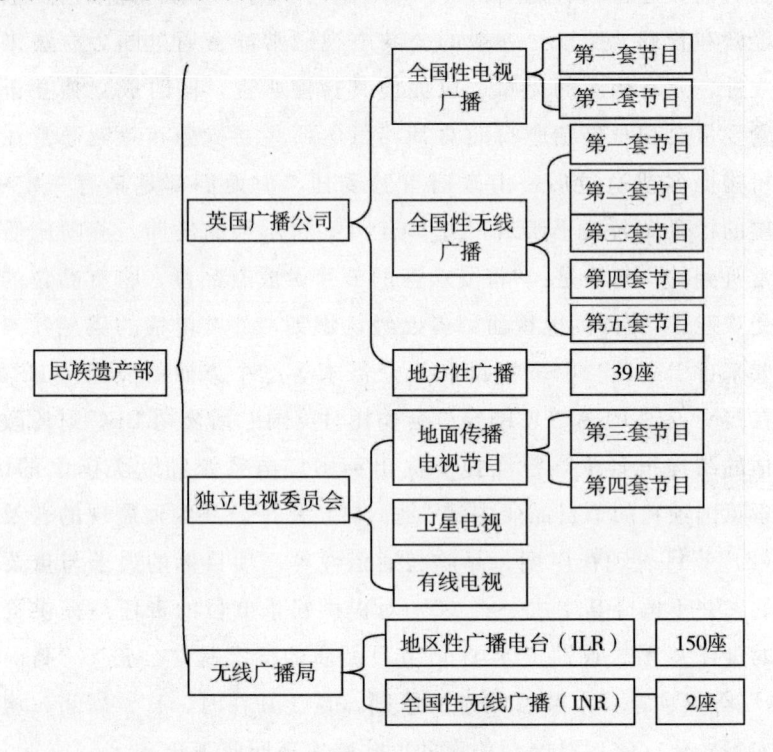

民族遗产部	英国广播公司	全国性电视广播	第一套节目
			第二套节目
		全国性无线广播	第一套节目
			第二套节目
			第三套节目
			第四套节目
			第五套节目
		地方性广播	39座
	独立电视委员会	地面传播电视节目	第三套节目
			第四套节目
		卫星电视	
		有线电视	
	无线广播局	地区性广播电台（ILR）	150座
		全国性无线广播（INR）	2座

二 英国广播电视节目的低俗化表现

对于色情或性的镜头，英国的有些电视节目十分大胆。在一篇关于英国电视节目的博客中曾有人介绍说，英国的一家电视台让一个赤裸裸的男士隔着布幕表演节目。当他在舞台上显示出人影时，主持人鼓动现场女性观众要不要看"大"麦克呀（麦克为裸男名字），现场女性观众疯

---

① 魏永征等：《西方传媒的法制、管理和自律》，中国人民大学出版社 2003 年版，第 235 页。

第三章 国外抵制电视节目低俗化的成功经验

狂说要,主持人又挑逗说,要不要看"大"麦克做伏地挺身呀?现场女性观众兴奋地喊要!于是这个裸男就在布幕后做一些动作,就像是皮影戏的效果一样,还可以看见生殖器的影子。随后主持人又鼓动现场观众,问说要不要打开布幕呀,当得到肯定后,主持人果然把幕布打开了,当然这个裸男用双手遮住重要部位。当主持人告知大家现场的观众中就有这位裸男的女朋友时,摄影机就立马瞄准他的女朋友去捕捉到这位女性观众的表情。后来她也被要求上台亮相与她的男朋友共同参加游戏节目。游戏的玩法就是这位女士要向她的男朋友投一粒球,主持人就赌这个裸男会不会把手举起来接这个球(因为手一举起来,重要部位就曝光)。如果他接这个球,马上就可以得到巨额现金。这时摄影棚里每个女性观众都兴奋地大声尖叫。结果当这位小姐投出这个球时,这个裸男居然伸手接球。当然当他的手举起来时,摄影机镜头就马上跳到他背后,以免让全国观众看到不雅镜头,虽然这位裸男马上用球挡住重要部位,但是现场所有观众都已经快疯狂了[1]。

据澳大利亚广播公司2004年11月10日报道,英国一个标榜"写实"的电视节目通过有线电视频道向观众播放了"刺激性"的内容。这个节目最大的卖点就是把摄像机镜头放在正在行房事的夫妇的床头进行现场直播,同时节目中有两位主持人将在演播室里就这对夫妇的表现加以点评,并暗示他们如何提高性生活的质量。据报道这一名为《性旁观》的节目在每晚的深夜播出,被拍摄的夫妇大多是年龄在20岁和30岁左右的年轻人。节目制作方表示,这一节目旨在帮助年轻的新婚夫妇如何更好地进行房事,享受性生活的乐趣[2]。

除了性的话题外,英国有些电视台的节目还玩"残酷"。比如英国电视五台热播的《名人戒毒营》,参加人有喜剧演员理查德·布莱克伍德、女歌手金·王尔德以及性感女星塔玛沙·贝克维斯这样的国际大腕。游戏规则是,他们被送到泰国的一个温泉疗养地,在那里被迫禁食7天后,

---

[1] 陈齐:《英国的电视节目》,2007-10-25 23:20, http://hi.baidu.com/kysz/blog/item/65800cdbe20c2a65d1164e24.html \ 。

[2] 《英"真实电视"进家庭 教导青年行房》,搜狐网,2004年11月11日,http://health.sohu.com/20041111/n222932344.shtml \ 。

就开始进行包括洗肠在内的一整套治疗。电视观众看着自己平时喜欢的明星如今在电视节目中痛苦的表情，很多人打电话控告节目"残酷"。

还有一期《残酷假期》的电视节目，电视台则向参加者施舍了"惩罚"，竟然让参加者进行吃蟑螂、跳悬崖等刺激性的动作表现。

在《我的新好朋友》游戏节目，其规则是让参加者真心欺骗对方。如男友告诉女友：自己实际是个同性恋者；或女友告诉男友，自己刚拍了一部色情电影；或女儿告诉爸爸，自己刚被某人侮辱等。电视台靠秘密拍摄并播出对方的表现和反映，而赢得观众收视率。可是当一对非常好的恋人厮打起来的时候；当爸爸要真的杀了侮辱女儿的某人的时候，当某个家庭成员听到消息精神崩溃的时候，这档节目就不得不停播了。

除了描述"性"和"残酷"，在英国还有一个令很多父母伤心的主题，那就是暴力对青少年的影响。人们一直认为年轻人对"有害"内容的抵抗力特别脆弱，而这种忧虑的历史可以回溯到古希腊时期。他们提出，独特的故事或戏剧要么腐蚀年轻人，要么给人提供一种净化和"宣泄"。很多社会学家支持上述的指责。根据的一项研究结果，媒介能够对那些具有"反社会倾向"的人产生麻醉效果。一些研究甚至声称，根据青年人对他们儿时所看电视节目的种类的了解情况，能够预测出这些人所具有的攻击性行为的水平程度（Eronetal，1972）。贝尔逊（1972）对伦敦青少年男孩的调查发现，由于过度沉浸于暴力之中，他们参与严重暴力行为的次数明显增多。英国两个10岁男孩杀死詹姆斯·巴尔格（James Bulger）的令人恐惧的案件与暴力电影录像之间可能的关联，引起了一场关于这些问题的激烈的公共辩论。对这两名儿童宣判的法官默兰德（Mr Justice Morland）也注意到犯罪行为与家庭录像之间的关联。在这个事件中，一个众所周知的事实是，乔·维纳宝斯（Jon Venables）的父亲在詹姆斯被绑架和遇害近1个月前租借了电影录像带《儿童的三幕曲》（Child's Play3），这是一部只给18岁以上的人看得成人影片。

为了应对残酷的电视台竞争，各家媒体都有一个共同的特点：以营利为目的。在这种理念指导下，英国的游戏娱乐类节目，每2年左右就要更换一次，有的甚至播出几个月就换掉了，这中间起决定作用的就是收视率。在收视率的左右下，英国的名人明星们的生活隐私就成了各电视台的抢手货。有一档表现名人日常生活的节目：就是把某名人或明星安排在一间布满几十台摄像机的大房子里，名人要在这里生活几天。于是电视台24小时直播，看节目的观众，尤其是名人明星的崇拜者们，可以在任何时候，窥视到名人明星的所有活动，甚至包括抠鼻屎、洗澡、上厕所、剃腿毛、假胸罩等。当然了名人明星们通过这个节目，炒作了自己又得到了一笔可观的收入，电视台也赚取了能够带来盈利的收视率。

面对这样低俗的电视节目，英国政府官员和心理学家纷纷指责这类节目在共同"制造恶心"[①]。文化部长泰沙·宙维尔指责节目制作人"太低贱"，都是虐待狂。英国曾在1962年佩尔金顿报告中就已经把智力竞赛和游戏节目作为媒介中最不重要但对社会最有害的节目加以论述了。英国学者Beckett曾批评"对于智力竞赛节目的态度与对赌博的态度相仿——获胜不需要什么功绩，奖金对于参赛的人们来说实在太大了"[②]。(Beckett, 1995)

所以，在英国智力竞赛和游戏节目在电视的"青睐顺序"中排名非常靠后，其主要的原因包括：它们来自于空头文化的起源和娱乐的"低俗"形式，它们的观众（在白天是家庭妇女、退休工人和失业者，在晚上是工人阶级和下层阶级）的社会地位，它们廉价、低劣的性质，以及它们"空洞、重复"或"贪婪、好斗"倾向。事实上，智力竞争节目所有的突出特性都站在"高雅文化的对立面"[③]。

三 英国对广播电视的监管机构

与大多数国家不同，英国对媒体管理的主体法律框架是不成文法的，它是按某些国会条令建立的媒体管理机构及其运行原则、欧洲人权公约等构建而成的。在机构设置上，涉及节目内容管制方面的主要有独立电视委员会和广播标准委员会。英国广播标准委员会（The Broadcasting Standards Commission）负责监督所有电视台在暴力和色情节目方面的播出情况以及电视台在高雅品位及操守原则方面的施行情况，同时还受理

---

① 冷淞：《在创新与扭曲中生存的英国娱乐电视》，《声屏经纬》2004年第4期。
② Beckett, A. (1995). A question of thought. The Independent on Sunday February \.
③ [英] 麦克奎恩：《理解电视》，苗棣、赵长军等译，华夏出版社2003年版，第69页。

公众关于隐私和不公正待遇的投诉。独立电视委员会（The Independent Television Commission）监管商业电视。而广播局①（The Radio Authority）则负责商业电台的监管。这三者都按照各自的规则运作，并各自公布投诉的处理情况。最近新成立的传媒办公室（Office Of Communication）融合了五个现存监管团体的功能：独立电视委员会、广播标准委员会、电信管理办公室（Office Of Telecommunications）广播局和无线通信局（Radiocommunications Agency）。传媒办公室致力于对整个电子通信业进行监管，是英国《通信法草案》（Communications Bill）正式实施后于2003年底开始运作的。

依据文化传统和共同接受的道德标准，英国对电视的管制不像美国那样存在猥亵内容管制与言论自由的矛盾问题。在英国根据电视产业的体制，对于私营广电媒体来说，它们必须遵守两个单位的规定：一个是独立电视委员会（ITC）的规定，另一个是广播标准委员会（BSC）的规定。公共广播公司（BBC）必须遵守广播标准委员会（BSC）标准和自己内部的规定的行为准则。无论是公营还是私营的媒体必须遵守的一个硬性规定就是"分水岭政策"，即晚间9：00以前的节目必须符合家庭收视。

1. 广播标准委员会

英国为了更好地监督管理BBC节目的品位，设立了广播标准委员会（BSC）。其主要任务之一就是制定暴力色情内容的标准，以及一般性的广电媒体品位和庄重要求的标准。另外一个任务是处理对此类节目的公众控诉或自己的检查，是否遵守广播标准委员会（BSC）标准是执照审核的条件之一。

广播标准委员会（BSC）是根据1996年《广播法》第五节所建立的法定管理机构，它只对议会负责。它可以对制定的守则予以移交，对一些原则给出指导。它"关注公众关心的暴力和性描写，确定品味和正派的标准"。BSC监视节目，检查来自公众的投诉，并从事研究活动。BSC草拟了一个实践性很强的规则，其标准守则规定的条款涉及节目安排、

---

① 独立广播局（IBA）在监管猥亵内容方面有权事先审查节目单，在必要时，独立广播局（IBA）也可以自己审查节目（例如，新闻界或公众投诉某节目可能违反法律规定），它还有惩罚权，可以采取从道歉、罚款、勒令停播、到吊销执照等一系列措施。

风格和格调，以及节目中对暴力和性行为的描述。该守则适用于英国范围内的所有的广播机构。BSC 与广播申诉委员会（BCC）协同工作。BCC 建于 1981 年，处理广播电视节目中对不公平对待的投诉和对节目及广播电视机构无正当理由的侵犯个人隐私的投诉。

根据 1996 年《广播法》的规定，广播标准委员会有权对与标准和公平有关的控诉进行考虑，并做出裁决。它可以不进行主动的干预。广播标准委员会对相关控诉进行裁决，他们都是由英国文化、媒体和体育大臣所指定的独立人士。

关于控诉规定，任何观众或听众都可以对相关节目提出控诉。典型的控诉涉及性和暴力有关的描述或者污秽语言的使用。控诉必须以书面形式提交，并且在电视节目播出的 2 个月内提出。广播标准委员会只有将相关裁决及其结论寄送给控诉任何相关机构，也可以对相关机构做出指示，要求其通过电视或出版物公开相关控诉书的简介、裁决。除此之外，广播标准委员会没有其他制裁措施。它也没有权利对相关当事人进行罚款或责令其道歉。

2. 独立电视委员会（ITC）

独立电视委员会是根据 1990 年《广播法》建立的一个法定实体。广义讲，它具有以下职能：（1）签发允许商业电视公司（BBC 除外）在联合王国国内以及从联合王国向国外进行广播的许可证；（2）对被许可者所从事的服务性广播进行管制，包括对相关节目内容设置标准。独立电视委员会制定了一部节目守则，并对之予以实施。该守则适用于根据 1990 年和 1996 年广播法由独立电视委员会许可的所有陆地、有线和卫星电视服务。所有的被许可人被要求确保其传输的任何节目都应符合该守则的规定，并应使独立电视委员会确信其具有足够的保证程序以满足上述要求——包括确保相关机构的资深节目制作者能够遵守守则的规定。

2002 年 1 月，英国独立电视委员会重新修正了《节目准则》。修正后的准则适用于由独立电视委员会颁发牌照的所有地面电视、有线电视和卫星电视，也适用于地方机构在节目中播出的某些国外卫星节目。所有持牌人应当确保播出的节目符合本准则的要求，并使独立电视委员会确信他们为满足要求而采取了切实的措施。

当未遵守《节目守则》的情形发生的时候,独立电视委员会可以对相关被许可人进行制裁,其制裁包括:正式警告、要求在电视节目中播放勘误信息,或者处以罚款。在特别情况下,独立电视委员会可以缩短相关机构的广播许可时间或取消许可。与此相关的裁决将在独立电视委员会通常每月一次的控诉和干预报告中进行发布,而且其网站也会刊登此类裁决。控诉和干预报告的发行量很大,这意味着被裁定违反守则的广播机构可能在名誉上受到较大的影响。民众向独立电视委员会控诉的要求。在向独立电视委员会提起控诉的时候,应该使用独立电视委员会所制作的正式控诉表格。在控诉之前,控诉人应该考虑直接向相关广播机构提出控诉。电视公司有责任对针对其电视节目的控诉做出回应。独立电视委员会通常在收到的四到六个星期内对相关事件进行处理。

3. 独立广播局和电缆电视局

英国的商业广播电视从 1955 年到 1992 年以前都由独立广播局(IBA)管辖,从而形成一种独具特色的公私合营的广播电视系统。独立广播局(IBA)的组织机构相当严密,它的最高权力机关是管理委员会,主要任务是定期选聘节目承包公司,监督与指导商业广播电视的政策与节目,管理商业广告,维护用来发射节目的机器与播出节目。管理委员会有 12 人,1974 年以后由内政大臣任命。独立广播局总经理由管理委员会聘任,领导下设的节目、广告、工程、财务等部门执行具体的管理职责。根据耶南委员会近 3 年的调查,英国支持独立广播局成立第四频道。1982 年,独立广播局(IBA)所属的第四频道(C4)开始播出节目。第四频道与 BBC 第二频道一样,都意在提供"可供另类选择"节目。然而,与人们想象完全相反的是,身处私营阵营的第四频道却追求启示性、创意性与个性,节目特别严肃,也不无沉闷。收视率低于独立电视网与 BBC 的两个频道。"比公共电视更像公共电视"的第四频道还因此被称为商业电视的"良心"[①]。在这之前,英国已经组建了"独立电视局"(简称 ITA)专事对英国商业电视的管理。1972 年,英国议会把独立电视局

---

① 欧阳明:《外国新闻传播业史稿》,武汉大学出版社 2006 年版,第 185 页。

(ITA)改名为独立广播局（简称IBA），独立广播局管理英国的商业广播和电视。1973年，英国议会通过《独立广播电视局法案》，从而促使英国广播电视业出现了"公商并营"的局面。

1985年政府设立电缆电视局，负责电缆建设，并审批播放电缆电视的公司对其节目的广告内容进行监督。主要的两家是：（1）超级电视台：独立电视网1987年创办，当年一月底开播，通过欧洲卫星日夜向英国和其他西欧国家播送新闻和娱乐节目，经费主要依靠广告。1983年被NBC买下，业务进一步发展。（2）空中电视台：为传播大鳄默多克所办，前身为1982年创办的空中频道，1989年改名，1990年兼并英国卫星广播公司，成立空中电视广播公司简称BSKYB，现在伴有新闻、电影、娱乐、体育等多个频道，观众遍及英国和欧洲许多国家。

4.英国电影分级委员会

在英国，一部电影或电视节目中，一个强奸的画面既可以被表现为城市人震惊的行为，也可以成为一个有吸引力的玩笑。而这样的表现要接受电视指导部门或英国电影分级委员会[①]（British Board of Film Classification）的审查。

英国从1909年开始通过立法对视听产品实行审查分级制度，现在这项制度已经十分完备。负责审查分级的机构是英国电影分级委员会（简称BBFC），它于1912年正式成立，它的前身是英国电影审查委员会（British Board of Film Censors），它是一个独立的非政府机构。目前共有40多名工作人员，包括6名高级管理人员，10多名全职检查人员（审查分级专业人员），20多名一般管理人员（会计、秘书等）和5名技术人员（放映样片、设备维护等）。高级人员中，委员会正副主任由内政部任命，其他人员向社会招聘。另外，英国还有一个录像带外包装审查委员会，负责对视听产品的外包装审查，由BBFC管理，其领导成员有5人，3人来自录像带制作生产行业，两位来自BBFC，主席是BBFC的副主任。英国的BBFC负责对在英国出版发行、播放、放映、出租和销售的电影、录像带、数字媒体（激光视盘、唱片、电子游戏、软件等）进行内容审

---

① [英]大卫·麦克奎恩：《理解电视》，苗棣等译，华夏出版社2003年版，第117页。

查和分级。所有这些产品（除教育类、体育类、宗教类及音乐类录像带等免于分级的节目外）必须经过 BBFC 发放的审查分级证书才能进入市场和公众传播范围。绝大多数国家都制订了专门的法律来保障对视听产品进行审查、分级，并且随着社会的发展，根据视听产品内容和形式的变化以及公众要求的变化不断修订和完善这方面的法律。

  BBFC 有严格的工作程序和审查要求。一部录像节目从提交分级申请到最后拿到分级证书，大约有 18 道程序[①]。审查分级过程大致如下：委员会的决定由大家协商一致达成。每一部作品由两人一组的检查人员审看，他们每天必须写出报告，详细描述作品的特征，并为他们做出的决定提供充分的理由。如果遇到分歧，影片将交给另一组人员审看，通常还有一名负责官员在现场审看。所有决定必须是经过一个主要官员批准。电影或录像公司也可以请求审查官员审查他们的电影或录像节目。委员会的主任或副主任会就遇到分级困难，尤其是可能被拒绝分级的节目进行协商，通常大部分审查小组都审看过这一节目，但都难以做出决定。大多数这类电影或录像是给不同文化背景的观众观看的外语节目（如印地语或广东话），这时需要聘请专家来审看这些节目。

  根据 BBFC 的评估，如果一部影片或录像，在内容上符合《淫秽出版物法案》的规定或违反了刑法的有关条款，经过删剪后仍不能在全国

---

① 这 18 道程序是：（1）录像带接收—填写接收日志，包括样带、申请表等材料，录像产品由前台进入计算机系统，申请表及其他相关文档扫描进入计算机系统；（2）节目检查，录像带被送到技术部门测量，依主题检查过去的分级记录和其他相关信息，以函件通知顾客相关要求和问题；（3）技术，录像带经过测量，有技术问题的，会通知顾客，等待列入审查计划；（4）缴费，由财务部门以 PRO－FORMA 发票或用顾客信用卡结算；（5）待审，所有材料以时间先后顺序等待审查；（6）审查，审查节目，写好审查记录、报告、节目删减内容；（7）给顾客开发票；（8）检查经营许可，审查小组复审对节目的分级；（9）进一步审查，需要进一步审查的节目要送去重新安排审查；（10）登记，对审查通过的节目登记，签署临时票据交换表给顾客，表明初步审查分级意见；（11）等待问题解决，有关产品没有解决的问题存在文档里，等待顾客的回复以便发函；（12）等待广告画面被通过；（13），等待删减，节目如需删减，顾客会收到删减单，产品将被返回重新编辑，等待重新申请；（14）等待 ICF（临时票据交换表）的回复，顾客认可临时分级决定，并由负责人在 ICF 上签字回复，顾客在 42 天内可以申请撤销已申请的分级；（15）VPRC（包装审查分级理事会）的认可，产品包装通过审查，BBFC 将准备正式的分级证明书；（16）录像带包装未通过包装审查，则等待通过后再发分级证明书；（17）发送急件，由 BBFC 负责人签发的分级证明书等证明材料用急件发给顾客，把此节目添加到已分级产品目录中；（18）存档，产品及相关材料存入已分级产品的法定档案中，以便查询。同样，数字媒体节目的审查以及电影的审查，程序与录像带审查程序相似，都十分严谨。

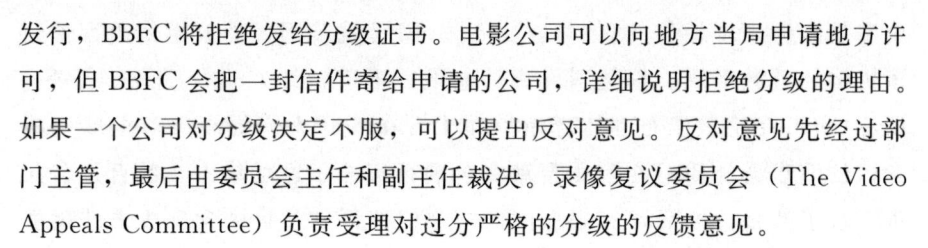

发行，BBFC 将拒绝发给分级证书。电影公司可以向地方当局申请地方许可，但 BBFC 会把一封信件寄给申请的公司，详细说明拒绝分级的理由。如果一个公司对分级决定不服，可以提出反对意见。反对意见先经过部门主管，最后由委员会主任和副主任裁决。录像复议委员会（The Video Appeals Committee）负责受理对过分严格的分级的反馈意见。

5. 英国通信办公室

分配因素，政府对广播电视保持一定程度的监管。通信办公室就是这样的机构。通信办公室不是媒体的自律机构。它是管理商业广播电视的法定机构，负责确定频谱的使用、业务范围，维持广播电视服务的多元性，并且保护公众不受伤害、冒犯、不公正对待及隐私侵犯。

通信办公室董事会由1名非执行主席、5名非执行董事和3名执行董事（包括首席执行官）组成，6名非执行成员由英女王根据大臣的建议进行任命。董事会下设内容委员会、内容审批委员会、电台许可委员会、公平委员会和选举委员会等9个董事委员会以及4个顾问委员会。目前通信办公室的政府监管主要集中在修订频谱政策和对主导运营商英国电信的调查等方面，并卓有成效。

通信办公室对广播电视内容的监管主要分为三个层次，第一层次和第二层次适用于所有的广播电视机构，包括英国广播公司，第三层次主要是针对商业广播电视机构。具体说来，第一层次被称为"公共规制"，包括节目标准、广告标准和公平原则，并对受众投诉和节目格调、品位等问题也做出了相应规定。第二层次被称为"共同规制"，主要涉及广播电视机构播出节目的数量和比例，包括不同类型节目比例，地区性节目、原创性节目等的比例，25%的原创性独立节目比例，新闻、时事、教育类节目的比例等。第三层次被称为"自主规制"，要求商业广播电视每年提交年度报告，自我评估每年所承诺的公共服务义务的履历情况。根据《2003年通信法》，通信办公室每5年对广播电视机构进行一次评估，重点从以下几个方面考核被评估机构是否提供公共服务：是否提供了多样化的节目；是否满足了各类不同群体的喜好和需要；是否提供了平衡、公正的服务；是否提供了高质量、高标准的节目。

欧洲竞争电信协会去年对电信行业做的一项调查认为，英国通信办公室是欧洲表现最佳的管制机构。例如BBC就曾因为播放粗俗语言受到该机构的道歉声明。据英国《每日电讯》报道，2007年7月7日下午，Live Earth在伦敦温布利体育馆举办了旨在呼吁人们提高应对全球变暖意识的演唱会。BBC在其1台和2台现场直播了这场演出。数百万名儿童观看了节目。之后，有观众向监管部门控诉称节目中含有攻击性粗俗语言。对此，BBC辩护称，在演唱会开始前，组织者曾多次保证不会出现不当语言。但是英国通信办公室却称，演唱者使用的攻击性语言完全是可预计的。BBC对没有阻止含有这些语言节目的播出而负有责任，从而"使观众们遭受了最无礼的语言"。英国通信办公室要求BBC在其2台下午4点和1台晚上7点的节目中发表声明，承认在此次事件中的过错。这是广播监管机构英国通信办公室目前做出的最为严厉的处罚之一。

四 英国相关法规中对低俗节目的管制

英国是最早给色情淫秽下定义的国家。在1868年Hicklin案中大法官Cockburn认为：定义淫秽的材料主要看其是否倾向于使受不道德影响的人或易于取得这类出版物的人堕落或腐化。其鉴定方法是，截取其中有争议的部分，观察其是否对于那些意志薄弱和对色情敏感的人产生堕落或腐化的作用。这个定义的特点是：第一，只要截取有问题的部分，而不必从整体、全局、主题上加以分析。第二，影响对象只是那些意志薄弱和敏感的人，这主要就是指那些未成年人。第三，以造成堕落或腐化的效果为唯一标准。到1959年，英国制定《淫秽出版物法》，其中第1条规定："如果一个出版物或它的一部分（指由两个或两个以上不同部分组成的一个出版物），从总体上看，当人们在各种情况下阅读、观看或收听、收录其内容时，会发生诱使他们堕落和腐化的作用，那么它就是淫秽出版物。"这一规定比希克林判例有明显的变化。原因是，首先，它突出了"从总体上看"的原则，而不是任意截取一部分，这样就可以把明显的淫秽读物同涉及性内容但是具有文学艺术价值的作品区分开来；其次，它的危害对象包括了各种情况下的读者、观众和听众，而不只是意志薄弱的未成年人。该法第4条规定："如基于公益，认定出版物具有科学、文学、艺术、学术或其他为公众关切的课题时，则不属于淫秽。"[1]

英国关于色情表现还有"不雅"概念。不雅比淫秽要低一等级。淫秽的要件是引起淫欲，而"不雅"主要是不符合普遍的道德标准，所以"不雅"比淫秽更难以定义。有时"淫秽""色情""不雅"可以互换使用，为此引起认定标准的争议。对接触不雅内容的限制主要适用于未成年人，成为电影、电视分级管理的一条界线[2]。

英国在1954年就有法规禁止猥亵内容，发展到1990年，英国广播电视法案授权独立电视委员会（ITC）尽全力保证"节目中不含损害良好品位和庄重，或可能引起犯罪或扰乱秩序、侵犯公众感情"的内容。广播电视媒体色情内容的管制，比1959年猥亵出版物法（英格兰和威尔士，书籍和报纸）的规定更严格。《1990年广播法案》规定，如果有明显色情内容的节目播出，广电媒体以及提供节目的公司（独立制片人）就可能触犯刑法[3]。

（一）法律制度管理

1. 《1990年广播法案》[4]

广播法修正草案于1989年12月公布，并于1990年11月获皇家同意。该法内容复杂，篇幅较长，有204项条款和22个附则。该法修正案草案在经议会讨论时，做了很大的修改。在经过上院讨论时，提出的修改意见有2673处，实际修改了1356处。《1990年广播法》实施后，废止了1981年和1984年广播法。

英国国会于1990年通过的广播电视法（BROADCASTING ACT 1990）中明定，申请广播电视执照的经营者在节目制作上必须罗列"品质门栏"的准则，以作为执照审查的依据。[5] 英国政府规定的"品质门

---

[1] G. Robertson QC & A. Nicol, *Media Law*, third edition, Penguin Book, London, 1992, pp. 106 – 110.

[2] 魏永征等：《西方传媒的法制、管理和自律》，中国人民大学出版社2003年版，第146页。

[3] *Broadacsting Act 1990*, Sch. 15 para. 2for the persons criminally liable.

[4] 在这里需要指出的是，英国随后曾出台《1996年广播法案》。"英国《1996年广播法案》对《1990年广播法案》的某些条款做了修订，其中最主要的内容是放宽《1990年广播法案》中有关媒体所有权的限制，以及建立英国数字地面广播的管理机构。"（见夏轶锴《放松管制市场竞争——1990年、1996年〈广播电视法案〉及2003年〈通信法〉影响英国公共广播电视发展的理论分析》，上海大学影视艺术技术学院硕士学位论文，2006年，第19页。）上述修订与本书主题关系不大，故不赘述。

[5] 以上可见 Ellis (1990)、Leggatt (1996)、Kerr (1990)、Mulgan (1990) 等人的相关讨论。

栏"有四项，分别是：（1）在尖峰时刻，提供充分且高品质的新闻及时事节目；（2）除新闻、时事节目外，应提供充分且高品质的其他类型节目；（3）提供充分的宗教性及儿童节目；（4）提供多样品位及兴趣的节目，其中"多样（VARIETY）"有三层含义：一是包含特殊形态的节目；二是高水平的节目；三是提供一定比例的各类型节目。

该法关于广播电视的质量和内容的规定，英国第三电视频道和1997年新开播的第五频道上的电视营业者，根据规定必须通过质量测评，才能获得营业执照。

其中该法案对持牌人的节目总要求是在节目中不含有违反良好品位或违反礼仪的内容，不含有可能会鼓励或诱导犯罪的内容，不含有导致社会不安定的内容，不含有犯罪公众感情的内容。

该法案要求独立电视委员会必须制定指导下列事宜的准则，并不时进行修改：（1）涉及持牌人在节目中播出表现暴力的内容以及表现暴力的音响所应当遵守的规定，尤其是在大量儿童和少年有可能在观看节目的时候；（2）关于在节目中播出呼吁捐助的内容所应当遵守的规定；（3）独立电视委员会认为应当列入节目准则中的任何有关节目标准和实践的其他规定。同时，《广播法》还规定独立电视委员会应当尽其所能，确保持牌人在其提供的服务中遵守节目准则的有关规定。

然而，广播电视法的实施也造成了一些无法预料的影响。在70年代和80年代的大部分时间里，英国电视在公共服务和商业压力之间一直艰难但颇为成功地维持着平衡，那时，英国被冠以这样的一种色彩模糊的头衔：拥有"世界上危害最小的电视媒介"[1]。到了20世纪90年代，由于该法案全面修订了独立电视的管理条例，用独立电视委员会（ITC）取代了独立广播机构（ITA），ITC贯彻执行了新的许可证颁发计划，允许广播特许权进行拍卖，即对一个特定地区的广播特许权可以给予任何一家报价最高的公司（装在密封的信封里交给ITC）。在此以后，电视的发展显示出商业压力驱使下，节目制作者不顾质量高低、蜂拥而上生产低档节目以节约财政支出和提高收视率的趋势。

---

[1] ［英］大卫·麦克奎恩：《理解电视》，苗棣等译，华夏出版社2003年版，第21页。

格兰维利·威廉姆斯（Granville Williams）在1994年认为，注重节目的价值观念，致力于以串行的方式探究问题和思想，相对可靠的公共服务单位被小型的、独立的节目制作公司取代，这是1990年广播法案所导致的另外一个结果。这些小公司相对于商业压力和政治压力的承受能力都非常有限。掌握广播电视控制权的，不再是要求确保节目的高质量、平衡性和能够被普遍接受的管理部门，这种控制权已经落入了一些大型公司或公司集团手里，如新闻集团、时代华纳、菲尼维斯特（Finivest）等。广告收入的竞争也干扰了节目制作的编辑和创造的独立性。赞助、节目交换和少数公司控制的生产配置决定着观众接收到的信息和娱乐。

2.《2003年通信法》

2003年7月17日，英国议会又通过了《英国通信法》（Communications Act 2003）。新通信法根据《1990年广播法》和《1996年广播法》的精神，将广播电视播出的内容规制分为3个层次：第一层次是对内容的"质"的监管。包括对英国国内所有广电媒体（包括BBC），按照播出内容是否有害、是否正确、是否中立、是否公正、是否侵权等项指标进行监管，其中对BBC播出内容的判定权由BBC经营管理委员会行使；第二层次是对播出内容的"量"的管理。包括对不同制作主体制作的节目所占的比例进行限制。如对委托独立制片商制作的节目、欧盟制作的节目、国内各地区制作的节目，都规定了适当的播出比例；第三层次主要是对商业电视的公共服务义务所做的规定。

该法要求："主要地面电视频道"——英国广播公司电视一台和电视二台、独立电视网第一频道、第四频道、威尔士第四频道及第五频道——播出和提供内容广泛的、涉及各类主题的节目和服务，以满足众多不同年龄段、不同层次观众的需求和兴趣。其他目的，上述各"主要地面电视频道"还被要求播出高标准的节目，以达到教育、传达信息和提供娱乐的目的，并且要反映英国的文化活动。其中，英国设立的通信办公室要从三个方面对"主要地面电视频道"进行考察：（1）节目产品：有关电视机构提供的产品是否具备《通信法》中规定的节目主要要素；（2）电视的影响：考察其节目是否达到目标观众；（3）电视的评价：是否得到目标观众的认可，而且是否有利于社会。

由于通信办公室要对英国议会负责,所以,一旦发现有些电视台并没有达到这个要求,它就会向议会提交一个考察报告,当然,在报告中,它也会提出具体的修改意见。

3.《英国通信办公室播出准则》

关于暴力和危险行为,通信办公室播出守则列出了三条要求:(1)在儿童不宜节目可在电视上播出的起始时间之前或在儿童可能收听节目的时间内,须在节目中限制播出含有语言或身体暴力、暴力后果和暴力描述等内容,并必须依据节目背景进行判断;(2)无论是语言暴力内容还是身体暴力内容,极易被儿童模仿,具有危险性,因此除非有充分的编辑理由,否则禁止未经处理直接向儿童播出此类内容,或除非具有编辑理由,否则禁止在儿童不宜节目可在电视上播出的起始时间之前或在儿童可能接收节目的时间内播出该内容;(3)由于某些危险行为或对危险行为的描述极易被儿童模仿,具有危险性,所以,因此除非有充分的编辑理由,否则禁止未经处理直接向儿童播出此类内容,或除非具有编辑理由,否则禁止在儿童不宜节目可在电视上播出的起始时间之前或在儿童可能接收节目的时间内播出该内容。

关于冒犯性语言的规定,在儿童不宜节目可在电视上播出的起始时间之前或在儿童可能收听节目的时间内,禁止播出极具冒犯性的语言,除非在极特殊的情况下,否则禁止在青少年节目中使用冒犯语言,或除非节目背景需要,否则禁止在儿童不宜节目可在电视上播出的起始时间之前或在儿童可能收听节目的时间内在节目中出现冒犯性语言。在任何情况下,须避免在儿童不宜节目可在电视上播出的起始时间之前频繁使用该类语言。

关于性的规定,除非具有充分的编辑理由,否则禁止在儿童不宜节目可在电视上播出的起始时间之前或在儿童可能收听节目的时间内播出性交场面;在儿童不宜节目可在电视上播出的起始时间之前或在儿童可能收听节目的时间内,任何关于性行为的讨论或描述均须具有编辑理由,并且须有限制。

关于裸体的规定,在儿童不宜节目可在电视上播出的起始时间之前播出的裸体内容须依据节目背景需要。

第三章 国外抵制电视节目低俗化的成功经验

除了以上几种外,英国还从其他方面对广播电视节目进行管制,如《欧洲人权条约》《电视无国界指导原则》《1978年儿童保护法案》《1983年人民代表法案》等。

(二) 契约约束机制管理

英国政府对BBC的管理主要是通过契约约束机制。BBC受国民委托经营公营广播电视媒体,必须与议会缔结《皇家特许证书》,与文化媒介体育大臣签署《许可协议》。前者是对BBC的设立、目的、权限、职责做了规定,后者依据《无线通信法》对BBC承办的广播电视事业应该具备的条件规定。这两份契约均有一定的期限,有效期后重新确定条件,经过对BBC的绩效审核,议会认可后进行续签。长期以来,《皇家特许证书》和《许可协议》的有效期一直是一致的。商业广播电视媒体须与商业广播电视监管机构签订经营特许证书,违反契约者要受到相应的经济惩罚。

(三) 自律管理

自律的前提必须是机构或个人的素质能够觉悟到自己以前的行动有某种缺陷,有可能造成了一些不利的影响。自律是指新闻界的自我约束,自律的提出,主要开始于20世纪末。但是,由于政治经济的发展,报业由社会舆论机关,逐渐演变为纯营利性的商业机构,新闻自由成了报纸发行人赢利的自由。一些商业报纸或诲淫诲盗,大肆渲染色情凶杀;或为了发掘社会新闻,不惜破坏社会公德、毁谤他人名誉;或为抢独家新闻,市场泄露国家机密,影响国家安全等,招致大量的批评。面对社会的批评,新闻媒介自身认为应该在新闻报道内容方面建立较严格的专业标准。在一般情况下,新闻自律又被称为新闻道德约束或新闻伦理规范,在理论上,道德或伦理约束完全应该是个人的事情,是属于个人理性自觉领域,是内在于人心之中、需要依赖个人的认同而自觉体现于行动之中的。这种被迫和自觉的冲突,当然会削弱自律的有效性。

但是在英国,虽然对电视节目的直接审查已属罕见,但对各种类型的电视节目的间接控制却一直存在着。最明显的控制方式来自于电视广播必须得到政府授予的广播特许权和资金,最隐性的控制则是BBC的人事组成上。按照斯蒂埃特·胡德(Stewart Hood, 1994)的说法,政府任命的 BBC 管理层理事会是由统治集团和政治"要人"这种精英人士组成的，这些人在某种程度上能够按照本国的意识形态、价值观念左右着英国广播电视的发展方向，在传统上，理事会是由在政治上和社会问题、品位、体面等方面有"明智"看法的统治集团组成，有时候还会引进一位军情六处的人士作为理事会的成员。理事会成员是从"大人物和上等人"中挑选出的，因此不具有代表性。成员们不是由选举产生的，他们的利益不能公开。1926 年大罢工期间，鲍德温（Baldwin）认为政府没必要控制 BBC，因为董事会成员知道政府需要做什么，现在政府对管理层可以同样放心。

同时在广播电视机构里，特别是享有威望的新闻工作部门，招收新人的标准又是青睐于那些毕业于"公立"、私人或文法学校的，受过大学教育（特别是牛津或剑桥大学）的中产阶级申请者。这样，在人力资源方面，英国的媒体绝对是主流意识形态的代言人。在戴安娜案件之后，有一些自以为"正派"的媒体，急忙与那些专门迎合受众的报纸划清界限，对这些报纸众口指责，并自称和这些靠报道名人隐私吸引读者的"小报"根本不属同类。这也从另一个角度折射了新闻自律的矛盾。

自律机制一直在英国的广播电视系统中占据着非常重要的作用。自律机制一般是行业组织或媒体组织制定节目的标准，以此规范和约束广播电视媒体以及从业者的行为，其约束效力相当于法规。无论是公营的还是私营的广播电视公司都各自定有自律性规章，并公布于众，以便从业人员遵守和公众监督。这些规章一般比较详尽、全面和周密，并根据传媒业的发展变化、公众对广播电视服务的要求而随时加以修订。BBC 于 2005 年颁布实施的《编辑指导原则》就相较于原来的《编辑指导原则》增加了新的三项内容：一是更加简明、实用；二是适用范畴由原来的广播电视扩大到在线服务、移动电视、交互电视等 BBC 新开办的服务形态；三是吸取"凯利事件"的教训，在原有的基础上有了更全面的补充。

独立电视网等商业广播电视媒体同样有自己的内部规章。如独立电视网公布的《独立电视网价值观和政策》、2003 年 10 月制定的《独立制片人指导原则》、2004 年 1 月开始实行的《独立制片人委托节目的行为规范》等。

1. 《英国广播公司编辑方针》

在《英国广播公司编辑方针》有一条规定播出节目时间的"分水岭"。其目的是在以下两者之间寻求平衡：对年轻人特别是儿童的保护和所有观众特别是没有孩子的观众的权利，以使全天节目能够有丰富的主题。

该方针强调，电视播出时间的安排须遵守"分水岭"的要求。在5：00和21：00之间播出的节目须适宜全家人包括儿童收看。在晚间，节目的播出时间越早，越适宜儿童独自观看。在临近"分水岭"时段结束前的节目可能不适宜年纪太小的儿童观看。只有在特殊情况下才可以偏离这个准则，但是要清楚地提供节目内容信息，即应当提示，儿童可能在自然历史节目中或6：00新闻中发现令人感到痛苦的画面。跨越"分水岭"的节目，即在21：00之前开始、在21：00之后结束的节目，应始终遵守"分水岭"之前节目的规定。在21：00之后不得突然播出成人节目，应符合频道的性质和观众的预期。成人节目性质越强的节目，播出时间安排应越晚。如果不能避免突然改变节目的风格，应明确提示。例如对于性、暴力或使用攻击性语言的画面应提供明确信息。

另外还规定暴力及对儿童的保护。该编辑方针强调，必须确保面向儿童的节目中不包含有害的或危险的、容易被儿童模仿的污秽语言和暴力行为，除非有充分的编辑理由。还确保在"分水岭"之前或在儿童很可能收听广播的时间不播出包含没有理由发生的污秽语言和暴力行为的节目，也不得在很可能吸引很高比例的儿童的时间在线播出。任何污秽语言、暴力行为或其后果的描述，须有充分的理由。冒犯语言指（1）性咒骂词汇；（2）种族侮辱词汇；（3）性和性虐待或有关性虐待的词汇；（4）对疾病或残疾的贬损词汇；（5）对圣人姓名或宗教词汇的随意或贬损使用，特别是和其他攻击性语言一起使用。

2. 《独立电视委员会节目准则》

《独立电视委员会节目准则》的第一条就是关于违反良好品位或违反礼仪的内容及描写暴力内容的规定。规定要求，独立电视委员会确保所有持牌的广播机构在它们播出的节目中不含有违反良好品位或违反礼仪的内容，不含有鼓励或煽动犯罪的内容，不含有导致混乱或冒犯感情的内容。独立电视委员会必须制定电视节目中暴力内容或表现暴力内容所应遵守的指导准则。

（1）关于语言。该准则表明，虽然没有绝对禁止使用粗劣语言，但是许多人都感到粗劣语言是一种冒犯，甚至是一种极度的冒犯。其中也包括对宗教组织的失当措辞。因此，在不破坏作者、制片人和演员言论自由的前提下，必须避免使用粗劣语言。粗劣语言的使用必须是在保证真实性和保证前后剧情需要的情况下使用，而不是滥用。粗劣语言不应当在专门为儿童制作的节目中使用；最具有冒犯性的语言不应当在晚上9点以前使用，在晚上9点以后使用最具有冒犯性的语言也要经过持牌人的最高负责人等的批准。

（2）关于性和裸体。该法案强调应当避免无端冒犯观众；对性行为和裸体的描写应当根据前后剧情的需要，并应当谨慎。对非情愿的性行为描写，包括强奸，尤其要特别注意。不得有形体细节的描写，也不得在时间上持续表现；在晚上9点以前，不得有表现性行为的内容，除非表现大自然的内容、用于教学的严肃内容以及用非图像方式。这些例外的播出必须事先经过持牌人最高负责人的批准。

（3）关于暴力。该准则强调，现实世界有许多形式的暴力，电视有责任在新闻、戏剧及其他节目中对此加以反映。但是，对暴力的描写，无论是动作描写、语言描写，还是心理描写，都是一个受众关注的领域。准则强调，经常反复地在电视中出现暴力描写的内容会使观众误以为暴力是可以接受的行为，并有可能使观众漠视暴力受害者；电视中的暴力有可能在现实生活中被模仿；有的暴力有可能引起观众的不安，甚至导致心理伤害，尤其是对青少年或情感不健全的观众；还有一些暴力行为被描写得超过了一些观众所能忍受的程度。这些暴力可以被划分为广播电视法所定义的"违反良好品味或违反礼仪"的范畴或被划分为"有可能冒犯公众情感"的范畴。

在时间编排上的要求：儿童不宜的内容不得在大量儿童可能观看电视的时间内播出。但是，独立电视委员会认为，即使一些儿童很可能在收看电视，但是也应当有足够的数量的节目供成人收看，包括严肃题材的节目。如果节目服务是以额外付费方式获得，则该节目服务应当限制儿童接触。此时，家长应当对所收视的内容负责。

另外一些基本规定是：①任何频道不得在晚上8点以前播出"12"级内容；②晚上9点以前不得播出"15"级内容；③任何频道不得在晚上10点以前播出"18"级内容；④在任何时间段均不得播出"R18"级内容；⑤在任何时间段均不得播出被英国电影审查局拒绝颁发证书的内容。同时还要求必要时在节目开始前要对有可能引起幼童不安的内容发布适当的信息。

对性和暴力的规定也有很多要求，使用容易模仿的怪异手段制造痛苦或造成伤害的内容应该被禁止。其中关于自杀的要求是，如果认为对自杀企图的描写会直接被观众模仿，这是不允许的。但是，即便从常识出发也应当谨慎小心，尤其是在系列剧中。同时要求要尽量避免描写容易被观众模仿的危险行为，除非节目编辑和剧情需要。含有自缢镜头的电影或节目不得在家庭收看节目时间播出。

同时，英国媒体管理人员还认为，自律应当通过自我改进、自我完善的方法得以实现。与新闻的"他律"相比，英国媒体可从两个方面做出努力。其一是加强受众的传媒素养；因媒体的自律终究是理想性的道德劝说，而法律的限制又存在过分扼杀新闻自由的疑虑，故透过教育的力量，提升全民批判性的思考。英国在这点上有较好的表现，其相关课程的师资、教材、与相关训练的发展由教育行政体专司其职。

3. 电影电视的分级

英国从1913年开始对电影分类，起始只有"U"和"A"两级，前者适于儿童观看，后者只能成人观看。1932年，增加了"H"标志，表示有恐怖内容。1970年7月1日，颁布使用新的分类标准，分为"U"（普通级，适合所有人观看）、"A"（建议级，适合5—14岁儿童观看）、"AA"（适合14岁及以上人观看）、"X"（适合18岁及以上人观看）四个级别。1982年11月英国又颁布实施新的分类标准，电影分为"U、PG、15、18、R18"五级，这是英国电影的基本分类标准，以后对此做过小的修改，如1985年增加"UC"类（表示特别适合儿童观看），1989年对电影又增加了"12"这一级别。根据1984年的录像法案，录像制品也要经

BBFC 审查分级才能进入市场。英国 BBFC 的分类原则是：对电影、录像、数字媒体的分类基于下列的基本原则进行考虑，在法律规定范围内、不是潜在地对社会有害，成年人可以自由选择他们想看的东西，节目的主题和情节应最大限度适合广大观众，在节目上下文中出现的关键内容（如性和暴力）是在可接受范围内的。具体分级为：

"U"级，普通级，适合所有观众。在此级节目中只能偶尔使用"damn"（该死）"hell"（见鬼、混蛋）这类轻微的咒骂语言，极少使用其他温和的咒骂语言。

"UC"级，特别适合儿童观看。

"PG"级，家长指导级。此级节目在主题方面的要求是：可以反映犯罪、离婚、种族主义、严重的疾病，这些内容要以比较安全的方式反映，但不能反映令人不安的成人内容。此级节目在毒品方面的内容要求是：可以以温和的方式通过语言或视觉形象提及毒品，但不能宽恕或鼓励使用毒品。此级节目在恐怖内容方面的要求是：允许在节目上下文中通过想象引起恐怖的场景，但是那里将不得有血腥场面或长时间近镜头表现痛苦的内容。此级节目在暴力方面的内容要求是：暴力内容必须基于故事充分需要，并且主要被允许出现在历史场景中或喜剧节目以及幻想影片中，但不得重点描述实战技术或真实的武器。此级节目在性方面的内容要求是：可以少量和谨慎地提及"性"，也可以有温和地映射"性"的内容。此级节目在裸体方面的内容要求是：可以在没有性或色情含义的上下文中偶尔出现裸体，但不能是为裸体而裸体。此级节目在语言方面的内容要求是：可以偶尔使用温和的粗话，如"shit""bastard""bloody""pissed"，但不能使用强烈的咒骂语言和有性含义的咒骂语言。

"12"级，适合12岁及以上的人观看。此级节目在主题方面的要求是：可以有成人主题，但要谨慎处理，困难的主题在节目中有清楚明确的结果，但这类主题会对青少年的道德和社会观念构成挑战。此级节目在"性"方面的内容要求是：可以暗示性行为，但不能有具体的身体画面，性内容可以比在"PG"级电影、录像节目和喜剧情节中更强烈、更明确。此级节目在裸体方面的内容要求是：可以偶尔出现裸体镜头。此级节目在语言方面的内容要求是：可以经常使用温和的和中等的咒骂语言，极少使用性诅咒语言，即使偶尔使用，也不能是攻击性的。可以偶尔出现血腥画面和奇异形象，但不能有细节描述。此级节目在毒品方面的内容要求是：涉及毒品或吸毒的画面一定要简短，不能鼓励吸毒或使吸毒看上去有吸引力。此级节目在暴力方面的内容要求是：可以真实表现暴力，但不能表现暴力细节，对个体实施的暴力要在真实的背景下短暂表现，偶尔可以有血腥场面，可以根据故事需要暗示性暴力。

"15"级，适合15岁及以上的人观看。此级节目在主题方面的要求是：绝大多数主题都允许。此级节目在语言方面的内容要求是：如果故事需要，对咒骂语言或涉及性的语言在使用强度和频率上没有限制，但不能总是攻击性地使用。此级节目在裸体方面的内容要求是：可以在有关性场景中出现正面裸体镜头，但不得以近镜头表现细节。此级节目在暴力方面的内容要求是：为推进情节发展或表达节目主题可以有强烈的暴力镜头，如果暴力是主要娱乐手段，那就要最大限度减少暴力细节，并要与故事情节、人物塑造等保持平衡。此级节目在"性"方面的内容要求是：可以展示性行为，但不能表现身体亲密接触的细节，性场景目的是推进情节发展、塑造人物或揭示主题，可以有强烈的性关联内容，可以有偶尔的性场景，性被用来表现人物之间关系的发展。此级节目在恐怖内容方面的要求是：可以更经常或更详细表现血腥场面和奇异形象，但不能是长时间的特写镜头。此级节目在毒品方面的内容要求是：可以表现使用毒品，但不能表现使用剧毒品或描述吸毒前准备的细节，不能美化毒品或鼓励吸毒。

"18"级，适合18岁及以上的人观看。此级节目在主题方面的要求是：如果处理得当，没有禁止的主题。此级节目在语言方面的内容要求是：没有对语言使用方面的限制。此级节目在恐怖内容方面的要求是：只要不违反有关暴力、性暴力和性方面的标准，可以有恐怖的主题、事件或形象。此级节目暴力方面的内容要求是：如果是影片整体的需要，可以有长时间和具体的暴力画面，但不允许表现鼓励使用暴力和非法使用武器，只要场面不是提供性刺激，可以有暗示性暴力或表现性暴力的内容。此级节目在"性"方面的内容要求是：允许有模仿的性场面，但时间长度和表现强度要有限制，真实的性形象要短暂，并有情节发展所必需的充分理由；此级节目有关性教育内容的要求是：为提供性教育方面的资料，可以使用真实的性形象，但这类录像节目一般要由合格的节目主持人主演，重点是进行健康教育和传授更安全的性交技术，即使为了教育，也要把细节降低到最低限度。此级节目的性录像节目的内容要求是：仅以表现性行为的有故事情节或没有故事情节的色情录像节目，被定为"18"级，这类节目可以真实地（但不是详细地）表现性行为，可以适度表现性崇拜，但所有的性场面不能有暴力，必须是在两个成年人之间进行，性行为不能超过两个人，可以裸体，但不能有表现勃起或长时间表现生殖器的特写镜头，性语言可以接受，但不能有言辞威胁和侮辱。此级节目在裸体方面的内容要求是：除镜头正面集中在生殖器上以外，其他裸体镜头都是允许的。此级节目在毒品方面的内容要求是：可以在一定程度上表现使用毒品的细节，但不能有如何使用硬毒品（Hard Drugs）提示或说明的内容，影片总体上不能宣传或鼓励使用硬毒品。

"R18"级，限制级，在特定场所（经特许的电影院或性商店）给18岁或以上的人观看。此级节目主要是录像节目，是两个成年人之间性行为的清晰图像，此类录像带只在特许的性商店出售，不能邮购。此级节目的内容要求是：不能有下面这些内容，任何违反刑法的内容，鼓励性乱交（如恋童癖、乱伦等）的内容，未经表演者同意的内容，造成疼痛或身体损害的性行为，不是作为自愿的角色游戏的一部分的性威胁和性侮辱内容，任何从身体上限制参与者退出游戏的行为，任何可能造成身体伤害的或带有暴力性质的用物体插入行为，任何低级或没有人性的行为（如兽性的描绘、恋尸狂、排泄粪便等）。可以有下面的内容：唤起的生殖器，手淫，口交（包括亲吻、舔拭、吸吮生殖器），用手指、阴茎、舌头、震动装置或人造阴茎插入，无害的性迷恋物，群体性交，射精和精液。以上性行为可以是在异性之间进行，也可以在同性之间进行。

（四）投诉机制管理

为更加有效地对广播电视内容进行监管，英国还建立了比较成熟和健全的内容规制和社会控制体系。英国的广播电视内容规制是通信办公司所属的广播电视标准委员会，它对各类广播电视机构的执行情况进行监督，同时处理社会对节目内容的各类投诉。对投诉的处理结果定期公

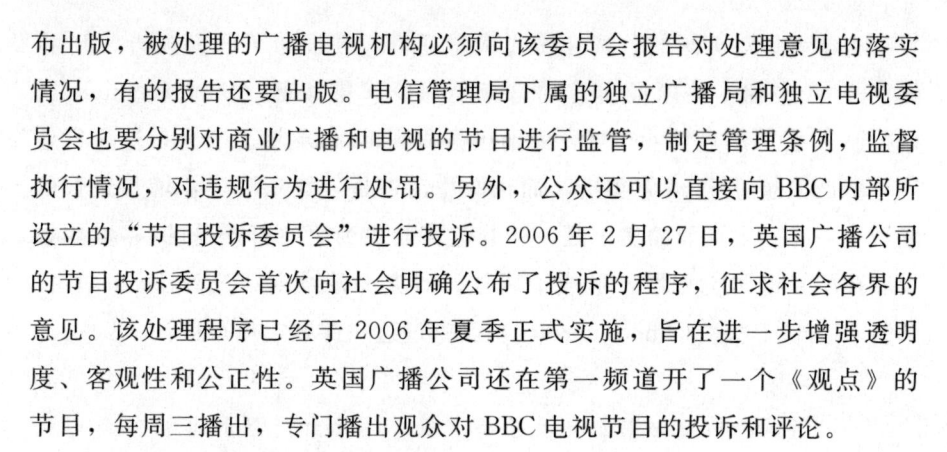

布出版,被处理的广播电视机构必须向该委员会报告对处理意见的落实情况,有的报告还要出版。电信管理局下属的独立广播局和独立电视委员会也要分别对商业广播和电视的节目进行监管,制定管理条例,监督执行情况,对违规行为进行处罚。另外,公众还可以直接向BBC内部所设立的"节目投诉委员会"进行投诉。2006年2月27日,英国广播公司的节目投诉委员会首次向社会明确公布了投诉的程序,征求社会各界的意见。该处理程序已经于2006年夏季正式实施,旨在进一步增强透明度、客观性和公正性。英国广播公司还在第一频道开了一个《观点》的节目,每周三播出,专门播出观众对BBC电视节目的投诉和评论。

(五)公众及社会团体的直接监督

1. 个人的抵制

面对低俗化泛滥的情况,一些有识之士利用不同的手段在不同的场面进行了抵制。大卫·埃尔顿(David Alton)和100位下院议员签署了一项协议,谴责给奥立佛·斯通(Oliver Stone)的《天生杀人狂》(Natural Bron Killers)录像带在英国发行签署许可证。艾尔顿认为这部电影是一则关于枪击、放火和杀人的广告宣传。

BBC的第一位总裁约翰·瑞斯(John Reith),在向格劳福特委员会的陈述里提出要坚决捍卫公共广播服务的原则,对美国市场驱动的广播哲学做出了坚决的反击。斯凯奈尔(Scannell,1990)概括了瑞斯1925年的公共服务广播管理的主要观点:公共服务肯定不能只用于娱乐的目的。广播有责任在最大程度上给尽可能多的家庭带来所有人类知识、努力和成绩中的最优秀的部分。对高水平道德的维护——避免粗俗和伤害——是至关重要的。

电视艺术节目主持人麦尔文·布拉格认为:通过自我审查和建构完美的实践活动(英国地下频道)事实上成为自由世界里安排得最好的电视网。例如:在ITV,除了土地法,我们拥有独立电视委员会(ITC),它负责巡视着性、暴力、"脏话"和不公正;有作为公众起诉法庭的广播标准委员会;还有广播申诉委员会;在15家公司里,每个律师对每一个节目的品位进行详细指导;还有如晚间9点分水岭这样的规则被广泛接受,这个规则被很多父母视为神圣的信仰。

有学者针对英国的色情业做过大量研究,并发布了研究报告。20世纪90年代中期,英国最富有的富豪是保罗·雷蒙德(Paul Raymond)。他控制着50%的色情业市场,家财已累积到17亿英镑。今天,这一行业一年的产值超过5200万英镑,而录像片销售是"娱乐"工业增长最快的领域之一。一个重要的实事是,随着色情业成为更"可接受的",滥用妇女和孩子变得司空见惯,形成了风气。耐克·戴维斯(Nick Davies)在1994年为《卫报》(The Guardian)调查过这一课题,他写道:

> 英国色情业正乘着自动扶梯上升。由于红灯区和非法交易者已经转向更古怪、更暴力的东西,所以,合法的"高架品"交易者迅速占据了他们遗留下的领地。他们现在通过报刊经销出售产品,而当初靠着红灯区的暗中交易时很难得到这些东西。这两个市场——体面的色情市场与"硬核"的色情市场——不再像过去那样分别有各自的区域和方向,而是紧密地连接在一起。而且,随着时间的推移,它们之间的差别将更加难与辨认出来。①

伦敦警察侦缉处去年注意到,这种情况正呈上升趋势。淫秽出版物检查组的负责人迈克尔·海姆斯(Michael Hames)分析了少量"硬核"色情制品邮购公司的印刷品后发现,70%的购品中有极端的信息,如强奸、折磨等。这些都不是大家一致认可的性关系,不论异性恋还是同性恋,这比过去要出格得多。

戴维斯继续说,那些"高架品",如"体面的"《阁楼》杂志,为"硬核"色情录像片刊登广告,"比如说,布莱顿的SFP公司用他们的专栏来展示65盘妇女挨打的录像盘"。从合法的色情作品到非法的色情作品,只有一条易于穿越的短途,那些非法的色情作品有时是进口的,尽是些野蛮的强奸、恋童、兽奸以及牺牲品被杀死在镜头前的"死亡片"。

在英国不论自由主义的、激进主义的还是社会主义的女权主义者都同意,色情业使女人堕落。这一现象的原因值得讨论,但女权主义者一

---

① [英]大卫·麦克奎恩:《理解电视》,苗棣等译,华夏出版社2003年版,第142页。

致认为这些色情的画面具有消极影响。

2. 教会谴责

英国广播电视节目内容的宣扬倾向一旦有悖于教宗所提倡的规范，教会则会提出一些引导民众心理转向的布道宣言。在英国，由于君主立宪制的属性，教会在一些公共问题上有很大的话语权，尽管英国的国教相对于其他欧洲国家的教会来说比较宽容，但是，一旦他们觉得广播电视的宣传倾向有悖宗教的宣传伦理时，宗教就会站出来加以抵制。例如，英国第五频道搞了一个《谁该离婚》的现场直播节目，电视台邀请了6对处于离婚边缘的夫妇，由他们逐一向观众诉说两人结婚后的痛苦和对方的毛病。在场观众时而大笑，时而痛哭，时而大叫，最后由观众评出最应该离婚的一对。胜利者除了可与其他5对夫妇瓜分25000英镑的奖金外，还可以得到电视台为其提供的旅行套票和离婚律师费，并安排他们第二天就到法庭办理离婚手续。更具讽刺意义的是，该节目被安排在"情人节"播出。此举遭到英国圣公会①的强烈谴责，坎特伯雷大主教在一份谴责书中说，"电视台将娱乐建于别人的痛苦之上，令一段婚姻关系变成笑话，实在残酷"②。圣公会便通过游说国会议员、在媒体上发表意见以及教堂里宣讲等方式来表达自己的意见，希望制片人和民众能够听取自己的意见加以抵制。尽管英国早就实行"政教分离"，即"恺撒的物当归给恺撒；神的物当归给神"③，但是在人们的文化世界里，宗教还是具有很大的影响力的。归纳起来，教会的意见还是以自己所信奉的教规为最根本的行为规范，他只是在人们的精神世界里加以规劝，若想把自己的意见付诸实施，则必须提交到法庭或国会。

---

① 英国圣公会是英国的国教会（直译为安立甘教会或安立甘宗），原属于罗马天主教。在16世纪爆发的宗教改革运动中，英格兰实行了由国王亨利八世主导的自上而下的变革方式。自1534年起，英格兰教会脱离罗马天主教阵营，自立门户。在新教的各主流教派中，圣公会是保留罗马天主教痕迹和影响最多的一个派别。不过，圣公会在基要信条上是加尔文主义的（尤其是在低教会派那里）。所以，就实质性的意义而言，圣公会属于新教，虽然她表面上带有强烈的妥协性或折中主义的色彩。圣公会十分重视发展教育和文化事业，甚至在外国也积极创办高等教育事业。1807年，苏格兰人马礼逊作为伦敦会（英国圣公会的海外传教差会之一）牧师来华传教，创办第一份近代中文报刊《察世俗每月统记传》，是为新教入华之始。中国近代历史上的大部分教会大学（著名的如燕京大学，圣约翰大学，东吴大学，以及协和医大等）即由美英圣公会所创办。

② 冷凇：《在创新与扭曲中生存的英国娱乐电视》，《传媒观察》2004年第9期。

③ 《圣经·新约》（中英对照），中国基督教两会2008年版，第42页。

五 小结

一般认为，英国是一个相对保守的国家，政府一般不直接干预新闻单位的行动，而是通过发布新闻、左右舆论和责令媒体自我管理等办法进行间接控制。英国对新闻出版自由的价值是相当珍惜的，但是他们对媒体自身的道德失范问题又是相当警觉的，这就必然要在保护媒体运作的独立性和对媒体道德失范的控制之间建立一种良好的协调关系。从目前来看，英国人主要是通过两种制度设计来实现：一是限制国家对媒体的干预；二是对私有财产权的尊重。① 根据这套制度设计，社会上所有人都可以成立媒体，发表言论，而最后决定媒体兴衰的是新闻和言论市场上的受众。从英国自律组织的成就来看，他们通过自律手段来提高行业的道德水平的努力是有成效的。

第三节 加拿大抵制电视节目低俗化的成功经验

加拿大自治领建立于 1867 年。它以前是法国和英国的殖民地。英法"七年战争"之后于 1763 年确认为英国殖民地。1931 年的《威斯敏斯特法》确立了加拿大在英联邦中的独立主权国地位。

20 世纪至今，加拿大文化一直面临着两大难题的困扰：一是以美国为代表的流行影视文化大规模"入侵"；二是以法裔居民集中居住区的魁北克省为中心的民族分离主义的威胁。除了这一内一外两大困境外，加拿大还面临着公共服务的宗旨与商业利润精神之间的矛盾。70 多年来，面对不同时期的电视节目环境，加拿大广播电视的各个方面也处在不停的修改中。

一 加拿大的广播电视体制

1919 年，马可尼公司在蒙特利尔创办 XWA 电台。该台是加拿大第一座广播电台。此后，商业性的广播电台便占据了加拿大的市场。像其

---

① 中国广播电视年鉴编辑部编：《世界各地广播电视反低俗法规资料选编》，中国传媒大学出版社 2008 年版，第 132 页。

他大多数国家一样，随着广播的政治、经济因素的日益复杂化，加拿大政府便开始研究并制定公共广播政策。1928年12月，加拿大议会命令成立了以加拿大商业银行总裁埃尔德爵士领衔的皇家广播委员会，以检查加拿大自治领内的广播状况，并根据委员会所做的调查情况向政府建议今后对广播的政策。

首先，埃尔德委员会详细考察了英国和美国的广播体制，然后再结合加拿大的广播发展情况，1929年9月，埃尔德委员会向议会提交了报告。报告建议建立英国式的公共广播体制。然而，由于加拿大地广人稀、公共资源不足等特殊国情，限制了加拿大不可能照搬英国式的广播体制。

同时关于对于广播电视的管理权问题还引起了争议。1931年，加拿大政府就魁北克省的广播管理权问题征求过最高法院。1932年，法院做出了有利于加拿大政府的裁决。后来在魁北克省上诉到英国枢密院后，又被驳回。此案件有力的证明加拿大联邦政府有权管理全加拿大的广播。1932年2月16日，本尼特总理首次发表了一位总理对广播的政策宣扬，认为广播应该是加拿大的，是民族建设的工具，于是形成了"加拿大所有""公共体制""国家控制"的广播政策三原则。1932年5月加拿大政府公布了《无线电广播法》。对于广播电视体制，政府确定了一条中间路线，采取一种既不像欧洲国家那样的纯国家经营的体制，又不像美国那样的私营广播电视台占主导地位的体制，而是在公共广播电视控制下包括私营商业电台在内的统一广播体系。这是一种混合型的、公私垄断的体制。

其次，加拿大的广播电视体制的建立受到两股力量的影响。一种是由代表私营广播业者的加拿大广播业协会，他们积极支持像美国私营广播那样的体制；另外一种是加拿大广播联盟，他们崇尚英国传统的精英分子团体，主张建立服务全国广泛文化目标的"加拿大的"和"公共"的广播。而现在，加拿大广播电视采取了以公共广播电视为主、私营电视台为补充的体制。广播电视运营主体主要是公营和私营的广播电视公司、独立制作公司以及传输机构。公营广播电视深受英国的影响；私营广播电视台则受美国的影响。考察加拿大的广播电视的历史，人们发现从建立广播电视起，加拿大就一直处在英美两种不同的广播电视文化体制的影响下发展。

1. 公营广播电视台

1936年6月,第二个广播法——《加拿大广播法案》获得通过,该法案允许建立加拿大广播公司(CBC)。

加拿大广播公司(CBC)是加拿大最大的文化机构,也是最主要的公共广播电视机构。它仿效英国的BBC,刻意与政府保持着一定的距离,主张对所有加拿大国民负责。目前,CBC的大部分资金来自议会拨款,广告收入只占20%,这种财源体制是为了保证公共媒体不受商业利益的影响。CBC最高决策机构是公司理事会,现有11名理事,由总督征得内阁同意后任命。至1936年建立以来,CBC在促进加拿大民主和文化发展、增强社会凝聚力和保持文化多样性方面做出了不可替代的贡献。CBC现有4个全国性广播网、4个全国性电视网、1个数字付费电视频道、1个专业电视频道和2个网站。

起初,CBC有对全国广播事业进行管理的特权。此后,CBC从国营变为私营,在议会的监督下政治上自治。随着社会的发展,CBC有很多的改变。1938年1月,CBC通过订立合同,正式引进美国商营娱乐节目。此举受到私营电台的攻击,被指责为不公平的竞争。在电视出现以后,加拿大广播公司更是不放松对全国电视市场的控制。但是,对公共体制造成威胁的正是电视。[1] 20世纪40年代,美国电视迅速发展起来。边界另一侧的美国正在播放热火朝天的电视节目,吸引着加拿大人的眼球。于是,二战后美国电视率先进入加拿大的家庭。加拿大人以满怀的热情拥抱这位"入侵者"。面对这种情况,加拿大任命了第二位皇家委员会(麦西委员会)主持新一轮政策研究。这个委员会的报告指出:CBC对加拿大的广播政策和节目的控制不但是正确的,而且他还应当承担发展电视的任务。

加拿大政府、CBC、加拿大广播理事会、加拿大广播电视委员会、加拿大广播电视电信委员会等一贯强调加拿大民族文化,采取一系列的政策加以落实。例如:维护CBC的优势地位;节目配额制规定,CBC电视

---

[1] 郭镇之:《中外广播电视史》,复旦大学出版社2005年版,第137—140页。

节目中加拿大制作或来源于加拿大的节目应当占60%，60%黄金时段也必须是加拿大制作或来源于加拿大的节目，而全国所有电视节目中这一比例应该占50%以上；对于加拿大广播电视进行财政补贴，实行税收减免，给予信号优先，限制外资以及对在加拿大的境外传媒施行差别待遇政策，等等。

除了CBC，加拿大还有其他一些非营利性广播电视台，大致分为3类：国际性广播电视台、全国性广播电视台和地方省级教育台。国际性非营利广播电视台主要有加拿大国际广播电台和第五电视台（TV5），是加拿大对外宣传、树立国家形象的重要渠道。全国性非营利性电视台主要有北方少数民族电视网、多宗教信仰台等。省级教育台主要有不列颠哥伦比亚省的知识网、萨斯喀彻温传播网等。

2. 私营广播电视台

在国家公共广播电视机构CBC建立之初，为解决资金匮乏等问题，加拿大通过公营台、私营台加盟的方式，独创出"公司混合"的广播电视体制，也即前面所说CBC把一些私营台纳入到公共台中。所以，在很长一段时间里，私营广播电视一直处于从属地位。这种从属地位一直到1961年第一个私营广播电视网CTV建立后才有所变化。随着广播电视科技进步和逐渐开放的竞争位置，私营广播电视媒体已经成长为加拿大广播电视系统中的主要力量。目前，加拿大共有500多家私营电视台，提供超过900个频道的服务，其中，私营电视台提供超过600个频道的服务。

1955年，自由党政府任命了以罗伯特·福勒为领衔的新皇家广播委员会，来对加拿大的广播电视环境进行评测和建议。1957年3月，福勒委员会向议会做了报告，该报告检讨了加拿大电视台成为美国节目"零售点"的经济因素。认为结合加拿大的地理、人口和语言因素，加拿大的电视节目制作成本十分高昂，由于美国电视节目价格低廉、内容活泼等因素，在市场上引进美国电视节目在所难免。该委员会建议对私营电视台网开一面，但是要对节目进行规范。

在这个报告的基础上，1958年，加拿大制定了新的《广播法》，11月，广播理事会依法成立。此后，加拿大的广播领域变成了公私两种成分平行存在的格局和相互竞争的态势。

二 加拿大广播公司所面临的困境

21世纪转折时期的加拿大广播电视,与60年前CBC刚建立时的情景已经完全不同。20世纪80年代,随着高新科技的发展和经济全球化的到来,传播市场日益分割,传播竞争日益加剧。新的传播科技为受众提供了日益增加的选择机会,并改变了媒介行业,也改变了人民与媒介联系的方式,正如加拿大学者麦克卢汉所说,媒介是人体的延伸。仅仅在20世纪60年代,CBC和它的私营竞争对手加拿大电视网(CTV)、美国的三大电视网,还拥有加拿大90%以上的观众。而现在,所有传统电视的观众不足50%,大部分流失的观众转向了专业性的特殊频道和付费电视。在签署了《北美自由贸易区协定》之后,主张全面自由竞争的美国开始猛烈攻击加拿大长期以来实行的文化保护政策。与此同时,美国传统电视、有线电视和卫星电视对加拿大的渗透日益广泛和深入。1971年,加拿大广播电视委员会直接批评CBC商业性严重,目标模糊。在世界公营广播电视机构中,CBC最先感受到强烈的生存危机。[①]

首先,也是最直接、最明显的是它的经济困难。20世纪80年代后期,由于政府的经济倾斜政策,CBC始终未能盼来发展传播科技所必需的长期财政计划,反而遭受到日益严重的削减经费的打击。自1995年以来,政府对CBC经费的削减高达4.14亿加元。目前,CBC英雄气短,不得不自筹大量资金(主要是广告费),经营一些商业化产品。当然自筹的结果便是在短短的10多年中,CBC的创收资金翻了一番,商业资金来源的百分比由80年代中期占全部资金的18%上升到90年代后期的27%。1997—1999年,经营性收入在CBC年收入中超过三分之一。

其次,随着经济困境而来的是CBC节目和服务水平的下降。2000年1月6日,CBC新上任的总经理曾经坦率承认,CBC患有"败军综合征"。CBC服务质量不如经费削减之前了,因为它"创伤累累,血流不止,像个死人"。由于公共资金持续下降,1991年,CBC关闭了11个地区电视台。1995年至1998年,CBC被迫裁员3千人,这个数字占其全体

---

① 郭镇之:《加拿大广播公司的新战略》,《中国广播电视学刊》2000年第8期。

员工总数大约四分之一。令人担忧的是经费拮据的 CBC 不得不更多地依赖广告，依赖质量不高、煽情和便宜的商业节目，尤其是"价廉物美"的美国节目，因而有失去加拿大公营广播电视特色的危险。众所周知，公营广播电视立足的基础是良好的公共服务带来的公信度。如果失去这个特色，公共广播公司也便失去了自己的价值。于是，公众对便会对 CBC 产生了不信任感。据 CBC 经常向受众解释，CBC 需要加拿大人民支付的，不过是每人每天一杯咖啡的价格。但问题不在于人民是否出得起这笔钱，而在于人民是否愿意出钱。不少人说，大量播出商业节目包括美国节目的 CBC 与私营公司并无二致，国家没有必要在 CBC 身上浪费钱。人们对 CBC 节目使命的最宽泛的理解是让它"为所有人提供所有的东西"，其后，这一使命被规定得越来越具体："既为普通受众、又为特殊受众提供信息、提供娱乐和增益智慧"，"为整个国家共有的意识和身份的发展做出贡献"，"反映加拿大地区和文化的多样性，包括向其他部分的人民展现每个地区"，"为发展加拿大的人才和文化做贡献"等。这些崇高的文化使命目标之间多少还存在一定的矛盾。例如，公共广播电视的责任要求它提供高质量的教育和文化节目，而 CBC 的商营政策则决定了，它要最大限度地吸引观众，必须追求大众娱乐趣味。想要在一个众说纷纭的世界里让所有人满意的结果，是 CBC 最终难以取悦于任何一方。加拿大知识精英一度对 CBC 的猛烈批评，便出于维护民族文化的高度期望和对 CBC 在这方面表现的失望。

三　加拿大广播电视的监管机构

根据宪法，加拿大的政治制度由立法、行政、司法三方面的制度构成。立法机构分为参议院和众议院。众议院由全国各选区选出的 301 名议员组成，是制定和修改法律的机构。负责管理广播电视行业的民族遗产部、加拿大广播电视电信委员会以及公共媒体 CBC 都要定期向众议院汇报工作，接受议员的咨询。众议院有各种委员会，专门负责某一方面的协调和调查工作。

在 1961 年加拿大出现私营电视台之前，加拿大广播公司（公营的广播电视公司，简称 CBC）负责全国的广播电视。私营台出现以后，公营台的一统天下被打破，同时带来很多问题，包括意识形态管理上的问题。1968年，加拿大政府为了对私营台进行管理，出台了《加拿大广播电视法》。根据这一法规，在公营台与私营台之间划了一个分水岭。公营台由议会通过"加拿大遗产部"管理。遗产部是加拿大政府管理文化的部门。私营台由议会通过加拿大广播电视委员会管理。1996年，加拿大电信由交通部转交加拿大广播电视委员会管理。于是，加拿大广播电视委员会改称为"加拿大广播电视和电信委员会"。

1. 遗产部

20世纪80年代，联邦政府宣布将负责制定文化政策的工作由国务部移交给通信部，同时还将国家的广播电视、电影、表演艺术等统一归由该部管理。1993年将通信部改为民族遗产部，并对其职能做了相应的调整，将广播电视行业纳入到民族遗产部管辖。

遗产部部长为内阁成员，是管理文化事务的行政官员，并定期向国会汇报工作。遗产部下设五个职能局司，它们的管辖范围分别是公民事务与文化产业、文化事务、国家和政府间事务、计划和管理、公共事务。文化事务司负责对加拿大广播电视的整体发展提出建议和制定政策，其中也包括对广播电视媒体和加拿大广播电视电信委员会的运营提出建议，同时还促进广播电视发展的各种全国性基金和项目提供支持。另外，遗产部也对新技术的发展和新媒介环境下的传播内容提出政策性的建议。文化事务司下设加拿大广播电视电信委员会，该机构依据联邦法律法规，对整个广播电视和电信系统进行规制和监督。

2. 加拿大广播电视电信委员会

加拿大广播电视电信委员会是广播电视业和通信业的独立规制机构，它是依据《1968年广播电视法》设立的。依据《1968年广播电视法》建立的加拿大广播电视委员会则取代广播理事会而对公营与私营广播电视实行统一管理。1975年加拿大广播电视委员会法进一步拓展了加拿大广播电视委员会，新成立的加拿大广播电视电信委员会取而代之，将新媒体也纳入其管辖范围，诸如卫星电视等，其全职成员13人，兼职成员6人。至此，加拿大广播电视政府行政管理机构十分类似于美国的FCC了，但是前者比后者受到政府更大的干预，1991年《广播电视法》赋予内阁

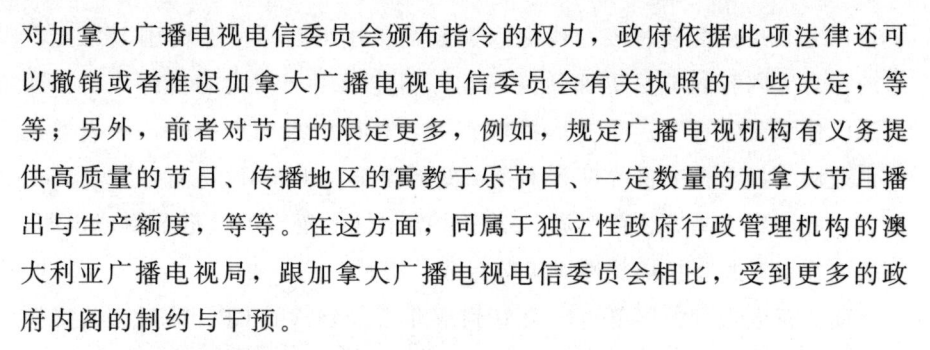

第三章　国外抵制电视节目低俗化的成功经验

对加拿大广播电视电信委员会颁布指令的权力，政府依据此项法律还可以撤销或者推迟加拿大广播电视电信委员会有关执照的一些决定，等等；另外，前者对节目的限定更多，例如，规定广播电视机构有义务提供高质量的节目、传播地区的寓教于乐节目、一定数量的加拿大节目播出与生产额度，等等。在这方面，同属于独立性政府行政管理机构的澳大利亚广播电视局，跟加拿大广播电视电信委员会相比，受到更多的政府内阁的制约与干预。

3. 一些政策性机构

加拿大还有一类具有文化政策功能的公益性机构，它们在广播电视和电影行业的发展和监管发挥着辅助性、基础性的作用。这些机构包括加拿大电影局、加拿大电视电影公司和加拿大电视基金会。

加拿大电影局成立于1939年，1950年的《国家电影法》对电影局的使命做了明确的规定："生产和销售加拿大电影，向加拿大和其他民族介绍加拿大。"它的职责是：服务公众利益，让所有人都能够接触到加拿大电影局的电影产品；让加拿大成为世界电影的一部分等内容。1995年，遗产部对其职能进行了调整，要求把精力专注于生产制作反映加拿大人生活的影片。

加拿大电视电影公司成立于1968年，原为加拿大电影发展公司。作为一个联邦文化投资机构，它以促进加拿大电影和独立电视制作的发展为宗旨。它主要通过对加拿大电影、电视节目、新媒体服务、音乐软件等文化产品的投资，扶植高质量文化产品和多媒体产品的制作和销售，尤其是支持加拿大本国公司制作的电视节目，培养电影科技等方面的人才。

加拿大目前设立了专门支持民族电视和电影事业发展的四大电影基金，即加拿大电影基金、加拿大电视基金、加拿大新媒体基金、加拿大音乐基金，他们均由加拿大电视电影公司所掌管。

四　加拿大抵制广播电视节目低俗化的措施

私营电视台的迅猛发展和资金的多元化组合态势，必然造成节目源的多项选择。对于私营电视台来说，不需承担崇高的道义责任，赚钱就是首要的原则。因此，它们总是在寻找各种对策减少播出加拿大内容的节目,尤其是在黄金时段,代之以大量的美国节目。由于美国节目比严肃的加拿大内容的节目更加活泼风趣、更能吸引加拿大的目标人群,所以这就使私营电视台获得更多的收视率,赢得更多的广告收入。当然这样也造成了加拿大节目的良莠不齐、低俗泛滥。比如CTV就经常在周末播放一些内容充满着"色"彩、动作或暗示性的语言的低俗节目或电影。有的电视台干脆直接播放性讲解节目或三级片。

而公营电视台的屏幕也不会好到那儿去。公营的CBC针对公共广播公司资金不足的状况,曾经想征收收视费,但是公众早已习惯吃"免费的午餐",这个政策并没有执行多久。由于美国电视节目娱乐性强而且加拿大观众很容易收到这些节目,所以,加拿大的电视观众养成了"免费"收看美国电视节目的习惯。当CBC准备向加拿大观众征收收视费时,受到人民的普遍反对。在这种情况下,加拿大不得不在1953年免除了接收费,只是对电视机征收15%的消费费。然而消费费是一次性的,这样便面临着征收经费不足的现状,所以CBC一直面临着财政的拮据。尽管有政府的直接拨款,但是由于电视节目制作费用昂贵,CBC不得不继续依赖甚至比广播更加依赖娱乐性强、价格低廉的美国电视节目。为了筹措经费,一些依附CBC的小台,甚至CBC本身不得不播放广告。

当公营的CBC与私营的CTV在节目的格调上趋向一致时,公众便对CBC失去了一些信心。如前面我们所分析的那样。为了挽回公众对公共广播公司的自信,同时也为了维护自己国家的文化传统,加拿大为抵制低俗的广播电视节目也做了大量工作。

(一)加拿大广播电视的法规

加拿大涉及广电系统的法规分为3个层次。第一个层次是联邦立法机构颁布的广播电视专门法和相关法。如《广播电视法》、《电信法》和《广播电视电信委员会法》。现行的《广播电视法》颁布于1968年,1991年进行了修订。其宗旨和目的就是维护"加拿大式"的文化机构,授予加拿大广播电视委员会(CRTC)监管权限,规定CBC的运作程序及政策。第二个层次是CRTC出台的专项政策和具体规则。比较重要的如在文化方面的"同时替换规则"和C—58法案。第三个层次是CRTC的各种决定。CRTC被赋予出台各种具体决定的权利,如对加拿大节目如何构成的决定；对广播电视节目中节目质量的决定，等等。①

具体涉及广播电视节目低俗内容的法律还有《加拿大宪法》（1982年宪法权由英国回归加拿大）、《刑典法》《加拿大人权法》以及《消费者保护法》等。

加拿大的广播电视立法宗旨一直是维护文化主权②。1968年《广播电视法》和1991年修改后的《广播电视法》都明确规定，加拿大的广播电视系统应该为所有加拿大人拥有和控制；有公共的、私营的和社区的成分组成；通过主要以英法两种语言播出的节目提供基本用于保存和提高民族身份和文化主权的公共服务。根据规定，任何外国人或机构在加拿大广播电视机构中拥有的股份比例不得超过20%，间接投资广播电视公司的股份不得超过30.3%，外资对加拿大广播电视公司的直接和间接股权加起来不得超过46.7%。

1991年修订后的《广播电视法》规定，电视台"应该提供高质量的、应以加拿大原创为重点的电视节目"，为此加拿大广播电视委员会对电视节目的播出内容做出具体的要求：每天播出的节目中加拿大内容不得少于60%，黄金时段不得少于50%。作为肩负反映加拿大文化、展示加拿大风采重任的加拿大广播公司，加拿大的《广播电视法》对其提出了更严格的要求：第一、应以加拿大内容和特色为主；第二，全面反映全国及各地的情况；第三，积极促进文化方面的交流；第四，使用英、法两种语言，保持两种语言的服务质量基本相等；第五，有利于培养国民意识和主体意识，等等。正是由于有这些严格的法律规定，这才在一定程度上限制了CBC向低俗化倾斜的冲动。所以，尽管CBC由于观众数额的下降、资金困难而在收视率方面有些低迷，但是，它的节目质量在加拿大依然是高水平的。

加拿大一直把广电媒体的报道自由和思想、文化的多样性作为法律规范的重点。根据1991年《广播电视法》，广播电视机构享有表达自由的权利，可以独立开展新闻报道、文艺创作和节目制作等工作，但应对

---

① 国家广电总局发展研究中心课题组：《发达国家广播影视管理体制和管理手段研究》，中国传媒大学出版社2007年版，第92页。

② 同上书，第91页。

播出的节目承担责任。《广播电视法》对播出节目有一系列原则性的要求。如节目应该体现多样性，为男女老少、不同兴趣、不同口味的观众提供平衡的信息、教育和娱乐服务；应该从本地、区域、全国和国外多个信息渠道获取信息；应该将教育节目和社区节目纳入采编范围；应该为公众提供有助于了解热点问题的不同观众和各种机会。

(二) 加拿大广播电视协会的道德规约

加拿大广播电视协会。加拿大广播电视协会（简称CAB）是旨在促进加拿大私营广播者利益，关注影响私营广播电视业的技术、政府管理方面变化的全国性产业组织。加拿大大多数私营广播电台与电视台均是其中成员。为处理公众对广播电视业的投诉事件，CAB还成立了加拿大广播标准委员会（Canadian Broadcasting Standards Council），由其具体执行该组织制定义务准则。其道德规约中指出：

> 道德规约的目的就是证明广播电视机构的所有者和运营者的意识，既作为国家媒体的一部分，它们的首要职责就是向加拿大的听众、观众传播资讯和新闻。其次是提供各种娱乐节目以满足不同品味的听众和观众的需求，以及在对待广告商和他们的代理机构时道德的商业标准。加拿大广播协会还清楚地指出，对广播电视来说，最珍贵的财富是公众的尊敬，而这只有通过始终如一的坚持公众服务的高标准和正直才能获得并保持。规约还对节目的多样性、基本人权、特别的刻板印象、儿童节目、新闻报道、竞争与相互促进等18个方面做了详细的规定。例如，广播电视制作人要注意在其节目中不得含有种族、国家、肤色、宗教、性取向或身体或精神方面残疾的辱骂或歧视性材料及评论；关于儿童节目，广播电视制作人要参考《关于电视节目暴力的义务准则》中关于儿童节目的规定，并要向儿童提供能够符合当代加拿大道德标准的节目；广播电视制作人要采取一切措施尽可能避免使用偷拍或暗访等。[①]

---

① 中国广播电视年鉴编辑部编：《世界各地广播电视反低俗法规资料选编》，中国传媒大学出版社2008年版，第93页。

（三）CRTC 对低俗节目的规定

除了这些基本的规定外，加拿大对含有暴力、色情和攻击性语言的节目内容一直采取严格的限制措施。加拿大的广播电视监管机构 CRTC 对广播电视节目实行了分级制，要求广播电视媒体严格按照节目的分类进行播出，以保护受众特别是青少年观众的身心健康。例如：

1. 执照持有人不得播出以下节目内容：

（1）任何违法的节目。

（2）任何侮辱性评论或画面，其内容可能使某人、某团体或某类人因为种族、民族或种族血统、肤色、宗教、性或心理、生理缺陷而受到憎恨或歧视。

（3）任何淫秽的语言或粗话或淫秽的画面。

（4）任何虚假的或将人引入歧途的消息。

2. 依据执照规定，执照持有者须：

（1）以委员会可接受的方式保留节目日志或可供机器阅读的节目档案；

（2）自节目播出之日起，该日志或档案保存 1 年；

（3）日志或档案每天记录一下资料：日期；执照持有者的台的负号、地点、频道；每个台确认同志的时间；广告的开播时间、持续时间、以及商业信息中，销售或推销商品、服务、自然资源或活动者的名称；节目广播的有关项目。

执照持有人须在每月结束之后 7 天内，将当月节目日志或档案连同由执照持有者或以其名义签署的证明日志档案内容准确的文书提交委员会。

（四）行业自律和社会监督

加拿大广电行业的自律守则均由加拿大广播业者协会（CBA）制定，主要针对职业道德、电视节目中的色情暴力内容、儿童节目中的广告等进行自我规范。为激励和约束成员台的行为，提高节目的质量，CAB 于 1988 年主动向 CRTC 申请建立一个监督各成员执行规则情况的组织。1991 年，加拿大广播标准委员会成立，专门负责监督以上准则在私营广电机构中的遵守情况。这个由私营台自己创建、自己出资的自律监督组织被视为加拿大私营广播电视媒体建立自律机制的成功典范。

而在广播电视台内部，2001 年 1 月，加拿大广播公司获得批准了

《加拿大广播公司新闻节目编辑守则》。守则在信息处理时强调 CBC 节目应该具有良好品位，也就是说，他们在表达一些像粗俗行为、亵渎或性行为时应该尊重并反映社会中普遍接受的价值。在常规下性或暴力方面词的使用是被禁止的；然而，有时候为了适当反映事实也会使用某些暴力或性方面的语言或描述。删剪的做法将否认 CBC 受众对于某些事件的接近权，而获悉这些事件可能有助于受众理解他们所生活的世界的信息。它在语言、性或裸体等 4 各方面做了具体的规定：

1. 语言。依照常规，严禁使用亵渎或会伤害大量受众的表达。开列出一张适合在任意情境下都不能使用的词汇和词组的清单是不大可能做到的，因为公众在这个领域内的认同总是在变化。然而，其中的一条标准是语言的使用不应使观众受惊。有时候播出那些常规下会被认为是冒犯的表述却有可能是正当的。必须要评价语言在特定节目中特定情境下使用的正当性。此外，删除特定表述的编辑会削弱信息的完整性和重要性，而这些信息本身非常重要，足以证明播出的正当。

2. 性与裸体。常规下严禁使用露骨的赤裸或色情场景。除非可以非常明确地证明这些场景在节目信息的传播中是不可分割的并且信息非常重要足以证明播出的正当性。严禁强调这类的场景或者将其用作噱头。

3. 悲伤和折磨。受苦的场景一般也很少使用，除非这类场景是理解重要的公众信息所不可缺少的。反映这些悲伤的场景必须谨慎，而且一旦使用必须保证不进行没有必要的延长。有时候播出私人的不幸场景需具有一个合法的节目目的并且保证其不被煽情利用。

4. 暴力。广播或电视节目中严禁使用暴力。这是 CBC 的政策，严禁在节目中描述暴力，除非有关暴力的叙述是正在描述的事实本身最基本的事实。对暴力场景或事件的介绍必须正确反映事实真相并适宜节目的播出。在尊重受众与尊重事实的义务之间应有一个平衡。不应该以将歪曲有效性或者过分强调重要性的方式详述暴力。在所有的情况下，表现暴力应该获得许可并保证不是为了制造噱头或者其他琐碎的原因。

如果节目中包含的一些内容（比如暴力、性行为或者性语言）可能会使一部分受众——特别是孩子们——感受侵扰，应该在节目前或者节目中声明警告。另外，CBC 的职员还可以从 CBC 的法律部门获得相关的法律摘要与解释。

除了公司内部制定的守则以外，社会舆论对广播电视媒体也有一定的监督作用。加拿大的一些民间组织，如媒介监测组织和媒体知觉网络，以自己基地组织各种活动，对广播电视媒体进行全方位的检测。其影响力已经跨越国界，辐射到其他国家。

加拿大的民间组织一般通过建立监督机构、发布相关信息、动员学者参与监督、增强舆论监督的广度和深度、动员公众广泛参与、开展媒介素养教育等多种方式，对广播电视媒体进行有效的社会监管。

（五）加拿大对电视节目的分级管理

加拿大从1997年开始探寻电视节目分级制度。目前电影及录像带的分级根据"映片法案"及"映片法规"予以规范。所划分的级别可分为三大类：

1. 无条件允许任何年龄人士观看，"普通"级（General）——适合所有年龄人士观看；"家长指导"级（Parental Guidance）——容许所有年龄人士观看，但主题及内容不一定适合所有儿童，宜在家长指导下观看。

2. 有条件容许儿童青少年观看："十四·陪看"级（14 Accompaniment）——任何十四岁以下的观众必须在成人陪伴下才能观看；并向家长提出警示：映片可能包含暴力、粗俗语言或性爱相关内容；"十八·陪看"级（18 Accompaniment）——任何十八岁以下的观众必须在成人陪伴下才能观看；并向家长强烈提出警示：映片可能包含显而易见的暴力、频密的粗俗语言、性爱行为或可怖内容。

3. 绝对不容许儿童及青少年观看："限制"级（Restricted）——只允许十八岁或以上人士观看。映片可能包含显而易见的性爱或暴力内容；但分级当局对这一类映片仍有正面看法，认为可能在艺术、历史、政治、教育或科学等方面具有一定价值；"成人"级（Adult）——只容许十八岁或以上人士观看。映片可能包含显而易见的性爱或暴力内容；分级当局对此并无表达正面看法，但认为尚可为社会大众所容忍。

加拿大除了对节目进行分级管理以外，还从技术上为手中的选择性收看节目提供便利。加拿大是反暴力色情芯片的首创国，V芯片就是由加拿大西蒙·法色大学的蒂姆·科林斯教授发明的。其设计思想为：电视台在发送节目时,将节目的级别加密进电视信号之中,同时在用户的电视机中安上V芯片。这样就可以对收看电视节目的级别加以限制,从而将含有暴力、色情内容的电视节目拒之门外。这是人类第一次可以控制电视收看。它可使儿童免遭暴力、色情等不良电视节目的侵扰。加拿大在2001年正式应用这种技术,管理部门规定所有电视节目必须附有分级讯号,一边家长为儿童选择适合观看的电视节目。通过代号显示节目仅供儿童或者成人观看,抑或适合8岁或14岁以上的儿童收看,方便家长控制低俗节目影响儿童。

四 小结

由于加拿大与美国为邻,为了抵制美国流行文化的猛烈冲击,甚至有一种说法,美国的流行节目在加拿大就被看成格调不高的低俗节目。同时为了维护本国的文化主体地位,加拿大全方位的改变本国监管媒体的各种政策和法规,把抵制美国电视低俗节目作为保护本国文化的主要措施。

第四节 法国抵制电视节目低俗化的成功经验

2002年7月初,法国一位保守的女议员佛朗索瓦·德帕纳菲奥公开发表了其惊人的观点,她认为法国的淫秽现象之所以难以杜绝,是因为法国政府没有对妓院合法化,如果由政府对妓院进行有效管理的话,法国的卖淫问题就可能会迎刃而解了。她的这一番惊人之语,却引起了法国上下一片哗然。我们知道,法国在世人眼里是一个浪漫的国家,这个国家历来以性开放而闻名于世。多年来,法国的红磨坊艳舞、巴黎的红灯区以及不受任何限制的成人色情影视这些图景通过电视已经传送到千家万户。生活在法国的人们也早已对性见怪不怪了。

正所谓一波未平,一波又起。就在人们为了妓院能否合法化的问题闹得沸沸扬扬的时候,法国又出现了关于是否废除电视色情节目的问题。法国的电视色情节目自1984年开播以来,就一直受到一部分国民的谴责,但是也受到人们的热爱。电视转播商AB集团的节目编导里夏尔·马洛科就曾经直白地说："色情节目总是热销的，性总是会吸引人的。"因为 AB 集团的色情频道 XXL 台的用户已经达到 100 万。

一个很出名的电视节目就是法国私营电视 6 台播出的真人秀节目——《阁楼故事》。该节目从 3.8 万名候选者中选出原本素不相识的 5 男 5 女参赛者，把他们关在一幢带花园、游泳池、总面积约 500 平方米的房子中共同生活。整个房间里将安装 26 台摄像机（其中 3 台为夜间使用的红外摄像机），全天候监视他（她）们的一举一动。电视 6 台每天将播出 20 分钟的录像，并每周组织一次由观众、参赛者及其家人参加的讨论会，讨论不受欢迎的参赛者以便把他（她）淘汰出局。10 个星期后，最后一对男女胜出，电视台将为其提供巨额奖金。

法国私营电视 6 台的《阁楼故事》由于把参加者在厕所洗澡甚至调情的画面都照播不误，被社会各界批评为不道德。甚至有数百名民众到电视台外举行示威，抗议节目"淫秽堕落"。有些示威者为了表达自己的愤怒，不但在电视台入口处倾倒垃圾抗议，更企图冲入电视台要求"释放"参加节目的十名男女。法国警方不得不派出大批防暴警察戒备，并一度发放催泪弹驱散示威者。然而，这档节目不但收视跃升至破纪录的40%，全球更是有 27 个国家进行过转播。

近年来，法国社会中青少年涉及毒品、暴力和性犯罪的案件越来越多，色情电视节目被人们看作罪魁祸首。越来越多的人开始抱怨色情节目给社会带来了种种负面影响。随着"禁色"的呼声越来越高，法国政府终于立法"禁色"了：根据法国《费加罗报》日前报道，法国将于2003 年 1 月 1 日起，对在国内上映的淫秽色情电影征收 93%的所得税，以求遏止黄色影片的泛滥。

为了维护法国青少年的身心健康，法国视听最高委员会特意做了一项对低俗节目的调查，调查表明，法国五大卫星、有线电视台每个月要转播 103 场 X 级成人节目。如果再算上付费成人电影台，法国电视每个月播映的色情影片达到 950 部。另外根据法国官方的调查，全国每年有 11%的 4 至 12 岁的儿童至少花费一分钟时间去收看普拉斯电视台的色情节目。许多国会议员认为电视上的色情内容是导致发生一些学生对同学性骚扰的原因。法国家庭事务部长雅各布认为，禁止电视色情节目的播放，有助于避免让处于青春期的年轻人在电视上看到有害的画面。

面对这种情况，法国各界都在讨论有关电视限制级内容的管理规范，并实施有效地措施来抵制低俗节目。

一　法国广播电视体制

法国于 1922 年开办广播，1945 年开办电视。至今经历了 3 个发展阶段[①]。

第一阶段，是创建初期到 20 世纪 60 年代中期，为国营广播电视垄断的时期。这一时期，广播电视被定界为公共服务；广播电视负有向公民提供信息、教育和娱乐的职责。

第二阶段，从 20 世纪 60 年代到 80 年代初期，为国营电视实行商业经营的时期。1968 年以后，政府允许电视向广告开放，同时，在 70 年代中期对国营的广播电视进行了改革，在公共广播电视系统内部引进了专业化和竞争机制，广播电视的资金来源发生了部分变化，有了广告收入。这一时期，在广播电视管理理念上也有了变化，广播电视不仅被视为一种公共服务，还被视为一种经济活动：虽然没有清晰的受众观念，但是开始重视收视率和收听率。

第三阶段，从 20 世纪 80 年代到现在，实行公共广播电视和商业广播电视并存的体制。20 世纪 80 年代，法国进行了一系列广播电视改革，大幅度地强化了广播电视事业业内的竞争。同时，大型视听媒介集团的经营走向多元化，业务范围跨越有线网络、卫星电视、电视制作和音像出版。这一时期，进一步引进市场经济的部分观念，明确了广播电视是提供服务的产业、广播电视受众是消费者的观念，但也进一步确定了必须对广播电视产业有所规制，商业广播电视业要在一定范畴内应用公共服务原则。

法国广播电视在 80 多年的发展和变革过程中，坚持的主要指导原则是：广播电视作为公有资源，经营者必须承担以下社会公共责任：保护

---

① 此段内容选自国家广电总局发展研究中心课题组《发达国家广播影视管理体制和管理手段研究》，中国传媒大学出版社 2007 年版，第 68 页。

法国的语言和文化；确保观点多元化和多样化；保护未成年人；为促进文化和教育，对广告等商业活动必须有一定的限制。

二 法国广播电视行业及其公共规制

（一）广电媒体的规制概况

法国现在有7家主要的全国性地面电视媒体，其中欧洲文化电视台为法德合办的地面电视台。在全国范围内有10家区域性地面电视媒体以及200个左右的有线电视和卫星电视频道（其中包括100个境外的非法语频道）。下面便是主要电视频道的观众份额（2004）：

频道	观众份额（%）
TF1	31.8
F2	20.5
F3	15.2
M6	12.5
F5	6.7
C+	3.8
ARTE	3.7
其他	11.2

目前，法国的电视机家庭普及率已达到95%，其中42%的家庭拥有2台电视机。据2004年的统计，法国人平均每天收看电视的时间为204分钟，而在1980年是124分钟，1995年是193分钟。

法国广播电视行业的管理主要是通过公共规制来实现的，广播电视业的公共规制涉及三个主要方面：政府、国会和最高视听委员会。在法国的广播电视规制框架中，政府扮演着十分重要的角色。政府负责在总理的授权下制定广播电视及相关领域的总政策，起草法律法规。广播电视公共政策涉及若干个政府部门，主要有文化传播部、财政部和产业部。其中，由总理直接管辖的媒介发展署和文化部直属的国家电影中心的规模不大，但是这两个部门提供了大量的量化数据和调查。国会在广播电视公共规制中，负责审议通过广播电视的相关法律。法国宪法规定，法律必须在一定范围内具有普遍实用性，这就意味着广播电视法律只是规定了基本原则、目标和准则。每年国会都必须就公共电视台和广播台的拨款达成一致,并负责批准这些公司的财务报表。独立规制机构也是公共规制中的重要角色。主要负责监督广播电视媒体的日常行为,实施规制条例。法国的广播电视的规制机构还有:竞争委员会,它负责监督广播电视媒体是否遵守公平竞争的相关法律;电信规制局,负责管理电信运营商和基础设施。为了避免与 CSA 的职权发生重叠,2004 年 7 月 9 日颁布了《电子传播和视听服务传播法》[①],为二者划分了权限。实际上,从一般性的业务层面上看,日常性的监管主要是最高视听委员会来承担,这是法国广播电视管理体制的主要特征。下面是公共规制中政府、国会和 CSA 的职能和权限:[②]

广播电视媒体类型	政府	国会	CSA
各类广电媒体	起草广播电视法律;颁发必要的法律补充法令	通过广播电视法律(仅限于广播电视的任务和一般组织,包括相关公司集中合并的法律法规)	监督播出行为;发布警告和实施处罚
公共广电媒体	起草公共广播电视预算	通过规定公共广播电视媒体数量和角色的法律;通过并监督公共广播电视媒体的预算	任命公共广播电视的领导
私营广电媒体	无特殊管理责任	无特殊管理责任	为私营广电媒体颁发许可证;与私营广播电视媒体签订约束性合同

(二)法国视听最高委员会(CSA)

由于法国电视的体制是公营和私营同时并存,所以,相对于公共服务广播电视的管理,私营电视的职责更多是体现在执照合同的说明上。也就是说,政府通过法令对公共广播电视应承担何种社会责任做出规定;[③] 而对于商业电视的社会义务则必须通过它们与最高视听委员会之间

---

① 《官方公报》2004 年 7 月 10 日。
② 国家广播电影电视总局发展研究中心:《国外广播影视体制比较研究》,中国国际广播出版社 2007 年版,第 241—243 页。
③ 国家广电总局发展研究中心课题组:《发达国家广播影视管理体制和管理手段研究》,中国传媒大学出版社 2007 年版,第 75 页。

签订的契约性协议做出的规定①。

20世纪80年代，密特朗在担任法国总统后积极推动法国广播电视事业的私有化。在法国政府的努力下，广播电视事业不再由国家垄断，民营广播电视与公营广播电视展开了充分竞争。在这一背景下，1982年La Haute Autorite de la Communication Audiovisuelle（HACA）成立，代替了一部分政府对广播电视的管理职能。后来结合法国的社会发展又改组为La Commission Nationale de la Communication et des Libertes（CNCL）。最终根据1986年的广播电视法案，这个机构在1989年演变为法国高级视听委员会（CSA）。委员会有9名委员，包含1名主席，任期6年。其中3名委员由法国总统提名，3名由参议院议长提名，还有3名则由国民议会议长提名。CSA的职责从根本上说，就是保证并促进法国的视听传播自由。在这个前提下，CSA要保障广播电视业的独立、公正，保障自由竞争，保护儿童和未成年人利益，维护节目质量和文化多样性，为政府在视听新闻业方面的政策提供决策意见，监控广播电视播出内容和方式，协调公营台与私营台之间的利益。具体职责还包括制定广播电视业的规章和规范，提名公营广播电视台董事长，为私营广播电视台发放执照，管理广播电视的无线电波、分配广播频率，监管财务报告和节目评估，惩处违规媒体，如有权撤销节目及电台电视台的执照、免除公营台负责人职务等。

CSA的设立及其目前的管理特点主要体现在法国媒体特殊的二元性质。法国政府认为新闻事业具有双重属性，即物质的商业属性和作为上层建筑的意识形态属性。因此新闻政策既需要鼓励作为商业实体的新闻事业参与市场竞争，同时也要求国家代表社会进行全面调节和把握。在新闻实践中，法国坚持新闻竞争原则和国家干预原则并存的做法。一方面法国政府鼓励新闻媒体展开竞争，以让公众自由选择不同内容的媒体，保证不同的舆论声音，维持和鼓励文化多元主义；另一方面法国政府也不放弃国家的宏观调控作用，以保证竞争的健康发展，避免出现垄断，

---

① Cahier des charges 和 Conwentions 的区别是很小的且有些形式上的。等级的规制（对公共部门来说）与以合同为基础的规制（对私营部门来说）并非真正的对立。首先，CSA 通过参考条例向政府提出建议的方式参与到适用于公共广播公司的规制来。其次，私营电视台的执照合同遵循法律规定的一般指导方针，只有少数的变化能与 CSA 协商。

从而保证弱小声音的发出,维持多元主义原则。这种二元性质的新闻政策尤其体现为法国长期对报纸采取多元主义和自由竞争的原则,但对广播电视实行国家垄断,所有广播电视台都由直属政府的广播电视公司领导,以后虽有所调整,但实质上还是强制性的政府行政。这一状况直到20世纪80年代才逐渐有所变化。政府放松了对广播电视的直接管制,但是宏观调控的概念依然被强调,仍与报纸有很大的不同,这也就促使了CSA这样的广播电视监管机构的存在。

下面便是CSA的规制权限和规制方式:

权利性质	有关领域
颁发执照	所有私营广播电视媒体
订立规制条例	• 与私营广播电视签订的合同 • 频道的管理 • 法律规定的实施 • 电视台和广播电台的竞选节目
监督、调查、质询	广播电视媒体的播出行为,财政报表
制裁	• 正式警告 • 罚款 • 吊销执照或暂停执照有效期
提议、建议、观察	• 通过国会投票之前的广播电视法律法令 • 国际协商中法国的位置
缓引其他权力机关和原则	• 违法案件会诉诸法庭 • 公平贸易原则
报告和发表	• 广播公司对其职责的履行情况 • 政党报道的播出时间

三 法国对广播电视低俗节目的监管措施

(一) 广播电视法规

法国对广播电视主要依据《1986年广播法》。该法涉及节目内容的监管是:规定设立的广播电视行政管理机构——最高视听委员会,对地面广播电视、卫星广播电视、有线电视等的管理做出规定;规定商业广播电视经营许可审批和发放制度;制定有关广播电视反垄断的规定;规定公共广播电视机构和财政基础。

后来,随着广播电视事业的发展,法国政府又陆续增加了36条法律

第三章 国外抵制电视节目低俗化的成功经验

和法规,对广播电视进行了修改更正和补充完善。根据法律的规定[①],公共电视必须承担公共服务的使命,必须为大众服务;法律要求所有的电视台必须调动一切力量和各种手段,为公众提供一系列多元、多样、高品质、富有创造性的节目及服务;必须提供广泛多样的节目,涵盖新闻、文化、知识、娱乐和体育;必须保证促进法国的语言,反映法国地区和地方文化遗产的多样性。它们必须有利于思想和艺术的发展及推广,广泛传播市民的、经济的、社会的和科学的知识,有利于媒介修养。

在播放电影管理上,法国政府1990年就颁布了一项法规,结束了"电影管制制度",启动了目前实行的电影分级体制,政治审查正式退出了历史舞台,让位于经济利益。新成立的法国电影作品分级委员会希望从形式上摆脱任何审查理念的束缚,将宗旨定位于发展经济、保护儿童。为此,制定了3种等级:禁止不满12岁儿童观看的影片;禁止不满16岁青少年观看的影片和众所周知的X级影片。此外,还有TP级,即所有人可以观看的影片和TP+AVERT级,为大众可看,但要警惕某些内容。

1997年,法国还出台了有关电影电视节目暴力程度的限制,但是受到电视台的强烈拒绝。有关方面在执行这项限制时,掌握的弹性很大,个人的宽容度也是较重的砝码。比如乔治·克鲁佐的《魔鬼双艳》的暴力程度就介于可禁与可放之间,结果,《魔鬼双艳》依然在黄金时段播出。

(二) 颁布"禁色令"——高额税收

对于色情行业,法国政府采取"愿者上钩"的做法。在法国,卖淫虽然不是非法,但是主动拉客是非法的;妓女可以存在,但是妓院却不是合法化。同时妓女可以卖淫,嫖客却要受到重罚。重罚之下就会减少了嫖客,而没有了嫖客,妓女就减少了存在的意义。如今,法国政府对电视节目的"禁色令"也是异曲同工:"禁色"但并不是把所有的"黄色"的影片都进行查封,对于电视的色情节目也不给予强加限制。但是把对国内色情电影征收的特别税从33%提高到60%,再加上33%的公司所得税,色情电影的收入将所剩无几。这就会让投资色情电影的商人们望而却步。没有了黄色电影的制作,电视台就不可能播放色情节目。因此,对色情电影

---

① 国家广电总局发展研究中心课题组:《发达国家广播影视管理体制和管理手段研究》,中国传媒大学出版社2007年版,第68—69页。

征收高附加税必定将会有效阻止影视业对这一领域的进一步投资。

法国的这一"禁色令"的本质就是征高额的税赋。其表现形式是对在国内上映的淫秽色情电影征收93%（政府原打算对淫秽色情电影征收95%的所得税，最后制定为93%）的所得税。这项措施经过国民议会财政委员会同意后，在法国引起了人们的关注，一时间，人们议论纷纷。法国的96名右派国会议员表示同意"禁色"，他们认为应该对X级（成人限制级色情电影）电视节目的播放加以限制。而由法国主管电视的声像监督委员会所做的一项调查显示，有三分之二的法国人支持禁止电视播放色情影片。在1000名接受访问的人当中，有64%的人支持禁止电视色情节目。

同时，法国在对付日渐高涨的色情文化泛滥现象的同时，加紧了对青少年的性教育力度。在法国，青少年的性教育，进行得非常具体、科学。2006年，法国教育界还在巴黎组织了儿童性展览，用电子动画等形式，向孩子们介绍科学的性教育知识。法国专家认为，这样有助于培养孩子们健康的性导向，帮助青少年建立一个自然的心理和年龄过渡过程。同时针对电视暴力对少年儿童的消极影响。法国决定从1996年11月18日起，所有的法国电视屏幕的右下方，必须出现三种标记：绿圆圈、橙三角和红方块，以此区别电视节目的暴力和色情程度，加强对青少年电视观众的保护。实行新标志后，法国的电视节目分成了五档：第一档不带任何标志，为人人都可收看的节目。其次分为需经家长同意才可收看的节目以及12岁以下和16岁以下少年儿童不宜观看的影片，对于第五档"X级和极端暴力节目"，则不允许在普通电视台播放。

（三）最高视听委员会的管理

CSA的管理有三个主要的管理特点：民主科学、文化多元以及严格的分级制度。[①]

1. 管理力求民主科学透明。CSA努力从各个方面保证决策和管理的民主科学。上文提到的9名委员就是由来自政界和媒体或学术界的人士共同组成，他们必须社会形象良好、具有公平正直的品质。九名委员在6

---

① 资料来源于严怡宁《透视CSA强力监管与传播自由》，《现代视听》2007年第12期。

年任期内都不得参选从政，也不能从事与广播业有关的任何经济活动，以保证 CSA 的公平独立。为保证行业监管所涉及的大量细致复杂的事务得到充分处理，CSA 聘用了 270 名工作人员，并且还聘有来自 16 个广播技术委员会的主席，以保证地方广播的需求得到满足。在这样一个庞大的专业人员支持下，CSA 才能够力保决策和管理的科学。所有决策都是在进行大量研究后才做出，必要时还要举行相关人员的听证会，并且兼顾不同政党的意见。为保证管理的及时有效、落到实处，CSA 还对节目进行大量的监听监看工作。每年 CSA 要监看大约 5000 小时的全国性电视节目。地方和地区性电视台、有线电视网以及公私营广播电台节目则被随时抽查。为保证管理力度，CSA 可以对被发现违规的广播电视台采取惩处措施，公私营媒体一视同仁——如暂扣执照、缩短执照期限、吊销执照、罚款，以及在相关责任台播出公报等。不过，惩处措施一般都在举行听证后才采取，以保证被告台的权利。而且 CSA 也不愿仅仅被视作一个简单的压制工具，因此除非情节特别严重和屡犯的错误，一般情况下，CSA 更愿意采取对话和防患于未然的办法。为保证 CSA 管理的透明度以及加强与公众的沟通，CSA 每月出版报告 La Lettre du CSA，公布所有决策并加以解释说明。另外 CSA 还每年出版年度报告，对一年之中的工作做出详尽的陈述。CSA 对政府广播电视法案提出的意见、各广播电视台的财务情况以及其职责义务的履行情况也都在出版的相关报告中公布。1998 年开始，CSA 又设立了专门的网站进一步将工作向大家敞开并展开互动。除此之外，CSA 每年还有大量的手册、研究报告、分析报告等面向社会，与大家共同探讨在法国乃至欧洲有关广播电视的争论。

2. 强调多元文化。法国是强调民族文化的欧洲领头羊，因此 CSA 在通过广播电视业保护法兰西文化方面可谓不遗余力。其中最典型的是其对法语的保护。CSA 除了积极贯彻 1989 年欧共体通过的《电视无国界》指导政策中有关各国所有电视频道至少播放 50% 的"欧洲原产"电视节目的建议外，从 1994 年起还要求电视和电台的商业广告不能用外语播出。1996 年开始，CSA 又要求私营广播台播放的歌曲中法语歌曲至少要占 40%，并且其中至少一半须为新作品或来自新秀，以鼓励法国的文化创造。另外按规定至少 40% 的电视节目必须是法国国产，还有 20% 必须来自其他欧洲国家。尤其在电视或电台的黄金时段也都要维持这一比例，这就意味着电视台不得在收视高峰期单单播放好莱坞制作的节目，把法国节目挤到较差的时段。这些都是 CSA 对节目进行监督的重要内容，一旦发现违规行为都会采取惩治措施。例如收视率最高的法国电视一台就曾因播放节目中没有足够的本国产品而被判罚 4500 万法郎。作为对视听传播自由和民主的基本精神的倡导，保护节目的多元性也是 CSA 一直强调的重要原则，并且通过广播电视经营和提供的内容服务两个层面来保证。宏观经营层面上讲，消除国家垄断、引入私营广播电视，展开市场的多元竞争是一个根本保障；微观经营层面来讲，电视台 60% 的电视节目时间须交由台外独立制作公司完成，因此如今电视台只集中进行节目管理和频道品牌经营，制作就交给了更广泛的制作公司，保证了节目产品的文化多样性。从广播电视台的数量品种来看，在 CSA 的努力下，法国是世界上地方广播电视台数量最多的国家之一，尤其是社区广播电视台。CSA 还促成了许多专业频道的诞生以满足小众化的文化需求。就具体节目而言，CSA 则要求公营电视一年的黄金时段中，必须至少有 12 种类型的节目，其中一半须为文化性节目。

  3. 实行严格的节目分级制度。鉴于视听节目信息接收的便捷和低门槛，青少年对节目内容是基本不设防的，因此为真正保证视听传播自由、实现其对社会的责任，CSA 将保护青少年不受伤害作为其规范广播电视的一项重点内容。其中最重要的努力就是在 CSA 的管理下，法国在世界上采用了电视节目分级制度。目前这一制度将节目分为大众皆宜、10 岁以下观众不宜、12 岁以下观众不宜、16 岁以下观众不宜以及 18 岁以下观众不宜五个级别，并且分别给四个不宜的级别设计了易于辨认的标志。法国的节目分级制度从 1996 年起在不加密的无线频道开始使用，到 1998 年就在所有无线频道使用，后又普及到有线电视频道，2000 年再次修正法案将该制度推及广播，并将逐渐推广到所有的频道。2002 年分级符号被重新修订，成为现在更加方便理解和辨认的形式。CSA 希望通过分级制度使这方面的内容审查成为视听传播者、监管者和父母共同承担的责任。在具体操作过程中，CSA 让各电视台自组委员会对节目进行分级，但同时也严密监督各频道是否恰当地使用了分级标志。一旦发现不妥之

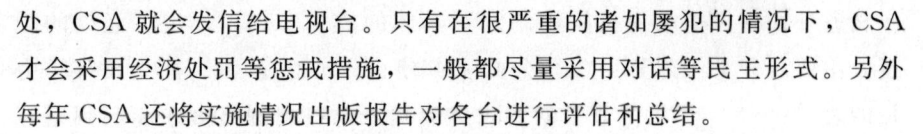

处，CSA就会发信给电视台。只有在很严重的诸如屡犯的情况下，CSA才会采用经济处罚等惩戒措施，一般都尽量采用对话等民主形式。另外每年CSA还将实施情况出版报告对各台进行评估和总结。

（四）广播电视节目的配额规定和津贴制度

由于文化的保护倾向，法国政府规定，在播出的所有电视节目内容的比例上有关欧洲的内容不得低于60%。同时规定至少40%的法国内容在播出日的全天及黄金时间播出。对国外的节目比例不得超过40%，通常对违规者处以罚款。但是由于法国法律要求非欧洲制作的影片播出数量不得超过总数的40%，所以这项规定常使法国的电视台捉襟见肘。它们只好通过重播或以次充好来填充它们的节目时段。另外，法国法律要求电视公司将营业额的15%用于支持"法国本土作品"的制作。许多电视公司的负责人认为这个数量规定得过严，一些内容制作商根本拿不出好的节目，不得不以次充好。

所以，根据法国文化部的信息显示，大部分法国电视从业人员和电影发行人都支持配额制度和节目限制，法国的公共电视频道更是拥护。津贴制度一直维系着法国电视电影产业的生存和发展。同时也保证了一部分高质量电视节目的产生。

（五）抵制全球贸易的"文化例外"法制

法国人可能是最早在国际关系上引入"文化例外"概念的人。在90年代关贸总协定（GATT）谈判以及后来的多边投资协议（AMT）谈判中，在讨论是不是把贸易自由化和投资自由化应用于文化财富和文化服务这些问题时，法国引入了这些概念。

法国作为抵制美国文化入侵志最坚决、行动最果敢的国家，不仅积极寻求欧盟内部其他成员在文化保护对策方面的支持，还把这种寻求的眼光拓展到国外。2003年10月由加拿大和法国牵头，大约60个欧洲国家和发展中国家主张达成一项关于文化多样性的联合国公约，发起新一轮的全球文化保护战役——有关各方面进行谈判。这项协议旨在帮助其他国家保护本民族的文化，以免被好莱坞所"同化"，同样避免了低俗节目的引进。

四 行业规制

向其他国家一样，法国广播电视除了必须遵守法律所规定的节目播出义务外，各广播电视机构还制定了具体的操作守则，规定了必须的职责。主要可分为三部分：(1) 公共服务使命；(2) 政治、社会及宗教力量的表述；(3) 对文化节目的要求。但是，这些规制显然未能起到很好的效果。2002年6月份，由36名社会各界专家组成了一个名为克里格尔工作委员会。该委员会就直接批评了现行电视的不作为行为。同时该委员会认为，电视上的暴力和色情节目对青少年有不利的道德影响。该委员会建议，所有付费用户都应该使用由家长来解码的干扰系统，同时色情节目只有通过计次付费方式才能收看。

同时由于欧洲各国电影制片的方式和成本各不相同且参差不齐，法国国家电影中心在法国制片人工会的倡议下，进行了比较分析，以期找到法国本身的特征以及优劣态势的定位。这次调查的目标十分明确：以几个经济发展类似的国家为限，对电影制作成本的基本数据进行比较，了解造成影片高低不均的真实原因。研究选择的国家分别是：英国、意大利、西班牙、德国和法国。法国通过这项调查发现了自身的长处和短处。法国就可以根据这个调查来改进自己电视电影内容，从而使自己的内容更具有竞争力。①

五　小　结

法国作为欧洲文化事业的领头羊国家，CSA的广播电视监管工作也是很具代表性的。它体现了一种将民主自由的保证包含在强力监管中的体制，既摒弃了政府的行政干预，又比美国FCC具有对媒体更直接的管理，以便对其传播自由理念的贯彻。但是，对"禁色"持反对意见的人也不少。例如，法国前社会党派总理洛朗·法比斯（Lanrent Fabius）就在《世界报》上进行了反驳。他反对取缔色情节目，他认为只要不是20点30分的黄金时间播出就无伤大雅。同时法国也有舆论认为，应该惩罚那些放任孩子看色情节目的家长，而不是"惩罚"和剥夺成人看色情节目的权力。所以，法国在抵制低俗化节目的道路上还有很长的路要走。

---

① 此部分选自明安香主编《全球传播格局》，社会科学文献出版社2006年版，第320—321页。

第五节　德国抵制电视节目低俗化的成功经验

由于德国特殊的历史背景，它的广播电视体制与其周边国家相比有诸多不同之处，所以在考察德国抵制广播电视节目低俗化方面的经验时，我们首先必须要分清楚德国的广播电视的独特之处。

一　德国广播电视体制

德国的广播始于1923年。在魏玛共和国和第三帝国时期，广播体制高度集中，广播成为纳粹党进行政治活动的工具。1934年，随着纳粹党的上台，德国的广播被国有化，广播和1935年开播的电视正式成为了纳粹党发动战争的工具，直到纳粹倒台。第二次世界大战结束后，德国作为战败国被分为4个占领区，重建工作在占领军的严格监督下进行，英法美占领军在讨论关于德国建设什么样的媒体体制时展开了争论，最后决定广播和电视绝对不能依赖政府，也不能依赖广告，而应该像英国的公共广播电视模式和BBC的机构设置。于是，英法美在他们的占领区内建立了公共法人形式的广播电视机构。

鉴于纳粹德国滥用广播电视，英法美占领军还使各台在经济上和技术上独立，规定电台、电视台的经费完全来自试听费，所有节目制作和播出、发射设备都归电台、电视台所有，以便保证广播电视的独立性，消除国家对广播电视的控制和影响。

1949年，西德成立，英法美占领军移交了对广播电视的控制权，原来由占领军建立的广播机构被每个联邦州接管后变化极小，并通过州的广播法确定下来。与此同时，苏军占领军则按照苏联的模式迅速将广播电视国有化，电台、电视台成为执政党和政府的组成部分，由执政党严格控制，经费来源于国家财政拨款，节目政策必须与党的方针政策一致，为国家建设和实现执政党的既定目标服务。

（一）公共广播电视

由于德国特殊的历史发展，德国宪法规定，联邦制的德国除了根据联邦立法经营两个从事国际广播的电台《德国之声》（DW）和《德意志电波》(DLF)之外，无权设立、经营任何形式的广播电视机构。宪法也严格规定广播电视应独立于政府。联邦政府在广播电视事业方面权限仅限于传送技术领域，而不能从事与节目编排和内容有关的业务。这样，德国的广播电视机构均根据州或州与州之间的广播法设立，从而形成了一个独特的松散的广播体系。西德11个州中的大部分州，每个拥有一家广播机构，也有几个州合办一家的，州广播法赋予每个地区台合法的自主权，各台独立经营和安排节目，一切活动在州广播法和国家法之内进行。1961年，联邦政府曾试图建立电视台，但是被联邦宪法法院以违反宪法驳回。

联邦政府和州政府都没有管理广播电视的行政部门。大多是州广播法规定，广播电视业的领导机构为广播理事会、管理委员会和台长。广播理事会由广播电视机构所在的州的议会推选或相关社会团体成员组成。任务是决定章程条例，对电台、电视台进行监督指导，并负责一般性的决策工作。管理委员会是广播电视机构本身的管理机构，负责节目、人事、内部机构设置等。台长由广播理事会选出，负责日常事务。但是，在德国，由于党派政治渗透到各个领域，广播理事会的成员、台长及各部门的高层职位基本上根据党派色彩决定。

德国的公共广播事业是一个非营利性的机构。经费主要是来自试听费，向本地区提供三到五套节目。至20世纪50年代中期，广告成了公共广播电视机构的辅助性经费来源。为了维护广播电视的共同利益，解决技术、法律和管理上的问题，西德12家地区广播电视机构于1950年联合成立"联邦德国广播联合会"（简称为ARD）。

德国一台由各州电台、德国广播电台和德国之声电台组成德国广播协会共同经营，播放全国性的"第一套节目"即地方性的"第三套节目"。1961年由各州共同组建的德国电视二台则是德国最大的电视台，总部设在美因茨，播放"第二套节目"。ARD和ZDF各自拥有大约15%的德国电视市场份额。截止到2000年，联邦德国的公共广播电视系统共有10个州立广播电视机构，其中最大的是位于科隆的西德意志广播电视台，最小的是位于波茨坦的勃兰登堡东德意志广播电视台和不来梅电视台。所有这些州立广播电视台播放的电视节目称为第三台（ARD3）。而德国电视一台（简称 ARD）和德国电视二台（简称 ZDF）是该国两大主要的全国性公共电视。

德国公共广播电视机构的基本情况见表如下：

机构名称	缩写	地位	地址	节目发送区域	法律基础
德国电视一台	ARD	1	慕尼黑	全国	国家合约
德国电视二台	ZDF		美因茨	全国	国家合约
德意志电视台	DLR		科隆和柏林	全国	国家合约
西德意志广播电视台	WDR	4	科隆	北威州	州广播电视法
巴伐利亚广电台	BR	3	慕尼黑	巴伐利亚	州广播电视法
西南广播电视台	SWR	3	巴登/美因茨/斯图加特	巴登州	州广播电视法《国家合约》
中德意志广播电视台	MDB	2	莱比锡	中德地区	州广播电视法《国家合约》
黑森广播电视台	HR	2	美因河畔法兰克福	黑森州	州广播电视法
北德意志广播电视台	SWR	3	汉堡	北德地区	州广播电视法《国家合约》
萨尔广播电视台	SR	1	萨尔布吕肯	萨尔州	州广播电视法
自由柏林电视台	SFB	1	柏林	柏林	州广播电视法
波兰登堡东德意志广播电视台	ORB	1	波茨坦	勃兰登堡州	州广播电视法
不来梅电台	RB	1	不来梅	不来梅	州广播电视法

*由于德国广播电视联盟是各州共同参加管理的广播电视机构，各州立广播电视台按其大小不同在其中享有不同的管理表决权。所以，各州广播电视台在其中的地位用表决权的票数来反映，这也反映了每个州立机构的大小。

（二）私营广播电视台

20 世纪 70 年代，一些对公共广播电视机构不满的德国党派便极力主张结束公共广播电视享有的垄断地位，发展私营广播电视业，让公营和私营在市场上展开竞争。20 世纪 80 年代，德国的各个方面达成了妥协，决定试建私营有线电视网。1984 年 1 月 1 日，一个设在路德维希港市的私营有线电视台开始通过卫星向 15000 户人家进行试验播出，这标志着德国的传媒政策发生了变化。商业电视台正式诞生。

现在，德国面向全国的商业电视机构有 10 多家。它们完全依靠广告收入作为经费来源。与公共不同的是，它们被允许在晚间 8 点以后也可以播放广告。但是，国家对私营电视台的要求也类似公共台，只是没有公共台严格。商业台中的信息、文化和教育内容必须占有相当大的比例，并且有助于反映德语地区和欧洲地区的多样性。商业台均以播出娱乐节目为主，新闻信息节目在节目总体中居次要位置。但是商业台也创办了许多观众喜爱的时事和谈话节目，并且在黄金时段播出一些文化节目和经济类节目。

在商业电视台诞生后的几十年内，德国各私营电视台便通过合并和股权买卖的形式相互紧密联系起来了。现在，一直控制德国商业电视台的是德国两大家族。一是由贝特斯曼和卢森堡的国际性广播电视企业——卢森堡广播公司（CLT）组成，它们和卢森堡广播电视台（RTL）、卢森堡电视新台、洛克斯电视台（VOX）和首映台（Premiere）有着直接的或间接的联系；另一个是由基希集团和斯普林斯集团组成，它们投资的对广播电台有卫星一台、德国体育电视台（DSF）、第七套节目（PRO7）和首映台。

（三）德国公私电视台节目内容的区别

《德国国家广播电视条约》第 2 章第 6 条规定，所有的电视台应该以独立制作、联合制作或订购相当数量的外来节目的方式来完成制作任务，但不得直接购买已经上市的制成品。但是，在实际节目内容的提供上具有典型的区别。

首先，公共电视台和私立电视台在内容总体定位上有很大的不同。2000 年德国的媒体研究机构比较了观众最喜欢的五个电视台：电视一台、电视二台、卢森堡电视台、卫星一台和电视七台，调查结果表明电视一台和二台的重点定位于提供一个指导性的娱乐节目。而 2000 年的相关数据调查结果是电视二台和一台共提供有 45％的信息节目，而在卢森堡电视台和卫星一台中则有 20％的信息节目。

各种新闻节目和早晨的新闻杂志节目等新闻信息节目都是电视一台和二台等公共电视台的重点，并且提供各种不同形式的信息，如背景资料、报道类等。其中一些公共电视台的新闻节目非常有名，如一台的《每日视点》（Tagsschau）。

而私立电视台的娱乐功能则在观众中的评价名列第一，在娱乐性的非虚构节目方面，私立电视台主要有以娱乐搞笑为重点的游戏节目、智力问答等。卢森堡电视台的《谁想成为百万富翁》则是著名的智力问答节目。近年来，娱乐性非虚构节目得到发展，如卢森堡电视台《超级明星》是深受观众喜爱的真人秀节目，通过层层选拔造就明星制作节目，在青年人中产生了很大的影响，当然，这些节目也越来越在表现内容上低俗化。

其次，公共台更关注政治、经济和社会方面的信息。人们可以在新闻杂志性的节目、报道类节目、背景类节目、脱口秀节目和大的新闻事件转播中找到政治性话题。私立台几乎只有在新闻类杂志节目中才能找到政治性话题。相反如卢森堡广播电视台、卫星一台和电视七台的私立台都重视提供私人日常生活领域的非政治性内容和人与人之间的关系，如情绪、犯罪、知名人士等具有煽情性方面的信息。

再次两者在不同节目时段上的内容安排也有明显不同。公共台几乎在所有时间段都提供信息导向性节目，以及最新的政治文化方面的消息，而私立台只在最主要的节目播出时间段有这种信息[1]。

最后，有效覆盖率不同，1984年德国广播电视联盟和德国二台公布的有效覆盖率是80%，而到了2000年的总份额是30%。在不同观众对其的认可方面，通过对重要的公法和私立电视台不同观众市场份额的分析，我们可以看出公共电视台面临的潜在的问题。下表就是重要的公法和私立电视台的观众市场份额：

重要的公法和私立电视台的观众市场份额

电视台	3岁以上的所有观众	德国西部	德国东部	14岁和49岁的观众	50岁以上的观众
卢森堡电视台	14.3	3.8	15.7	17.3	11.8
电视一台	14.3	15.2	11.4	9.6	19.6
电视二台	13.3	14.1	10.6	8.2	18.7
电视三台	12.7	12.1	14.7	7.9	17.9
卫星一台	10.2	10.0	10.9	12.0	9.0
电视七台	8.2	8.0	9.2	13.3	3.6
有线一台	5.5	5.2	6.8	5.4	6.1

---

[1] 明安香主编：《全球传播格局》，社会科学文献出版社2006年版，第222页。

从上表中可以看出，重要的公私营的电视台虽然在总体上的观众分配上处于平衡，但在主要的中青年观众和 50 岁以上的老年群体的观众分配极不平衡。14 岁和 49 岁是主要的广告相关群体，在这方面三大私立台占有明显的优势，而且只有它们的市场份额超过两位数。私立电视台在 50 岁这个群体的数据则相对较小。

两种不同的广播电视台之间竞争也很激烈。这种竞争突出地表现在对精彩节目购买力的竞争上，尤其是对精彩影片和体育节目转播权购买力的竞争。20 世纪 80 年代中期，德国电视台为购买一部美国影片所支付的平均价是 18 万马克，而 90 年代中的平均价则升至 60 万马克，如果是购买某部影片在德国的首次播放权，德国电视台如今则必须支付数百万马克。这个价格纯粹是由德国电视台竞相出高价哄抬而起。对体育节目的转播权更甚之，1989—1993 年，属于贝塔斯曼集团的 UFA 公司每年要为温布尔登网球公开赛转播权支付 1 千 2 百万马克，而 1994—1997 年每年必须为之付出 4 千 8 百万马克。德国两家公共电视台为 1985/86 年德国甲级足球联赛的转播权支付了 1 千 2 百万马克，而到了 1997 年则必须为此付出 1 亿 8 千万马克。这方面的最高纪录是克尔施（Kirsch）媒体集团已为 2002 年和 2006 年世界足球锦标赛的电视转播权付出了 34 亿马克。在这种竞争中，公法电视台自然无法靠提高广播电视税来维持自己的竞争力，因而，它不得不一方面退出某些领域的竞争，另一方面再动脑筋适当地增加广告收入。

但是，随着公共电视的生存危机通过制度调整逐渐趋向缓和，其他问题开始显现出来。20 世纪 90 年代，在市场压力下公共电视开始大力开发娱乐节目，到目前为止，公共电视在情节虚构类节目和综艺节目的收视率排行榜上占据着前几位。此时人们发现，逐渐迎合观众趣味的公共电视正在向商业电视趋同，公共电视面临的已经不仅是因为经济问题而被边缘化的问题，而是其存在价值正在受到挑战。[1]

---

[1] 国家广播电影电视总局发展研究中心：《国外广播影视体制比较研究》，中国国际广播出版社 2007 年版，第 192 页。

二 德国对电视节目低俗内容的规制

由于德国私营电视业是高度的集中和垄断。许多人担心媒体的集中会影响节目的质量和意见的表达，并使电视陷入严峻的竞争中。事实正如人们所预料的，在德国，越来越多的电视节目走向低俗化。对于广告商来说，德国是欧洲最佳的市场。德国处于欧洲的中部，是欧洲邻国最多的一个国家。国内家庭电视拥有量达到95％以上。德国还是世界上第二大广告市场。随着商业电视的进入和发展，德国市场开发了很多新频道，竞争更加激烈。

正是由于德国垄断的商业电视集团、特殊的地理位置和广告市场，德国的媒体生态环境竞争逐渐激烈。20世纪90年代以来随着竞争的加剧，德国电视节目出现了低俗化倾向。据德国桑布尔研究所进行的一项民意测试结果表明，绝大多数德国认为荧屏暴力泛滥成灾。据联邦妇女和少儿部公布，几乎有半数的德国电视节目以攻击和恐吓为主题。诸多的变态折磨场面、肢解人类的怪物和性虐待狂的黑手党杀手充斥荧屏，使少年儿童电视观众置身于恐怖与攻击的漩涡之中，到处弥漫着要求"结束电视暴力！不要借暴力和人类灾难做广告！"的联合签名。

虽然青少年电影电视研究所的科学家认为，电视节目中"一些极其残忍的镜头"应该删掉，但是节目的安排仍旧总是最充分地利用合法的范围。实际情况表明，荧屏上一如既往地播放着打斗、枪击、刀刺和非人折磨的场面。其实，这个问题已经引起了德国传媒界专家的注意。1997年3月，由德意志联邦共和国上海领事馆和上海社会科学学会联合会共同举办的"媒体发展现状德中研讨会"在上海举行，参加者为德中双方的媒体从业者、媒体经营者，媒体研究者。在会上，德国公共电视台——德国一台的资深记者Malerwein就直言德国电视节目的内容发生了很大的变化。在德国，严肃节目减少，轻松而低俗的娱乐节目增加。由于竞争激烈，收视率已经成为电视工作的主要导向，节目逐渐趋向于平庸、浅薄、低俗[1]。

---

[1] 孙玮:《媒体发展现状德中研讨会综述》,《新闻大学》1997年夏。

面对此起彼伏的群众抗议低俗化电视节目运动,各政党都受到极大压力。各联邦州最终批准了青少年保护条例——国家广播协议修正案。修正案规定,所在电视台必须任命一名具有专业知识的青少年保护代表。私营台如触犯青少年保护条例须课以罚款;但该条例不包括禁止播出指定的少儿不宜影片的禁令。

(一)德国监管媒体的法规及州管理机构

由于德国联邦政府不能直接干预广播电视机构的运作。德国强调依法管理,区分公共和商业两类不同的广电媒介,分别建立不同的内部治理和外部监管机制。在监管方面,德国注重权力下放以及监管机构之间权力的相互制约。广播电视行政管理主要由各州负责。

1. 监管媒体的法规

德国广播电视法律体系共分为4个层次[①]:第一层次是宪法和欧盟法规;第二层次是联邦法规;第三层次是州一级的法律,由于广播电视的组织和管理权在各州,所以这一级的法律(协议)众多,广播电视法律体系的主体;最后层次是涉外广播电视协议,主要是针对各州或各电视机构与境外机构共同建立欧洲电视文化频道和3Sat卫星频道的2个协议。

有关广播电视业管理的相关法规主要有:(1)州广播电视立法:各州有关的立法名称不一,但是内容和主旨几乎是完全相同的,均为关于公共广播电视和商业广播电视的规定、节目标准等。如果业务范围涉及两个以上的州,相关事务由当事的州之间或全国各州签订有关协议来处理。(2)全德广播电视业务州际协议:有关全国性的广播电视业务的问题,由各州共同讨论并签署州际协议规定。(3)设立公共广播电视机构的规定:各州制定的关于广播电视的法律,部分州和其他各州签署的协议,都适用于各公共广播电视机构。这些法律文件的主要内容包括有关机构的设立、权限、监察,等等。

(1)宪法。德国的联邦体制意味着各州对文化和媒体事务享有唯一的管辖权,没有联邦广播电视法。德国宪法对广播电视的发展有着深刻的影响。宪法第5条确立了言论自由、广播电视自由和广播电视事务不

[①] 资料来源:国家广电总局发展研究中心课题组:《发达国家广播影视管理体制和管理手段研究》,中国传媒大学出版社2007年版,第60—65页。

第三章 国外抵制电视节目低俗化的成功经验

受政府干预的原则，成为德国民主政治的基础。在此基础上，联邦宪法法院通过一系列的判决，对这些原则的内涵进行了深化和发展。1961年，联邦宪法法院首次做出一系列有关电视的判决，成为随后几十年德国媒介政策和监管的重要基础性文件。联邦宪法法院在判决中有效阻止了保守党联邦政府康纳德·阿登纳（Konrad Adenauer）总理企图建立一个新电视频道的努力，这一频道将作为商业实体来运营并由政府直接控制。联邦宪法法院在判决中称，它支持以下原则：首先，广播电视是专属各州的责任；其次，政府控制广播电视违反了公共广播电视的理念和精神。自从二战后重建广播电视业以来，私营产业尤其是报纸出版商一直希望国家放宽对广播电视业的准入限制。20世纪60年代到70年代期间，这一问题成为争论的焦点，许多人反对商业广播电视，尤其是社会民主党（SPD）。1982年身为基督教民主联盟（CDU）主席的赫尔穆特·科尔（Helmut Kohl）出任德国总理后，开始大规模铺设宽带有线电视系统。同时，第一个商业电视频道也开始运营。20世纪80年代期间，西德各州都颁布了新的广播电视法，引入商业广播电视。联邦宪法法院此时在许多有关电视的判决中，进一步阐明了"双轨制"的体系和法律基础。例如，联邦宪法法院认为，减轻商业广播电视媒体的公共服务义务必须以公共广播电视媒体已经充分履行了公共服务义务为前提；应确保公共广播电视媒体在新体制中的发展地位。

（2）州广播电视法。16个德国州广播电视法对各州公共广播电视媒体和商业广播电视媒体的体制做出了规定，这些规定包括监管机构的组织和权限、商业广播电视媒体执照的颁发以及新闻标准和节目义务等。州广播电视法在基本价值、标准和组织原则等方面是类似的。但在对商业广播的规定方面有明显不同，如有些州允许地方广播电台大量存在，而有些州只批准建立少量的地区性广播频率。

（3）州际协议。各州还联合起来共同签署了州际协议，建立起全国性的广播电视监管体制，作为州广播电视法的补充。州际协议是德国广播电视政策的核心，因为它为区域分割的市场提供了一种全国性的法律框架，对媒体政策领域某些最敏感的问题做出了规定。州际协议是建立ARD和ZDF及其财源体制的法律基础，同时还包含适用于商业广播电视的主要原则和规定。州际协议规定的对象主要包括：(1) 在全国范围内播出的公共电视和商业电视，包括电视广告规定、商业电视的多元化和多样性、商业电视跨州传播时州广播电视监管机构之间的合作等；(2) 地区性公共广播电视网——ARD；(3) 全国性公共电视媒体——ZDF；(4) 全国性公共广播媒体——德意志广播电台（Deutschland Radio）；(5) 公共广播电视媒体 ARD 和 ZDF 的财源；(6) 公共广播电视媒体的资金请求和执照费数额的确定程序。州间协议经常进行修改，在修改过程中，有关州政府会进行谈判，往往反映出不同政党各自所要实现的目标。例如，20 世纪 90 年代，社会民主党为了阻止由基督教民主联盟提出的对公共广播电视采取更严厉限制的提议，同意对媒体所有权制度进行修改，允许大的媒体集团进一步扩张实力。

(4) 其他相关立法。包括未成年人保护州间协议、新媒体服务州间协议以及联邦电信法等，都对德国公共和商业广播电视媒体具有直接或间接的影响。例如，未成年人保护州间协议为不适宜儿童收看的节目规定了分水岭制度，还规定在州广播电视监管机构内设立负责未成年人保护事务的委员会。[1]

德国广播电视法律框架如下表[2]：

A：德意志联邦基本法（宪法）和欧洲联盟关于广播电视的法律规定
1. 德意志联邦基本法
2. 欧洲联邦的协议；关于成员国公共广播电视的备忘录
3. 关于保障人权和基本自由的协议
4. 欧洲理事会关于成员国在电视事务上协调特定法律和行政规定的指导方针
5. 欧洲议会和欧洲理事会关于 89/552/EWG 指导方针的修正案
6. 欧洲关于跨国界电视的协定
B：联邦法规
德国之声法
C：联邦州之间以及各广播电视机构法

---

[1] 顾芳：《德国广播电视监管和法律制度研究》，《新闻大学》2007 年第 1 期。
[2] 国家广播电影电视总局发展研究中心：《国外广播影视体制比较研究》，中国国际广播出版社 2007 年版，第 194 页。

续表

C—1：州际协议	C—2：公共广播电视机构的法律	C—3：各州媒介法或广播电视法（商业广播电视）
1. 广播电视州际协议	1. 巴伐利亚广播电视法	1. 巴登·符腾堡州媒介法
2. ARB 州际协议	2. 黑森广播电视法	2. 巴伐利亚媒介法
3. ZDF 州际协议	3. 中德意志广播电视州际协议	3. 柏林—勃兰登堡广播电视合作协议
4. 德意志广播电台州际协议	4. 北德意志广播电视州际协议	4. 不来梅媒介法
5. 广播电视费州际协议	5. 东德意志广播勃兰登堡法	5. 汉堡媒介法
6. 广播电视财政州际协议	6. 不来梅广播法	6. 黑森州私营广播电视法
7. 媒介服务州际协议	7. 萨尔州广播电视法	7. 梅科伦堡·前波莫瑞州广播电视法
8. 青少年媒介保护州际协议	8. 自由柏林广播电视法	8. 下萨克森州广播电视法
	9. 西南德意志广播州际协议	9. 北莱茵·威斯特法伦州广播电视法
	10. 西德意志广播电视法	10. 莱茵兰·法尔池州媒介法
D：跨国协议		11. 萨尔州广播电视法
		12. 萨克森州私营广播电视和新媒介法
1. 关于欧洲电视文化频道的协议		13. 萨克森·安哈尔特州媒介法
2. 关于跨国德语卫星频道 3Sat 的协议		14. 施勒苏益格·荷尔斯泰州广播电视法
		15. 图林根州广播电视法

2. 监管机构

德国的广播电视业管理机构主要有：

（1）联邦邮电部。负责管理有关电信业务，包括广播电视节目的传送、传播、通信设施的建设和管理。

（2）各州的传媒管理局。负责私营商业广播电视的经营，执行有关规定事宜，监督其在经营活动中执行有关规定的情况，对于违规者，轻者课以罚款，重者吊销营业许可。如单个私营电视台的市场占有率不得超过 30%，广告插播的时间限制等。该管理机构的日常费用则由国家专项税收开支。

3. 联邦德国电视节目准则

按照规定，联邦德国的广播电视节目担负三项主要任务：提供消息、提供教育和提供娱乐。消息以政治新闻为主，内容广泛，形式多样，但要求客观真实并进行舆论监督。教育不仅指教学课程或职业培训，还包括成人教育及文化教育。娱乐不限于消遣性的节目，也兼顾广度和深度。①

德国广播电视的制作原则包括：自由民主的信念、遵纪守法的精神、广泛多元的节目内容，等等。根据《州际广播电视协议》的规定，ARD 的电视节目包括晚间节目、下午节目和周末节目。各广播电视公司的代表组成常设节目会议，选出一名经理，负责节目设计，并定期召集会议，听取各方面的意见和建议，以调整更新。ARD 在慕尼黑设有节目部，主要负责协调各州广播电视公司制作的共同节目、安排时间与欧洲广播联盟其他国家进行交流合作。ARD 还设有一个合作协调委员会，负责与 ZDF 的节目协调。ZDF 采取的是一种不同于联邦制的电视网中心体制。ZDF 的节目注重文化内容和国际交流，积极介绍本国和外国的文物风情。

联邦德国第三电视网主要播出地方节目，它的节目侧重于文化，重点在教育、训练和地区新闻节目。长期以来三个电视网特色鲜明，互为补充。

与多数欧洲国家相比，德国的广播电视体制具有很大的优越性。它较为分散，因而为多种声音提供了更多的表达途径，它在经营上和节目质量上具有竞争力。从理论上讲，因为媒介的多党参与，德国相比于英国的广播电视制度内部是高度政治化的，各自遵循政党的路线行事。②

（二）广播电视行业的监管

1. 公共电视组织的管理

在德国双重的电视体系中，公共电视和私立电视台都必须按照相应的法律规则办事。但是在行业监管方面，公共广播电视并没有直接的监管机构，实行的是"社会化管理"。公共电视台主要通过机构内部的行政委员会和电视委员会实施内部监管，并通过独立机构和研究机构等实施外部的社会监督。

（1）内部管理。每个公共广播电视机构都设有三个负责管理和监督的

---

① 郭镇之：《中外广播电视史》，复旦大学出版社 2005 年版，第 100 页。
② 同上书，第 101 页。

职能部门，即董事长，广播电视理事会和行政理事会。董事长是公共广播电视机构的法定代表人，负责节目和所有行政事务，任期通常为四年。董事长有权任命其他人员，某些情况下任命高级董事需得到广播电视理事会的批准。广播电视理事会在公共广播电视机构内代表公众的利益，确保节目符合法律要求，选举和监督董事长，负责制订节目指导方针等。广播电视理事会的成员来自各种重要社会团体，州广播电视法确定哪些组织在理事会中拥有席位。一般来说，理事会主要由来自议会、教会、雇主协会、工会、大学、文化团体、体育协会、老年人、妇女和外国人团体等方面的代表构成。广播电视理事会规模不一，成员数量最多的是 ZDF 的理事会，共有 77 名成员。董事长向广播电视理事会汇报工作，不向任何州机构或政府汇报工作。因此，广播电视理事会被认为是德国公共广播电视"公共"性质的具体化。公共广播电视治理结构中的这种社会团体代表制度，有利于确保社会所有主要利益，包括少数群体的利益，都能在公共广播电视机构的节目中得到反映，其目标是实现平衡和多样的节目产出。行政理事会的规模较小，一般为 7 到 9 名成员，负责向董事长提出建议，特别是关于财务和人事方面的建议。行政理事会的成员通常由广播电视理事会选定，但是他们本身不是广播电视理事会的成员。政党对德国公共广播电视的治理施加影响是经常被讨论的话题之一。政党通过州议会在 ARD 和 ZDF 的广播电视理事会中得到直接体现，州议会在广播电视理事会中的席位通常会有几个。此外，来自社会团体和非政府组织的理事会成员也会或多或少公开承认与某个政党结盟。例如，工会代表往往和社会民主党站在一起，雇主协会或零售业公会的代表则倾向于支持基督教民主联盟。政党和政府的直接影响在 ZDF 中反映最为显著，联邦政府和所有 16 个州的政府都在 ZDF 的广播电视理事会中拥有席位。

（2）外部监督。而社会团体的监督主要是针对电视节目内容。除了社会公众外，还有数量众多的大学、基金会的研究机构在这方面发挥着重要的作用，这些机构每年都会发表众多的研究和调查报告，对公共电视节目内容的基本特征和趋势进行分析和评论，并就如何提高公共传播的社会效益提出观点和建议。比如关于经营方面，由于公共电视台被赋予了公共服务使命，其商业活动曾因影响公共服务和新闻报道的公正性而遭到禁止。但是，随着经济全球化，德国也在放松管制，允许适度从事商业活动。但是这些活动常常遭到社会团体和私营电视台的抨击。如 ZDF 曾利用网站从事了一些赢利活动，结果遭到商业电视台的指责，只得停止。ZDF 的广告经营受到很大的冲击，从前些年的 40% 滑到 8%。

2. 私营电视组织的管理

各州媒介管理局就是监管私营电视台的独立机构。该机构既承担市场管理的职责，也监管私立电视台是否履行社会责任。其中对节目的监管仅限于节目播出后进行的合法性审查，不进行事前审查。节目监督依据的原则是一般性的节目原则、保护人的尊严及保护青少年的规定以及广告方面的规定等。

媒体管理局有权对私立电视机构进行处罚甚至吊销其营业执照。但在行使此类权力之前，媒介管理局必须通过独立机构——媒介集中度调查委员会（KEK）对私立电视台的行为进行调查。同时德国各州还成立了媒介管理局联合组织的联合体，负责青少年保护等委员会，对私立电视台的播出内容进行监管。

在内容监管方面，一是注重依据相关法律法规保护未成年人。如《青少年保护法》禁止 16 岁以下少儿观看的电影，广播电视法规规定电视台只有在晚上 10 点时至早 6 点时的时段播出。二是规定广告的播出时段和时间限制。

除了媒体管理局外，对私立电视台的监管还有电视台内部设立的"频道顾问部门"。这也是《广播电视州际协议》规定的。该顾问部门既不属于政府部门，也不属于广播电视机构，其成员来自社会团体，集中了社会上的主要观点，代表社会公众对电视机构进行监管。它们参与州媒介管理局主持的相关问题的听证会，并听取有关对频道的申诉。

还有就是媒介集中度调查委员会（KEK）和未成年人保护媒介委员会（KJM）。由于大多数商业广播电视媒体虽然在某个州获得执照，但却要在全国范围内传播，因此 15 个州广播电视监管机构必须在协调各自政策、法律制度和其他活动方面进行不懈的努力。为此，各州签署了广播电视州间协议，对诸如执照颁发、商业电视所有权、广告、数据保护以及卫星频率的分配等重要事项进行详细规定。广播电视州间协议还对州

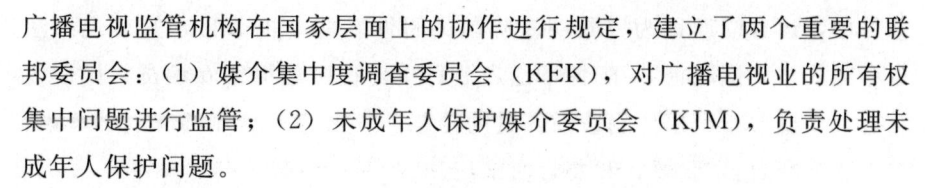

第三章　国外抵制电视节目低俗化的成功经验

广播电视监管机构在国家层面上的协作进行规定，建立了两个重要的联邦委员会：（1）媒介集中度调查委员会（KEK），对广播电视业的所有权集中问题进行监管；（2）未成年人保护媒介委员会（KJM），负责处理未成年人保护问题。

（三）媒介自律组织——电视自律行业组织（FSF）

在制定《多媒体法》的法律外，德国还基于行业自律、保护青少年等初衷，先后组建了多个协调电子媒介良性发展的社会组织，电视自律行业组织（FSF）就是其中之一。它是一个非营利性的社会团体，成立于1994年，经费主要来源于德国私营电视公司。主要负责电视的划分，专门设有青少年保护委员会。

三　小结

尽管德国在国家层面上不直接参与到广播电视产业的经营管理中，但是由于德国在广播电视节目的管制上法律细致严密，市场经济和文化产业发展成熟，无论是在创制电视节目还是引进其他国家的文化产品，德国保证节目的质量上都形成了一套非常成熟的体系。

第六节　日本抵制电视节目低俗化的成功经验

早在20世纪50年代，日本在认定英国小说《查泰莱夫人的情人》为淫秽作品时，就曾提出对"淫秽"的判断标准，即"有损普通人的正常羞耻心；引起或刺激性欲；违反正常的善良的道德观念"[1]。

2004年1月12日，Tom网有一篇报道，日本电视新闻媒体在2004年做了一项评选出日本电视节目中最低俗节目的调查。调查结果公布一些极其低俗的节目情节。例如有一期节目描述了这样一个场景：一些知名的男演员赤裸着上身，旁边是几个变性者，这几个变性者恬不知耻地要求男演员们对他们屁股打分，评选出谁的屁股最性感。该节目的几位变性者本来是男儿身，却表现出女性的娇揉造作，神态忧郁。在评选的

---

[1] 余哲西、管成云：《广播电视节目低俗化治理——基于美、英、日三国的比较研究》，载《云南社会科学》2013年第5期。

节目中，还有一期称为《黎明来临前的野性》的电视节目，其表现手法也令观众"大饱眼福"，吃惊不已。节目中出现两位滑稽女演员，她们仅穿着一块遮羞布。模仿刚被强奸过的神态，发出令人热血沸腾的呻吟声，口中还呼喊着："我要，我要，快来！！"

更令人瞠目结舌是，有一期节目的画面竟然出现了一组女演员表演集体手淫。该节目上场了数名年轻女子，这些女孩子两腿分开，用小提琴弦弓在自己隐私处摩擦，同时表现出阵痛的快感以及性高潮的呻吟。

一位电视台记者在看到这样的节目后称，对于这些限制级的电视节目，依据日本商业广播电视协会的具体规定是不允许播放的。但是，这些节目的播放却未得到有关部门的制止和惩罚，甚至这样低级下流的节目还愈演愈火，除了这些宣传色情的节目之外，还有许多儿童性虐待的电视节目也频频上演，似乎观众们对这些节目更感兴趣。

除了色情外，日本的电视节目还经常会出现鬼怪灵异等迷信内容。例如风靡日本的《USO?! JAPAN》（Unconfirmed Stories Organization）就展现了当代日本社会的鬼怪文化。由池泽秀明和新闻主持人小仓弘子带领ARASHI外景主持人一起主持的《USO?! JAPAN》（Unconfirmed Stories Organization），自2001年4月开播以来，在日本的收视率居高不下。《USO?! JAPAN》这个节目主要是去找寻传说中奇异事件，再由外景主持人进行调查事实真相。在节目中除了ARASHI带领大家进行实地察访外，还有三个单元让人毛骨悚然。第一个就是数十年前曾经红极一时的《鬼话连篇》当中的灵异照片，由小仓弘子负责解说。她拿出一张据说拍摄到鬼的照片，将整张照片放大，甚至用红圈框起来，让观众看个清楚。还有一个单元是CD内奇异声音重现，现场会播放某些在歌词当中出现的怪声。由于是现场播放，每一次都会引发观众尖叫连连，这些奇异歌曲还包括了许多知名艺人的作品。第三个部分是录像带恐怖影像，制作群搜集相关电影奇异现象片段，其中包括最著名的《三个奶爸一个娃》和《贞子复活》等电影。

一位电视制片人就这些节目发表了评论，他说他在美国生活了20年，在电视制片工作中从未看到过如此肮脏下流恶俗的电视节目。他真的无法想象这些演员是如何进行拍摄的，同时，他推测该节目的制片人和节目主办人并未认真审核节目的内容。

一　日本广播电视业概况

无论是在亚洲，还是在世界范围内，日本都是一个电视大国。截止到 2003 年 6 月，日本人口为 1.276 亿，全国家庭有 4760 万户，免费电视普及率达到 100%。日本全国的电视持有量仅次于美国、中国，位居世界第三位。日本也是世界上的电视消费大国，人均每天收看电视的时间高达 5 小时。日本的电视市场规模也在世界上处于前列，1999 年已达 300 亿美元，相当于欧洲主要国家英法德三国市场规模的总和。

日本全国有电台、电视台近 200 家，全国有地面电视网/台共 6 家，其中全国性的广播公司主要有：日本广播协会（NHK）、东京广播公司（TBS）、日本电视网公司（NTV）三家。除了日本广播协会（NHK）以外，其他广播公司均为私营。

1. 公、私两大传媒体系

日本广播电视的当代史主要是从 1950 年开始的。那一年，日本通过了《广播法》、《电波法》和《电波监理委员会设立法》。根据《广播法》，新的日本广播协会再度成立；同时，商业广播电视获得了合法地位，开始了商业市场的竞争，此后日本一直实行公商并举的电视体制。[①]

日本长期以来唯一的公共广播机构是 NHK，它以维护公共利益为目标，如同英国的 BBC，它不仅负责推动和完善国内的广播电视事业，还负责对外广播。在日本广播电视界，NHK 拥有特殊的地位，它的总经理虽然由首相任命，但 NHK 不为政府所有。它的传播技术精良、节目平衡。由于 NHK 的存在，商业电视在节目的传播上就不得不有所收敛，同时，竞争的压力也使得 NHK 必须保证广播电视更具有吸引力。每当新的民间电视台成立时，总是从 NHK 挖人。

NHK 有两个常规的电视网，第一网播放综合节目，第二网播放教育节目。两套节目均不播放广告。1983 年，NHK 播放电视连续剧《阿信》，收视率高达 63%，创历史纪录。1987 年后，NHK 增设卫星直播电视频道。NHK 所辖的电台、电视台情况如下表所示：

---

① 郭镇之：《中外广播电视史》，复旦大学出版社 2005 年版，第 160 页。

日本广播协会广播电视台统计表 （单位：座）

广播	广播一台	205			
	广播二台	140			
	调频台	514			
电视	日本广播协会综合电视台	甚高频 451	共有34837转播台	地区台	53
		超高频 3040		转播台	3483
	NHK教育电视台	甚高频 450	共3414座转播台		
		超高频 296			

资料来源：中国国际广播电台研究室、中央电视台研究室编：《世界各国广播电视概况》，180—183 页。

NHK 的性质决定了它的节目注重社会责任。它尤其注重广播电视的教育作用。它在缩短各地区教育水平和差距，提供公众平等教育、终身教育方面，具有十分突出的作用。它设置学校节目、函授节目和社教节目，以满足受众的不同需求。

而日本私营体系是以美国的广播制度为榜样的[①]，"经过移植变为日本民间广播的雏形，并对以后的发展产生一定的影响"[②]。而且民间广播电视网长期形成了中心台和地方台的两级节目供播制度，中心台向地方台提供节目并支付转播费，这一机制的源头也在美国。日本民间广播电视情况见下表：

日本民间广播电视台统计表 （单位：座）

广播	中波	47	中继台	233
	短波	1	中继台	2
	调频	46	中继台	195
电视	甚高频	50	转播台	469
	特高频	69	转播台	6822
	短高频		转播台	15
	卫星电视	6	转播台	6
文学广播	图文电视	24	第三法人	10

资料来源：中国国际广播电台研究室、中央电视台研究室编：《世界各国广播电视概况》，197页。

[①] 张国良：《现代日本大众传播史》，学林出版社 1992 年版，第 36 页。
[②] 张志：《论日美电视业的运行机制及财源结构》，《世界广播电视参考》1996 年第 10 期。

2. 私营电视台与本国报业集团的关系

除了全国唯一的公共广播电视机构 NHK 外，日本主要的民营放送公司本身都是各大报业集团公司的一部分，其关系见下表：

日本民营放送公司和报纸集团公司的关系

报名	下属放松公司
朝日新闻	电视朝日系列（东京）　朝日广播（大阪）
读卖新闻	日本电视（东京）　读卖电视（大阪）
每日新闻	东京广播（东京）　每日广播（大阪）
日本经济新闻	东京 12 频道（东京）　后更名为"电视东京"
产经新闻	富士电视（东京）　关西电视（大阪）

五大电视网与报业之间的特殊关系形成了日本广播电视领域独特的风景，它们之间在资金、报道活动、人事、社会活动方面的交流和合作关系，是日本电子媒介的一大特色。同时，这种系列化格局促进了民营系统内的竞争，加剧了垄断，也增加了整个民间广播阵营与 NHK 抗衡的力量，反过来又促进了公营和私营两大系统的竞争。

二　日本电视在日常生活中的作用

虽然日本电视台的晚间新闻已经确立了权威性和可行性，但从一开始，电视就被认为是娱乐性的工具。日本电视充满了体育、游戏、猜谜和戏剧等节目，儿童尤其沉迷其中，因此引起家长和学校的担忧。追随英国和美国学者的引导，日本学者从 20 世纪 50 年代起便开始研究电视，对电视的分析都是批判性的，其中大宅庄一的"花生效应"理论最为著名。根据他的说法，电视好比桌子上放着的满满一碗花生，人们会自动地、没完没了地把它放进嘴里，久而久之，甚至尝不出味道。看电视也是如此，一开始便停不下来，对人毫无益处，不停地看电视使人变得无知、愚蠢、粗俗，"制作一亿白痴"。

调查显示，日本人看电视的事件不断增加，儿童看电视的时间更多。例如，10—15 岁的儿童平均每天看电视将近 4 小时。看电视挤占了阅读时间，引起家长和教师的忧虑。看电视还减少了日本人的平均睡眠时间，有近三分之一的日本人承认自己睡眠不足。

日本最忠实的电视观众是年过 60 的老年人。据调查，60 岁以上的日本老年男人平均每天看电视 3 小时 52 分钟，妇女是 4 小时 27 分钟；而年过 70 的日本老年男人平均看电视 4 小时 51 分钟，妇女是 4 小时 49 分钟。对于日本人来说，一天可以不看书，但是绝对不能不看电视。电视已经像三餐饭一样，是人们生活中的不可或缺的安排。①

随着日本人民生活水平的提高，电视在日本发挥着越来越大的文化示范作用。电视机被看成连接传统和现代的桥梁。电视还被认为是家庭团聚的方式，电视剧带来了人们对新生活的向往。正是电视台在平常老百姓生活中占据着这么重要的作用，所以，对低俗节目的管制便显得尤为重要。

三 日本对广播电视内容的监管

日本对广播电视进行监管的依据主要有 3 个：

第一个是广播电视产业属于网络型产业，具有自然垄断性和信息非对称性，难以通过市场机制下的执法效率达到资源的最优配置。

第二个是广播电视服务所使用的电波资源具有稀缺性，而且是一种社会公共资源，这就决定了电波资源不允许自由使用和分配，电波的使用者必须承担一定的公共服务义务。

第三个是广播电视具有广泛的外部性，表现为巨大的社会影响力。为了消除负的外部性即减少对社会造成的负面影响，需要外部力量对其进行干预。因此，长期以来，日本一直是通过政府规制的方式对广播电视行业进行监管，并形成了一套制度体系②。

日本的广播电视管理体制由规范系统和规制体系所构成，规范系统包括宪法、法律、规范、伦理、自律和社会几个层面上的制度规范；规制体系包括立法、司法、行政、自律和社会几个方面的规制和约束机制。在日本的广播电视规制系统中，行政规制、自主规制和社会监督一直发挥着重要作用，而司法规制和独立机构规制的作用较弱③。

---

① 郭镇之：《中外广播电视史》，复旦大学出版社 2005 年版，第 165—166 页。
② 国家广电总局发展研究中心课题组：《发达国家广播影视管理体制和管理手段研究》，中国传媒大学出版社 2007 年版，第 43 页。
③ 同上书，第 45 页。

（一）政府管理机构

在日本，政府对广播电视行业的行政管理是以政府规制的方式进行的。日本的广播电视政府规制有2个特点：（1）广电规制与通信规制统一由政府机构——总务省来实施。（2）以行政许可和行政指导为主要的规制方式。日本的广播电视许可制度属于频率使用和业主资格双重许可制度，许可证有效期一般不超过5年。政府对广播电视行业和广电媒体的行政指导，实际上与欧美国家的"非强制性行政行为"有相似性，都具有宏观性、综合性和非强制性。

作为广播电视行业的政府监管机构，日本总务省下设"信息通信政策局"和"综合通信基础局"，它们分别从业务和技术的角度对电信业和广播电视业进行总和管理。

信息通信政策局是与广播电视业密切相关的行业管理部门。该机构的监管职能具有综合性的特点。涉及电视内容的监管有：（1）研究制定信息通信领域综合性政策。（2）促进内容产品的流通。（3）消除数字鸿沟。（4）广播电视领域综合性政策的制定。（5）设立电视、电台的审批。（6）解决收看收听问题。

日本政府主管新闻事业的机构是外务省情报文化局。其下属的国内广报科负责起草和实施有关国际形势、外交问题在对国内宣传报道中的计划，以及搜集和研究与此相关的必要情报；海外广报科负责起草和实施有关日本情况和外交政策在对国外宣传报道中的计划。日本政府虽然标榜"新闻自由"，承认新闻界和政权的相互独立关系，但是它却通过各种途径和手段对新闻传媒进行管制。首先，政府通过有关的法规条款对新闻媒体加以必要的限制；其次，政府通过记者俱乐部操纵媒体。在日本，国会政府、地方各级行政机构，通过记者俱乐部发布有关信息，而记者通过这个途径来编写新闻。再次，政府首脑或政界要人，还可以直接对媒体负责人进行施加影响。日本的政要经常请媒体的负责人会餐或座谈，席间非正式地对媒体进行暗示。最后，日本的各大媒体集团都在争着扩大地方，若要建筑则必须经过首相的批准，这样，政府也就可以间接控制媒体。

(二) 相关的法律法规

日本政府规制广播电视业的主要法律制度是《广播法》《日本商业广播联盟播放基准》等法律守则。

1. 《广播法》

1950年制定，先后经多次修改。最后一次修改是2005年11月完成的，该法共四章59条，包括总则、NHK、广播电视大学、一般广播电视事业者、广播电视节目中心、监管及处罚等内容。该法规定了电波监理委员会的职责，还规定，电波不再由政府统一管理，而由独立的行政委员会负责，广播事业不再由NHK独占，而是与"一般广播事业者"共同占有。

《广播法》在第一章第二部分就强调了有关播放用节目的编辑等方面的通则。在第3条第2款强调了四点：

第一，广播事业者在国内广播的播放用节目的编辑方面，必须根据以下各条目的规定进行：一是不得损害社会治安及良俗；二是保持政治上的公平；三是报道不得歪曲事实；四是在意见对立的问题上，要从尽可能多的角度阐明观点。

第二，广播事业者在用于国内播放的电视节目的编辑方面，除了特别的事业设计外，要设置教养节目或教育节目、报道节目及娱乐节目的栏目，必须保持节目之间的平衡。

第三，广播事业者在用于国内播放的教育节目的编辑及播放方面，要明确广播的视听对象，内容要适当有益，要有组织且持续地展开。与此同时，还必须尽力把节目的计划和内容事先让公众知道。当节目是面向学校的节目时，节目的内容必须以学校教育的相关法令所规定的教育课程基准为依据。

第四，广播事业者在用于国内播放的电视节目的编辑方面，必须尽量多地设置能使视觉有损伤的人通过声音可以理解的节目及听觉有损伤的人通过文字和图像可以理解的节目。

2. 《日本商业广播联盟播放基准》

日本民间广播联盟在1951年10月制定了《日本民间广播联盟广播基准》，1958年，又制定了《日本民间广播联盟电视基准》。1970年，民放联将广播和电视两个基准统合在一起,制定并实施了《日本民间广播联盟放送基准》,这一《基准》从1970年到1999年之间不断修改,前后共修改了9次,不断完善了各项条款,形成了较为完善的民间广播条例。本《基准》共有18章内容。阐述了民间广播的宗旨,以提高公共福利,促进文化、产业及经济的繁荣,推动实现和平为广播使命。同时指明作为广播电视应该正确迅速地报道,提倡健康的娱乐,推进教育、教养,对儿童青少年施加良好影响,进行有节制的真实的广告宣传,在这些方面发挥积极作用。《基准》涵盖了广播电视涉及的各个方面:人权、法与政治、儿童与青少年、家庭与社会、教育教养、报道责任、宗教、暴力表现、犯罪表现、性表现、广告播出等内容。

这部《基准》内容广泛而具体。如第三章"对儿童及青少年的保护"一节中规定:为儿童及青少年的性格形成做出贡献,并努力让他们懂得良好的习惯、培养他们的责任感和正确的勇气;面对儿童的节目要以社会的良识为基础,必须避免有损于儿童品行的语言和表达方式;面对儿童的节目在处理道德败坏、残忍和阴惨的画面时,要特别注意不能对儿童的心理造成过度的刺激和伤害;根据儿童和青少年的作息时间,在节目播放的时间上要予以特别的安排;在表现武术和暴力时,必须要考虑到对青少年的影响;在处理催眠术、心灵术时,要注意不要让儿童和青少年模仿;在节目中有儿童担任角色时,不适合儿童的场面不应让儿童出演;特别是有报酬和奖品的儿童节目时,不要引发儿童过度的奢望心;不播放肯定未成年人吸烟、饮酒行为的节目和镜头。

第八章"关于对节目表现方式的制约"一节中规定,节目内容和节目播出时间应该注意视听者的生活情况,应该正确使用语言文字,避免使用方言,不要因此引起视听者的不快感。

第九章关于"暴力"一节规定,不管是何种目的的暴力都应该以否定的方式进行处理;要最小限度地显示暴力行为;杀人、拷问、暴行、私刑等使人感到残虐性的行为或其他的精神和肉体上的痛苦不能进行夸张和富有刺激性的处理。

第十一章,关于性的规定,有关性的表现上,要注意不要让观众产生困惑或厌恶的感觉;在有关性感染或生理卫生方面的内容上,必须基于医学上、卫生学上的正确知识进行处理；不仅是一般作品，即使是艺术作品也要注意不能有极度的感官刺激；在使用性犯罪、性变态和性错位的场面时，不能具有刺激性；在使用有关少数群体性方面的题材时，要充分考虑对方的人权；原则上不能显示全裸的画面，在表现一部分裸体时，不能使人感觉到猥亵、下流；要注意嘉宾的语言、行动、姿态、衣着不能使人产生猥亵的感觉。

第十二章规定了视听者参与节目及有关奖品、赠品的处理方法，规定应当给予观众广泛均等的参与节目的机会，奖金和奖品的发放不要引起视听者过度贪图的侥幸心理，不要夸大和表现奖品的价值。

《基准》所附带的《音乐播出的规定》和《针对儿童的广告注意事项》两项规定，尤其在如何保护儿童和未成年人的心理健康，避免在音乐和广告播出中可能带来的负面消极影响方面做了规定。

继《日本民间广播联盟放送基准》之后，1997年民放联又从规范新闻报道活动的角度制定实施了《日本民间广播联盟报道指针》，在报道自由、报道态度、尊重人权、报道表现、报道的透明性和公开性方面，进一步补充和完善了《基准》的有关新闻报道行为的规范。

3. 对广播电视节目的审议

日本依国家法规而设立节目审议机关。无论公共广播还是日本商业广播业务都有一个突出的方面，即节目审议，无论是哪一家广播电视机构都毫无例外地坚持这一工作，这也是依法制作播出节目，强化监督的重要内容。《广播法》规定，各广播电视机构包括公共广播和商业广播必须对节目进行审议。《广播法》第3条、第44条、第51条规定，为保证节目的恰当播出，公共广播和商业广播必须设立"节目审议机关"，节目审议机关行使全面审议所播出节目、回答咨询、陈述意见的职责。审议机关由7名以上有学识经验的委员组成。广播电视机构必须尊重审议机关的意见，并应采取必要改正措施。为此日本广播协会设有中央节目审议会、地方节目审议会、国际节目审议会，民放联内部设立直属于会长的广播基准审议会，负责节目审议。

电视台执行该法规的具体操作是，每月召开一次节目审议会，全面审议播出的重点节目。出席人员通常包括电视台社长，常务、报道制作部门正副部长，节目主要编导、摄像，社会方面的7名审议委员带有广泛性，常常包括家庭主妇，家庭主妇代表了日本电视的一个重要收视群体。对审议内容及各委员的发言要旨记录，电视台将递交给主管部门，有时在民放联编辑发行的《民间放送》报上登载，每月三期。同时转给节目部门，作为节目制作的重要改进参考，并在公司刊物上登载，在每月最后一个周日的早5：30分"你和电视台"节目中向观众传达审议会的主要审议情况。

值得注意的是节目审议作为《广播法》中的一项法规，已经执行了相当长的时间，大多与每个电视台的开局同时，成为各广播电视机构中一项日常性活动。审议活动促使电视台节目内容和节目表现遵循宪法精神，遵循行业规定和相关基准，不断提高节目品格，不断催生精品。

四 日本媒体的自律

根据日本国《宪法》第21条关于保障集会、结社、言论、出版等一切形式的表达自由的基本原则，《广播电视法》第3条规定："只要不是基于法律授予的权限，任何人不能对广播电视节目进行干涉或限制。"

这种受法律保护的广播电视节目编排的自由，并不是没有任何限制的自由。《广播电视法》在保障媒体的节目取材、报道自由的同时，也从广播电视伦理的角度对广电媒体的报道行为做出了限制性规定。《广播电视法》第3条第二项规定，广电媒体在编播国内节目时，不得危害公共安全和社会优良风气。

根据宪法原则、法律规范和广播电视伦理的要求，日本广播电视业建立了一整套自律机制。这套机制既有针对整个行业的约束机制，也有针对公共媒体和民营媒体的约束机制，它与法律规制和政府规制共同构成了日本广播电视行业的综合治理体系。

日本民间广播电视联盟与NHK共同制定了《广播电视伦理基本纲领》，是对公共广播电视NHK和民营广播电视媒体都具有直接约束力的行业准则。

在制度安排上，NHK和民营广播电视联盟共同设立了"广播电视伦理与节目促进机构"，该机构是以维护受众权益、促进节目质量、保护青少年身心健康为宗旨的行业自律组织。该组织也是日本广播电视行业自主处理广播电视的侵权案件的第三部门。该机构包括3个委员会：广播电视节目委员会、广播电视与人权委员会以及广播电视与青少年委员会。

（一）NHK的自律

NHK在获得一系列法律授权的同时，也在自律方面逐渐形成了一套有效的内部制度。

据研究者高昊介绍："NHK早于1959年分别根据对内对外传播业务，制定了《国内广播电视节目基准》和《国际广播电视节目基准》。《国内广播电视节目基准》规定了NHK所有节目应遵守的五大基本原则：为实现世界和平、人类幸福而奉献；尊重基本人权，彻底贯彻民主主义精神；提高观众的修养、情操、道德与人格，培养人们公正的精神；保持民族传统文化、为新文化的普及而贡献；保持公共广播电视机构的权威和品位，满足公众的期望。该基准具体规定又分为广播电视节目一般基准和对象性节目的具体基准。一般基准从'人权·人格·名誉''人种·民族·国际关系''宗教''政治·经济''争论·裁定''社会生活''地域文化''家庭''社会风气''犯罪''表现''广告''报酬与奖励''订正'等14个方面做出规定，对象性节目从'教养节目''教育节目''学校播放节目''儿童节目''新闻报道''体育''艺术''娱乐'等8个方面做出规定，规定的内容既有宏观层面大方向上的指向，又有微观层面详细的指导。如在'社会生活'方面，基准从'以国民生活安静和谐为义务，提升互相帮助的精神'等大方向做出指向，在'社会风气'方面，又从'不得以肯定、赞赏的角度去报道不正常的男女关系'等做出具体的规定。""NHK的节目基准根据时代和广播电视行业的发展，不断完善和修改，以适应新情况和新形势。《国内广播电视基准》于1995年、1998年进行过两次修改。如1998年在原基准的基础上在'表现'方面增加了一条'要考虑动画片等影像手法对身体的影响'，目的是为了防止类似1997年12月'口袋妖怪事件'的再次发生，保证媒体的公信力。《国际广播电视节目基准》于1994年、2008年进行两次修改。基准的变更需要得到中央广播电视节目审议会的许可，最终由NHK经营委员会决议通过后再施行。"①

NHK 在 2004 年 9 月制定的《NHK 伦理·行业宪章》是 NHK 今后必须恪守的最重要的伦理规范。NHK 在《NHK 伦理·行为宪章》的基础上制定的《行为指针》和《广播电视伦理实施要则》，进一步将公共媒体的伦理规范具体化。此外，NHK 还建立一系列制度和行为准则，如 "NHK 信息公开审议会"《公共资金的使用准则》《NHK 信息公开基准》等。

（二）商业广播电视的自律

日本民间广播电视联盟是日本民营广播电视媒体的行业性、自律性组织。该成员除遵守行业共同规范《广播电视伦理基本纲领》外，还有专门针对民营广播电视媒体的《民间广播电视联盟·广播电视基准》。该基准作为日本民营广电行业的一部主要的自律性公约，其基本出发点是：尊重人权，尊重公共秩序、优良传统和社会道德规范。其内容涵盖人权、法律与政治、对儿童的保护、家庭与社会、教育与教养、宗教、性、暴力等多个方面。

为保障 "放送基准" 得到贯彻执行，民间放送联盟设立了 "放送基准审议会"，由民间放送联盟会长直接领导。各公司还专门设了 "考查室"，负责伦理道德方面的把关和宣传指导。

为了更好地约束报道行为，还制定了《日本民间广播电视联盟·报道指针》。该指针在 "报道自由" "人权尊重" 等方面做了详细规定。

由 NHK 和民营广播电视机构共同设立的中间性组织——广播电视伦理·节目发展组织（BPO）、广播电视与青少年委员会以及广播电视委员会商家机构，于 2003 年年底联名发表了针对电视收视率问题的声明。该声明指出，很多人盲目认为收视率是广告收入的重要指标，因此导致收视率过度竞争，充满暗示性和暴力性的低俗节目屡禁不止，侵权事件层出不穷，这些都助长了收视率的恶性竞争。

商家机构的负责人还认为，日本电视台引发的收视率事件导致了观众对电视的不信任，这也显示了媒介法制化进程中公共权力的隐忧。为

---

① 高昊：《日本广播电视行业自律机制概览》，载《视听界》2009 年第 6 期。

此他们还提出了以下5种意见：

1. 为了纠正过度依赖收视率的状况，应当展开兼顾节目质量的收视率质量调查并进行综合评估。

2. 广告业也应该积极配合，研讨新的节目评估标准。

3. 广播电视业主有必要加强自律和职业道德修养。

4. 市民受众应当针对节目积极发表意见，受众也应当积极参与广播电视文化的发展。

5. 报纸、杂志等媒介应当加强对电视节目的评估。不应在评选"最佳"的时候仅仅考虑收视率，而应当成整体上审视广播电视业的发展现状。

除了实行行业规章制度之外，电视台内部章程设置的也较为明确。《职员工作守则》《表彰及惩戒》《福利待遇》《部门职能分工》规定得很细，也有特色。比如工作守则中有这样的规定：禁止公司职员利用与职务相关条件的便利接受他人馈赠的礼品；未经公司允许不得以公司名义进行演讲、出演；未经公司许可，公司职员不得从事以营利为目的的兼职活动。《职场规则》中规定，工作时间不得有与直接职务无关的行为；除必要的工作交谈外，不得杂谈、喧哗；工作时间禁止私人间的会面和私人电话交谈。一些看来不成文或尚未成文的方面都付诸绳尺，进而转化为无须绳尺的秩序和自觉状态。

五 小结

前面我们已经分析过了，由于日本家长很重视对儿童及未成年人的教育，所以，尽管日本色情业很发达，但是，日本的电视节目还是很干净的，几乎所有的广播电视台都按照已经实施的法规及各种协会规定来播放节目。如果成年人想观看一些低俗的甚至色情的节目，可以在规定的销售商店里购买。

第七节 俄罗斯抵制电视节目低俗化的成功经验

截至2006年9月1日，俄罗斯共有人口1.423亿，20世纪末，俄罗斯电视人口约1.4亿。俄罗斯全国共有130多个民族，其中俄罗斯人占82.95%。俄语是俄罗斯联邦全境内的官方语言。[①] 俄罗斯的电视普及率很高，电视是俄罗斯人的主要的信息来源，也是娱乐形式。全国98%以上的人口可以接收至少一个电视频道的节目，平均每人每天看电视的时间约为4个半小时。97%的俄罗斯家庭拥有电视机，约43%的家庭拥有2台以上的电视机，其中大部分是彩色电视机。

在前苏联时期，俄罗斯的电视业基本上掌握在国家手中，靠国家预算，没有任何的广告收入。俄罗斯的经济自1999年伟大的复苏起开始回转，同时整个国家成为欧洲最具有活力的市场之一。尤其是通信产业，在这种经济增长下获益颇丰。据政府2005年评估，通信业的资产已达364亿美元，比上一年增长了30%以上。广告市场也比同期增长了20.6%以上，达到46.5亿美元。据俄罗斯电信协会预测，到2008年广告市场的收入将达到64亿美元。

一 俄罗斯广播电视集团的演变

20世纪90年代苏联解体引发了社会主义阵营乃至国际社会的一次巨大震动。从1991年苏联解体到2001年这十年间，俄罗斯电视业经历了三次所有权的改变。这些改变可以说是在政府与控制电视的金融巨头之间展开的一场争夺，而电视所有权的转变也直接造成了电视节目内容和形式的改变。

前苏联电视实行的是国家电视体制，直到戈尔巴乔夫时期才开始着手放松国家对媒体的传统管理。1990年6月12日当时的最高苏维埃通过了《出版和其他大众传播新闻媒体法》（简称《出版和传媒法》），从法律上彻底改变了原有的"公有国营广播电视制度"。该法律虽然明确规定新闻工作团体有成立媒体公司的权利，并宣布每个编辑部都是独立的法人，但没有明确新闻媒体在经济发展中应承担的义务，尤其是国家如何管理媒体及其资金运作。这样的规定就为个人创办媒介获得了法律上的许可证。

[①] 廖亮：《当代世界电视》，上海交通大学出版社2007年版，第236页。

苏联解体后,俄罗斯继续执行前苏联时期通过的《出版和传媒法》,但是于1992年成立了"广播电视委员会"等专职管理机构,来对广播电视等大众传播媒介进行统一管理。

尽管如此,制度上的管理构架并没有解决根本问题,新成立的俄联邦政府无法在财政上支撑媒体的转型。没有财政上的支撑,俄罗斯的媒体便自谋出路。1995年之后,俄罗斯的大众传媒基本上形成了三足鼎立的局面[①],即国家天然气集团和欧耐克希姆银行集团为一方,另一方是支持莫斯科市政府的"桥"媒体集团,还有一方是拥有俄罗斯公共电视台和莫斯科独立传播公司等媒体的别列佐夫斯基集团。从国有媒介到私有媒介的转型,某种程度上说,为媒体追求新闻自由和独立发展提供了一些空间,但这也直接冲击了政府对以电视为主的大众传媒的控制力和影响力。

进入21世纪,俄罗斯电视业又出现了大转弯——从非国有向国家化方向转变。普京当政时期,已然开始国家化运动,逐步夺回了对大众传播领域的控制权。2000年以来,全俄广播电视公司成为管理俄罗斯三大电视台——公共电视台、俄罗斯电视台与独立电视台的专职机构,俄罗斯的电视业基本上形成了以国有媒体居主导地位的格局。私营电视台以及莫斯科市政府的电视台侧重娱乐、体育等节目,整个俄罗斯电视的国有公共服务体制得以确立。目前在俄罗斯首都莫斯科大约可以接收到21个电视频道,另有56个电视频道是通过卫星传播的。俄罗斯国内主要的电视台有:作为国家电视台的俄罗斯电视台(其上级公司为俄罗斯国家电视广播公司,旗下还有文化电视台和体育电视台等)、由国家控股的公共电视台(其前身是苏中央电视台)、私营的独立电视台、第六电视台和属于莫斯科市的莫斯科中心电视台。

近几年来,俄第一频道电视台的收视率一直领先于其他电视台。去年俄罗斯电视台在观众比例上超过第一频道,主要是因为该台播出了收视率极高的电视连续剧《师傅和马加利特》。据盖普罗媒体公司日前公布的统计数字显示,俄罗斯电视台和俄第一频道电视台2005年的观众数分

---

① 廖亮:《当代世界电视》,上海交通大学出版社2007年版,第237页。

别占全俄观众数的 24.14% 和 24.13%。俄罗斯其他几家大的电视台的观众比例分别是：独立电视台，12.02%；莫斯科电视台，8.4%；THT 电视台，5.83%；雷恩电视台，4.73%。盖普罗媒体公司是通过对俄罗斯 18 岁以上的观众进行抽样调查得出上述统计数字的。

下图是俄罗斯人 1996 年的收视习惯[①]：

您经常收看哪个电视频道	百分比	您经常收看哪个电视频道	百分比
俄罗斯公共电视台（OPT）	79	电视六台（TB-6）	13
全俄广播电视台（PTP）	50	圣彼得堡第五频道	9
独立电视台（HTB）	24		

2005 年，各电视台的收视情况如下：

电视频道	收视率	电视频道	收视率
俄罗斯电视台	24.14%	莫斯科电视台	8.4%
俄第一频道电视台	24.13%	THT 电视台	5.83%
独立电视台	12.02%	雷恩电视台	4.73%

对比 90 年代与 2005 年的收视率可以看出，俄罗斯联邦国家控制的俄第一频道电视台和俄罗斯公共电视台还是占据着主要位置。目前俄罗斯主要的全国性电视台有：（1）俄罗斯公共电视台（OPT）现更名为"第一频道"，总部设在莫斯科，国家掌握 51% 的股份，其余 49% 的股份为金融财团和私营企业持有。据统计，OPT 的潜在观众达 1.41 亿至 2 亿人左右，约占俄罗斯众人口的 98.8%。（2）俄罗斯电视广播公司（RTR）开播于 1991 年 5 月，是俄罗斯 2 个全国性国有电视之一。据统计，RTR 的潜在观众约为 1.11 亿，约占总人口的 98.7%，此外还有其他独联体国家以及波罗的海国家的 5000 多万人口。（3）独立电视台，它是唯一一家全国性的股份制私营电视台，在国内的节目覆盖率约占 77%。除俄罗斯外，该台的受众还有来自其他独联体国家、西欧、中东、以色列、美国和加拿大的观众，总计约 1.2 亿人。此外此台还开辟专门对外广播的世界频

---

① ［英］卡瑟林·丹尼斯：《转型中的俄罗斯政治与社会》，欧阳景根译，华夏出版社 2003 年版，第 226 页。

道"NTV – MIR"。

二 俄罗斯电视节目风格的变化

苏联解体后，随着私有化进程的开始，俄罗斯的广播电视也发生了巨大变化：旧有的体制被打破，广播电视的制作手段以及形式、内容都在向着以市场为导向转化。2006年后，俄罗斯国家电视台在节目形式上扩大了新闻信息类、综艺娱乐类与自制作电视的分量。

俄罗斯传媒浓厚的政治宣传和意识形态色彩减弱了，出现了多元化的景象。由于在改革的初期，一味学习西方的政治经济，俄罗斯电视广播节目受到商业性的影响很大，娱乐性大大增强。由于商业电视经济所有制的转变，俄罗斯电视台在争取更高收视率时，格调趋向低俗。

但是，现在电视节目比过去更加吸引人了。在过去的几年里，俄罗斯的电视观众看遍了美国经典连续剧。最近几年里，俄罗斯的电视频道向观众介绍了当代世界影视的精华，同时也让俄罗斯观众欣赏了在苏联时期根本看不到的节目。这些都丰富了俄罗斯人对世界艺术的了解，如果仅从数量上来看，吸引人的节目确实变得多了。但是，那些与暴力、色情有关的劣质影视节目也在吸引着人们的注意力，大量的电视产品正在产生着负面的影响，并对俄罗斯人民的欣赏品味造成了负面影响，造成了低俗品位的泛滥。

由于电视台数目众多，竞争十分激烈。有的电视台为了提高收视率，手段无所不用其极，色情、暴力等低俗节目频频出现在荧屏。俄罗斯电视台、电视六台、独立电视台均在周末夜间12点之后播放色情片。其中一个极端的例子就是M1电视台。M1电视台创办之初，规模甚小，其节目的内容定位是严肃的政治访谈。这样的节目内容和定位都很难在众多的电视台和众多的电视节目中崭露头角，于是该电视台的创始人某天突发奇想——想出了赤裸播报的绝招。

在M1独创的《赤裸的真实》栏目中，播音员开始一本正经地播报，节目进行到中段时，原本打扮端庄的女主播，会在播报新闻、讲述社会秘密的同时，宽衣解带，向观众展示自己身体的秘密。来自乌克兰的伯克特斯娃是《赤裸的真实》的首位主播，如果她到节目播完还没有脱完的话，新闻节目后的天气预报女主持人也会脱得精光。随着脱衣的夺目效应，先是新闻，接着是天气预报，后来又推出"系列赤裸栏目"：如回顾一周世界重大政治事件的《及时》栏目；报道桃色新闻的《桃色》栏目；"脱口秀"《自然选择》，其节目女主持人清一色是半裸的靓丽女郎。

"赤裸"使 M1 电视台在莫斯科 13 大最受欢迎的电视中位列第六，其观众群的年龄段在 25 岁至 55 岁之间。许多俄罗斯的政治家都愿意接受 M1 电视台独特的赤裸采访。面对国内外同行的非议，电视台创始人莫斯科温却认为《赤裸的真实》远远不止是靠色情来吸引观众，而是打破传统的一种改革。

另据俄罗斯《真理报》2006 年 7 月 19 日报道，俄罗斯还出现了"荧屏怀孕第一人"。此次事件的地点是俄罗斯加里宁格勒州，在 2006 年初推出了一档"办公室真人秀"节目，该节目经常搞些现场"床上示范"来吸引观众。2006 年 7 月传出消息，该节目的演员阿妮娅·利哈诺娃在现场表演中竟假戏真做，在拍摄"办公室真人秀"节目时与另一位演员谢苗·达尼洛夫一起，在几十部摄像机镜头下，毫无惧色地表演"床上示范"，他们为了"绝对真实"，二人竟没有采取任何避孕措施，不久女演员竟然不小心怀孕了。由此可见这类节目的色情程度。

还有就是在 2001 年，俄罗斯六台开始播出名为《玻璃背后》的偷窥节目，每天中午 2 时、下午 6 时、午夜零时 50 分播出，内容是六个俊男美女在一个公寓内的生活，都百无禁忌地呈现在电视画面上，电视台以 30 部摄像机拍摄每个人的生活细节，通过电视与网络实况播出。而这个节目连连刷新俄罗斯电视台的收视率记录。

三 俄罗斯对广播电视节目低俗化的监管

2000 年普京执政后，俄政府把重新调整传媒政策放在了重要位置。在普京的主导下，国有企业集团大力介入俄罗斯电子传媒，在政府支持下逐渐将那些与政府对立的金融寡头排挤出局。关于媒体方面，普京的整体构想是，引导传媒向"国有公共服务体制"的方向发展。政府控制电子传媒的技术资源，对其进一步加强"公共化和市场化"管理。所以面对一些媒体不停地播出违反社会公共利益的低俗节目，普京政府一直不遗余力地利用政治、经济和法律手段进行打击。

俄政府对某些传媒的不合作态度会行使一些潜规则加以干预，通常表现在以下四种方式：一是行政干涉。例如，利用消防局、税收机构和质量检查机构对不合作媒体进行多方审查，一旦查出哪怕极小的问题，就立即提交公安机关立案。而由此导致的时间浪费、歇业受查或解决纠纷的法律费用，常常使媒体无法承受。二是法律管制。利用广播电视许可证发放制度和竞争上岗制度，吊销不合作媒体的执照，或终止其播出权，指控媒体诽谤政府官员名誉和尊严，并对其提起诉讼。此外，法律还规定，传媒要为失实的报道付出经济代价，往往被课以高额罚款。三是经济施压。政府的补贴是保证国家媒体（主要指地方媒体）服从政府的重要手段。四是利用国家垄断的传媒基础工业施压。例如，国家垄断了绝大部分的印刷行业，可以随时给传媒"断氧"。

（一）政府利用行政权力对电视台进行整顿

1996年的俄罗斯大选使金融寡头进一步认识到，掌握着国家的电视台不但可以获得更充足的"金钱"资源，还可以获得规避风险的政治资本。为了创造有利于自身发展的舆论环境，金融巨头通过融资、投资等手段，他们在短期里就掌握了大量的媒体。这些金融寡头除了利用媒体与候选人进行政治谈判以期获得政治豁免外，他们在自己所控制的媒体上紧紧模仿西方传播模式进行传播。在文化上严重损害了俄罗斯悠久的传统文化。为了与同行进行竞争，一些不受限制的暴力、色情节目随意在俄罗斯电视台播出。俄罗斯天然气公司的新闻传媒公司总经理斯米尔洛夫曾说："最为重要的事情是使整个传媒系统为我们的中心思想服务：我们为整个政治利益活动，而政府需要我们。[①]"

有鉴于此，随着国家的稳定，俄罗斯在叶利钦主政期间逐步加强对媒体的控制。后来成立了传媒"国家检查机构"。1999年，俄罗斯有意强调，媒体应在加强"国家意识"中发挥积极的作用。1999年下半年，为了完善国家对媒体和传播业的管理，俄罗斯总统叶利钦颁布命令，决定成立一个统一的新闻宣传主管机关，即"俄罗斯联邦出版·广播电视·

[①] ［英］卡瑟林·丹尼斯：《转型中的俄罗斯政治与社会》，欧阳景根译，华夏出版社2003年版，第226页。

第三章 国外抵制电视节目低俗化的成功经验

大众传播部",并从此取代了俄罗斯广播电视联邦局和俄罗斯国家新闻出版委员会两个部门。"俄罗斯联邦出版·广播电视·大众传播部"(简称"大众传播部")是俄罗斯广播电视业及其他传媒业的行政主管部门,掌控着与传媒有关的行政与技术资源的分配大权。大众传播部下辖四个联邦部门,它们是负责法律监督、国家档案、文化和电影、报刊与大众传播方面的监管。其中,报刊与大众传播联邦署行使对广播电视行业的监管职能。具体的监管业务包括:

1. 负责技术的开发、改造、更新以及标准化等方面的工作;

2. 统筹协调有关传媒业的各项政策,负责广播电视频率的分配和监管。监管通信卫星的使用情况,制订大众传播业和传媒业的发展规划;

3. 制定全俄统一的媒体和传播机构注册登记规范;

4. 为媒体和传播企业、通信社和广告公司办理登记注册手续;

5. 为广播电视机构,音像制品的生产、复制、发行机构等审批、颁发许可证;

6. 监督、检查违法违规的行为,对许可证的注册和发放进行审核,监管税收方面的情况,对违规和违法的行为做出中止或撤销许可证的决定。

自从1999年普京任代总理以来,普京就一直延续普里马科夫的宏观控制政策,大力整顿国内局势,加强对新闻媒体的影响力。他采取的第一步就是实际改组"全俄国家电视和广播公司"。同时对该公司进行了重大的人事调整,并保证国家对它的财政拨款,普京加强了对公共电视台的控制。同时普京通过政府施压,削弱了别列佐夫斯基在该台的影响力,解聘了他的亲信——公共电视台新闻部的主任。接着,普京又提名六位政府官员为公共电视台的董事会的成员[①]。

2000年5月11日,政府内务部搜查了"桥"媒体集团总部及其下属机构,并根据最高法院决定收缴了该集团保安公司的枪支。6月最高检察院以涉嫌经济犯罪为由拘捕了古辛斯基。

同年,别列佐夫斯基也因涉嫌经济犯罪受到有关部门的调查,在别列佐夫斯基的电视六台拥有部分股份的卢科伊尔公司,通过复杂的破产

[①] 《俄罗斯加强对国有电视台的管理》,《世界广播电视参考》2000年第12期。

法把电视六台告上法院,结果电视六台败诉,后电视六台关闭并重组营业。经过几年的较量,这两家媒体王国终于瓦解。通过普京强有力的整肃,俄罗斯政府终于控制了主要的媒体。

(二)通过修改法律,俄罗斯电视业迈向正规化道路

俄罗斯现行的涉及广播电视的法规主要有:1991年12月27日通过的《俄罗斯联邦大众传媒法》,1997年9月3日国家杜马通过的《俄罗斯联邦广播电视法(草案)》及其《补充修正案》,以及一系列直接涉及广播电视业的总统令、政府令及相应的条例和规定。

《俄罗斯联邦大众传媒法》与1990年颁布的《全苏新闻法》一样强调了一定的监管性[1],不同的是,前者比后者更强调倡导新闻自由。此外《俄罗斯联邦大众传媒法》还具体规定了大众传媒的权利以及违背义务所承担的责任。

1.《俄罗斯联邦大众传媒法》

《俄罗斯联邦大众传媒法》修正案在2004年11月10日以420票赞成获通过。该法律草案禁止每天7:00—22:00播出有血腥和暴力场面的新闻节目以及故事片和纪录片。这项法律草案是由俄罗斯国家杜马议员安德烈·斯科奇提出的,另外3名议员也提出了对《俄罗斯联邦大众传媒法》的修正案。其中有提议,违反《俄罗斯联邦大众传媒法》要追究刑事责任。关于限制电视播出血腥暴力画面问题的讨论在俄罗斯国家杜马引起了激烈的争论。按照有关规定,在450个席位的国家杜马,只有得到226张赞成票,付诸表决的议案才可获得通过。经过公开投票,只有安德烈·斯科奇提出的修正案获得通过,其他3个修正案均被否决。俄罗斯新闻界对限制电视播出血腥暴力画面的法律修正案获得通过一事做出了不同的反应。俄罗斯新闻工作者联盟秘书长伊戈尔·雅科文科对修正案的通过表示赞赏。他指出,这将"捣毁通向地狱之路"。但他也提出了问题:由谁和如何界定血腥和暴力场面,如何对电视是否播出了含有血腥暴力场面的节目和影片进行监督。独立电视台总经理费拉基米尔·库利斯季科夫则对安德烈·斯科奇的修正案持批评的态度。他说,按照修

---

[1] 1990年《苏联报刊和其他大众新闻媒体法》的所有条款引文,均出自《苏联新法汇编》第2册,刘向东、宋雅芳译,莫斯科法律书籍出版社1990年俄文版,第170—184页。

正案的逻辑，所有反映伟大卫国战争的影片都将被禁止放映，从而也不可能对恐怖事件、犯罪和紧急情况进行客观、真实的报道。但是不管怎样，该法案严格控制电视节目的低俗化倾向。

该法案第十条禁止滥用媒体自由，该条规定不得利用媒体从事刑事犯罪活动；不得从事激进活动；不得传播宣传淫秽、推崇暴力和凶残的作品；禁止在电视、录像、新闻影片、纪录片和故事片中，以及属于特殊大众媒体的电脑信息文件和软件中隐藏和使用对混淆人们思想意识或对其健康产生不良影响的内容。

第三十七条关于色情出版物①的规定，除非地方行政当局另有规定，未经信号加密的色情类广播和电视节目，只能在当地时间 23 时至次日凌晨 4 时之间播出；专门报道色情信息和材料的媒体产品，须使用透明封闭的包装，并在当地行政机关指定的专门处所零售。

2.《俄罗斯联邦广播电视法》

为了保护青少年的身心健康，在第二章第十七条中要求联邦广播电视委员会可以向联邦执法机构提出建议，按受众年龄段对电视节目进行区分，并要求广播电视台执行。同时像其他国家一样要求："有年龄限制的节目应在每次广告进行播出的前后间隙予以提示。在这类节目进行预告时，必须在预告中明确年龄限制，并要提供联邦执法机构规定的警示标记、标示和声音符号。"

与其他国家略有不同的是，俄罗斯要求广播电视台必须保留自己播出的节目内容。该法强调："电视台必须在节目播出后的 2 个月内保存所有节目内容（包括直播节目）的录音、录像带，并填写日期、注明节目的详细情况等；如果在 2 个月内没有收到对已播节目内容的反驳声明，也没有收到包括联邦执法机构在内的有关提供已播节目内容的要求，则可对所保留的节目录音、录像带进行销毁。否则，已播出的节目录音、录像带就只有在纠纷解决后（法庭做出了判决或在法庭上达成了和解协议）才可销毁。"

该法案第二十四条专门对国家广播电视台进行了说明和要求：（1）

---

① 该法案规定从事色情消息和资料传播的媒体是指总体上和一贯经营色情趣味的期刊或节目。

在适宜的时间对公民播出官方消息,让他们了解国家政权机构的官方立场;(2)同等地报道俄联邦和联邦主体所有国家政权机构的活动和国家的政治生活,避免给某些政治组织以优先的地位;(3)赋予各民族、各社会阶层、各年龄和各民众群体以同等的机会在广播电视上发表意见;(4)在播出的节目中提供俄联邦和联邦主体的政治和社会生活的信息;(5)促进保护和提升俄罗斯文化瑰宝,以及俄联邦各民族的文化资源和遗产;(6)促进保护和宣传俄语以及俄联邦其他各民族的语言;(7)有助于少年儿童作品以及便于家庭观看的作品的播出;(8)为失明和失聪者提供消息;(9)为视听众提供更多的广播电视节目选择。

该法案禁止国家台制作和播出色情淫秽作品。对违反法律的电视机构进行吊销和中止播出许可证处罚。同时对已经缴纳的播出许可费用不予退还。

随着俄罗斯社会政治、经济形势的发展,人们对该法进行了数次修订,这种修订既是对媒体格局变动的适应,也是对其中某些无序、极端状态的调控。针对俄罗斯电视节目中存在不雅现象的,此次修改在第四章"自由媒体禁止从事的活动"中增加了:"禁止在电视、电影中播发有害受众身心健康的内容。"2000年的修订中又增加了:"禁止在大众传媒及计算机网络中发布、传递如毒品制造、贩卖等违禁信息。"2006年6月初俄罗斯国家杜马议员根据《传媒法》和《广告法》,提交了有关禁止色情服务公开广告的修正案。

3. 总统令和政府令[①]

从叶利钦时代起,就不断有广播电视业的总统令、政府令以及广播电视有关部门相关条例颁布,当时专门法的出台却屡屡遭受挫折。直到1995年,俄罗斯才订立了首部《俄罗斯联邦电视与广播法》,尽管此法在国家杜马获得通过,但是叶利钦总统并没有同意此法,因而关于广播电视的专门法未能生效。目前针对广播电视的专门法律还是没有通过,所以,俄罗斯的广播电视管理方面起主要作用的还是总统令和政府令。

总统令。专门法遭到否决后,俄总统便平均一年发布一次关于专门

---

① 此段选自明安香主编《全球传播格局》,社会科学文献出版社2006年版,第33页。

管理的总统令。如叶利钦时期的 1995 年一项、1996 年二项、1997 年五项等。1997 年 7 月，叶利钦签署了"关于完善大众传媒、电子通信领域国家调控的命令"。命令指出："为了发展俄罗斯统一的信息空间，并完善国家在大众媒介的调控，特签署总统令设立联邦出版、广电和大众传播部，取消原联邦国家出版委员会和俄罗斯联邦广播电视部。"并随后颁布了广播电视条例，此条例算是比较成型的法规，但是普京总统依然感到不是很满意。

政府令。1994—1997 年，俄罗斯政府颁布关于新闻传媒的政府令达 18 条，其中 15 条涉及广播电视。例如 1996 年关于国有机构的政府令。

四 俄罗斯文化电视台的振兴

1997 年 11 月 1 日，俄罗斯文化电视台正式开播，这是俄罗斯唯一一家非营利的国家频道，并获得俄罗斯"电视艺术协会"久负盛名的 TEFI 专业奖。该台的宗旨就是：保护和复兴俄罗斯道德和艺术的价值观；为电视观众提供了解俄罗斯文化的历史和今天以及新的科学成就的机会；了解俄罗斯以及其他民族的文化杰作。文化电视台的受众包括不同年龄段、各个社会阶层，在俄罗斯、乌克兰、白俄罗斯和哈萨克斯坦共有大约 7000 万观众。文化台节目丰富多彩，从著名科学家对历史的回忆到播出众多的世界著名歌剧舞剧院的最好的歌剧和芭蕾舞剧。精良的电视制作，引人入胜的内容为文化台赢得了很好的口碑。同时，这些优美的节目在抵制普遍的低俗节目上做出了卓越的贡献。如它会在自己的栏目《领域》中对最近的国内外文化生活事件进行评述。评述常常是对低俗节目进行毫不留情地批评。

值得注意的是，最近俄罗斯的大众艺术作为一种新的趋势，在电视和电影两个领域表现了自己的重要性。许多电视台也已经认识到高品质文化频道带来的正面作用，所以像第一频道这样的电视台也同时开通了文化频道。这些频道在抵制低俗化方面起到了很大的作用，成为俄罗斯电视业的重要组成部分[1]。首先，它为观众提供了高水平的电视产品；其

---

[1] 王灏译：《俄罗斯电视业：发展中的不平衡》，《广播电视参考》2004 年 6 月。

次，它的运作由预算承担，因此不再有广告，俄罗斯现代电视业普遍存在的商业化色彩也就随着消失。从这个意义来说，文化频道符合社会公众电视的标准，既满足电视观众的需求，服务于社会利益，又可以免受大公司和政府的压力。同时，文化频道确实使一部分观众欣赏到了内容精彩、制作精良的文艺作品。由于大众的文化品位受到通俗文化和商业频道的冲击，已经遭受到破坏，文化频道的出现拉开了培养大众文化品位的序幕。

五　小结

尽管俄罗斯在抵制低俗化方面取得了长足的进步，翻开了电视节目纯洁化的新的一页，但同时俄罗斯电视业也伴随着失落、教育频道的关闭、技术滞后等因素，俄罗斯的电视业并没有取得根本性的突破。

就像一些研究俄罗斯传媒专家所说，俄罗斯电视业的发展模式是"左两步、右两步、进一步、退一步"[①]。可以说，以上分析关于俄罗斯电视节目的一些演变因素并不是最根本的，俄罗斯电视在本质上极易受到各种权力和财团势力的影响，同时它又极少受到大众社会的影响。这种在苏联时期就对电视业造成负面影响的政治操纵，如今并没有完全消除。电视业正在蚕食着观众对它的信任。

第八节　韩国抵制电视节目低俗化的成功经验

"我以去练歌房为借口从家出来了，丈夫会照顾孩子的""经历一两次后，愧疚感也会逐渐消失""无论情夫长得多么丑，至少也有新鲜感。因为不是自己的丈夫，即使牵牵手也会感到很刺激"。2008年1月23日上午，KBS二台节目《世界的早晨》以"处在危机中的主妇、外遇百态"为主题，邀请外遇当事人讲述了她们的心声。该节目用马赛克处理了当事人的脸部，并对她们的声音进行了处理。当天参加节目的主妇有6人之多。以上就是这个节目中几位妇女的表达。而在同一天，候任总统李

---

① 王灏译：《俄罗斯电视业：发展中的不平衡》，《广播电视参考》2004年6月。

明博指出:"KBS电视台用煽情的方式播出了主妇们的出轨生活,我想公共频道这样做是否有些过火呢?"他所指的节目就是 KBS 二台的《世界的早晨》。这个节目的制作组带着隐形摄像机到已婚男女经常光顾的夜总会,假扮成客人,当拍到已婚男女紧贴身体跳舞的场面和喝醉酒后互相搀扶着进入酒店的情景时,便在当期的节目中播放。

其实这并不是韩国第一次出现这样具有煽情性的低俗节目。2007年8月,MBC 电视台《今日早晨》在《经常外出的暴力丈夫》篇中播出了看到父亲殴打母亲,忍无可忍的儿子殴打父亲的画面。虽然对里面的人物进行了特殊处理,但该节目还是受到了广播委员会的警告。

回溯历史,人们发现,韩国电视经常会出现很多限制级的画面。2005年7月30日16时15分左右,MBC 的直播节目"音乐营"正在播出一个叫"勒克斯"乐队的歌《从现在到结束》时,友情出演这个节目的另一个乐队"加乌奇"的两名成员在伴舞时竟然脱下裤子,跳起了裸体舞。这个突发事件使现场陷入混乱,在场的观众一片哗然,主持人不知所措。画面持续了6、7秒钟后切换到观众席上。

韩国的另一家电视台——韩国广播公司在一个情景剧中,一名妇女因为婆婆没有照顾好自己的孩子而打了婆婆一记耳光。这也在观众中引起了强烈的争议。开放国民党表示,他们将于事件发生的近期召开讨论会,与韩国广播委员会的官员以及全国主要电视台的负责人等一同就这一问题进行讨论,然后再提出细节的修订意见。大国家党立法机构提出,不仅要惩罚播出机构的违法行为,而且要严惩演员的违法行为,依此来保护健康的家庭生活和保护儿童和青少年,塑造健康的人品。

在韩国,像这样因为电视节目的不雅而引起人们强烈谴责的电视节目实属稀疏平常,2005年、2006年和2007年,分别有2个、6个和5个节目因煽情性问题受到广播委员会的警告。

韩国国家电视台播放的一些不道德和淫秽的镜头在社会上已经造成了不良的社会影响,立法机关正在试图制定严厉的惩罚措施来制止电视台的违法行为。韩国执政党开放国民党和主要的反对党大国家党2005年8月份都表示,他们正在考虑对《广播法》进行修订,以便韩国广播委员会(KBC)能够对类似的违法电视台进行严厉的惩罚。

开放国民党政策协调委员会立法机构的金叶尹说："我们应当限制那些超出观众情感接收范围的节目。"按照现行法律，处罚包括过失罚款、广播公司向观众公开道歉、修改或终止节目的播出以及对有关员工实行惩罚等。

金叶尹还说，法律修订的内容将包括对播出机构的审查和惩罚。立法机构之所以采取这一举措，是由于此前摇滚乐团的两名成员在MBC电视台音乐直播现场做出了让年轻人震惊的行为：脱下裤子当众跳舞。

二战后的韩国文化由中西部分共同融合转化形成了以儒家伦理为主、西方基督教伦理为辅的新儒家伦理。众所周知，儒家伦理对韩国的现代化进程产生了深刻地影响。无论是家长式的权威主义政府，还是家长式的企业经营体制；无论是国家的选举活动，还是社会关系网络的组成，大到国家的政府体制，小到家庭生活，亲情关系、地缘关系等儒家伦理渗透到社会的各个角落，挑战人们常理的一些行为会受到很大的阻力的。

一　韩国电视基本状况

韩国是一个采行公共广播体制的国家。1980年，韩国政府在"电波属于公共财产，不能一味用于商业利益"的口号下，对广电业进行了以"统一合并"为特征的结构调整，将所有民营广播电视收归公营的韩国广播公司（KBS——Korean Broadcasting System）麾下，韩国公共广播体制至此确立。1990年，韩国广电业又进行了一次"有限开放"式的结构调整，在对公营广播低效率弊端的反思和抨击声中，民营的首尔广播公司（SBS——Seoul Broadcasting System）正式开播，一度被逐出业外的民营广播电视被再次纳入广电业结构中。从那时起，韩国广电业一直在公营与民营并存的二元结构中成长，也在公益性与商业性的竞争中寻求平衡；电视市场格局则由两强（KBS和MBC，后者为非民营的文化广播公司）独占，逐渐演变而为三足（KBS、MBC、SBS）鼎立，并一直延续至今。

目前韩国有三大全国性地面电视网——韩国广播公司（KBS，下有两个电视频道）、文化广播公司（MBC）和教育广播公司（EBS）和地区性地面电视网——首尔广播公司（SBS），其节目可在韩国大部分地区收到。从财源上看，韩国广播公司第一频道和教育广播公司为两大非商业性电视机构；韩国广播公司的第二频道（100%由政府拥有）、文化广播公司

第三章 国外抵制电视节目低俗化的成功经验

(50%由政府拥有)和首尔广播公司(100%私人拥有)是三大商业电视机构。地方电视台共有40座。

韩国无线电视台收视率与市场占有率比较如下表:

(单位:%)

	KBS1		KBS2		MBC		SBS	
	收视率	占有率	收视率	占有率	收视率	占有率	收视率	占有率
1992	7.3	17	10.7	23	15.7	35	10.4	24
1993	7.4	16	11	24	14.4	31	13.1	28
1994	9.7	20	11.4	24	14.5	30	11.7	25
1995	11.7	24	11.6	24	12.7	26	11.8	24
1996	12.2	27	10.9	24	10.9	24	10.9	24
1997	12.9	28	10.4	23	12.3	27	9.8	21
1998	12.1	25	10.1	21	14.8	30	10.9	23
1999	10.7	23	9.4	20	13.2	29	12	26
平均	10.5	23	10.7	23	13.6	29	11.3	24

资料来源:Ho-young Kwon, Ik-hee Kang, Woo'young Jeon, and Jae-sik Yoon, Korean Broadcasting Statistics, KBI Report 2001, Seoul, Korea:KBI。

下列图表2是韩国电视的基本概况:

人口(2000)	2543.3611万人
家庭总数	823.3152万户
免费电视普及率	100%
地面电视网	5个
家庭日均收视时间	657分钟
数字地面电视实施期限	2010年
有线电视经营商	79家
有线电视家庭	577.144万
有线电视普及率	70.1%
有线电视频道总数	82个
卫星电视用户	75.3334万

韩国人都很喜欢看电视,平均每个家庭每天收看657分钟电视。大多数家庭都收看地面无线电视。地面无线电视台每天只允许播放15小

时，在周末可播放 19 小时。这样的规定主要是出于促进发展有线电视业的考虑，否则，有线电视将会被地面电视网淹没。韩国电视台之间的竞争非常激烈。三大地面电视网仍然锁住了观众，收视率高达 75%。从相关资料获知，肥皂剧和电影是最受欢迎的节目，收视率为 11.7%；其次是喜剧和综艺节目，收视率是 8.5%；最后才是新闻，为 6%。

20 世纪 70 年代，韩国电视剧开始兴盛起来。针对商业化的趋势，电视台的策略是：利用热门节目取代较为昂贵的外国电视节目；用电视连续剧占据黄金时间；从国外引进情景剧；增加综艺节目；用早晨时间重播热门节目。总的方针就是增强节目的娱乐性，提高收视率，降低成本[①]。在收视率的驱使下，一些节目内容的品格便逐渐低俗化。劣质的节目遭到舆论的批评，人们要求禁止早间电视节目，并要求播出更有利于家庭的教育性的节目。当时的朴正熙政府利用公众的对种种社会现象的不满，趁机提出整肃思想道德的"维新运动"。广播电视方面的所谓的"维新运动"就是监视娱乐过度和新闻失控的现象，要求至少 30% 的广播电视时间用于文化和教育节目；广告时间不得多于 10%，政府还要求进行新闻的事先检查。于是，在这样的政治高压下，广播电视的失控现象得到遏制。

在这一阶段，政府的政策仅仅是让电视媒介成为宣传的工具。而文化信息部派到各电视公司的官员大多是一些不懂行、无经验的官僚，结果导致电视节目千篇一律，毫无起色。政府事无巨细地指派儿童节目、政府节目和娱乐节目等。在此期间，政府对广播电视有些矫枉过正，因为公私两大系统都表现的对政府非常忠心，丝毫不敢惹政府部门。

二 韩国对广播电视低俗化节目的管制

随着政治经济的进一步发展，目前韩国已经步入世界发达国家行列，法制观念进一步强化。为了应对国际广播电视激烈的竞争环境，韩国努力保护并开发文化事业。针对国内广播电视节目出现的一系列质量不高的电视节目，韩国从体制到机制都进行了改革。经过几年的发展，韩国

[①] 郭镇之：《中外广播电视史》，复旦大学出版社 2005 年版，第 175 页。

第三章　国外抵制电视节目低俗化的成功经验

在抵制低俗化方面已经取得了很好的成效。

（一）建立统一的、高效能的监管机构

1. 韩国广播电视委员会

1981年7月，根据《言论基本法》，韩国设立了广播委员会，最初只负责对广播公司节目的审议。1992年4月又成立了韩国有线电视委员会。

1997年金大中政府上台后，奉行"民主主义和市场经济"政策，对广电业从以规制为主转为追求市场经济政策。1999年12月，韩国国会通过了颇具整合色彩的新《广播法》，该法将所有的广播电视媒体统一规定在一个法律体制之中，并由一个机构统一管理，这个机构便是经过重组于2000年3月正式开始运作的韩国广播委员会（KBC）。新组建的广播电视委员会从政府"文化观光部"独立出来，作为民间性质的公共机构，开始独立处理广播电视事务。过去政府通过下属的广播委员会插手广电事务的历史告终，韩国公共广播体制开始迈出"独立于政府"的一步。与此同时，新《广播法》允许设立民营广播广告代理公司，韩国广播广告公社独霸广告业务的局面将成为历史。

在原有的法律框架下，不同的媒体由不同的法律规制、不同的机构分散管理，很难有效地制定和执行广播电视政策，因此已经越来越不适应当今国际传媒业迅猛发展的需要。KBC的重组正是出于这一国内和国际大环境下的考虑。KBC的主要职责具体如下：（1）负责全盘处理政策事务，包括广播电视政策的制定和广播电视节目和广告的运营；（2）负责地面广播电视、有线广播电视、卫星广播电视、音乐广播电视和电子广告牌广播电视的核准、许可的推荐、许可证的登记和吊销等；（3）对广播电视内容的管理，以确保其公共义务、中立性和广播电视的公共利益属性；（4）享有公共广播公司的人事管理权，可以任命韩国广播公司的董事会成员、指定广播电视文化促进基金会的董事、委任韩国教育广播电台的董事长和审计员；（5）负责收集、运营和管理广播电视发展基金；（6）处理和解决观众和听众的申诉；（7）对广播电视业的调查和研究等。

为了更有效地完成某些特定职责，KBC还设立了若干个独立委员会，它们分别是：广播电视管理委员会（负责审查节目）、观众投诉解决委员会（负责保护观众的权益）、广播电视发展基金管理委员会（负责管理和运营基金）和广播电视评估委员会（负责对广播电视节目的内容、节目安排和运营进行综合评估）。

近20年的时间里，韩国管理广播电视的机构多次调整，只能分散到多个部门。2000年新的《广播法》实施，才将行业监督、行政审批和政策制定等职权集中到经过重组的广播委员会，赋予了独立的法律地位。这一行政上的调整，为加强广播电视节目的管理奠定了基础。

从2000年9月1日起，韩国广播电视委员会正式启用《关于广播电视播出的审议规则》[①]。在第一章（总则）第7条中列出了广播电视的公共责任[②]，第二章（一般标准）第四部分强调广播电视应该对公民正确的价值观和道德规范的形成以及社会伦理和公众礼貌的提高做出贡献，同时强调对于不人道的行为，如拐卖人口、绑架、卖淫、性暴力、虐待妇女儿童等的描写应小心谨慎，防止出现负面影响。第五部分（主题资料和描述手法）第34条着重强调了有关性的表现：（1）不应采取以不道德的和放肆的男女关系等为基本内容的题材，即使相关的内容对于情节的发展是必要的，在描述时也应小心谨慎；（2）在描述与性相关的内容时，不应采取过分淫荡的方式，也不应采取把性作为一个产品的包装方式；（3）广播电视不应传播以下几段中涉及的任何与性相关的内容。然而，为了情节发展的需要，相关的描述应被限制在尽可能小的限度内：①伴随着古怪声响的过分淫荡的声音，以及大胆直接的性行为，包括性动作的场景；②性倒错、群交、乱伦、奸尸，以及其他不正常的性行为场景；③暴露生殖器，其中包括婴儿生殖器、成年男性的生殖器等场景；④任何为性犯罪如强奸、轮奸等进行辩解的场景等；⑤与上述描述有关的其

---

① 《世界广播电视参考》2004年第3期。
② 选自《世界广播电视参考》2004年第3期（1）广播电视送出的内容应是公民需要的和感兴趣的，应发挥其作为一种公共媒介的责任；（2）广播方式不应危害民族健康的道德情操；（3）广播电视应对尊重人类的尊严和价值、促进民主和维持民主秩序有所贡献；（4）应对民族和睦和民主舆论的形成有所贡献；（5）应对国家特征的提高，对民族文化的创造、继承和发展有所贡献；（6）应尊重人类的共同价值和人类文化的多元化性质，应对加深国际友谊和相互理解有所贡献；（7）应对国家的和谐发展和各社区的平衡发展有所贡献；（8）应该忠实地代表那些在实现自身利益的提高方面处于不利地位的少数群体和阶级的利益；（9）应提供对社会有用的信息，并对提高民族文化生活的质量做出贡献；（10）应表达多样的观点和思想，从而对社会的多样化做出贡献；（11）应尊重公民的知情权和表达权；（12）应致力于环境保护，并对提高公民环境保护的意识做出贡献；（13）应尊重劳动的价值和所有职业的崇高性。

他内容。(有关暴力)广播电视不应涉及过分的暴力,如果情节发展需要,则广播电视对其不应采取肯定的态度。第 39 条是关于娱乐节目的要求。(1)广播电视不应以粗俗内容为主要的题材。(2)广播电视不应创造或表演包含不健康内容的、会引发性冲动的游戏或节目。

除了要求外,《关于广播电视播出的审议规则》还对违反者提出可惩罚措施。第三章是有关审议的内容,其中对违反规定的商业经营者采取以下措施:(1)向受众致歉;(2)更正或停播相关的节目;(3)对节目负责人和相关人员采取惩罚措施。第三章第三部分主要就是针对青少年有害节目的判定。其中规定,当播放对青少年有危害的节目时,应照以下几段规定的内容,表明对青少年的危害:(1)带有"本节目不适应 19 岁以下的青少年观看"标题的通知在节目开始前 5 秒出现,并应占据不小于屏幕 1/4 的尺寸;(2)红色数字"19"应用圆圈环绕起来,其尺寸不小于屏幕对角线的 1/20。在节目播放期间,此提示应每 10 分钟提示一次,每次不应少于 30 秒时间。

韩国广播电视委员会还于 2000 年 12 月 26 日颁布了《关于广播电视节目分级和标示的规定》。该规定从 2001 年 2 月 1 日起正式使用。韩国广播电视委员会通过这些规定的出台,强化了电视节目的纯净性,并给予电视台在节目编制中以具体的指导。

2. 文化观光部

文化观光部主要是负责与广播电视有关的内容产业政策及新媒体政策研究,扶持广播影视产业发展。内设文化媒体局,分为文化媒体产业振兴科、广播广告科和出版产业科等。广播委员会在制定这方面政策时,需要与文化观光部协商。

(二)相关的法规和行业守则

1.《广播电视法》

1999 年 12 月,韩国国会通过了颇具整合色彩的新《广播法》,该法一个主要的特点就是将所有的广播电视媒体统一规定在一个法律体制之中。所以,该法具有综合性。该法第六条关于广播的公正性和公益性规定,广播要尊重国民的道德、情感,要致力于维护国民的基本权利和增加国际友谊。该法还制定了审议规则:(1)宪法中关于保障民主基本秩序、尊重人权的事项；（2）关于保护健全的家庭生活的事项；（3）关于保护儿童、保障少年儿童健康人格的事项；（4）关于公共道德和社会伦理的事项；（5）关于男女平等的事项；（6）关于增进国际友谊的事项；（7）关于增进残疾人等弱势群体权益的事项；（8）关于发展民族文化和增强民族素质的事项；（9）关于报道、评论的公正性、公共性的事项；（10）关于净化语言的事项。

该法还规定了若违反相关条款的处理意见：（1）向视听者道歉；（2）有关广播节目的改正、停播；（3）惩戒广播编排责任人或与广播节目相关的人员。

2.《韩国广播电视委员会关于广播电视播出的审议规则》

该规则于2000年9月1日生效。

该规则第7条强调广播电视的公共责任：（1）广播电视播送的内容应是公民需要和感兴趣的，应发挥其作为一种公共媒介的责任；（2）广播方式不应危害民族健康的道德情操；（3）应提供对社会有用的信息，并对提高民族文化生活的质量做出贡献。

第19条要求，媒体不应该出于娱乐大众的目的，在个人不知情的情况下记录或拍摄某个人的私生活，并在未经个人同意的情况下通过广播公之于众，从而不适当地侵犯个人保持尊严的权利。

第24条规定，广播电视节目应当对公民正确的价值观念和道德规范的形成以及社会伦理和公众礼貌的提高做出贡献；节目应该尊重婚姻的神圣和健康的家庭价值观；不应伤害国家尊严和民族自豪感。

第25条，广播电视不应当正面处理谋杀、折磨、私刑、自杀等轻视生命的行为，对于不人道的行为，如拐卖人口、绑架、卖淫、性暴力等的描写应小心翼翼，防止出现负面影响；对于涉及虐待动物和杀害动物的行为，即使画面对于情节的发展是必不可少的，广播电视节目在描写时也应小心翼翼。

第34条，有关性的表现，广播电视不应采用以不道德的和放肆的男女关系等为基本内容的题材，即使相关的内容对于情节的发展是必需的，在描写时也应当小心翼翼；在描述与性相关的内容时，不应采用过分淫荡的方式，也不应当采用把性作为一种产品的类似表现；对于下面的几种涉及与性有关的内容，如果为了情节发展，则必须限制在最小的范围内：(1) 伴随着古怪声响的过分淫荡声音，以及大胆直接的性行为，包括性动作场景；(2) 性倒错、群交、乱伦、奸尸，以及其他不正常的性行为场景；(3) 暴露性器官的场景；(4) 对任何性犯罪如强奸、轮奸等进行辩解的场景。

第39条关于娱乐节目的规定，广播电视节目不应以粗俗内容为主要的题材；不应创造或表演包含不健康内容的、会引发性冲动的游戏和节目。

第44条强调，广播电视应致力于帮助培养儿童和青少年具有良好的人格和优秀的品质；应致力于使儿童和青少年免受阻碍其均衡发展的不良环境的影响，致力于创造有利于儿童发展的环境；致力于对儿童的社会关注和理解，特别应促进人们对在经济、社会、文化、心理和生理上处于不利地位的青少年的持续关注。

第52条规定，广播电视不应使用对正确使用语言有损的口音、语调、粗俗语言、俚语等表达方法。

3.《韩国广播电视节目分级标示规定》

在韩国，关于广播电视节目分级和标示规定中明确分类"适于所有年龄者收看""适于7岁以上年龄者收看""适于12岁以上年龄者收看""适于19岁以上年龄者收看"。广播电视媒介经营者仍可以增加"适于15岁以上年龄者收看"这一级别。该规定也详细说明了各个分级的限制，包括暴力、性、言辞、杀人和血腥、宗教，等等。

(1) 适合所有人观看的标准是，主题和内容适合所有人观看；内容不含任何暴力、性内容或脏话；不含有在信仰、宗教或风俗方面可能造成身心伤害的内容。

(2) 适合7周岁以上年龄收看：一是主题和内容含有可能对7岁以下观众造成潜在身心伤害的，须由父母陪伴指导收看；二是以虚幻的或非现实的方式显示暴力；三是没有超越正常情感表达的裸露场面或启发性行为的场面；四是没有可能阻碍儿童获得正确语言习惯的隐秘的、口语的或粗俗的语言等信息。

(3) 适合12周岁以上收看：一是主题和内容有可能对不满12周岁的观众造成身心伤害的，须由父母陪伴指导收看；二是没有把暴力描写为解决矛盾的积极方式，并且每个暴力场面都不足以影响少年或引起模仿的形象场景；三是没有除接吻或无裸露的性接触之外的性暗示场景，没有能刺激青少年性欲望的淫荡场景；四是没有可能阻碍青少年获得正确语言习惯的隐秘的、口语的或粗俗的语言等信息。

（4）适宜19周岁以上收看：一是因为主题和内容以成人为目标受众，因此不适宜不满19岁观众，必须限制观看；二是以现实和形象的方式描写杀人或血腥的过分场面；三是以现实和形象的方式描写部分裸露、暗示的性接触、性行为等性暗示的内容；四是出现侮辱人格或辱骂的语言、咒骂、下流举止等。

（三）对主流媒体进行必要的职能分解和资金支持

韩国电视业1961年起步，历经80年代初的体制重构和90年代初的结构改组，形成了"二元并存"、"三分天下"和"制播合一"的结构特征。

韩国广电业兼有公营和民营两种不同的所有制成分，这种"二元并存"并非韩国公共广播体制所独创，但是保留相当多的政府对广电业的政策主导和行政掌控权，以及经营上的垄断性。这样，韩国政府在实施有关广播电视政策时，便具有很多主动性。

在韩国，"制播分离"是被强力推行的一项措施。具体方式有两种，一是倡导节目配额制，规定三大网需要播出的外制节目比例；二是通过基金贷款，扶持独立制片商。

从1991年开始，韩国便实行节目配额制，并拟订了逐年增加配额比例的计划表，外制节目配额比例从1991年的3%，逐步增加到1999年的20%[①]。但是由于是刚刚实施新的规则，三大网对此一制度并不是很积极，致使实际效果不尽理想。近两年来，韩国广电管理机构开始加大推行力度。1999年，新出台的《广播法》在第72条和《施行细则》第58条中，对电视台增加播出外制节目的份额，特别是播出独立制片商制作的节目的比例，以及黄金时间播出的外制节目的比例，均做出明确规定；与此同时，对违反这些规定的处罚措施，亦加以详细说明。这些内容包括：首先，电视网到2001年外制节目的播出比例将增加到40%——其

---

① [Seoul Korea] Kyoung-Hee Song: *What has changed after nine years in the program supply market?*, KBI Report, 2000.

第三章 国外抵制电视节目低俗化的成功经验

中,独立制片商制作的节目份额增加到30%;其次,按照韩国广播电视委员会的要求,电视网每月在黄金时间内必须播出超过15%的外制节目;第三,如果违反配额制,或者黄金时间达不到所要求的外制节目播出比例,电视网将受到处罚,罚款金额从3百万韩币到最高3千万韩币不等①。

除了对节目播出机构实施硬性的节目配额要求外,韩国有关部门根据《文化产业振兴基本法》(中小企业创业支援法,1999)第14条"对独立制作社的制作支援"——为激活独立制作社的制作,政府、广电法人、广播电视台……可对独立制作社进行支援——以及相关条例,采取基金贷款、专项财政贷款的形式,对独立制作社等机构的节目制作从资金上给予扶助。资金来源包括政府文化观光部下属的"文化产业基金",韩国广播电视委员会下属的韩国广播振兴研究院设立的"广播振兴基金";资助对象包括独立制片机构、投资公司、动画制作社和有线电视节目供应商;资助额度从3亿到10亿韩币不等。

韩国KBS被称为国家的核心媒体,在引导舆论、传承文化方面发挥着重要的作用,为此,国家对其业务和运营做了明确的规定,并允许收取收听费,教育广播公司、文化广播公司及商业广播公司发挥另外的作用。这样的分类管理便于明确角色、树立品牌。另外,韩国还注重对各个电视台宗旨实行区别定位。其宗旨是:恢复人类的尊严,力求报道的公正,引导民主舆论,开拓健康思想文化,弘扬民族共同体意识,站在国际化前列。

通过以上几步关键的措施,韩国在抵制低俗化方面取得了很好的效果。

(四)将广告活动分离出来,限制电视台过度追求商业化

广播公司对商业利益的追求是必然的,但过度商业化会对文化建设造成冲击。韩国在20年前就采取了将广告营销活动分离出来的做法。在体制机制问题一时难以解决的情况下,对商业行为进行适当限制也是一种值得考虑的方法。

与公共广播体制一同诞生的韩国广播委员会(KBC)和广播广告公社(KOBACO),被韩国一些学者认为是"将政策宣传式广播电视模式制

---

① [Seoul Korea] Sooyoung Lee: *A Study on Korean Broadcasting Policy for the 21st Century*, KBIReport.

度化"① 的两大机构。

韩国广播广告公社是广播委员会下属唯一的广告代理机构,被授权全权负责三大公营和民营台的时段销售、广告计划和广告费的分配等业务,并有权从中预留6%的广告收入用于广电发展基金。理论上说,这一措施有助于遏制过分商业化的竞争倾向,并通过将广告利润的一部分向公益领域回馈,来保证公共广播体制的延续。但是实际上,广播广告公社更像是一家管理机构,一家垄断性经营机构,而不只是维持广电业正常运行的一般广告代理,权力甚大却缺少制衡。按照广电"公益"的含义,公共广播将利润用来服务受众,提供优质的文化产品②,从而调节商业电视对公共电视的冲击,并促使公营台提高效率,改进节目的多样化水平。

(五)引导社会力量参与管理,吸取民众对节目质量的评价

韩国广播委员会下属的广播评议委员会、节目审议委员会等均是邀请专家学者和公众参与,对于广泛听取意见、保证评议结果的客观公正、增强说服力具有积极作用。各广播公司成立的观众委员会也是联系受众的重要渠道,有利于完善内部管理机制。

如2005年7月30日的MBC直播节目"音乐营"出现裸体舞事件就造成了很多观众的不满。人们普遍认为,这件事令人无法理解、无法接受。一位教师在受到采访时说,学生喜欢看的节目竟然发生这种事情,真是无法接受。有些电视观众表示,看到这个不堪入目的场面后,他们感到悲哀。更多的人认为,这些厚颜无耻的行为是对观众的最大侮辱。有些过激的人还给肇事者发威胁性的手机短信来发泄愤怒。当时任首尔市市长的李明博于8月1日做出指示,要求首尔的各个区立即查处"非法演出"的场所和乐队,并开个"黑名单",禁止这些人参加各种公开演出。首尔市对演出市场的"严打"已经开始。

韩国广播电视委员会也于8月1日紧急召开演艺娱乐审议委员会会议,决定对因演员"露性器事件"招致非议的MBC电视台《音乐camp》

---

① 康贤斗:《多媒体时代韩国广播电视业的发展》,北京广播学院"中日韩广播电视发展国际学术研讨会"论文,2000年。
② [Seoul Korea] Sooyoung Lee: *A Study on Korean Broadcasting Policy for the 21st Century*, KBI Report.

和播出儿媳妇打婆婆耳光场面的 KBS 2TV 连续剧《老处女日记》进行处罚。同时，广播委考虑到现行《广播法》处罚条款仅止于"隔靴抓痒式处罚"的批评，为加强处罚的实效性展开了法律角度上的讨论。该委员会根据广播电视法的规定，将在听取 MBC 电视台的"意见陈述"后，于 8 日向广播电视委员会提交最终处理决定。从这个事件可以看出，审议委员会在处罚相关单位方面还是有一定的权利的。

（六）善于运用行政和经济手段对违规行为进行处罚

韩国广电业的结构调整是以法规为依据进行的。无论是推行节目配额制、扶持独立制片商，还是发展有线电视、开发卫星电视，包括韩国广播电视委员会的一切行动，都是在相关法规颁布或者重新修订之后，才开始实施的。这些法律包括《广播法》《有线电视法》《文化产业振兴基本法》等。先有法律，然后行动，这种方式使结构调整有法可依；而且由于法规的产生往往需经过多次研讨和商议，以凝聚共识，避免偏差和盲目，法规本身具有一定权威性、严肃性和相对稳定性，因而有利于降低实施的成本，减少随意性。

而且韩国《广播法》对各种违法行为的处罚标准做了明确规定，广播委员会根据《广播法》规定的原则把监督处罚措施落到实处。这对树立监管部门的权威性、端正行业风气具有十分重要的意义。但是在现实中，《广播法》还有许多需要修改的地方。如《广播法》第 100 条规定，对违反审议规定的广播公司将采取"对观众进行道歉""当事节目修改或终止""处罚广播剪辑负责人和节目负责人"等 3 种措施。但是在现实中，受众一旦遇到不雅或低俗节目时，很难在情感上仅仅接收这样轻微的处罚。如 MBC 的"露性器事件"，该电视台已经进行了道歉，并中断了成为问题的《音乐 camp》节目，而且还把相关编导交由本公司人事委员会进行处罚，但实际上没有什么效果。

广播电视委员会的负责人说："目前，我们从法律角度讨论相关方案，即，将此事视为对观众利益的明显损害，根据《广播法》第 99 条下达'纠正命令'。"但是，即使下达"纠正命令"，广播公司再犯类似错误时才能进行罚款。广播委员会的另一位负责人称："我们正在讨论修改《广播法》，以便使处罚具有实效性。即，除目前的处罚措施外，进行罚款和追加罚款,并对表演者进行处罚。"

尽管就目前的情景来看,韩国电视节目要想取得预期的效果,仍有长路要走。但是,无论如何,韩国的电视节目已经取得了很好的成绩。

三 小结

韩国与其他发达国家相比,在传媒领域的民主、独立性和约束机制方面还有一定的差距,其广播电视宏观管理体制,仍然带有一定的集权和政府干预的特点,所以,韩国在抵制低俗节目方面效率是很高的。

第九节 新加坡抵制电视节目低俗化的成功经验

新加坡位于马来半岛最南端,面积为647.5平方公里。二战期间,新加坡曾被日本占领,改名为昭南岛。日本投降后,英国恢复了对新加坡的殖民统治,1946年英国把新加坡划为直属殖民地。20世纪50年代,民族独立运动风起云涌,新加坡人决定脱离英国,寻求独立。1959年6月,新加坡在被英国统治达140年后,成立了自治邦,实现内部自治,英国保留国防、外交、修宪和颁布紧急法令的权力。同年5月新加坡进行第一次大选,人民行动党在51个立法议席中赢得了43个席位。6月5日,新加坡首任政府宣誓就职,李光耀出任新加坡首任总理。1965年8月9日,新加坡脱离马来西亚,成为一个独立的国家,同年12月22日新加坡共和国成立。

作为英国的前殖民地,新加坡继承了威斯敏斯特议会制政府的模式。从政党政治的角度看,新加坡是一党主导的国家。但是另一方面,它的社会是多元化的。作为一个多民族、多宗教、多语言的社会,新加坡一直面临着由特殊的文化、语言和宗教情感引发冲突的潜在威胁。华人、马来人和印度人这三大种族"在血缘、语言、文化和宗教上与中国、马来西亚和印度有着密切关系,各民族间的冲突往往会引起国家间的矛盾,所以言论上的疏忽很容易造成民族和国家关系的恶化"[①]。二次大战后,

---

① 刘继南:《国际关系—现代传播文集》,北京广播学院出版社2000年版,第349页。

种族间的冲突和暴乱一度困扰着新加坡。1950 年新加坡的马来文报纸把发生在穆斯林和欧裔人士之间的矛盾当作伊斯兰教与基督教之争加以报道，结果引发了导致重大伤亡的暴乱。

有鉴于此，新加坡政府自独立以来，始终把经济发展、社会安定、种族和睦作为发展的首要目标。为了消除种族冲突的潜在危险，建立稳定的政治环境及和睦的社会氛围，新加坡采取了保护多元文化的政策。在广播电视的政策上更是防止引起社会矛盾。

新加坡的社会治理是以"严刑峻法"著称于世的。据不完全考查，自 19 世纪 60 年代李光耀任总理至 1991 年的四十年间，新加坡共制定 383 种涉及不同内容的法律法规[①]。几乎所有社会行为都被细密的法律条文所覆盖。但是就是在这样的社会里，电视台在激烈的竞争环境下，为了提高收视率，还是不顾严刑峻法铤而走险打"擦边球"播低俗的节目。例如：

2002 年 2 月份，新加坡新传媒集团第 8 频道在新闻节目中播映被偷拍的璩美凤性爱光碟片段，遭到新加坡广播管理局罚款 1 万新元。广播管理局在发表的声明中说，这些性爱片段大胆露骨，让人不舒服并感受到冒犯从而被视为低俗和不得体。

2006 年 6 月，在"新传媒"第 8 频道综艺节目"欢乐巅峰"中竟出现了让舞蹈参赛者脱到只穿泳裤的镜头。很多观众在给广播局的投诉信中说，这个节目不但吓坏观众和裁判，也侮辱了观众的智慧，如果刚好有游客或外国人看到这个节目，会对当地文化产生错误的印象。

2006 年，新加坡媒体发展管理局（MDA）华文节目咨询委员会发表了一份两年一度的报告（2004 年 4 月至 2006 年 4 月），该报告指出，新加坡的综艺节目内容低俗，节目主持人华文水平低；剧情大同小异，欠缺深度和教育性；演员发音不标准且经常污言秽语。

据相关数据显示，从 1999 年至今，新加坡共有 7 个免费电视台遭到广播局的处罚。尽管新加坡的有些电视台会出现一些低俗的节目，但是由于新加坡对电视管制严格，从整体上看，它的电视节目还是非常纯净

---

① 凌翔、陈轩：《李光耀传》，东方出版社 1998 年版，第 287、293、288 页。

的。面对商业电视节目日趋低俗化,新加坡正在针对新环境、新情况做出一整套适合本国媒体发展的改革计划,以便加强对广播、电视、电影的管理。

一 新加坡的广播电视事业

新加坡的广播诞生于20世纪30年代。1935年,殖民地开办了英马广播公司,在新加坡和马来亚广播。1936年6月建立了新加坡广播电台。1942年日军占领期间被日军接办。新加坡独立后,电台为新政府接管。1963年制定广播电视法,明确规定政府有开办和经营广播电视的特权。1963年2月,新加坡开办电视,最初只有一个频道,1974年播放彩色电视节目。

新加坡广播电视业长期由国家经营。1965年成立了国营的新加坡广播电视台,该台于1980年改组为新加坡广播公司,由文化部任命的经营委员会管理,负责经营全国的广播电视播放,经济来源靠受众视听费(35%)、广告费(55%)、政府拨款(10%)。1994年新的《广播法》实施,新加坡广播公司分解为4家独立的股份公司,即新加坡广播公司、新加坡电视公司、新加坡第十二频道电视台、新加坡国际传媒通信公司。这4家都是公共广播电视机构,由新成立的新加坡广播电视局管理,但又各自独立经营。其中新加坡国际传媒信公司负责地面电视和广播信号的传送业务,国家拨款支持。其他三家的经费大部分依靠广告收入。它们有义务播送一定时间的公共服务目;作为回报,它们从国家征收的视听费中获得一定的份额。[1]

新加坡还有一家私营的有线广播有限公司,1949年成立,经政府特许经营。1991年又批准成立了两家私营广播电台,隶属于新加坡全国工会联合会,主要为听众提供娱乐性节目。

新加坡政府对广播电视管理相当严格,对涉及种族问题、宗教信仰、道德观念、政治局势的内容,进行严格审查。禁止新加坡公民使用卫星天线接收或转播境外节目。

---

[1] 程曼丽:《外国新闻传播史导论》,上海复旦大学出版社2004年版,第241—242页。

二 对广播电视的管理机构

2003年1月1日，新加坡政府将原来的新加坡广播电视局（SBA，Singapo Broadcasting Authority）、电影与出版部（FPD）以及新加坡电影委员会（SFC）3个部门合并为一个大的部门——媒介发展局（MDA，Media Development Authority）。媒介发展局隶属于信息与文艺部（MITA，Ministry of Information and The Art），并向信息与文艺部汇报工作。

目前媒介发展局的行政过程主要依据以下法律：

(1) 2002年新加坡媒介发展局法（The Media Development Authority of Singapore Art 2002，Cap 172）；

(2) 广播电视法；

(3) 报纸与印刷媒介法；

(4) 电影法；

(5) 不良出版法；

(6) 公众娱乐与集会法。

尽管新加坡政府意识到媒介融合是数字技术带来的媒介发展大趋势，并把广播电视、电影与出版等部门合并。但是，新加坡没有把广播电视与电信两个行业的规制机构合二为一[①]。虽然新加坡政府建立了通信和媒介两个规制机构，但是它们都隶属于新加坡信息与文艺部门管理。信息文艺部主导相关政策的制定，并引导新加坡的信息技术、电信和广播电视三个领域走向进一步的融合。媒介发展局只是管理广播电视、电影出版物等媒介内容。因此，新加坡媒体规制机构的分工框架如下图：

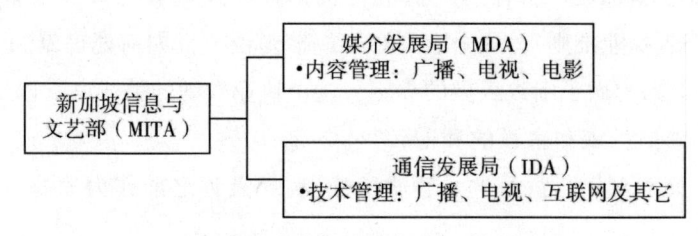

```
                    ┌── 媒介发展局（MDA）
                    │   ·内容管理：广播、电视、电影
新加坡信息与
文艺部（MITA）──────┤
                    │
                    └── 通信发展局（IDA）
                        ·技术管理：广播、电视、互联网及其它
```

新加坡媒体规制机构的分工框架图

[①] 国家广电总局发展研究中心课题组：《发达国家广播影视管理体制和管理手段研究》，中国传媒大学出版社2007年版，第12页。

2002年《新加坡媒介发展局法（CAP172）》对媒介发展局的权力、职能和责任进行了详尽的规定。依据该法，涉及广播电视节目内容的主要责任有：

（1）在新加坡境内与媒介服务相关的牌照颁发于规制职能，包括建立与媒介内容相关的从业指南与标准，建立与提供媒介服务相关的所有设备与设施。

（2）在境内维护公平、有效的市场行为，维护媒介产业的有效竞争，避免垄断。

（3）通过牌照来鼓励和规制公共服务。

（4）拟定媒介行业内与媒介内容、技术标准或公平市场相关的执业准则，并监督这些执业准则的执行情况。

媒介发展局在推动新加坡广播电视业的发展方面发挥着相当积极的作用，制定了一系列政策和法规，一方面旨在确保节目的质量；另一方面则为广播电视发展创造机遇。此外，媒介发展局非常重视观众对电视节目的评价和反馈，而且鼓励父母帮助青少年养成健康的收视习惯。

三 新加坡对广播电视内容的管制

（一）相关法规

新加坡的国情决定了广播电视媒体不能以敌对的方式监督政府。新加坡政府认为，广播电视的节目不仅仅是娱乐，而且还包括信息、教育等内容，只有这样，才与媒介发展局的使命相一致，即"培育见闻广博且多元的社会"。在新加坡，所有的广播电视机构都要遵循新加坡发展局拟定的"节目与广告执业准则"。这个准则对于广播影视节目如何处理暴力、宗教、种族和性等内容做了细致入微的界定。这个执业准则的关注点有以下内容：

（1）维护种族和宗教的和谐；

（2）关于少年儿童保护，遵循把晚上10点钟之前作为家庭收视时间的惯例；

（3）维护社会道德与价值观；

（4）防止犯罪与暴力；

（5）维护纪实类节目中的准确与平衡等。

第三章 国外抵制电视节目低俗化的成功经验

在新加坡，媒介发展局并不会对广播电视的节目的内容进行事前审查。媒介发展局只是要求它们必须遵守"节目与广告执业准则"来执行自己的编辑政策。

但是在新加坡，既没有以立法形式正式颁布《新闻法》，也没有借助其原殖民国英国的判例法形式，而是把有关新闻传媒的法规写进其他的专用法律或法律条款中[①]。与传媒相关的法律有宏观的如《宪法》《刑法》《内部安全法》；而微观的如《电影法》《新加坡广播局法》《广播法》《网络行为法》。从这些法律的规定上来分析，新加坡对大众传媒的法律管制总体来说可以分为两大区域，即政治要求和道德考量[②]。

第一，从维护国家的稳定方面对内容的要求。

这一标准主要是要求大众传媒在信息传播过程中，不准宣传共产主义思潮、原教旨主义和大民族主义观念，禁止有攻击新加坡政府或其领导人内容的信息在国内传播。

涉及针对电视节目低俗化的管理，则是影响社会公共安全的内容传播，同时对于外来的电影、报刊、电视等制品严格审查。但是，对于过境的媒体，新加坡政府管制的则相对宽松一些。

1967年，新加坡政府重新颁布了1955年由英国殖民当局制定经过修改的《不良出版物法令》，该法令禁止进口、发行和再版新加坡境内外出版的影响公共安全和利益的出版物，主要指对新加坡的政治、道德、民族和宗教信仰发展不利的出版物。该法令同时授权政府禁止那些干预新加坡内政的外国刊物在新加坡销售发行。

新加坡《不良出版物法》第3条第1款规定："如果部长认为某人在新加坡境内外出版或印刷的出版物或系列出版物的进口、销售或发行可能违反公共利益，那么，部长有自由裁量权，并在《政府公报》上发布一项命令，禁止该出版物或系列出版物或者该人印刷或出版的所有出版物的进口、销售或发行。"在这里，"可能违反公共利益"所指内容宽泛而不具体，而"违禁出版物"的范围也仅以此条为辨别标准。可以看出，这一法律在不同的条件下对出版物的约束能力具有弹性和主动权，同时

[①] 李良荣：《新闻学概论》，复旦大学出版社2001年版，第161页。
[②] 王靖华：《新加坡对大众传媒的法律管制》，《东南亚纵横》2005年第2期。

赋予主管这方面的部长很大的权力。

该法第 4 条还规定，进口、出版、出售、帮助销售、发行或复制任何违禁出版物或摘录其中内容的将构成犯罪，没有正当理由拥有违禁出版物或其摘录的将构成犯罪。

第 5 条则规定当某人在不知情的时候得到了违禁的出版物，一旦知情"则应将该出版物或其摘录送交警察局的有关负责官员，违者构成犯罪"。

第 11 条则明确要求"进入新加坡的任何人"，必须"声明他是否携带具有违法内容的出版物"并"出示该出版物以供检查"，违者构成犯罪。

众所周知，新加坡不仅立法严，而且执法苛刻。法律不会被当成一纸空文。1971 年 5 月，新加坡内部安全委员会曾以"倾向共产党""危害国家安全"的罪名逮捕了《南洋商报》的 4 名高级职员，其中包括总经理李茂成、总主笔李星可、总编辑同道章等。内部安全委员会说"该家报纸有宣扬华人和其他种族的矛盾的倾向"。

当时，李光耀这样评说："任何人要借着假造的理由，虚构华族语文和文化将面对被消灭的危险，以期鼓起种族情绪，都要受到严厉的处分。为此，政府对《南洋商报》4 名高级职员及编辑采取了行动。"①

第二，从塑造新加坡国民价值观角度对媒体内容的道德要求。

这一标准要求大众传媒所传播的内容，不得与政府提倡的社会价值观相违，尤其禁止传媒进行鼓励、放纵和渲染淫秽色情的内容和极度暴力的内容，以维护社会道德和信仰的安全，从而维护政府的统治及民众思想的净化。

新加坡电视指导准则规定电视节目不得危害国家安全或违反公众利益；不得破坏种族与宗教和谐；不得宣扬或鼓吹不良思想与价值观；要制作严谨、避免流于低俗。节目准则还对合家观赏时段、儿童节目、性爱与裸露镜头、暴力与犯罪镜头、道德伦理价值观、反社会行为的描写、语言等方面提出具体要求，使得广播电视业者对节目制作与播放标准有一个全面的了解。因此，对境外卫星电视节目的引进，必须首先符合本国的电视节目指导准则。有线电视公司对于拟引进通过加扰方式向用户

---

① 联合早报：《李光耀 40 年政论选》，现代出版社 1994 年版，第 525 页。

传送的境外卫星电视节目，首先监看 4—5 个月，以确定是否符合电视指导准则。经观察后确定转播的节目，需经政府管理部门批准后，正式通过有线电视加扰播出，用户通过机顶盒收看。

《刑法》第 292 条规定，无论何人，"出售、租借、发放、公共展览或以任何方式传播，或为出售、租借、发放、公共展览或传播的目的，制作、生产或拥有任何淫秽书籍、册子、报纸、图画、绘画、作品或图像或其他任何淫秽物品的"，在知情时参与上述物品的运输、交易、介绍的，"可处罚长至三个月的有期徒刑，或罚金，若情节严重则两罚并处"。

《电影法》第 29 条规定，任何人如拥有、放映或发行淫秽或色情影片即构成犯罪。有关的执法人员在确信某人拥有色情影片，则可在任何时候，在必要的帮助下强行进入相关场所进行搜查，查封此种影片及放映和制作设备，拘禁拥有和放映上述影片的嫌疑人。

1992 年，曾有 4 名男女青年被指控为贩卖黄色录像，理由是在他们的提包中检查出了 20 盒黄色录像带。其中 3 人在法庭认罪之后，被处以 2 万新元的罚款，另一女青年否认有罪，于是此案件被搁置。后经过延期审理，这位女青年受到了更重的罚款[①]。

在新加坡，凡大众传媒中包含有被政府认为对社会能造成不良影响的内容比如色情、暴力等都被严格把关，坚决取缔。电影和电视录像带在放映及发行之前，必须经过有关部门严格审定、批准。对于来自国外的这类产品则持更加严格的标准，凡是政府认定为不宜在公众中传播的内容，一律剪掉。比如，来自中国的电影《红高粱》在经过有关部门审查后，认为存在一些不符合道德标准的镜头，在放映时被删剪。李安拍摄的电影《色·戒》在新加坡上映时，被减掉 3 场床戏部分。同时对来自外国的出版物在进口时必须经过严格的检查，确认合格的才准许进入。像《花花公子》这样的色情杂志是严格禁止出售的。

为严加防范有悖于道德标准的内容经卫星传输渠道传入，新加坡的法律还规定，除了经过金融管理局批准的极个别银行出于工作业务的需要外，任何单位和居民都不允许安装卫星天线，接收国外电视节目。

---

① 凌翔、陈轩：《李光耀传》，东方出版社 1998 年版，第 287、288、293 页。

(二) 相关规定

目前对广播电视机构起主要指导和规范作用的是《免费电视节目准则》《付费电视节目准则》《电视节目赞助准则》等。

1.《免费电视节目准则》

《免费电视节目准则》自 2004 年 2 月 23 日开始生效，取代了 1996 年颁布的准则。媒体发展局认为，作为国民主要的娱乐和信息渠道的免费电视对新加坡社会影响巨大。因此，有必要对电视节目进行规范以维护公共利益和秩序，促进种族和谐及保持较高的文化品位。根据规定，广播电视机构有责任贯彻《免费电视节目准则》提出的各项要求，媒体发展局有权对违法准则的机构给予不同程度的处罚。

《免费电视节目准则》从国家利益、种族与宗教和睦、家庭收视原则、儿童节目、公共道德与社会价值、性与裸露、暴力与犯罪、赌博与反社会行为、恐怖与迷信、新闻与事实节目、真人秀、电影与音乐节目等 14 个方面做出了相应的规定，以下是涉及节目低俗的规定：[①]

(1) 国家利益：准则强调电视节目在对有关公共政策及具有争议性的社会议题进行报道时必须遵守公正合宜的原则，也就是对相对立的观点进行相同分量的报道，做到不偏不倚。节目不可以通过侧面报道部分事实而误导观众。

(2) 家庭收视原则：准则规定每天早上 6 点至晚上 10 点期间，播放的节目应该适合观众观看，包括未成年人。晚上 10 点以后可以向成人节目逐渐过渡，而这些节目在播放前要在屏幕上打出"因节目含有暴力或恐怖内容，建议未成年人在父母的指导下和陪伴下观看"的提示并停留至少 5 秒钟。

(3) 儿童节目：根据规定，为 14 岁以下未成年人制作的节目属于儿童节目。由于儿童对真实和虚幻的区别缺乏判断力，而且善于模仿，所以他们很容易受到不良内容的影响。准则要求儿童节目主题鲜明，推崇遵纪守法和尊老爱幼等社会公德，不准美化帮派和黑社会等不良社会现象。儿童节目还禁止播放饮酒或吸烟的镜头。

---

① 国家广播电影电视总局发展研究中心：《国外广播影视体制比较研究》，中国国际广播出版社 2007 年版，第 149—151 页。

（4）公共道德与社会价值：根据准则，电视机构有责任维护新加坡的传统道德和价值观念，尊重婚姻和家庭的神圣和合法性。任何节目不许美化和推崇离婚、通奸、非法同居等不道德的生活方式。此外，准则禁止电视节目在性别、年龄、生理和职业等方面对部分群体进行歧视。马来节目中禁止播放接吻镜头。

（5）性与裸露：如果节目中含有涉及性行为或是裸露的镜头，电视机构要在播出时间和内容提示方面做出适当安排。准则认为电视机构对性行为的刻画应以含蓄为主。原则上电视节目不允许身体前部的裸露，在非性行为的情境中节目可以含有裸露的臀部。

（6）暴力与犯罪：准则认为应该重视电视节目中暴力和犯罪内容对观众的长期影响。如果电视节目含有过多的暴力片段，有可能导致观众对暴力行为敏感度的降低或对周围环境不安全感的增强。因此电视机构在反映暴力和犯罪行为时应避免近距离拍摄或刻画细节。

（7）赌博与反社会：禁止电视节目美化赌博和黑帮犯罪等反社会行为。

（8）真人秀、电影与音乐节目：准则规定真人秀节目应尊重个人隐私，在电视上播放的电影与音乐节目还应同时遵守《影片法令》等有关法规。

2.《付费电视节目准则》

此准则是媒体发展局监管付费电视的主要依据。该准则于2004年7月1日开始实施。为了协助家长监督青少年的收视行为，同时为了给广大付费电视订户提供更多的节目选择，新加坡的付费电视分为基本付费频道和额外付费频道。基本付费频道将一组电视频道捆绑销售，而额外付费频道一般是以单个频道的形式出现，订户可以根据所选频道的价格单独付费。《付费电视节目准则》主要分为两个部分。第一部分针对所有付费电视频道的节目，其内容与《免费电视节目准则》大体一致；第二部分针对的是额外付费电视节目，也就是成人电视节目。新加坡的额外电视频道借鉴了电影检查局制定的电影分级制度，分为16级和18级两种，分别指16岁和18岁以下青少年不适宜观看的节目频道。

3.《电视节目赞助准则》

《电视节目赞助准则》是对节目赞助行为进行约束的法规。该准则对节目赞助与广告之间的差别进行了清楚的界定，并为电视机构在接收节目赞助方面提供可遵循的行业准则,适用于所有免费电视及付费电视媒体播出的本地节目。根据规定,节目赞助的目的是提高一个机构或企业的公众形象,而不是为了直接引导观众去购买该机构或企业的某项服务或产品。准则提醒电视机构在处理教育信息、商业信息、时事和儿童类节目时,应执行较为严格的赞助标准,应该考虑赞助者的独立性和诚信度,为观众提供客观、真实及和谐的报道,使它们基于可靠的信息做出选择。除了提醒电视机构对节目类型加以特殊考虑以外,准则还针对各种赞助形式制定了相应的规范,如节目冠名及企业标志的采用等。但是,媒体发展局规定新闻节目及议会、选举、新闻发布会等专题节目不得接受赞助。

4.《公众娱乐与集会法》等其他的法规

除了以上主要的法规以外,新加坡还制定了《公众娱乐与集会法》《内部安全法令》《影片法令》等法令和条款,也被用于广播电视媒体及从业人员的监管。《公众娱乐与集会法》是对娱乐业进行了统一的管理。该法令规定公众娱乐执照由警察机关负责审核发放。该法通过设立处罚点数制度对娱乐业实施管理。《广播法令》授权媒体发展局审核、修改、暂时吊销及取消广播执照,并为广播节目和广告内容制定准则。

三 小结

新加坡对广播电视等传统媒体的规制一直以严格管理著称于世界,尽管外界,尤其是以号称有新闻自由的欧美国家的评价不高,但在新加坡境内,尤其是新加坡社会精英群体中,政府的媒介规制却得到了较为广泛的认同。在没有一个统一的约束整个大众传媒的法律的情况下,新加坡各类有关的法律却能涵盖现实社会中与传媒有关的绝大多数行为,可以说,新加坡在抵制低俗化方面取得了较好的成绩,其中有许多令人称道的经验:

1. 制定的法律条文详细而周全

新加坡的法律条文不嫌烦琐[①]。法律规章对于各条款的文字表述都力求做到准确、细致、全面,以便给司法者带来方便。例如,在《刑法》中,关于制黄、售黄、贩黄的行为在第292条已有规定,但第293条又特

---

① 王靖华:《新加坡对大众传媒的法律管制》,《东南亚纵横》2005年第2期。

别强调,如果这类行为的受害人为"20岁以下的任何人",则所处的刑期则从3个月增至6个月;在《不良出版物法》中,第4条规定了进口、出版、出售、发行等任何违禁出版物的犯罪的处罚,但对于初犯和重新犯罪的人的处罚是区别对待的,对重新犯罪者的处罚较重;再比如《电影法》的第13条规定,任何进口的、未经委员会准许的影片,不得从它所进口的船上、新加坡港务局的仓库、邮局、火车站或其他场所"移动",违反者即构成犯罪;第14条规定,经批准从仓库中取出的影片必须在48小时内返还该仓库,违犯者构成犯罪。另外法律对各种犯罪行为的处罚规定详细,罚金数额具体。

2. 执法者权力大而灵活

在有关的法律中,部长对于自己根据法律做出的某些批准,可以在任何时间给予撤销,而且"可以不阐明理由"。没有许可官颁发的许可证,任何人不得从事电影业务,但许可官发证与否"无须说明理由",且"许可官可以随时变更或取消许可证的现行条件,或者规定新的条件"(《电影法》第7条)。在针对违禁出版物方面,有关的部长不仅拥有法律赋予的禁止某出版物的进口、销售、发行的自由裁量权,并且他可以在任何时间撤销、变更,或修正自己的命令(《不良出版物法》第3条)。另外,法律还规定,在许多必要的场合下,警察可对一些可疑场所进行搜查而无须持搜查证件。有关的部长等法律执行官员,因掌握各自范围内的主动灵活的权力,他可以根据情况需要调整对相应大众传媒的管制力度,或张或弛,尽在掌握之中。

3. 对于节目内容的管制正在灵活变化——从"审查"阶段进入"分级"

2007年3月22日,新加坡社会发展、青年及体育部部长兼新闻、通信及艺术部第二部长维文医生说,新加坡政府有责任管制新媒体所带来的风险,除了制止任何人利用种族、宗教与语文课题来分化社会之外,也必须在资讯开放的同时,确保大部分新加坡人的利益受到照顾。

他还指出,当人们在互联网讨论如何在新加坡享有另一种生活方式,并进一步对跟性、裸体及暴力有关的资讯开放时,他们必须意识到以保守价值观为核心的社群仍旧存在的事实,政府施行的政策因此必须照顾不同社群的利益,在它们之间取得平衡。

所以目前新加坡审查检讨委员会正在讨论，政府可以适度地放宽现有的一些审查尺度，并调整各类媒体的分级制度，给成年人提供更多选择。但同时，也必须更严格地管制以儿童和青少年为对象的媒体内容，尤其是那些渲染暴力的题材，以免他们受到不良资讯的影响。委员会建议，一切有害社会秩序、亵渎种族和宗教的内容继续被禁止，渲染暴力的内容则应更严格管制。但是对于同性恋课题和非渲染的性爱描述，它们应获得更加灵活的处理。

正如维文所强调的，新加坡已在过去十年里开放了许多，如艺术领域允许艺术家在特定的场所展出可能会引起争议的艺术品从而让个别的社群欣赏等。可以说是从"审查"阶段正在进入"分级"的阶段。

面对变化，李光耀曾经说过："我们必须生活在我们现有的那个世界之中。"[①] 对于未来，新加坡媒介发展局已经提出了"21世纪媒介"，着力推动新加坡媒介节目向着健康的方向发展，从而把新加坡打造成为"全球性的媒介城市"。

---

① [英]亚历克斯·乔西：《李光耀》，上海人民出版社1976年版，第13页。

第四章 加强政府监管是抵制电视节目低俗化最根本的举措

政府介入经济运行的方式主要有两种：一种是宏观调控，即国家制定并执行宏观调控政策，使法律法规直接作用于市场，然后由市场间接影响到微观经济主体；另一种是微观规制，即行政机关依据有关法律，对微观经济行为主体进行直接控制、约束和规范。从我国广播电视监管的历程来看，政府监管部门对低俗节目实行了严格的监管制度。因为严格的监管制度既是推进中国电视制度化管理的必然抉择，也是中国电视业做大做强的重要保证。而且当前我国的广播电视事业正处在理性化、规则化的轨道上，实行政府管制具有引正纠偏的重要作用。[①]

第一节 对低俗电视剧的监管

一 对电视剧的管制

曾经涉案剧、古装剧和家庭伦理剧被电视界称为中国电视剧市场中的"三驾马车"，它们曾经驰骋荧屏多年并受到观众的广泛追捧。正因为这三类节目占据着观众收看电视的大部分时间，所以对这三类节目的管制具有十分重要的意义。

1. 对涉案剧的管理

20世纪90年代，涉案题材电视剧持续升温，成为深受观众喜爱的一

---

① 这里的政府管理是指狭义上的政府组织管理，在我国中央层面指的是国务院及其组成部门（国务院各部委、国务院直属机构、国家部委管理的局、国务院办事机构等）所进行的各种管理。

类电视品种。目前涉案剧经过多年的发展，在商业利益的驱动下已经变形为名副其实的警匪剧。现实中的一些广为人知的大案要案经常会进入电视剧主创人员的视线内，一大批以纪实风格真实再现案件全过程的电视剧如《九一八大案纪实》《一二八枪杀大案》《中国大案录》《世纪大追捕》等风生水起。

这类电视剧有一个共同的特点，那就是主创人员大都沉迷于详细的纪实描写。在电视剧中，他们尽量聘用真正的公安干警担任演员，不遗余力地披露作案和侦破的细节。例如以深圳、上海等地的 10 个女性犯罪个案为背景创作的电视剧《红蜘蛛——十个女囚的临终自白》[①] 就是采用一种近乎纪录片形式的电视剧。该剧逼真、细腻地再现了罪犯血淋淋的作案手段。而以 1997 年"刑侦一号案"——"白宝山持枪连续杀人案"为原型创作的电视剧《末路》，更是原封不动地还原了案件的整个过程。

这些电视剧不仅将犯罪分子的作案策划、实施办法、杀人灭迹、逃窜流亡等过程描写得丝丝入扣，还将公安人员办案手法的细节也描写得十分详尽，简直就是一部"犯罪指南"。例如电视剧会详细地告诉人们怎样犯罪，怎样逃脱，怎样同公安机关对抗等细节。更加荒唐的是，电视剧《三·八大案》为增强纪实感，竟然在结尾中增加了导演与两名戴手铐的真正案犯相对而坐的镜头。导演说："我准备把你们犯的这个案子拍成电视剧，你怎么看？"主犯之一在沉默半晌后说："我不赞成把这个案子拍成电视剧……当然，如果真的有正面教育作用的话，也可以拍，但一些具体的细节应当省略。"另一个主犯的回答更耐人寻味："没啥好拍的，不要拍，因为你拍这样的片子不可能不拍细节，你一拍细节，观众看后便会觉得杀人劫财并不是想象中的那么难，拍片子本意是给人警醒，结果反倒给人提醒……"

当国家有关部门明文禁止"纪实风"后，警匪剧又开始走向了主体"创作"。一些善于"出新"的主创人员又另辟蹊径，在反面人物塑造上下功夫，使得一般的罪犯成了警匪斗争的主体。与以往荧屏上的人物相比，现在的罪犯不仅外形英俊潇洒，而且要么出身高贵、学识渊博、举

[①] 陕西省广电厅针对《十个女囚的自白》剧组不遵守国家相关规定，不接受主管部门管理，既不办理准拍手续，又弄虚作假，责令该剧立即停拍，做出检查，并将素材送交省厅封存。

第四章 加强政府监管是抵制电视节目低俗化最根本的举措

止文雅、温柔多情；要么光明磊落、一诺千金、意志坚定、侠骨豪情。而他们作案的过程总是在无奈中开始，在脉脉温情中发展，在良知发现中结束。在"人性光芒"映照下，罪犯的对手——人民警察不但长相丑陋，还一身的毛病，在办案的过程中动辄发火甚至满嘴脏话，而且处处被罪犯牵着鼻子走。在这种褒贬错位的创作倾向下，观众感情的天平也不可避免地偏重于罪犯一方。例如电视剧《黑冰》，该剧一号反角竟然被塑造成一名孝子，多次给母亲洗脚。为了接回母亲，还冒死潜回海州。特别是他临刑前的一个晚上对卧底女刑警的一番慷慨陈词，分明是许云峰、江姐在临刑前的大义凛然，哪里还是大毒枭？这无疑弱化了公安机关的震慑力，极大地伤害了每天战斗在打击犯罪第一线、随时都有生命危险的人民警察的感情。

针对电视台在黄金时间内播放低俗涉案剧的情况，2004年4月19日，国家广播电影电视总局发出《关于加强涉案剧审查和播出管理的通知》。通知明确要求，所有电视台，无论是正在播出还是准备播出的涉案剧（电视剧、电影片、电视电影以及用真实再现手法表现的纪实电视专题等节目），必须安排在每晚23点以后播放。通知要求，各电视剧审查机构要严格审查把关，严格控制电视台在各地黄金时间段播放的警匪剧。通知进一步要求如需特殊对待的则必须向广电总局专项报批。对表现大案要案或表现刑事案件的电视剧、电影片、电视电影以及电视专题节目，展示血腥、暴力、凶杀、恐怖的场景和内容的要删减、弱化和调整，对涉案题材的影视作品的播出数量要大幅削减。

2007年12月，国家广电总局还发出"停播电视剧《红问号》"[①] 的通知。通知指出，由广西电影制片厂拍摄制作、广西广电局审查通过的电视剧《红问号》，以一系列女性犯罪案件为题材，剧中集中展示和渲染女性犯罪过程，格调低级庸俗、制作粗劣，播出后产生了极其不良的社会效果。国家广电总局在通知中要求所有电视台立即停止播出此剧，要求

---

① 《红问号》全剧由《法制报》女记者肖红和公安刑警赵大队长、犯罪心理学家郑教授对11个案件的侦破跟踪采访评述，揭示了市场经济大潮中，一些经不起诱惑而误入歧途的女性走向犯罪的故事。该电视剧格调低俗、内容空洞。该片主要描述了像想发大财勾结银行行长诈骗4300多万元的"女强人"潘岚一样的"红唇女人"，如何凭着色相为饵，勾引手握金钱大权的男人做靠山，过着挥金如土的生活，妄想骗尽天下钱财，最后事情败露而锒铛入狱的故事。

各地电视台发现类似内容的剧目应不予备案、不予审查通过，并要求各级广电主管部门杜绝此类集中展示犯罪案件、制作粗劣、格调低下的电视剧再次播出。

但是，广电总局并不是禁止所有涉案剧的播出，该通知只针对那些含有不利于未成年人健康成长内容的涉案剧进行严格管制，只有情节严重者才被禁播。一般经过审查并得到电视剧发行许可证的涉案题材电视剧是可以播出的，只是在播出时段上要严格执行新的管理规定。另外，此规定也不是针对一般意义上的涉案剧，主要是针对以刑事案件为主要剧情的、剧中含有严重暴力、凶杀、恐怖、色情、黑道等内容的电视剧。

2008年3月25日，广电总局发出《关于全国拍摄制作电视剧备案公示的通知》。通知表明，在对2008年以来报备剧目的审理中，针对反特剧和谍战剧这类题材，总局提醒各制作单位在叙述故事时要避免渲染恐怖、暴力、猎奇、刺激、惊悚、怪异等内容，要确立高尚的审美格调、正确的价值取向、积极的主题思想，要促进这类题材创作的健康发展。回顾国家广播电影电视总局对涉案剧的管理，我们可以发现"血腥"和"暴力"这些低俗的内容正是涉案剧被禁播的主要对象。

社会心理学表明，媒体对人们认识世界的影响巨大。如果媒体对社会的阴暗面反映过多，观众会由此对社会整体状况产生悲观的情绪，青少年还会变相地学习在电视剧中出现的暴力色情动作。国家广播电影电视总局所发布的各种规定正是响应了广大观众的要求。通过管理，一方面净化了屏幕，为未成年人健康成长营造良好的环境，另一方面也是要起到政策调控的作用，引导影视制作机构生产题材多样、健康向上的作品。例如中央电视台于2004年8月3日播放的《女子监狱》就是涉案剧的优秀代表。该剧以监狱的女干警为主线，以纵横捭阖的经纬来展现出监狱内外女人们的生活与工作。它以清新流畅、贴近时代的风格，塑造了以海兰为代表的新一代警察，在新的历史时期忠于职守、爱岗敬业、文明执法、甘于奉献的群体形象，展现了当代执法人员应有的政治素质、法律素养，以及对司法公正的追求和维护。这部作品不仅题材新颖，而且情节曲折感人，尤其是描写的案情表述把握准确，艺术手法独到。《女子监狱》没有"血腥"和色情等刺激性镜头，它以真实的细节和细腻的

第四章　加强政府监管是抵制电视节目低俗化最根本的举措

情感来打动观众。而且这种真实和细腻充满了人性化的关爱，也在很大程度上刺激观众收视情绪的兴奋点，用自己对人性、对关爱的一种急切呼唤去和电视剧相契合。剧中几乎没有任何少儿不宜的镜头及情节，就连台词都经过反复斟酌，比如剧中男女两个政府部门官员打电话一场戏，将原来较暧昧的台词"我想你了"改成"我们需要见个面"。①

此外，国家广电总局还通过监管系统，对包括中国教育电视台在内的全国上星电视频道，以及北京电视台非上星频道进行检测。监测结果表明，被检查的频道全部按照规定，把通知所涉及的涉案剧推迟到每晚23 点以后播出。

2. 对古装、偶像剧的管制

（1）对古装剧的管制

自黄金时段禁播带有"凶杀、色情以及暴力"内容的涉案剧之后，各家电视台纷纷撤下正在播放或准备在此段时间内播放的含有此类元素的涉案剧。为了不使已经获得的收视率降低，很多电视台不得不换上深受人们欢迎的古装剧或者偶像剧，从而使得这两档节目又成为当仁不让的强档剧种。

当然，市场的需求才是它发达的动力。从前些年古装剧的市场占有率来看，它不但是国人喜欢观看的电视剧类型，而且在海外也占有很大的市场。例如《宰相刘罗锅》《康熙微服私访记》等剧目，不仅在国内取得了很高的收视率，更是走出国门，在海外享有赫赫声誉。它们同样也是电视剧投资和制作人、出版业最重视的一块领地。目前中国内地摄制的古装剧覆盖了东南亚、美国、加拿大的华语区，日本等国家和地区。2003 年，《大宅门》在华语区好评如潮，《雍正王朝》创下连续 6 次重播、收视率不降反升的纪录。收益方面，包括我国的港台地区，以及东盟十国及欧美澳发达国家在内的华语媒体市场，古装剧能卖到每集 15 万至 20 万元人民币，这个数目相对于其他剧目的海外销售情况是很高的。②

然而正是由于古装剧具有巨大的市场盈利能力，到了 2005 年以后，几乎所有的电视屏幕上都充斥着穿各种服饰的古人。只要打开电视，屏

---

① 赵楠楠：〈《女子监狱》8 月首播〉，《京华时报》2004 年 7 月 23 日第 A27 版。
② 董芳：《误读与启示 古装剧审美疲劳和"有组织无纪律"》，《新京报》2005 年 4 月 15 日。

幕上几乎都是正史戏说、皇帝才子，不同朝代，名目繁多的宫廷戏批量上映。观众每晚在黄金时段只要随便拿遥控器按一圈，少说也能碰见三五个皇上、娘娘、格格。甚至在2007年的上半年还出现了国内三位著名男演员分别在《卧薪尝胆》《越王勾践》《争霸传奇》中演绎勾践，一时间三个"勾践"同时在屏幕上挥洒人生，让人看得眼花缭乱。

　　物极必反，经过一段时间的盲目跟风，不合理的市场竞争使得古装剧出现了不同程度的低俗内容。为了抵制这股低俗之风，国家广电总局做出很大努力。2006年3月13日，国家广电总局公布了《关于2006年（第一批）全国电视剧题材规划申报立项剧目的批复》文件。文件显示，2006年（第一批）全国电视剧规划局共收到316家电视剧制作机构报送的申请，立项剧目共833部22575集。经审查，批准立项的剧目共667部17953集，分别占申报总数的80.1%和79.5%。未能经过审查的将近20%，其中古装剧占了将近一半。从批复文件中可以看出，对古装剧在数量上的限制，及时抵制了扎堆乱拍古装剧的现象。国家广电总局电视剧管理司副司长王卫平曾经说，因为强调大力发展现实题材，其他题材的比例变小是肯定的，"但是我们肯定不会封杀某类题材的电视剧，也不会对于某类题材另眼相看，我们会进行适量的控制，限制那些粗制滥造的古装剧"[①]。比如，从此次电视剧申报名单中可以发现，在获得立项批准的古装剧中，以"正剧"形式出现的剧目占了多数，比如《邓世昌》《三侠五义》《苏三起解》《和氏璧》等，基本都是按照历史原著的故事架构进行情节展开，而不再是以戏说为主。所谓的限制，也只是限制其中涉及胡编乱造、封建迷信、严重颠覆历史性篡改等倾向的电视节目。

　　国家广电总局还在文件中严格规定，我国各地电视台每年只能播两部古装剧。该举措一出台，不但导致荧屏上的长衣长袍、皇帝格格曝光率大打折扣，还使得古装剧的购片价格比原来大约降低了30%。

　　2011年电视导演委员会年会在京举行，广电总局电视剧管理司司长李京盛在会上表示，近期内不会再批准"四大名著"翻拍题材的立项，同时，广电总局也不提倡对历史随意表现的"穿越剧"以及"胡编乱造

---

① 刘玮：《戏说历史要受限，引进剧比例要改变》，《新京报》2006年3月2日。

第四章 加强政府监管是抵制电视节目低俗化最根本的举措

的神话剧"。广电总局电视剧管理司副司长王卫平证实,这几项确实是目前电视剧创作中出现的问题。

近年来,四大名著被多次搬上荧屏,备受瞩目的新版《红楼梦》播出便引起颇多争议,而《西游记》更有张纪中版、浙版、《吴承恩与西游记》版等多个新版本。在年会上,李京盛称,专家、学者、观众对"四大名著"的翻拍有褒有贬,我们也反思了很多管理经验,名著翻拍对普及民族文化还是有作用,但不能轻易去碰。李京盛表示,短期之内,"四大名著"不能再拍了。

"穿越剧"也是近年来荧屏收视的一大热点题材,从《神话》到近期的热播剧《宫》,层出不穷,李京盛在讲话中提到,"穿越剧"在题材内容和表现方式上有很多值得商榷的地方,新奇怪异的手法招之即来挥之即去,人物天马行空,这样对历史的表现有些过于随意,这种态度和倾向不足提倡。李京盛同时表示,广电总局也不提倡胡编乱造的神话题材,不提倡没有历史文化传承和因由的神话剧[①]。

(2) 对偶像剧的管制

与古装剧同步,偶像剧也在这种激烈的竞争背景下泛滥起来。例如,为了吸引青少年的眼球,当"马加爵案"刚刚破获一周后,海南永宇影视文化传播公司就已经聘请了编剧着手创作电视剧《马加爵亡命天涯》。电视剧的制片人表示,该剧会以"马加爵案"为基本故事框架,以剖析青年罪犯心理为主要卖点。该剧最新的外包装是"青春心理剧",甚至打算邀请一位偶像派演员饰演以马加爵为原型的角色。通过制片人的介绍,该剧定位的观众应是青少年。但是众所周知的是,现实中马加爵是个有争议的人物,他绝不是青少年的"偶像"。过去的影视分"正面人物"和"反面人物",通过演员的长相,这个剧中人物是好是坏,一目了然。如果按照过去的思路来拍这场戏,剧中的"马加爵"显然是要由反派演员出演。而该剧准备让青春偶像派演员来饰演"马加爵",却是别有用心。

为了净化荧屏,广电总局紧急限制了部分青春偶像剧的播出限制。广电总局电视剧司王卫平表示,广电总局的净化荧屏行动目的是让电视

[①] 刘玮:《广电总局:近期内不会再批准翻拍"四大名著"》,网络来源:http://news.cntv.cn/china/20110403/100263.shtml。

媒介能给未成年人营造健康成长的环境。像前几年禁播的《流星花园》，就是因过分宣扬富人生活和暴力而不适合中国国情，然而现在不少国产偶像剧中也有不少讲富家公子、千金小姐等主人公的非主流生活，很容易引发未成年人的虚荣心和对金钱的追逐。广电总局下一步将狠刹这些不正之风，也有可能在近日内列出触及"低俗、奢华"标准的偶像剧。

3. 对家庭伦理剧的管理

在如今社会，急剧的社会变革使得人们必须在新的经济和生活秩序中寻找自己的心理位置，以便构建对美好生活的信心。一部优秀的伦理剧总是轻而易举地跨越地域、年龄和文化的差异，产生巨大的影响。例如诉说"好人一生平安"的《渴望》、探讨婚恋问题的《牵手》、塑造"城市阿Q"张大民的《贫嘴张大民的幸福生活》和表现中国式"七年之痒"的《中国式离婚》以及最近热播的《金婚》。它们都是在一个个的情节中感动着观看电视剧的人们，从而勾起观众无限回忆。

由于家庭伦理剧所发生的地点的特殊性，这个剧种也容易引起受众的共鸣。正如香港《大公报》所分析那样，在现代社会的快节奏中，人们既感受到自由竞争的社会环境带来的物质和精神享受，同时也越来越感到随之而来的巨大压力。这个时候，"家"就成为一个平静的港湾，人们越发依赖家的温暖来抚慰在激烈竞争中受到的创伤和产生的失落感。同时，现实生活中的种种不如意往往能通过电视剧真实地描绘出来，满足了人们宣泄感情的需要。[①]

但是随着我国电视节目播放剧种和时间的限制，这种看似美好温馨的家庭剧也变得吵闹起来。为了吸引眼球，越来越多的家庭伦理剧把镜头瞄准了家庭中的"第三者"。例如2006年2月北京电视台播放《出轨》，此剧讲述的是运动员马奔、杨副市长、冯医生三个家庭在进行婚外恋、一夜情中解体的故事；2006年3月北京电视台播放《危情杜鹃》，此剧是讲述一位著名的电视节目主持人，爱上家里的小保姆的故事；2006年7月北京电视台又播放《离婚女人》，此剧讲述4个家庭的情感纠葛和婚姻的裂变；2006年7月，上海电视台播放《保卫爱情》，此剧展现妻子如何

---

① 萧愚：《家庭伦理剧受市民追捧》，《大公报》2008年1月10日。

第四章　加强政府监管是抵制电视节目低俗化最根本的举措

通过各种手段打赢第三者的故事。其中以北京电视台的《出轨》最为"出轨"，戏里几乎每一对夫妻都在出轨；《保卫爱情》最为煽情，宣传语上直言"大战二奶"！面对荧屏中的妻子、"二奶"和"情人"在和睦的家庭中使用各种手段互相争风吃醋时，坐在沙发上的男女主人和孩子们感到无法忍受。其实，很多观众对荧屏泛滥的"第三者"产生反感，在北青网和法制日报社所做的主题为"广电总局要限制婚外恋的电视剧，你怎么看？"的调查中，90%的受众认为夸大渲染"婚外恋"的家庭伦理电视剧正在泛滥，会"影响家庭和睦，对青少年影响很坏"。

所以，像对待涉案剧和古装剧一样，国家广播电视总局对这类低俗的家庭伦理剧也正在加强审查，对于那种过分夸大"婚外恋"现象，一看就让人觉得假的家庭伦理剧坚决不让通过。同时对于已经播出的内容空洞、格调低俗的家庭剧进行紧急刹车，争取为电视环境创造一个和谐的环境。

4. 主管部门整治"抗战雷剧"

据《人民日报》报道，针对近期以来部分抗战题材电视剧存在的过度娱乐化现象，国家新闻出版广电总局已着手进行整治。

国家新闻出版广电总局电视剧管理司副司长王卫平表示："14年抗战胜利是中华民族反抗外来侵略的伟大壮举，是影视创作的宝贵资源，书写和表现它也是艺术家的责任与使命。近期以来出现的个别创作态度不严肃、胡编乱造、不尊重历史、过度娱乐化的抗战题材创作在社会上造成了不良影响，必须予以纠正。"[1]

国家新闻出版广电总局目前已对各卫视提出明确要求，对卫视电视剧黄金档已报排播的抗战题材剧进行重审和甄别，对存在过度娱乐化的抗战剧进行修改，停播不能修改的过度娱乐化抗战剧，同时对以严肃态度进行创作的抗战剧给予鼓励和支持。据了解，目前一些卫视已经主动撤播了正在播出的"抗战雷剧"，如黑龙江卫视的《战旗》和四川卫视的《尖刀战士》等。

---

[1] 刘阳：《主管部门整治"抗战雷剧"》，《人民日报》2013年5月13日第12版。

二 涉及电视剧管制的相关法规

建国以来，我国广播电视事业取得了极大的发展，到 1996 年，经批准的广播台约 1300 家、电视台约 2800 多家。广播电视业的发展已经基本满足了人们的日益增长的精神文化需求。但是同时，当时广播电视在发展中也存在一些不容忽视的问题：多头批台、擅自设台，使得广播电视的规模、格局不合理；一些单位和个人擅自制作、播出一些格调低俗、内容不健康的节目。这些问题的存在既干扰了广播电视的健康发展，又影响了广播电视在人们心中的形象，还影响了党和政府的宣传工作。针对这种情况，中办、国办先后多次下发通知，例如 1995 年发布了《关于转发广播电影电视部党组〈关于进一步加强和改进广播电影电视工作的报告〉的通知》（厅字［1995］27 号）、1996 年《关于加强新闻出版广播电视业管理的通知》（厅字［1996］37 号文件），要求各级广播电视行政部门采取有力措施，重点解决擅自设台、乱播乱放的问题，加强广播电视行业管理，加快广播电视的法制建设。

1995 年，广电部根据国家的民主法制建设要求和我国广播电视管理实际，决定在 1986 年开始起草的原《广播电视法（草案）》的基础上起草《广播电视管理条例（草案）》。1995 年正式将《条例（草案）》上报国务院。随后，国务院法制局进行了两年的调研、协调、修改。1997 年 8 月 1 日，国务院第 61 次常务会议上原则通过了该《条例（草案）》，8 月 11 日，国务院发布了《广播电视管理条例》。《条例》对广播电视的设立、建设、管理等方面进行了较为详细的规定，是加强我国广播电视行业管理，促进广播电视事业进一步繁荣、健康、有序发展的有力保障。

以下便是 1998 年至 2008 年十年间国家广播电影电视总局关于电视剧管理的相关文件摘要。其中有些法规已经废止，但是之所以在这里罗列，是因为通过这些法规我们可以看出国家广电总局这十年间的管理历程。

1. 1998 年《关于实行国产电视剧发行许可证制度的通知》（已废止）

1998 年 10 月 5 日，为进一步繁荣电视屏幕，规范电视节目市场，根据《广播电视管理条例》等有关法规和政策，国家广电总局决定，自 1998 年 11 月 1 日起，实施国产电视剧发行许可证制度。通知第二条规

定,根据《广播电视管理条例》第 32 条的规定,有下列情况之一的电视剧,不予发放《国产电视剧发行许可证》:

(1) 危害国家的统一、主权和领土完整的;
(2) 危害国家的安全、荣誉和利益的;
(3) 煽动民族分裂,破坏民族团结的;
(4) 泄露国家秘密的;
(5) 诽谤、侮辱他人的;
(6) 宣传淫秽、迷信或者渲染暴力的;
(7) 未取得电视剧制作许可的;
(8) 法律、行政法规规定禁止的其他内容。

2. 1999 年《电视剧审查暂行规定》(已废止)

1999 年 4 月 7 日,国家广电总局发布了《电视剧审查暂行规定》。制定该规定的目的是鼓励创作思想精深、艺术精湛、制作精良、为广大群众喜闻乐见的电视剧。该规定强调,与外国及港、澳、台地区合作制作的电视剧(以下简称"合拍剧")应当坚持"以我为主",表现中华民族优良传统和人类进步以及美好、向上的内容。引进的外国及港、澳、台地区电视剧(以下简称"引进剧")应当具有积极的主题思想、较高的审美情趣和文化艺术借鉴价值。

另外,国家广播电影电视总局将专项设立电视剧审查委员会和电视剧复审委员会,各省、自治区、直辖市广播影视厅(局)设立省级电视剧审查机构,负责相应的电视剧审查工作。规定的第三章便是审查标准,其中第十条规定与 1998 年发布的《关于实行国产电视剧发行许可证制度的通知》中的要求相同。第十一条规定,电视剧中个别情节、语言或画面有下列内容之一的,应当删剪、修改:

(1) 夹杂淫秽色情内容的:
①直接表现性行为、裸露男女性器官和女性乳房的画面;
②造成强烈感官刺激的接吻、爱抚以及与性相关的不良画面;
③具体表现淫乱、强奸、通奸、卖淫、嫖娼等内容;
④粗俗、下流、趣味低下的台词;
⑤低级庸俗的剧中音乐及音响效果。

（2）夹杂凶杀暴力内容的：

①在客观上有美化、赞赏、同情犯罪倾向和效果的；

②具体描写犯罪方法或细节，易诱发人们模仿犯罪行为的；

③刺激性较强的血腥、暴力、恐怖、怪诞的画面和音响；

④明显产生不良视觉效果的吸毒、赌博等画面。

（3）渲染看相、算命、看风水、占卜及其他迷信活动的场面和情节。

（4）鼓吹宗教至上的情节或过度渲染宗教气氛的画面。

（5）可能对未成年人产生不良影响的情节。

（6）可能引发国际、民族、宗教纠纷的情节。

（7）破坏自然生态、滥捕、滥杀珍稀野生动物的画面。

（8）应当删剪、修改的其他内容。

第十九条规定，已经取得《电视剧发行许可证》的电视剧，在实际播放时不得随意更改。如果剧名、剧中主要人物、主要剧情等发生变更的，应当按照本规定重新送审。已经取得《电视剧发行许可证》的电视剧，在特殊情况下，总局可以做出责令修改、删剪、停止发行、停止播放的决定。关于重大革命历史题材的电视剧要按照重大革命历史题材影视创作领导小组的有关规定送审，经审查通过的，由总局电视剧审查委员会颁发《电视剧发行许可证》。该规定要求，对违反本规定的行为，将依据《广播电视管理条例》和其他有关法律、法规进行处罚。如果由于审查机构审查不严造成严重后果的，总局将对审查机构进行通报批评，审查机构的主管部门将对有关责任人给予警告、撤职等行政处分。

3.《关于进一步加强电视剧引进、合拍和播放管理的通知》

2000年初，伴随着一些电视台、有线广播电视台超量播放引进剧，尤其是在黄金时间超量集中播放引进剧，一些带有明显引进剧色彩的假国产剧、假合拍剧也在屏幕上频频出现，令很多观众感到不满。根据中央有关指示精神，为规范电视剧播出秩序，促进国产电视剧繁荣，进一步加强对引进、合拍电视剧的宏观调控，国家广电总局于2000年1月4日颁布了《关于进一步加强电视剧引进、合拍和播放管理的通知》。

通知要求，各电视台、有线广播电视台应根据《关于引进播出境外电视节目的管理规定》（原广电部第10号令），严格将黄金时间（18时至

22时)播放引进剧的比例控制在15%以内。其中,各电视台、有线广播电视台在19时至21时30分的时间内,除经广电总局确定允许播放的引进剧外,不得安排播放引进剧。同一部引进剧不得在三个以上的省级电视台上星节目频道中播放。另外,为进一步规范合拍剧的制作和播放。取得《电视剧制作许可证(甲种)》的单位必须生产完成60集国产剧,并经审查通过后,方可申请与境外合拍一部20集的电视剧。其完成片经总局电视剧审查委员会审查通过后,由总局根据其思想艺术质量,确定是否可以在黄金时间播放。

4.《电视剧管理规定》

为了加强电视剧的管理,发展电视剧事业,促进社会主义物质文明和精神文明建设,根据《广播电视管理条例》,国家广电总局于2000年6月15日制定了本规定。

该规定第三章即电视剧的审查内容与1999年4月7日发布的《电视剧审查暂行规定》第三章的审查标准相同,都是电视剧禁止载有下列内容:

(1) 危害国家的统一、主权和领土完整的;
(2) 危害国家的安全、荣誉和利益的;
(3) 煽动民族分裂、破坏民族团结的;
(4) 泄露国家秘密的;
(5) 诽谤、侮辱他人的;
(6) 宣传淫秽、迷信或者渲染暴力的;
(7) 宣扬种族、性别、地域歧视的;
(8) 法律、行政法规规定禁止的其他内容。

本规定特别强调了惩罚的金额。其中第三十七条规定,有下列行为之一的,由县级以上人民政论广播电视行政部门责令停止违法活动,给予警告,可以并处3万元以下的罚款:

(1) 未经指定的机构允许并擅自进口电视剧的;
(2) 未经指定的机构允许并擅自发行进口电视剧的;
(3) 进口、发行未取得《电视剧发行许可证》的电视剧的;
(4) 未经批准,擅自参加境外电视展、电视节等涉外电视剧交流活动的,或者擅自将未取得《电视剧发行许可证》的电视剧用于参加境外电视展、电视节等活动。

（5）随意更改已取得《电视剧发行许可证》的电视剧，并用于发行、播放、进口、出口的；

（6）出租、出借、出卖、转让或变相转让电视剧各类许可证的；

（7）不执行国家广播电影电视总局在特殊情况下对已经取得《电视剧发行许可证》的电视剧做出的责令修改、删剪或停止发行、进口、出口、播放决定的。

第三十八条规定，有下列行为之一的，由县级以上人民政府广播电视行政部门责令停止违法活动，给予警告，没收违法所得，可以并处 2 万元以下的罚款；情节严重的，由原批准机关吊销许可证：

（1）播放未取得电视剧制作许可证的单位制作的电视剧的；

（2）播放未取得《电视剧发行许可证》的进口电视剧的；

（3）播放进口电视剧的时间超过规定的；

（4）未经批准，擅自举办电视节、电视剧展的。

第三十九条规定，有下列行为之一的，由县级以上人民政府广播电视行政部门给予警告或者取缔，没收其从事违法活动的专用工具、设备和节目载体，可以并处 1 万元以上 5 万元以下的罚款；情节严重的，由原批准机关吊销许可证：

（1）未取得电视剧制作许可证，擅自制作用于发行、出口、播放的电视剧的；

（2）未经批准，擅自制作重大革命历史题材电视剧或打算与境外合作制作电视剧的；

（3）播放、出口未取得《电视剧发行许可证》的国产电视剧的。

5.《关于在广播电视工作中加强无神论宣传和科普宣传的意见》

2003 年 10 月 17 日，国家广电总局规定，广播电视工作要把无神论宣传和科普宣传作为一项经常性工作和长期任务，纳入总体部署，加大工作力度。该《意见》着重强调要加强在思想指导、科教宣传、伪科学、宗教信仰以及理论节目等方面的管理。其中涉及低俗节目的几条是：

（1）无神论的宣传要突出重点。要宣传各级党组织加强党的思想建设，党员干部树立坚定的马克思主义信仰，不搞封建迷信，不求神拜佛，

第四章 加强政府监管是抵制电视节目低俗化最根本的举措

率先垂范,在全社会营造文明和科学的社会环境,把无神论的宣传同群众性的精神文明创建活动紧密结合起来,使文明和科学观念深入人心,在全社会形成崇尚科学破除迷信的良好舆论氛围。要加强对青少年的无神论宣传教育工作,多制作适合青少年听众观众收听收看的科普知识类节目,防止不当节目对青少年产生负面影响。

(2) 继续做好揭批"法轮功"的宣传报道工作。要深入剖析"法轮功"的邪教本质,揭露其打着"科学""宗教"的幌子反人类、反社会、残害生命、践踏人权的真实面目,以"法轮功"为反面例证宣传好无神论。

(3) 严防影视作品中宣传封建迷信活动。要严防影视作品成为传播封建迷信活动的重要渠道,弘扬真善美,鞭挞假丑恶;在引导受众审美的同时,要加强文艺评论,引导观众树立马克思唯物史观。

6.《关于"红色经典"改编电视剧审查管理的通知》

2004年5月25日,国家广电总局向各省、自治区、直辖市广播影视局(厅)、中央电视台、中国教育电视台等单位发出《关于"红色经典"改编电视剧审查管理的通知》。《通知》规定,全国所有电视剧制作机构制作的以"红色经典"(即曾在全国引起较大反响的革命历史题材文学名著)改编的电视剧,经省级审查机构初审后均报送国家广电总局电视剧审查委员会终审,并由国家广电总局电视剧审查委员会出具审查意见,颁发《电视剧发行许可证》。各省级广播影视管理部门要增强政治意识、大局意识和责任意识,切实负起责任,认真检查所辖制作机构创作生产"红色经典"电视剧的情况,发现不妥,提早处理解决,避免给各方面造成不必要的损失。从收到本《通知》起,凡未经国家广电总局审查并取得总局颁发的《电视剧发行许可证》的"红色经典"电视剧,一律不得播出。对于违规机构,一经查实,要予以严肃处理,并追究领导责任。

7.《电视剧审查管理规定》

为规范电视剧审查工作,保证电视剧的正确导向,繁荣电视剧创作,促进电视剧产业的健康发展,根据《广播电视管理条例》,国家广电总局于2004年10月20日制定《电视剧审查管理规定》。规定强调,电视剧载有下列内容的,不予审查通过:

（1）反对宪法确定的基本原则的；

（2）危害国家统一、主权和领土完整的；

（3）泄露国家秘密、危害国家安全或者损害国家荣誉和利益的；

（4）煽动民族仇恨、民族歧视，破坏民族团结，或者不尊重民族风俗、习惯的；

（5）宣扬邪教、迷信的；

（6）扰乱社会秩序，破坏社会稳定的；

（7）宣扬淫秽、赌博、暴力或者教唆犯罪的；

（8）侮辱或者诽谤他人，侵害他人合法权益的；

（9）危害社会公德或者民族优秀文化传统的；

（10）有法律、行政法规和国家规定禁止的其他内容的。

国家广电总局强调，若违反本规定，依照《广播电视管理条例》的规定予以处罚。情节严重构成犯罪的，依法追究刑事责任。如果广播电视行政部门及其工作人员在电视剧审查管理中滥用职权、玩忽职守、徇私舞弊的，依法给予行政处分。构成犯罪的，依法追究刑事责任。该规定自2004年10月20日起施行，广电总局1999年4月7日制定的《电视剧审查暂行规定》（广电总局令第1号）同时废止。

8.《境外电视节目引进、播出管理规定》

为规范引进、播出境外电视节目的管理，促进中外广播电视交流，满足人民群众精神文化生活的需要，根据《广播电视管理条例》，国家广电总局于2004年9月23日制定本规定。规定指出境外电视节目是指供电视台播出的境外电影、电视剧（电视动画片）（以下称境外影视剧）及教育、科学、文化等其他各类电视节目（以下称其他境外电视节目）。

该规定要求，引进境外电视节目应严格把握导向和格调，确保内容健康、制作精良。境外电视节目中不得载有以下内容：

（1）反对中国宪法确定的基本原则的；

（2）危害中国国家统一、主权和领土完整的；

（3）泄露中国国家秘密、危害中国国家安全或者损害中国荣誉和利益的；

（4）煽动中国民族仇恨、民族歧视，破坏中国民族团结，或者侵害中国民族风俗、习惯的；

（5）宣扬邪教、迷信的；

（6）扰乱中国社会秩序，破坏中国社会稳定的；

（7）宣扬淫秽、赌博、暴力或者教唆犯罪的；

（8）侮辱或者诽谤他人，侵害他人合法权益的；

（9）危害中国社会公德或者中国民族优秀文化传统的；

（10）其他违反中国法律、法规、规章规定的内容。

规定第十八条强调，电视台播出境外影视剧，应在片头标明发行许可证编号。各电视频道每天播出的境外影视剧，不得超过该频道当天影视剧总播出时间的百分之二十五；每天播出的其他境外电视节目，不得超过该频道当天总播出时间的百分之十五。未经广电总局批准，不得在黄金时段（19：00—22：00）播出境外影视剧。总局强调，本规定自2004年10月23日起施行。广播电影电视部《关于引进、播出境外电视节目的管理规定》（广播电影电视部令第10号）同时废止。

9.《电视剧内容管理规定》

自2010年7月1日起施行的《电视剧内容管理规定》指出，电视剧内容的制作、播出应当坚持为人民服务、为社会主义服务的方向和百花齐放、百家争鸣的方针，坚持贴近实际、贴近生活、贴近群众，坚持社会效益第一、社会效益与经济效益相结合的原则，确保正确的文艺导向。

规定称，电视剧不得载有下列内容：宣扬淫秽、赌博、暴力、恐怖、吸毒，教唆犯罪或者传授犯罪方法的；侮辱、诽谤他人的；危害社会公德或者民族优秀文化传统的；侵害未成年人合法权益或者有害未成年人身心健康等。

10.《广电总局关于进一步加强和改进境外影视剧引进和播出管理的通知》

2012年2月9日下发的《广电总局关于进一步加强和改进境外影视剧引进和播出管理的通知》规定，境外影视剧不得在黄金时段（19：00—22：00）播出。各电视频道每天播出的境外影视剧，不得超过该频道当天影视剧总播出时间的百分之二十五。

各级电视台申报并获得总局批准引进的境外影视剧必须在本台首播，

首播之后才可以再次发行在其他电视频道播出。

各电视频道不得以栏目短剧或介绍境外影视剧的形式变相完整播出未经广电总局审批并获得发行许可证的境外影视剧。每期栏目中插播境外影视剧的时长不得超过3分钟，累计使用境外影视剧片段的时间不得超过10分钟。介绍境外影视剧的资讯类栏目，使用境外影视剧片段时长不得超过1分钟。

第二节 对低俗综艺节目的监管

2001年12月，国家广电总局发出《关于制止娱乐性综艺节目中不良倾向的通报》。通报首先列举了当年电视荧屏上所出现的一些主要问题：

(1) 一些节目把当前政治经济大事以及突发性事件串联起来，用极不严肃的态度胡乱调侃，把发展市场经济过程中遇到的一些困难以及出现的"下岗"等热点问题拿来"戏说"，把历史事件生搬硬套到现实生活中进行"游戏"，胡编乱演，甚至借古讽今，产生了极坏的社会影响。

(2) 一些节目语言低俗、表演媚俗、动作无聊，创意荒唐。把污损、丑化人的形象作为取悦观众的笑料；有的节目在"游戏"中往嘉宾的脸上乱抹颜料，把表演者全部画成大花脸；有的节目的女主持人跪在软垫上问话，而一些竞猜者在软垫上扑抢争挤，极其不雅。

(3) 一些节目热衷于谈论女性身体，一些节目用菜谱形容女性的容貌，而一些节目的主持人将女性的特点作为挖苦的话题。

(4) 一些节目拿儿童的纯真开心取乐，用令家长尴尬的问题折腾孩子，儿童的天真可爱成为成年人宣泄低级趣味的对象。

(5) 一些节目聚焦"性"话题，以此来取悦观众。一些嘉宾、主持人相互调侃常带上"性"色彩，把一些日常生活中老百姓都难以启齿的粗俗肉麻的语言堂而皇之地搬上荧屏。

(6) 一些节目竞相抬高竞猜中奖的奖金额，有的奖项高的达到百万元。这就使竞猜者把中奖、得奖当成追求的目标，演播室变成少数人"博彩"的场所，助长了一些人不正常的投机心理。综艺节目的知识性和寓教于乐的特征在高额奖金的刺激下变了味。

第四章 加强政府监管是抵制电视节目低俗化最根本的举措

(7) 一些节目的主持人在主持节目时，还学说一些不伦不类的"港台腔"。

然后，通报要求，娱乐性综艺节目是电视文艺宣传的重要组成部分，肩负着宣传科学理论，传播先进文化，塑造美好心灵，弘扬社会正气的重要任务。通报要求各级电视管理制作和播出机构及所有的节目制作人员，必须做到：

(1) 必须坚持以马列主义、毛泽东思想、邓小平理论为指导，以江泽民总书记提出的"三个代表"重要思想为指针，牢固树立政治意识、大局意识和责任意识，坚决守好党的文化思想阵地。要加强对娱乐性综艺节目的管理，严把节目的审查关，以确保娱乐性综艺节目的健康发展。

(2) 必须认真学习和把握党的文艺政策，遵守宣传纪律和党对文艺工作的要求，坚持团结稳定鼓劲、正面宣传为主的方针，唱响主旋律，打好主动仗。坚决制止播出色情、愚昧、迷信及其他格调低下、有害身心健康的内容。

(3) 必须自觉坚持社会效益第一的原则，牢固树立群众观点，坚持贴近群众、贴近生活、贴近实际，努力反映改革开放和现代化建设的伟大实践，努力做到社会效益和经济效益的统一；坚决反对迎合低级趣味、一切向"钱"看的倾向；坚决反对推崇腐朽文艺思潮的倾向。

(4) 必须牢固树立精品意识，坚持思想性、艺术性、娱乐性的高度统一；坚持"寓教于乐"的原则，把培养和提高人民群众的科学文化素质、道德修养放在重要的位置，帮助人民群众特别是青少年树立正确的世界观、人生观和价值观。坚持高品位、高格调。

(5) 必须加强对娱乐性综艺节目的管理。凡涉及邀请境外嘉宾的，必须按外事管理规定报批；凡涉及有群众参与的直播节目，必须按直播节目管理规定报批。节目主持人必须进行资格认定，持证上岗。各级广播电视管理部门要认真履行职责，加强收看评议和监督检查，各级领导要从严把好人员关、选题关、策划关和终审关，出现问题要按责任权限层层追究责任，以确保娱乐性综艺节目的健康发展。

通报强调，各省级管理部门在收到本通报后要立即传达，认真落实，自查问题，及时整改，各台综艺节目的自查和整改情况须在一个月内报总局总编室备案。同时，总局还将根据收听收看发现的问题，对有悖于以上要求的节目，做出通报、停播、撤销等惩处措施。

结合通报中所涉及的内容，联系当前的娱乐节目发展的新形势，我们认为对综艺节目的管理主要是集中在对娱乐选秀节目、有奖竞猜节目以及涉"性"谈话节目和主持人的管理中进行的。

据新华社报道，2011年10月，国家广电总局下发《关于进一步加强电视上星综合频道节目管理的意见》，提出从2012年1月1日起，34个电视上星综合频道要提高新闻类节目播出量，同时对部分类型节目播出实施调控，以防止过度娱乐化和低俗倾向，满足广大观众多样化多层次高品位的收视需求。

意见重申，电视上星综合频道是以新闻宣传为主的综合频道，要扩大新闻、经济、文化、科教、少儿、纪录片等多种类型节目播出比例。意见提出，从2012年1月1日起，每个电视上星综合频道每日6：00至24：00新闻类节目不得少于2小时；18：00至23：00必须有两档以上自办新闻类节目，每档新闻节目时间不得少于30分钟；各电视上星综合频道还要开办一个弘扬中华民族传统美德和社会主义核心价值体系的思想道德建设栏目。

意见提出，对节目形态雷同、过多过滥的婚恋交友类、才艺选秀类、情感故事类、游戏竞技类、综艺娱乐类、访谈脱口秀、真人秀等类型节目实行播出总量控制。每天19：30至22：00，全国电视上星综合频道播出上述类型节目总数控制在9档以内，每个电视上星综合频道每周播出上述类型节目总数不超过2档。每个电视上星综合频道每天19：30至22：00播出的上述类型节目时长不超过90分钟。广电总局还将对类型相近的节目进行结构调控，防止节目类型过度同质化。

意见要求各广播电视播出机构要坚持把社会效益放在首位，坚持社会效益和经济效益的有机统一，建立科学客观公正的节目综合评价体系。意见明确提出"三不"，即不得搞节目收视率排名，不得单纯以收视率搞末位淘汰制，不得单纯以收视率排名衡量播出机构和电视节目的优劣。

意见还在强化监管方面提出一系列要求。如，各级广播电视行政管理部门要切实履行监管职责,建立完善各项制度,坚决做到依法依规管理,及时发现问题,果断严肃处理;各播出机构要落实节目三审制度,严格节目把关;电视上星综合频道节目的管理实行播出机构一把手责任制。意见明确要求,省级广播电视行政管理部门均须建立专门收听收看机构,并配备专业人员,重点跟踪检查广播电视过度娱乐化和低俗问题。意见规定,凡在节目中出现政治导向、价值取向、格局基调等方面的问题,视其性质和严重程度,对该节目分别采取批评、责令整改、警告、调整播出时间以至停播等措施①。

一 对选秀节目的监管

1.《关于进一步加强广播电视播出机构参与、主办或播出全国性或跨省(区、市)赛事等活动管理的通知》

针对选秀节目在举办过程中出现的一些问题,为进一步做好广播电视播出机构参与、主办或播出全国性或跨省(区、市)赛事等活动的管理工作,广电总局于2006年3月3日颁布了《关于进一步加强广播电视播出机构参与、主办或播出全国性或跨省(区、市)赛事等活动管理的通知》。通知强调:

(1)各级广播电视播出机构参与、主办或播出全国性或跨省(区、市)赛事活动必须树立政治意识、大局意识和责任意识,坚持正确的舆论导向,坚持三贴近原则,各类赛事活动要积极向上、健康高雅,愉悦身心,陶冶情操,体现正确的世界观、人生观和价值观。

(2)各级广播电视播出机构要高度重视赛事活动的内容,要精心策划、精心设计。赛事活动内容的设置、公益活动的策划以及选手参赛曲目的选择等赛事环节都要符合建设社会主义先进文化要求,符合加强未成年人教育,加强大学生思想政治教育的要求,要符合当前宣传工作的总体要求,要为构建社会主义和谐社会创造良好的舆论氛围。

(3)各级广播电视播出机构参与、主办或播出全国性或跨省(区、市)赛事活动要控制总量,提高质量,防止泛娱乐化倾向。总体这类活

---

① 白瀛:《广电总局将加强电视上星综合频道节目管理》,新华网,http://news.xinhuanet.com/2011-10/25/c_111122939.htm,下载时间:2014年6月28日。

动不宜多，活动内容、形式不宜重复，不能相互攀比、复制，各级管理机构要在数量、题材上严格把关后再上报总局，总局将宏观调控。

（4）全国性或跨省（区、市）赛事活动参与性强，影响面广，各级广播电视播出机构要对赛事活动的播出加强把关，不得随意炒作，避免炒星、追星等负面效应。分赛区活动不得在当地省级卫视播出。播出的节目要力戒庸俗、低俗的现象，不能迎合少数观众的猎奇心理、审丑心态。

（5）赛事活动的评选过程、评选标准、赛事规则都要体现公开、公正、公平的原则。参赛选手年龄必须在18岁以上，举办未成年人参与的全国性或跨省（区、市）赛事等活动必须单项报批。

（6）各级广播电视播出机构参与、主办或播出的全国性或跨省（区、市）赛事活动一律不设奖金奖品。

（7）举办赛事活动的广播电视播出机构要制定选手参赛标准。参赛选手的发型、饰品、服装不能低级媚俗，要符合大众审美观念。

（8）举办赛事活动的广播电视播出机构要认真选好评委。评委点评要实事求是、积极健康、平等善意，不搞不切实际的吹捧，不搞令参赛选手难堪的责难，不以非理性的褒贬来取代知识性的引导。

（9）节目主持人要积极引导选手健康高雅地参与赛事活动，善于处理赛事活动中的突发问题。节目主持人的着装、发型、语言以及整体风格都要符合大众的欣赏习惯和审美情趣，不要模仿夸张怪诞的主持风格。

（10）各级广播影视管理部门要对所属广播电视机构举办的赛事活动密切跟踪，加强管理，及时解决赛事活动中存在的偏差和问题，拿不准的问题要请示报告。

同时，国家广电总局还要求，各级广播电视行政部门和播出机构要充分认识抵制低俗之风的重要性和紧迫性，维护广播电视的公信力和影响力。要正确看待收听收视率，不能片面追求收听收视率，更不能唯收听收视率论。要靠提高节目质量和创新节目形式，以思想性、艺术性、观赏性俱佳的优秀作品吸引人，不能靠低俗、庸俗迎合少数人的低级趣味而使低俗之风蔓延。要加强创新，抓住重点，切实解决低俗倾向。要不断学习、汲取别人之长，了解群众需求，不断推出群众欢迎的新节目、新样式，努力推出精品；要紧紧抓住综艺娱乐节目、主持人、广播午夜谈话节目等重点,切实解决广播电视节目的泛娱乐化问题。各类广播电视节目的制作播出要切实保证节目的政治质量、艺术质量和技术质量。必须严肃查处出卖播出时段、放弃节目审查的不负责行为。要加强学习,提高素养,建设一支高素质的人才队伍。抵制低俗之风要坚持反复抓、抓反复,坚持抓典型个案与抓阶段性倾向相结合,抓专项活动与专项督察相结合,抓快速反应机制与长效机制建设相结合。

2. 停播重庆电视台所播放的《第一次心动》节目

2006年,重庆电视台便举办了《第一次心动》,该节目从一开播便以恶俗炒作而受到人们的指责。2006年他们策划的最著名的事件是所谓选手无法忍受柯以敏点评,要评委道歉,但是此后两人又在节目上冰释前嫌,对唱情歌的事件。发展到2007年6月,该节目继续延续以前的风格,力争话题不断:"张国立患尿毒症""刘晓庆与姜文偷情"等恶意炒作的虚假新闻就开始频频见诸报端。当确定这些内容都出自于剧组某策划人之手时,张国立、刘晓庆同时声讨该剧组的行为"太恶劣"。不久又有某选手爆料,节目组导演"潜规则"同性选手。最后上演的一幕是8月10日晚的男15进10的比赛中,男选手现场下跪、赠戒指,柯以敏失声痛哭、杨二暴怒……

针对这一系列不堪忍受的策划,2007年8月15日,国家广电总局正式下发通报,批评重庆电视台举办播出的《第一次心动》选拔活动严重违规行为。通报指出,重庆电视台举办播出的群众参与的选拔类电视活动《第一次心动》严重偏离比赛宗旨,热衷制造噱头炒作活动,在评委选择、比赛环节、评委表现、歌曲内容、策划管理和播出监管等方面都出现了重大失误,损害了电视媒体形象,产生了不良社会影响,广大观众反响强烈。重庆市广播电视局和重庆电视台相关负责人和编播人员责任意识不强,导向意识薄弱,专业水平缺失,内容把关疏漏,导致了上述问题的发生。通报认为,《第一次心动》比赛环节设计丑陋粗糙,评委言行举止失态,节目设计缺乏艺术水准、内容格调低下,演唱曲目庸俗媚俗。重庆电视台对现场转播极不负责,对现场混乱不堪局面未作任何有效处理,任其随意表现,放弃了播出机构的责任。重庆市广播电视局对此情况未向总局报告,失于管理。为严肃宣传纪律,国家广电总局决定:

（1）立即停播《第一次心动》选拔活动；

（2）重庆市广播电视局和重庆电视台要对照总局关于综艺娱乐节目管理意见和群众参与的选拔类广播电视活动的若干管理规定，认真查找问题，切实吸取教训，做出深刻检查；

（3）对节目策划、审查把关、行政管理及相关人员做出严肃处理。通报要求，各级广播电视行政部门和播出机构要以此为戒，牢固树立政治意识、大局意识和责任意识，自觉遵守政治纪律和宣传纪律，高度重视群众参与的选拔类活动的播出管理。各级广播电视行政管理部门要把抵制低俗之风作为提高执政能力的重要任务来抓，切实负起管理责任，严格执行国家广电总局有关规定，坚决做到令行禁止，科学管理，大胆管理，严格管理，自觉维护群众参与的选拔类广播电视活动的正常秩序，坚决杜绝此类问题的再次发生。请各广播电视行政部门和播出机构对本辖区所属电台电视台的节目进行一次清理，凡有低俗问题的立即纠正。各级播出机构要认真执行宣传管理规定，切实加强对编播人员的教育和管理，落实好从节目策划到审查把关各项职责，以营造良好的荧屏环境和舆论环境。

3. 停播广东电视台《美丽新约》节目

继叫停重庆电视台选秀节目《第一次心动》后，国家广电总局再度拍响惊堂木，叫停广东电视台女性整容真人秀节目《美丽新约》。并在通知中明令禁止制作播放整容、变性以及侵犯个人隐私的电视节目。

2007年8月23日，国家广电总局下发通知，禁止策划、制作和播出群众参与的各类整容变性节目，称整容节目《美丽新约》和其他涉及变性的节目"画面血腥、恐怖、暴露，格调低下，活动组织奢华铺张，审查把关不严，片面追求收视率"。而禁止的变性节目包括涉及变性的新闻、专题、访谈等各类节目，广电总局称"正在制作、播出的必须立即停止"。在通知中，广电总局明令"不得以任何理由和名目策划、制作和播出违背伦理道德、亵渎科学与文明、侵犯个人隐私的节目和活动，违者追究广播电视行政部门和制作播出机构的责任"。

虽然广东电视台在对节目介绍时说，《美丽新约》是"广东本土目前唯一一档大型电视整容美容真人秀节目。它引进美国最先进的节目理念，

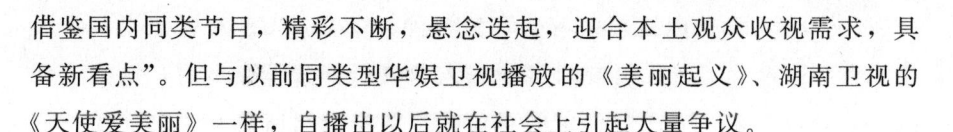

借鉴国内同类节目,精彩不断,悬念迭起,迎合本土观众收视需求,具备新看点"。但与以前同类型华娱卫视播放的《美丽起义》、湖南卫视的《天使爱美丽》一样,自播出以后就在社会上引起大量争议。

4. 新闻出版广电总局对歌唱类选拔节目实行调控

2013年7月24日,新闻出版广电总局发布了《新闻出版广电总局新闻发言人称:对歌唱类选拔节目实行调控,为观众提供丰富多彩电视节目》的消息。

国家新闻出版广电总局新闻发言人称,今年以来全国歌唱类选拔节目总量明显增多,根据广大观众的意见,为避免电视节目形态单一雷同,为观众提供更多的收视选择,满足人民群众多样化的电视文化需求,总局将对这类节目实施总量控制、分散播出的调控措施。

该发言人称,从现在起各上星综合频道在调控期内不再投入制作新的歌唱类选拔节目;尚未开播的节目将推迟播出,合理安排,避开暑期播出高峰;已开播的节目将调整播出时间,错时安排播出,避免同类节目扎堆播出。

该发言人强调,所有电视媒体都要自觉把贯彻落实中央"八项规定"体现到节目制作中,要力戒铺张奢华,力戒炫目包装,力戒煽情作秀。总局将加大对贴近实际、贴近生活、贴近群众的原创电视节目的鼓励扶持。各电视台应在提升节目的思想内容、价值导向、审美品位和自主创新上下功夫,努力为广大电视观众奉献形态多样、丰富多彩的电视节目。

二 对有奖竞猜的管理

有媒体称国家广电总局早就注意到很多电视台播放的有奖竞猜节目存在管理混乱的状况,总局正在调查研究,有关部门会迅速作出规定整顿有奖竞猜的法令。有奖竞猜电视节目基本可分为两种形式:一种是由主持人介绍一个简单的游戏或知识问答题,观众可以通过发送手机短信及拨打热线电话等方式参与,如果答案正确,就有机会获奖;第二种是没有任何游戏或问题,电视荧幕中直接列出许多不同代号的卡通形象,代表不同的奖品,观众可以通过发送手机短信及拨打热线电话等方式选择自己喜欢的卡通形象代号,就有机会获得它所代表的奖品。

2004年,两起电视短信有奖竞猜事件,令CCTV、东方卫视两家大电视台颜面全无。在我国赴阿富汗工人遭遇恐怖分子袭击后,东方卫视居然让观众有奖竞猜武装分子的身份;当俄罗斯别斯兰发生歹徒劫持成百上千的小学生人质事件时,CCTV4的《今日关注》非常"及时"地推出了死亡人数竞猜。两家在中国地位非同一般的电视台,却将两起恐怖袭击事件当成了吸引眼球、提高收视率的大好时机,媒体的道德底线再次遭到观众的质疑。

为进一步加强对电话和手机短信参与有奖竞猜类广播电视节目的管理,优化播出秩序,净化荧屏声频,2005年4月26日,国家广播电影电视总局正式下发了《关于进一步加强电话和手机短信参与的有奖竞猜类广播电视节目管理的通知》。通知要求:

(1) 各级广播电视管理部门和广播电视播出机构,必须高度重视加强电话和手机短信参与的有奖竞猜类节目的管理工作,时刻牢记广播电视是党和人民的喉舌,牢固树立政治意识、大局意识、责任意识和阵地意识,将电话和手机短信参与的有奖竞猜类节目,纳入群众参与的广播电视直播节目的管理,切实采取措施,加强管理,把好关口,牢牢把握正确的舆论导向。

(2) 电话和手机短信参与的有奖竞猜类广播电视节目包括:以奖品或奖金等各种奖励手段吸引听众、观众通过电话和手机短信,参与节目、参与评选、竞猜问题、抽选幸运听众、观众等广播电视节目或栏目;在一定范围内随机抽取电话和手机号码作为幸运听众、观众,并给予奖品或奖金的广播电视节目或栏目;广播、电视机构播出的以有奖竞猜活动为内容的广告;各广播电视播出机构所属网站设立的有奖竞猜板块及作为节目外延的互联网平台等。

(3) 电话和手机短信参与的有奖竞猜类节目,要符合社会主义精神文明建设和思想道德建设的要求,导向正确,内容健康,遵守社会公德和职业道德;要有利于帮助人民群众树立正确的世界观、人生观、价值观,有利于在全社会形成良好的道德风尚。

(4) 广播电视新闻和新闻类节目(含访谈类节目),一律不得开设电话和手机短信参与的有奖竞猜节目。

（5）广播电视播出机构开设电话和手机短信参与的有奖竞猜类节目，须出自节目自身内容需要，须与节目整体风格一致，不得随意编造，不得含有虚假不实内容。

（6）广播电视播出机构开设电话和手机短信参与的有奖竞猜类节目，应当维护国家尊严、荣誉和利益，弘扬我国优良传统文化，不得含有危害国家统一、主权和领土完整的内容。

（7）广播电视播出机构开设电话和手机短信参与的有奖竞猜类节目，不得涉及政治性、敏感性内容。要慎重把握民族、宗教等敏感问题。不得含有煽动民族分裂、亵渎民族风俗习惯、伤害民族感情的内容。

（8）广播电视播出机构开设电话和手机短信参与的有奖竞猜类节目，必须尊重人格尊严和公民的合法权益。不得围绕灾难事件、伤亡事件等负面信息内容设置竞猜题目。

（9）广播电视播出机构开设电话和手机短信参与的有奖竞猜类节目，必须尊重妇女、儿童、老人和残疾人，不得含有侮辱、歧视、调侃妇女、儿童、老人、残疾人等内容。

（10）广播电视播出机构开设电话和手机短信参与的有奖竞猜类节目，要维护健康文明的社会风尚，不得含有格调不高、内容不雅、庸俗无聊的内容。必须杜绝色情、淫秽、性暗示和含有暴力、血腥、凶杀、有教唆犯罪之嫌的内容。法制类节目和涉案、恐怖、凶杀类影视剧，不得竞猜案件细节、侦破手段、恐怖内容等；不得涉及迷信、邪教、伪科学的内容，不得含有解析姓名、出生日期、测算命运等迷信无聊内容；不得含有赌博及酒精、麻醉品和烟草消费等内容，不得宣扬摆阔、奢侈浪费等行为。

（11）广播电视播出机构开设电话和手机短信参与的有奖竞猜类节目，不得影响正常节目的播出。竞猜题目设置要体现科学性、知识性、益智性，不能单纯以赢利为目的。

（12）广播电视播出机构开设电话和手机短信参与的有奖竞猜类节目，不得以高额奖品和奖金迎合或诱发听众、观众的投机、博彩心理。一般节目单个竞猜奖项的奖品、奖金价值总额不得超过一万元。

（13）广播电视少儿节目设置电话和手机短信参与的有奖竞猜活动，

以及现场举办的益智竞赛类少儿节目,要注意正确引导,防止刺激少年儿童的投机心理,影响少年儿童正常的学习生活以及正确人生观、世界观、价值观的树立。其奖品不得采用现金形式,奖品价值不得高于其他节目奖品价值,奖品用途应与少儿学习和生活密切相关。

(14) 必须严格控制电话和手机短信参与竞猜内容的播出次数。含有电话和手机短信参与有奖竞猜内容的广播电视节目,30 分钟以下的节目(含 30 分钟),有奖竞猜内容的广播或字幕只能播放 1 次,每次播出时间电视不得超过 15 秒,广播不得超过 20 秒;30 分钟以上 60 分钟以下的节目,有奖竞猜内容的广播或字幕可以出现 2 次,每次播出时间电视不得超过 15 秒,广播不得超过 20 秒;60 分钟(含 60 分钟)以上节目,每超出 20 分钟,可出现一次有奖竞猜内容的广播或字幕,但总次数最多不能超过 5 次,每次播出时间电视不得超过 15 秒,广播不得超过 20 秒。电视剧只能在播完一集之后,播出一次电话和手机短信参与的有奖竞猜内容,每次播出时长不得超过 20 秒。

(15) 广播电视播出机构开设的各类节目、栏目,不得以赈灾、募捐等公益名义开设电话和手机短信参与的有奖竞猜活动。

(16) 有奖竞猜类节目在介绍相关奖品时,不能对商品作除名称、商标展示播出之外的其他任何形式宣传。题目设置由广播电视播出机构决定,而非赞助企业决定。

(17) 广播电视播出机构开设电话和手机短信参与的有奖竞猜类节目,要向听众、观众说明参与方式、参与程序、资费标准、资费收取方式,表述不得产生歧义。

(18) 开设电话和手机短信参与有奖竞猜类节目要按程序报批,开设这类节目的广播电视播出机构,负有电话和手机短信的选择、编辑、审查和播出责任。

(19) 各级广播电视播出机构要建立健全各项管理制度,严格把关。县级以上广播电视行政管理部门,应当建立对广播电视机构开设电话和手机短信参与有奖竞猜类节目的监听监看制度和受理公众投诉制度,及时发现和处理有关问题。

三 对涉"性"谈话节目和主持人的管理

(一) 对涉"性"谈话节目的管理

2005年12月13日,广播电视总局下发《关于加强广播电视谈话类节目管理的通知》。《通知》称,最近一些电视台已经收到了一部由北京世熙传媒文化有限责任公司制作的电视谈话类节目《面罩》。经调查,北京世熙传媒文化有限责任公司未取得广电总局颁发的《广播电视节目制作经营许可证》,没有制作经营广播电视节目的资格。但是该公司却违反规定通过各种渠道向许多地方电视台推销《面罩》。为确保广播电视舆论导向正确,特通知如下:

(1) 各级广播电视行政部门和广播电视播出机构要切实负起管理责任,充分认识确保每一分钟广播电视节目导向正确的重要性,牢固树立政治意识、大局意识和责任意识,确保正确舆论导向。要对所属播出机构购买各类节目的情况做一次全面检查,凡违规者要立即纠正,不得播出。

(2) 各级广播电视播出机构一律不得购买和播出没有制作经营资格的机构制作的广播电视节目。已经购买"北京世熙传媒"制作的电视谈话类节目《中国第一档深夜电视——〈面罩〉》的,一律暂缓播出。

(3) 要切实加强广播电视访谈类节目管理。要从访谈类节目的选题设计、嘉宾选择、主持人引导、审查把关等方面加大管理力度,严格执行选题计划送审制度和播出审查制度,强调政治导向、强调社会责任、强调宣传纪律。必须严格把握节目选题的政治标准、道德标准和内容标准。所选题目必须符合宣传要求;必须符合广播电视作为国家主流媒体的身份和定位,必须关系国计民生、关系广大群众切身利益。对个别存在边缘化观点的嘉宾要做到心中有数,慎重选择,严格把握。必须增强主持人对嘉宾、主持人谈话内容的正确引导。要坚持稳定第一、社会影响第一、遵守纪律第一的原则,切实落实责任,严格审查把关,坚决杜绝播出导向错误、社会影响不好的广播电视节目。

(4) 责令北京市广播影视局,对北京世熙传媒文化有限责任公司未取得《广播电视节目制作经营许可证》即擅自发行广播电视节目的错误行为进行严肃处理。

据相关媒体报道,《面罩》由北京世熙传媒与中国人口宣教中心联合制作,是一档以性为主题,以当事人访谈为主要内容,在全国同步日播的电视栏目。该节目每期播放半小时,播出时间段为晚上 11 时至凌晨 1 时。面罩经过精心设计,采用中国传统的京剧脸谱形式,共有 12 种,每一种面罩都代表了一种情绪:悲哀、忧愁、愤怒、喜悦等。《面罩》上只露出嘉宾的眼睛和嘴巴,前者是为了让他与观众进行眼神交流,后者是为了说话方便。一般来说,嘉宾戴上面罩后,即使是面对熟人,对方也很难辨认出来。另外,如果嘉宾有保护隐私的顾虑,节目组会按照其要求对声音做技术处理。但是根据网上发布的剧照,人们却得出了不同的结论。据《重庆日报》报道,当事人的确戴着一个好看的面罩,但从一张脸的五官来说,面罩只是遮住了鼻子,所以只要稍微熟悉当事人的观众,绝对可以凭借露出来的嘴巴和眼睛还有那半张脸,一眼认出当事人的真实身份。[①]

节目共有四个部分组成:(1)"面罩访谈",由戴着面罩的嘉宾讲述自己在性生理和心理方面所遇见的问题;(2)"专家访谈",对嘉宾疑难进行解答;(3)"好视",性专家对影视作品中的经典性爱情节镜头分析;(4)"媒事",介绍媒体上关于性问题的经典篇章。其中"面罩访谈"是该节目的中心环节。当事人将会戴着一款别致的京剧面罩,面对观众将自己的性生活、性故事娓娓道来,这也是该节目名称的由来。

其实,性节目走上电视台,《面罩》算不上第一个吃螃蟹的人。20 世纪 90 年代中后期开始,北京、上海、南京等地有些电视台就设立了生殖健康节目,仅北京地区就有《中国人口》《生殖生育生命》等。这些节目多由各地计划生育组织开办,通常是妇科专家和主持人两人对谈的形式。但实际上,往往是专家不好意思讲,主持人也不好意思接茬,节目如同给一个虚拟病人办的电视门诊,收视率很低。2000 年后,一些风格前卫的电视台播出了以艾滋病、同性恋等为话题的性教育节目,但因不是固定栏目,无法系统和深入。电视性教育节目的关键变化出现在 2004 年。本年元旦,中国教育电视台推出了中国第一档连续的青少年性教育节目

---

① 刘江华:《广电总局叫停首档"谈性"节目》,《北京青年报》2004 年 12 月 5 日。

《青苹果红苹果》，但是却在2004年6月30日因经济问题停办。2004年8月，南京电视台开播深夜婚姻节目《婚情男女》。该节目安排在每周六晚11：45播出，节目中除了为即将操办婚事的青年男女提供各种咨询、为未婚男女青年提供派对之外，性问题的探讨也是该节目的主题之一，"车床族"等敏感话题都曾在节目中进行过探讨。但是该节目与《面罩》最大的区别是，不让当事人直面镜头。为了保护当事人，节目通常让他们以背影出现在荧屏上，直面镜头的只有两个主持人。节目中并没有敏感的镜头出现，主持人的话题也是围绕"科学地对待性"而进行。该节目开办几个月来，并没有因为话题"敏感"而在观众中引起争议，相反很多观众都表示，在现代社会，科学地看待性很有必要。

（二）对节目主持人的管理

为了规范节目主持人行为，2002年5月21日，国家广电总局印发了《广播电视播出机构工作人员违反宣传纪律处分处理暂行规定》的通知。

该《规定》第八条规定，有下列情形之一的，对负有直接责任的主管人员和其他直接责任人员，给予记过、记大过或者降级处分；情节较重，给予降职或者撤职处分；情节严重的，给予开除留用察看或者开除处分：

（1）因错误宣传报道诱发不安定事件的；

（2）违反规定报道境外民族分裂或宗教极端分子的恐怖活动，造成不良后果的；

（3）播出贬损少数民族祖先、文化、重要人物、风俗习惯或其他伤害少数民族同胞感情的内容，引起少数民族群众强烈不满的；

（4）播出贬损合法宗教信仰、宗教组织、宗教领袖、神职人员、宗教礼仪或宗教活动的内容，造成不良后果的；

（5）违反规定允许境外传媒在我国境内播放宗教节目的；

（6）播出其他违反民族、宗教政策内容，造成不良后果的。

第九条规定，在宣传工作中，有下列情形之一的，对负有直接责任的主管人员和其他直接责任人员，情节较轻的，给予警告或者记过处分；情节较重的，给予记大过、降级、降职或者撤职处分；情节严重的，给予开除留用察看或者开除处分。

(1) 播出宣扬淫秽、赌博行为内容的；

(2) 播出宣扬暴力或教唆犯罪内容的；

(3) 播出宣扬伪科学或鼓吹封建迷信内容的；

(4) 有其他妨害社会管理秩序行为的。

同时，为刹住"港台腔"，2005年9月13日，国家广电总局正式下发《中国广播电视播音员、主持人自律公约》[①]（以下称为《公约》）的通知，对主持人用语做了许多明确的要求，触犯《公约》者甚至会遭"下岗惩处"。《公约》特别要求，"除特殊需要外，一律使用普通话，不模仿港台腔及其表达方式"。而且，主持人随意夹带外语、用方言播报的现象

---

① 第一条 自觉遵守《中国广播电视播音员主持人职业道德准则》。第二条 加强政治理论学习，不断提高政治素养和政策水平，认真落实"以科学的理论武装人，以正确的舆论引导人，以高尚的精神塑造人，以优秀的作品鼓舞人"的要求。第三条 热爱祖国，热爱人民，全心全意为人民服务，为社会主义服务，为党和国家工作大局服务。第四条 认真贯彻执行党的路线、方针、政策。自觉遵守宪法和法律、法规，严守国家机密。第五条 发扬敬业奉献、诚实公正、团结协作的精神，努力做有责任、有道德、有专长的德艺双馨的播音员主持人。第六条 努力钻研业务，更新知识，不断提高业务理论水平和专业素质，努力追求艺术创作的高品位，自觉抵制危害民族精神，损害社会公德的庸俗思想和文化糟粕。第七条 自觉抵制低级趣味，拒绝可能被青少年模仿造成身心伤害的内容和形式，营造有利于未成年人健康成长的文化环境。第八条 尊重公民的名誉权、隐私权，尊重和保护未成年人、妇女、老人、残疾人的合法权益。第九条 以推广普及普通话、规范使用通用语言文字、维护祖国语言和文字的纯洁性为己任，自觉发挥示范作用。第十条 除特殊需要外，一律使用普通话，不模仿地域音及其表达方式，不使用对规范语言有损害的口音、语调、粗俗语言、俚语、行话，不在普通话中夹杂不必要的外语，不模仿港台话及其表达方式。第十一条 不断加强语文修养，用词造句要遵守现代汉语的语法规则，语序合理，修辞恰当，不滥用方言词语、文言词语、简称略语或生造词语。第十二条 力求语言、语调、语音的表达形式与表达内容的一致性。表达要通俗易懂、准确生动、富有内涵、朴素大方，避免艰涩、易生歧义的语言和刻意煽情夸张的表达方式。第十三条 树立健康向上的声屏形象，尊重大众审美情趣和欣赏习惯。服饰、发型、化妆、声音、举止要与节目（栏目）定位相协调，大方得体，拒绝媚俗。第十四条 言谈举止要得体，活泼而不轻浮，亲和而不失礼仪，感情真挚而不煽情挑逗。反对忸怩作态、矫揉造作，拒绝粗俗。第十五条 自觉维护广播电视媒体的公信力和播音员主持人的公众形象。自觉约束日常行为，自尊自爱，洁身自好。第十六条 自觉抵制拜金主义、享乐主义、个人主义的侵蚀，坚决抵制任何形式的有偿新闻。第十七条 不利用工作、身份之便，直接或间接地为本人、亲属及他人谋取私利。不接受和借用采访对象的钱物。第十八条 不从事广告和其他经营活动，不从事未经本单位批准的节目主持、录音、录像、配音及以个人赢利为目的的社会活动。第十九条 各级、各地广播电视制作、播出机构的播音员主持人均应遵守本自律公约。第二十条 遵守本自律公约方能取得《中国广播电视播音主持作品奖暨"金话筒奖"》参评资格。第二十一条 违犯本自律公约的，将由中国广播电视协会予以通报，并终止其《中国广播电视播音主持作品奖暨"金话筒奖"》入选资格；情节严重者，协会将建议行政主管部门取消其播音主持岗位资格。第二十二条 本公约解释权属于中国广播电视协会。自颁布之日起执行。

也在明令禁止的范畴之内,"不模仿地域音及其表达方式,不使用对规范语言有损害的口音、语调、粗俗语言、俚语、行话,不在普通话中夹杂不必要的外语"。另外,《公约》还要求主持人外形上要有所禁忌,如服饰、发型、化妆、声音、举止要与节目(栏目)定位相协调,大方得体,拒绝媚俗。

除了要求主持人在语言上严格自律外,《公约》对主持人作为公众人物接拍广告的导向性上也做出明确规范。这个通知的背景正是现在节目主持人接拍广告的问题。例如中央电视台主持人邢质斌曾在厂家自行制作的电视专题片里,向人们推荐一种"使你美"减肥腰带,惹得许多爱美女性花几百元买这种产品回家,结果一点用也没有,一怒之下要状告邢质斌。事后邢质斌异常尴尬,不得不出来解释缘由。该《公约》指出:"主持人不得从事广告和其他经营活动。"同时,《公约》也要求,主持人的一切主持活动都不得自行随意接洽,"不能从事未经本单位批准的节目主持、录音、录像、配音及以个人赢利为目的的社会活动"。

此外,《公约》还公布了严格的惩处措施,比如,"遵守公约方能取得中国广播电视播音主持作品奖暨'金话筒奖'参评资格",如果违反《公约》,"中国广播电视协会将予以通报,并终止其中国广播电视播音主持作品奖暨'金话筒奖'入选资格",情节严重的,"协会将建议行政主管部门取消其播音主持岗位资格"。

第三节 对低俗广告的监管

有研究表明,以电视广告中角色衣着暴露情况为例,女性裸背、裸体、露乳窝、露腰、露大腿的占女性角色总数的14.5%,男性只占男性角色总数的1.6%;女性暴露几乎出现在各种广告类别里。有时我们发现电视中,电视的镜头频频用特写着意刻画衣着暴露的女性或女性的敏感部位,女性角色的脸部特写多达89%,手部特写6.4%,腿部和胸部特写分别占3.5%和1.7%,个别还有腹部和臀部的特写镜头。如关于酒楼的广告则一般是在阴暗的灯光下有一群穿着超短裙的女性在招徕顾客。关于皮衣的广告中,一女性穿着极短的皮裙旋转,露出全部大腿直到转到

电视节目低俗化批判研究

一个男子的怀中。① 除了色情因素，还有一些广告存在以下几个问题如语言空泛，靠污损汉语吸引眼球；具有挑逗的倾向，特别是一些女性用品广告，声画语言和造型风格低俗，近乎"三级片"；宣扬庸俗、浅薄的价值观；故弄玄虚、哗众取宠，甚至带有人格侮辱的味道。

据 2004 年国家统计局、劳动部等 6 个部门所做的《中国职工生活的调查》报告显示，2003—2004 年 70% 的居民曾受到过虚假广告的危害。② 在许多群众眼中，广播电台已经成为一个"坐台卖药"的大药房，形形色色的"江湖郎中"充斥其中。第 72 届全国广播电台经济信息交流会统计，"医疗广告"平均占到电台广告总收入的 50%—70%，有些地方的广播电台医疗广告甚至达到了 96.7%。

对于广电节目和广告的种种不规范行为，已经有一些观众因不堪忍受低俗电视广播而起诉电视台。1999 年，西安市民王忠勤起诉西安有线电视台在节目中违规插播广告。据王忠勤记录，该电视台在某部电视剧中，插播广告竟多达 80 多条。他认为大量插播广告，严重侵犯了自己的合法权益，因而要求赔偿。后来法院判决支持了他的部分诉讼请求，该案当时被认为开创了以受众起诉、法院判决来维护受众合法权益的首件电视节目维权案例。

2006 年，宁夏回族自治区银川市律师张慧怀孕在家待产看电视，她发现，宁夏广播电视网络公司每天都擅自在中央电视台的部分节目中插播广告，使自己无法观看完整的电视节目。"大部分是药品广告，内容基本上都是说大医院治不了而小医院能治的，弄得电视屏幕乌烟瘴气。"她认为，这种行为严重侵犯了自己作为消费者的合法权益，于是她多次向宁夏广播电视网络公司抗议，并向有关部门投诉，但均无回应。2006 年 9 月，她干脆起诉该公司，最终迫使该公司全部停止了肆意插播广告的行为。③

除了这种个人有意识的抵制外，我国早在 1993 年便颁布了《医疗广告管理办法》。在这之后所发布的各种"整顿通知"大都是在这个法规基

---

① 刘伯红：《女人到底在干什么——透视电视广告中的女性形象》，《Women of China》2006 年第 2 期。
② 范煜圣：《浅论虚假广告治理的法律对策》，《江苏石油化工学院学报》2005 年第 4 期。
③ 叶铁桥、邓靖：《大刀向低俗节目砍去》，《中国青年报》2007 年 9 月 7 日。

第四章 加强政府监管是抵制电视节目低俗化最根本的举措

础上的再次强调。例如,"以医生、药师、专家等专业人士作为特约嘉宾进行健康讲座的,不得在此类节目中宣传治愈率、有效率""不得播出专家或医生与患者或家属现场或热线沟通、交流的内容"。这些内容正是对应着《医疗广告管理办法》第七条的第四项、第五项的规定:医疗广告中禁止"宣传治愈率、有效率等诊疗效果",禁止"利用患者或其他医学权威机构、人员和医生的名义、形象或者使用其推荐语进行宣传"。

纵观十年来国家广电总局针对广告所颁发的各种法规,我们发现,国家广播电影电视总局对广告管理的特点是多而细致。下面便是1998年至2008年十年间国家广电总局所颁发的法规:

1.《关于坚决制止随意插播、超量播放电视广告的紧急通知》(1999年)

根据一些观众反映,一些地区的电视台随意插播、超量播放广告,有的还中断正在播放的电视剧而插播广告,甚至播放明令禁止的"治疗性病的广告"。这严重违反了国家关于电视广告管理的有关规定,严重损害了广播电视作为党和政府喉舌的形象,严重侵害了广大电视观众的利益,必须坚决予以制止。为此,根据《中华人民共和国广告法》《广播电视管理条例》和《关于进一步加强广播电视广告宣传管理的通知》(广发编字〔1997〕76号)的规定,国家广电总局于1999年8月23日重申和补充通知如下:

(1)各电视台、有线广播电视台、广播电视台播放广告必须保持电视节目的完整性,不得随意中断节目插播广告;转播其他电视台的节目,应保持被转播节目的完整,不得插播本台的广告。

(2)各电视台、有线广播电视台、广播电视台每套节目播放广告的比例不得超过该套节目每天播出总量的15%,其中18:00至22:00之间不得超过该时间段节目总量的12%。

(3)各电视台、有线广播电视台、广播电视台播放节目,不得在电视画面上叠加字幕广告。

(4)各省、自治区、直辖市广播影视厅(局)要对所辖区域内各电视台、有线广播电视台、广播电视台播放广告情况进行一次自查自纠,对违反上述规定的,应责令立即纠正,如不停止的,要依法给予处罚直至吊销其许可证。

(5) 国家广电总局将会同有关部门在近期组织检查组对各地自查自纠的情况进行抽查，并同今年对电视台、有线广播电视台、广播电视台的年检相结合，严重违反规定的，将不予登记。

2.《广播电视广告播放管理暂行办法》（2003年）

为保证广播电视广告的正确导向，规范广播电视广告播放行为，加强广播电视广告管理，根据《中华人民共和国广告法》《广播电视管理条例》等有关法律、法规，国家广电总局于2003年9月15日制定本办法。

该办法共有30条，其中涉及低俗内容的有以下几条：

(1) 广播电视广告应当真实合法，不得含有虚假内容，广告语言不得误导消费者。

(2) 广播电视广告应当符合社会主义精神文明建设的要求，应当遵守社会公德和职业道德，有利于人民群众的身心健康。

(3) 广播电视广告应当维护国家尊严和利益，尊重祖国传统文化，不得含有危害国家统一、主权和领土完整的内容。商业广告中不得出现国旗、国徽、国歌及国家领导人的形象和声音。不得利用或篡改领袖人物名言作为商业广告用语。

(4) 广播电视广告应当维护民族团结，遵守国家民族、宗教政策，不得含有宣扬民族分裂、亵渎民族风俗习惯的内容。

(5) 广播电视广告应当维护社会公共秩序，树立社会主义道德风尚，不得含有乱扔废弃物、践踏绿地、毁坏花草树木等破坏环境，以及不利于自然生态、珍稀野生动物保护等内容。

(6) 广播电视广告应当有利于青少年儿童的身心健康，不得含有可能引发青少年儿童不文明举止、不良行为或不利于父母、长辈对青少年儿童进行正确教育的内容。

(7) 广播电视广告应当尊重妇女、残疾人，不得歧视、侮辱妇女、残疾人，不得出现不文明的人物形象。

(8) 广播电视广告应当健康文明，不得播放含有色情或性暗示等内容的广告，不得播放治疗性病的广告。广播电视广告不得播放含有宣扬赌博、暴力或者教唆犯罪内容的广告。

(9) 广播电视广告应当尊重科学，不得含有宣扬迷信、邪教、伪科学的内容。

（10）广播电视广告应当使用规范的语言文字，不得故意使用错别字或用谐音乱改成语。除注册商标及企业名称外，不得使用繁体字。

（11）禁止广播电台、电视台播放烟草制品广告及麻醉药品、精神药品、毒性药品、放射性药品等特殊药品广告。

（12）广播电台、电视台每套节目中每天播放公益广告的数量不得少于广告总播出量的3%。

（13）广播电台、电视台每套节目每天播放广播电视广告的比例，不得超过该套节目每天播出总量的20%。其中，广播电台在11：00至13：00之间、电视台在19：00至21：00之间，其每套节目中每小时的广告播出总量不得超过节目播出总量的15%，即9分钟。

（14）播放广播电视广告应当保持广播电视节目的完整性，除在节目自然段的间歇外，不得随意插播广告。除19：00至21：00以外，电视台播放一集影视剧（一般为45分钟左右）中，可以插播一次广告，插播时间不得超过2.5分钟。

（15）播放广播电视广告应当尊重大众生活习惯，不得在6：30至7：30、11：30至12：30以及18：30至20：00之间人们用餐时播放容易引起受众反感的广告，如治疗痔疮、脚气等类药品及卫生巾等卫生用品的广告。

（16）广播电台、电视台应当严格按照国家有关规定控制酒类广告的播出。每套电视节目每日播放的酒类广告不超过12条，其中19：00至21：00间不超过2条；每套广播节目每小时播放的酒类广告，不得超过2条。

（17）县级以上广播电视行政部门及广播电台、电视台应当建立公众投诉机制，对受众提出批评性意见的广播电视广告及时检查，并将结果答复投诉者。

其中第二十九条规定，违反本办法第十七、十八、十九、二十、二十一条规定，情节轻微的，由县级以上广播电视行政部门予以警告、责令限期改正，并可处以2万元以下罚款。拒不改正或60日内连续3次出现违规行为的，由省级以上广播电视行政部门做出暂停播放广告、暂停相关频道（频率）播出的处理决定。情节严重的，由原批准机关吊销许可证,同时对直接责任人和主要负责人追究相关责任。本办法自 2004 年 1 月 1 日起施行。

3.《关于加强影片贴片广告管理的通知》

2003 年 6 月 25 日,针对电影广告在发展中出现的一些问题,如:一些影片贴片广告时间过长,电影放映中间随意插播广告,影响了观众能够正常观看电影;有的影片广告内容庸俗,格调不高;一些单位不经电影版权方同意随意搭载、删减广告。以上经营秩序。为促进电影广告业健康发展,维护广大消费者和电影版权方的合法权益,国家广播电影电视总局发布《关于加强影片贴片广告管理的通知》。通知要求:

(1)影片贴片广告必须严格执行广告管理的有关规定,内容要真实合法,符合社会主义精神文明建设的要求,不得欺骗和误导消费者。

(2)未经工商行政管理机关登记,未取得相应的广告经营资格,不得设计、制作、代理、发布影片贴片广告。

(3)未经影片版权方同意,任何单位不得搭载、删减贴片广告。

(4)影片贴片广告一律加在《电影片公映许可证》画面之前,不得占用电影放映时间。

(5)电影院线公司、发行公司要规范操作贴片广告业务,电影院要对放映的影片贴片广告时间予以公告。

(6)切实加强影片贴片广告管理。各级电影行政管理部门对违反本通知规定的,依据电影管理的有关法规予以通报批评,情节严重的停止供片并责令停映整顿。

4.《关于切实贯彻广电总局 17 号令有关问题的通知》

《广播电视广告播放暂行规定》(总局令第 17 号)公布后,各地广电管理部门和播出机构认真学习、贯彻并积极落实各项准备工作,明确了具体管理部门,健全了管理制度,完善了相应的管理措施,并向社会公布了投诉电话,得到了各级领导和人民群众的充分肯定和广泛欢迎。但也确有个别管理部门和播出机构存在着等待、观望等消极思想,个别播出机构仍在就餐时间播放不雅广告,或仍在电视剧中间无节制地插播广告,广大群众对此强烈不满,提出了严肃批评。根据通知和全国广播电视广告播出管理电视电话会议精神,有关事宜重申如下:

第四章 加强政府监管是抵制电视节目低俗化最根本的举措

(1) 统一认识,坚决贯彻。最近李长春同志再次做出重要批示:"要从广播电视做起,净化广告中的'精神垃圾',加大落实的力度"。徐光春同志要求坚定不移地做好"不良广告"的整治工作。各级管理部门和播出、传输机构必须要从群众利益、整体利益和长远利益出发,坚决纠正和克服各种消极思想和错误认识,积极做好贯彻17号令的各项准备。他要求省级管理部门应对辖区内的管理部门和播出、传输机构(含教育电视台)有关管理措施落实情况进行全面检查,检查结果于2003年12月20日前报总局社会管理司。

(2) 抓住重点,及时整改。各级管理部门要积极帮助和指导有关单位及时调整广告播放安排计划,确保平稳过渡。针对目前仍然存在的就餐时间播放容易引起群众反感的广告、在电视剧中间无节制插播广告、严重超时播出广告、在转播节目过程中插播流动字幕广告等重点问题,各级播出机构和传输机构应进行一次彻底的自查自纠。

(3) 完善机制,抓好落实。通知强调,各播出机构不得以任何理由拒绝、阻挠有关监看设施的安装,禁止故意损坏监看设施,违者将追究有关单位的责任。

(4) 加强监管,依法行政。各级管理部门必须切实认真履行好管理职责,严格依法行政。对监管中发现的问题或群众反映突出的问题,要本着"属地管理"的原则,由当地管理部门及时依法查处,不得敷衍推诿,处理情况应上报上一级管理部门。

5.《关于进一步加强对短信和声讯服务广告播出管理的通知》

2005年1月24日,国家广电总局发出《广电总局关于进一步加强对短信和声讯服务广告播出管理的通知》,《通知》指出,自2005年以来,根据观众反映并经总局核查发现,部分电视台播放的"姓名解析""新年运势""生日密码""同生缘""语音聊天"等短信和声讯服务广告,违反了《广播电视广告播放管理暂行办法》(广电总局令第17号)等规定。现就进一步加强对各类短信和声讯服务广告管理的有关事项通知如下:

(1) 认真清理并立即停播含有不良内容及提供不良服务的各类短信和声讯服务广告。根据总局17号令第十二条"广播电视广告应当尊重科学,不得含有宣扬迷信、伪科学的内容"和《广电总局关于进一步加强广播电视广告内容管理的通知》（广发社字［2004］921号）"要严格甄别介绍声讯热线电话的广告，各播出机构一律不得播出涉嫌黄色声讯热线的广告和游动字幕广告"的规定，各播出机构要对在本单位播放的广告进行全面清理。凡属解析姓名、人生、生日、新年运气等短信服务以及交友、聊天等声讯类广告，一律不得在广播电台、电视台播放。

（2）增强责任意识，严把审查关。各级播出机构要进一步加强对广告内容和广告投放机构资质的审查把关。凡是违反《广告法》和总局17号令等法规、规章的广告，一律不得安排播放。各播出机构对所有短信和声讯类广告，应加强其广告画面、语言、文字的审查。如发现其服务内容不符合法律、法规或不利于未成年人身心健康的，不得播放其广告。

（3）各级管理部门要继续加强广告监管工作。当前，尤其要加强广告内容的管理，对含有违法、违规内容的不良广告，要及时依法依规责令有关播出机构停止播出。同时，要督促各播出机构根据本通知的要求对各类短信和声讯服务广告进行全面清理，并将清理结果于2月7日前上报总局社会管理司。

6.《关于做好春节期间广播电视广告播放监管工作的通知》

2005年2月2日，广电总局发出《广电总局关于做好春节期间广播电视广告播放监管工作的通知》，通知说，为确保广播电视广告播放继续保持良好秩序，使广大群众过一个清静的春节，现就做好春节期间广播电视广告监管工作的有关事项通知如下：第一是明确监管重点。这些监管的重点包括：

（1）黄金时间播放影视剧是否违规插播广告，其他时间播放影视剧插播广告是否超过规定次数和时间；

（2）用餐时间是否播放引起受众反感的广告；

（3）挂角标志是否符合规定；

（4）转播传输节目是否违规插播广告。第二是加强广告内容监管。通知要求，各播出机构应认真按照总局17号令的规定，做好广告审查、编排、发布工作，规范广告播放秩序。同时，各级管理部门应根据总局17号令、《广电总局关于进一步加强广播电视广告内容管理的通知》（广发社字［2004］921号）和《广电总局关于进一步加强对短信和声讯服务广告播出管理的通知》(广发社字〔2005〕118号)等文件精神,进一步加强对广告内容的监管,要确保广告内容导向正确,不得有违法违规内容。发现播出含有不良内容广告的,应及时要求播出机构停播并撤换。

7.《关于禁止播出虚假违法广告和电视"挂角广告"、游动字幕广告的通知》

2005年8月29日,国家广电总局发出《广电总局关于禁止播出虚假违法广告和电视"挂角广告"、游动字幕广告的通知》。《通知》说,《广播电视广告播放管理暂行办法》(广电总局令第17号,以下简称"17号令")正式实施以来,广播电视广告播放秩序明显好转,群众满意度普遍提高。但近一个时期以来,个别播出机构播出的广告有虚假违法内容,一些机构违规播出"挂角广告"和在转播节目中插播游动字幕广告,这些已成为当前广播电视广告播放管理中的突出问题。为净化荧屏,严肃纪律,现就有关问题通知如下:

(1)各级广播电视播出机构应严格执行《广告法》、《国务院办公厅关于开展打击商业欺诈专项行动的通知》(国办发〔2005〕21号)和17号令的各项规定。严禁以新闻报道形式发布广告;严禁播放以消费者、患者、专家、社会公众人物名义和形象作证明的保健食品、药品、化妆品和医疗广告;严禁播放宣传治疗作用、夸大功能的保健食品广告;严禁播放宣传保证治愈的医疗广告、夸大功能、保证疗效的药品广告及夸大功能、虚假宣传的化妆品和美容服务广告。

(2)进一步规范各类咨询服务和电视购物节目的播放。含有医疗、药品、保健食品和化妆品等内容的咨询服务和电视购物节目必须严格审查被介绍机构、产品的资格、证明等法律法规所规定的各项材料,同时要严格审查内容导向,凡含有非法内容或格调低下、误导受众的一律不得播放。要合理控制咨询服务和电视购物节目的播放时间,除专业购物频道外,其他频道每小时此类节目的总长度不得超过15分钟。

(3)禁止播出"挂角广告"。根据17号令和《广电总局进一步加强广播电视广告内容管理的通知》(广发社字〔2004〕921号),禁止时政新闻节目及同类栏目以企业或产品冠名。播出其他以企业或产品冠名节目、栏目(包括"剧场"等,下同),其冠名一律不得含有经营服务范围、项目、产品功能、联系方式、形象代言人等文字和图像。不得播出单一的企业、产品标志等"挂角广告"。

(4) 播出以企业或产品冠名的节目、栏目时，冠名节目、栏目的名称应积极健康。电视节目、栏目不得以治疗肝病、性病、皮肤病、艾滋病、肿瘤、癫痫、痔疮、脚气、生殖系统、泌尿系统疾病等专业医疗机构和直接体现治疗上述疾病的药品冠名。

(5) 在冠名节目、栏目时，除严格按17号令和《广电总局进一步加强广播电视广告内容管理的通知》有关规定执行外，企业或产品冠名的字数不得超过5个，企业或产品标志只能固定出现在屏幕右下角，不得翻滚变化，不大于90×60像素。

(6) 所有上星频道自本通知下发之日起必须立即停播所有"挂角广告"。其他已经与企业签署广告合同且合同期即将结束的频道，应将相关合同、发布形式、发布期限等情况向当地省级广播电视行政管理部门备案，合同期满立即按本通知执行，此过渡期限最迟不得超过2005年12月31日。省级广播电视行政管理部门应将省级播出机构的备案情况汇总后，于9月30日前上报总局社会管理司，总局将及时向全系统公布备案情况。省级广播电视行政管理部门也应将本省（自治区、直辖市）内市、县电视台的备案情况在全省系统内公告，以便社会各界监督。

(7) 根据总局17号令第二十一条规定，所有播出机构和转播机构在转播其他电视台的节目时，一律禁止插播游动字幕广告。

(8) 各级管理部门要进一步加强对广播电视广告播放监管工作，对违规播出虚假违法广告、"挂角广告"、游动字幕广告以及其他违规播出广告的行为必须及时依法依规严肃查处。各级播出机构和转播机构须严格遵守广告播出的相关法规。对有令不行、有禁不止的，总局将根据《广播电视管理条例》及17号令相关规定，对有关责任单位给予全国通报批评，追究其主要负责人及相关管理部门的责任，并通过媒体向社会公开曝光批评，对违规问题特别严重的电视台还将按有关规定给予行政处罚。

8.《关于整顿广播电视医疗资讯服务和电视购物节目内容的通知》

2006年7月18日，广播电视总局发布了《关于整顿广播电视医疗资讯服务和电视购物节目内容的通知》。

通知要求,以医生、药师、专家等专业人士作为特约嘉宾进行健康讲座的,不得在此类节目中宣传治愈率、有效率;不得宣传未经医疗界普遍认定和采用的医疗方法;不得播出专家或医生与患者或家属现场或热线沟通、交流的内容。此类节目可以介绍特约嘉宾的身份、技术职称及其所在医疗机构的名称,除广播电视播出机构设立的听(观)众咨询电话外,不得出现被介绍医疗机构的地址、联系方式。其中特别规定,自2006年8月1日起,所有广播电视播出机构暂停播出介绍药品、医疗器械、丰胸、减肥、增高产品的电视购物节目。同时该通知要求,各地广播影视局收到通知后,要立即督促、监督各播出机构按照本通知的要求整改落实,逐条自查自纠,并将自查结果上报上一级广播电视管理部门,省级广电行政部门汇总后于8月底上报广电总局社会管理司。对节目内容审查不严,并造成严重后果的播出机构,由广播电视行政部门依照国家有关法律、法规给予相应行政处罚,同时追究其主要负责人和直接责任人的责任。

9.《2007年第一季度违法广告公告》

在国家工商行政管理总局发布的《2007年第一季度违法广告公告》中就有5家电视台涉嫌播放不同程度的违规广告:

(1) 2007年3月27日,宁夏卫视频道播放"非瘦不可除脂蛋白冲剂"食品广告,该广告夸大食品功效,不科学表示食品减肥效果,使用消费者形象和名义做保证,误导消费者,严重违反了食品广告的法律、法规规定。

(2) 2007年3月27日,甘肃卫视频道播放"木菲抗粉刺精华液"化妆品广告。广告中"1天全面消除粉刺,3天彻底消灭痤疮,5天永久祛痘"等内容,夸大产品性能,使用消费者名义保证使用效果,使人误解其效用,严重违反了化妆品广告的法律、法规规定。

(3) 2007年2月28日,贵州电视台时尚生活频道播放"金败毒泌尿宁胶囊"药品广告。该广告在宣传药品的功能主治、药理作用等内容中,不科学地表示药品功效,使用患者名义作证明,严重违反了药品广告的法律、法规规定。

（4）2007年2月27日，青岛电视台生活服务频道播放"青岛维康医院医疗"广告。该医疗广告未经卫生行政部门审查擅自发布，宣传治疗肾病的诊疗方法以及医疗技术，使用患者名义为诊疗效果作证明，严重违反了医疗广告的法律、法规规定。

（5）2007年2月28日，内蒙古电视台经济生活频道播放"傲搏胶囊"食品广告。该广告以"男性健康"讲座形式宣传的"增大增粗男性生殖器官，让男人更自信更具魅力"等内容，夸大产品功效；使用消费者名义和形象证明产品提高夫妻生活质量等内容，低级庸俗，违背社会良好风尚，有悖于社会主义精神文明建设，严重违反了《广告法》的有关规定。我国的《广告法》第7条明确规定，"广告内容应当有利于人民的身心健康"，不得"含有淫秽、迷信、恐怖、暴力、丑恶的内容"。

10.《广电总局关于对宁夏电视台综合频道和甘肃电视台综合频道给予暂停播放广告处罚的通报》

2007年6月15日，广电总局发出《广电总局关于对宁夏电视台综合频道和甘肃电视台综合频道给予暂停播放广告处罚的通报》，通报说，今年以来，宁夏电视台综合频道和甘肃电视台综合频道屡次出现违规播放医疗资讯服务和电视购物节目等问题，被总局和国家有关部门多次责令整改和通报，但两台违规问题至今仍未解决。现将情况通报如下：2月2日，宁夏电视台综合频道和甘肃电视台综合频道因以医疗资讯服务节目形式变相发布违规医疗广告问题，被总局诫勉谈话，并被责令立即停播所有违规医疗资讯服务节目，做出书面检查。但两家电视台并未吸取教训，仍然违规播放医疗和药品广告，4月23日被国家工商总局和国家食品药品监督管理局通报批评。4月28日和5月17日，总局对上述两个频道存在的违规播放挂角广告、在电视剧中间违规插播广告和播放违规电视购物节目等问题，又连续二次下发了《违规广告播放整改通知单》，责令两台彻底整改。并明确告知如再出现违规问题，将依据《广播电视广告播放管理办法》给予通报批评直至暂停播放广告节目等处罚。

但总局通过监测发现，5月底至6月11日，上述两个频道仍然存在电视剧中间违规插播广告、违规播放挂角广告等问题，宁夏电视台综合频道仍在电视购物节目中播出"橙魔"减肥产品。为严肃纪律，切实整

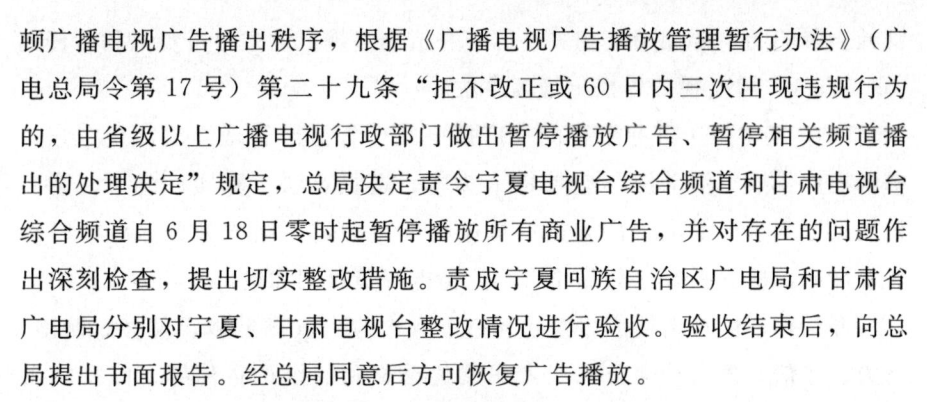

顿广播电视广告播出秩序，根据《广播电视广告播放管理暂行办法》（广电总局令第17号）第二十九条"拒不改正或60日内三次出现违规行为的，由省级以上广播电视行政部门做出暂停播放广告、暂停相关频道播出的处理决定"规定，总局决定责令宁夏电视台综合频道和甘肃电视台综合频道自6月18日零时起暂停播放所有商业广告，并对存在的问题作出深刻检查，提出切实整改措施。责成宁夏回族自治区广电局和甘肃省广电局分别对宁夏、甘肃电视台整改情况进行验收。验收结束后，向总局提出书面报告。经总局同意后方可恢复广告播放。

11.《关于重申广播电视广告播放管理有关规定的通知》

2008年1月29日，广电总局发出《广电总局办公厅关于重申广播电视广告播放管理有关规定的通知》，通知说，近期，有些广电网络公司在转播节目时违规插播广告，群众反应强烈。有关省级广电管理部门已对相关公司做出通报批评，并对主要负责人给予了行政处分。

为严肃纪律，现就进一步强化广告播放管理工作重申如下：

（1）各级广播电视播出机构必须把社会效益放在首位，严格遵守广告播放的各项管理规定。坚决禁止播放虚假违法的医疗、药品、保健食品广告以及内容不良、低俗的性药品、性保健品广告；坚决禁止播放违规挂角广告和在影视剧中违规插播广告；坚决禁止超时播放广告。

（2）各转播台（站）、发射台（站）及各地有线电视转播传输机构等机构要认真贯彻《广播电视广告播放管理暂行办法》（广电总局17号令）、《关于禁止广播电视节目转播传输机构插播商业广告的通知》（广发社字〔2004〕185号）等有关规定，在转播传输节目时，不得以游动字幕、叠加字幕、挂角广告等形式播放商业广告；不得以自行组织的商业广告遮盖、覆盖或替换被转播节目中的正常广告或节目；不得遮盖、涂改被转播节目的频道标识。

（3）各级广播电视行政部门要切实履行监管职责，采取有效措施，加强对广播电视广告播放的监管。特别是在春节期间必须保证有专人值班，及时发现并处理问题。要坚决做到有法必依，违法必究，坚决杜绝违规问题的反弹。对有禁不止、有令不行的播出、转播和传输机构，要依法给予警告、通报批评、社会公开曝光等处理。对情节严重、造成不良社会影响的,要撤销其相关许可,并追究违规机构主要负责人的责任。

12.《广播电视广告播出管理办法》

2010年1月1日起施行的《广播电视广告播出管理办法》规定,广播电视广告播出活动应当坚持以人为本,遵循合法、真实、公平、诚实信用的原则。广播电视广告是广播电视节目的重要组成部分,应当坚持正确导向,树立良好文化品位,与广播电视节目相和谐。

办法称,广播电视广告禁止含有下列内容:宣扬邪教、淫秽、赌博、暴力、迷信,危害社会公德或者民族优秀文化传统的;侮辱、歧视或者诽谤他人,侵害他人合法权益的;诱使未成年人产生不良行为或者不良价值观,危害其身心健康的;使用绝对化语言,欺骗、误导公众,故意使用错别字或者篡改成语的等。

办法提出,禁止播出下列广播电视广告:以新闻报道形式发布的广告;烟草制品广告;治疗恶性肿瘤、肝病、性病或者提高性功能的药品、食品、医疗器械、医疗广告等。

办法规定,广播电视广告播出应当合理编排。其中,商业广告应当控制总量、均衡配置。

广播电视广告播出不得影响广播电视节目的完整性。除在节目自然段的间歇外,不得随意插播广告。

播出机构每套节目每小时商业广告播出时长不得超过12分钟。其中,广播电台在11:00至13:00之间、电视台在19:00至21:00之间,商业广告播出总时长不得超过18分钟。

在执行转播、直播任务等特殊情况下,商业广告可以顺延播出。

播出机构每套节目每日公益广告播出时长不得少于商业广告时长的3%。其中,广播电台在11:00至13:00之间、电视台在19:00至21:00之间,公益广告播出数量不得少于4条(次)。

播出电视剧时,可以在每集(以45分钟计)中插播2次商业广告,每次时长不得超过1分30秒。其中,在19:00至21:00之间播出电视剧时,每集中可以插播1次商业广告,时长不得超过1分钟。

播出电影时,插播商业广告的时长和次数参照前款规定执行。

在电影、电视剧中插播商业广告,应当对广告时长进行提示。

除电影、电视剧剧场或者节（栏）目冠名标识外，禁止播出任何形式的挂角广告。

规定称，电影、电视剧剧场或者节（栏）目冠名标识不得含有下列情形：电影、电视剧剧场或者节（栏）目不得以治疗皮肤病、癫痫、痔疮、脚气、妇科、生殖泌尿系统等疾病的药品或者医疗机构作冠名。

播出商业广告应当尊重公众生活习惯。在6：30至7：30、11：30至12：30以及18：30至20：00的公众用餐时间，不得播出治疗皮肤病、痔疮、脚气、妇科、生殖泌尿系统等疾病的药品、医疗器械、医疗和妇女卫生用品广告。

播出机构应当严格控制酒类商业广告，不得在以未成年人为主要传播对象的频率、频道、节（栏）目中播出。广播电台每套节目每小时播出的烈性酒类商业广告，不得超过2条；电视台每套节目每日播出的烈性酒类商业广告不得超过12条，其中19：00至21：00之间不得超过2条。

在中小学生假期和未成年人相对集中的收听、收视时段，或者以未成年人为主要传播对象的频率、频道、节（栏）目中，不得播出不适宜未成年人收听、收视的商业广告。

13.《关于进一步加强广播电视广告播出管理的通知》

2011年10月11日，广电总局向各省、自治区、直辖市广播影视局，新疆生产建设兵团广播电视局，中央三台、中国教育电视台，电影频道节目中心发出《关于进一步加强广播电视广告播出管理的通知》，通知说，《广播电视广告播出管理办法》（广电总局令第61号）实施一年多来，执行情况总体良好，社会各界普遍认可。但近来一些违规问题出现反弹，主要表现在：一是影视剧片头、片尾插播广告；二是超时插播广告；三是一些传输转播机构在传送转播节目时插播游动字幕广告；四是一些广告夸张宣传；五是一些时政新闻类节目商业冠名等。为坚决纠正这些问题，切实规范广告播出秩序，现就进一步加强广播电视广告播出管理工作，通知如下：

一　必须始终坚持把社会效益放在第一位。广播电视广告是广播电视节目的组成部分。广播电视播出机构要始终坚持把社会效益放在首位，牢牢把握广告内容的正确导向，认真履行对广告的依法审查职责，坚决抵制虚假违法广告，坚决抵制内容低俗的不良广告，严格依法经营和播出广告。

二 规范影视剧中间插播广告行为。电视台在影视剧中间插播广告时，必须严格遵守总局61号令规定：非黄金时间每集（以45分钟计）中可以插播2次商业广告，每次时长不得超过1分30秒；黄金时间（19：00至21：00）每集中可以插播1次商业广告，时长不得超过1分钟；插播广告时，应当对广告时长进行提示。同时要做到：（1）禁止在片头之后、剧情开始之前，以及剧情结束之后、片尾之前插播任何广告；（2）在非黄金时间影视剧持续播出时间不少于15分钟、黄金时间影视剧持续播出时间不少于25分钟后，方可依据61号令规定插播商业广告；（3）播出片尾画面以及演职人员表等内容时，禁止播出任何形式的广告。

三 规范新闻节目中插播广告行为。新闻节目中插播广告时，应当安排在不同版块之间的自然间歇段内，不得在整点新闻的整点之后，以及新闻内容结束之后、工作人员字幕前插播广告。时政新闻类节目不得以企业或者产品名称等冠名。不得使用新闻报道及其素材，或以新闻采访形式做商业广告。新闻节目主持人不得为商业广告作形象代言。

四 清理违规电视购物短片广告。根据《广电总局关于加强电视购物短片广告和居家购物节目管理的通知》（广发〔2009〕71号）和《广电总局关于进一步加强广播电视广告审查和监管工作的通知》（广发〔2010〕21号），广播电视播出机构必须严格审验电视购物短片广告投放企业资质，必须严格审查电视购物短片广告内容。对不符合条件的企业投放的短片广告，或者内容违反规定的短片广告，一律不得播出。对违规播出电视购物短片广告的播出机构，广播影视行政部门要依法依规查处。对在广播电视播出机构投放虚假违法电视购物短片广告的企业，总局将通报全系统禁止接受其投放的任何广告。

五 整顿虚假违法健康资讯广告。广播电视播出机构要严格审验医疗、药品、医疗器械、保健食品等健康资讯广告的资质、证明等法定材料。要严格把握健康资讯广告的内容导向和格调，坚决禁止播出涉及性广告。要规范健康资讯广告形式，不得以健康资讯专题节目形式变相发布广告。健康资讯专题节目应当侧重介绍疾病预防、控制和治疗等科学知识，不得含有宣传医疗、药品、医疗器械、保健食品等广告内容，不得以患者和医生、药师、专家等名义作证明。

六 坚决禁止在转播节目时插播各类广告。广播电视播出机构、转播台（站）、发射台（站）和有线电视网络机构，在转播传送节目时，必须保证被转播节目的完整性，不得以游动字幕、叠加字幕、挂角广告、贴片广告等任何形式插播广告；不得以自行组织的商业广告替换被转播节目中的正常广告。

七 严格按规定要求播出公益广告。广播电视播出机构要切实履行媒体的社会责任，认真执行每套节目每日黄金时段公益广告播出数量不得少于4条（次）、全天公益广告播出时长不得少于商业广告总量3％的规定。因公共利益需要等特殊情况，广播影视行政部门可要求广播电视播出机构在指定时段播出特定内容的公益广告，各播出机构必须按要求播出。

八 从严查处各类广告违规行为。广播电视播出机构和转播机构要对照本《通知》要求，立即开展全面自查自纠，主动清理违规问题。省级以上广播影视行政部门要对自查不力、仍存在违规问题的，给予其警告、通报批评、暂停商业广告播出等处理，并追究违规机构主要负责人和直接责任人的责任。对被给予通报批评、暂停商业广告播出等处理的机构，取消其参加当年广播影视系统任何"评优评先"资格。省级广播影视行政部门在对违规行为做出处理决定后5个工作日内，应当将处理情况报总局传媒机构管理司备案。近期，总局将组织检查小组，对重点地区、重点播出机构进行抽查。

12.《关于进一步加强卫视频道播出电视购物短片广告管理工作的通知》

2013年10月29日，国家新闻出版广电总局发出《关于进一步加强卫视频道播出电视购物短片广告管理工作的通知》。

通知提出，清醒认识电视购物短片广告特点，切实加强管理。电视购物短片广告又称"广告短片购物"或"电视直销广告"，是厂家或代理商通过购买电视台广告时段投放广告片，吸引观众拨打广告画面上的电话订购商品的一种商品直销方式。与为推销商品、劳务或观念而通过媒介只向公众进行信息传播的一般性商业广告相比,这种方式多了直接向公众销售商品的环节;而相比电视台自身开办的电视购物频道,两者虽然在开办主体上存在本质区别,但在表现形式上又有一定的相似之处,即都是通过吸引电视观众拨打电视屏幕上的销售电话订购商品,实现销售商品的目的。

电视购物短片广告的这种特点,使得电视观众难以分清其与电视购物节目的区别,往往将两者混为一谈,导致电视购物短片广告违规时直接影响到电视购物节目的声誉和形象,进而给电视台的公信力造成损害。对此,各卫视频道要予以高度重视,严格按照《关于加强电视购物短片广告和居家购物节目管理的通知》(广发 [2009] 71号)对两者的界定,认真落实《广播电视广告播出管理办法》(原广电总局第61号令)和71号文件的要求,切实加强对电视购物短片广告的管理工作。

通知强调,严格规范表现形式,强化播出环节把关。

各卫视频道每天18点至24点时段内,不得播出电视购物短片广告。其他时段播出电视购物短片广告时,必须严格执行总局61号令和71号文件的相关具体规定,坚决要做到以下几点:

(一)不得使用主持人做宣传。

(二)不得使用"叫卖式"夸张配音、语调、动作等做宣传。

(三)不得使用新闻报道、新闻采访、现场访谈等形式以及新闻素材、资料等做宣传。

(四)不得使用"矫形""塑形""透脂""甩脂"等宣传或变相宣传丰胸、减肥产品。

(五)要在屏幕画面右上角明确标注"广告"字样。

(六)每天每小时播出电视购物短片广告不得超过1条(次),每条不得超过3分钟,每天播出同一款产品或同一内容的电视购物短片广告不得超过3次。

第四节 对低俗动画片的监管

2006年12月,浙江杭州的公交电视屏幕上播放了一部名为《TT虫》

第四章 加强政府监管是抵制电视节目低俗化最根本的举措

的动画片。画面血腥的在一集名为《恐怖之夜》的故事中，两只TT虫坐在沙发上看电视，织毛衣的雌TT虫忽然感到背痒痒，自己却怎么也挠不到，扭头一看，发现雄TT虫正在打瞌睡，气愤的雌TT虫便用毛线针一把扎到雄TT虫的脸上，雄TT虫拔下鲜血淋漓的织针，然后讨好地帮雌TT虫挠背。然而雌TT虫还是觉得不舒服，一把推倒雄TT虫，将它的手臂扯了下来，雄TT虫顿时血流如注地倒下，雌TT虫嘴角露出笑容，满足地用刚扯下来的手臂挠背。儿童好奇、好动，富于想象力和模仿力，动画片对他们情感和心智的成长会发生直接的影响。事实上在当代条件下，动画片正是儿童接受社会化的一种最直接的介质。但是，由于动画片正处在发展初期阶段，再加上多元社会资金的大量投入，新媒体的趋利性色彩较浓，其业务的开办还处于自由状态，所以现今便出现不少格调低俗、有色情暴力嫌疑的动画片。

哈佛大学公众健康学院曾对1937年至1999年间的美国动画片做了一项研究：在被调查的74部G类动画片（适合于七至十岁年龄段的孩子看的动画片）中，平均每部10分钟就会出现一次暴力镜头。其中46部动画片中至少有一名角色被攻击而受伤；37部角色被杀害。即使G类动画片中正义一方取得胜利，也是通过不人道的肉体攻击和压迫而获得的。[①]

中国青少年的犯罪率从20世纪80年代开始一直处于上升趋势，这和80年代起开始播放具有暴力特征的外国动画片的比率升高是一致的。虽然尚未发现哪个儿童是看了动画片后直接付诸暴力犯罪，但是目前幼儿园、小学生尤其是小男孩对以"暴力"为代表的动画片的迷恋，还是引起了家长的注意。为此，国家广播电影电视总局已经多次下发通知要求对动画片加强管理。

1.《关于加强动画片引进和播放管理的通知》

为加强境外动画片引进和播放管理，保护少年儿童的身心健康，促进社会主义精神文明建设，根据《广播电视管理条例》的有关规定和中办、国办《关于加强新闻出版广播电视业管理的通知》（厅字[1996]37

[①] 赵津晶：《警惕进口动画片的暴力倾向》，《中国电视》2003年第7期。

号),用于电视播出的境外动画故事片(包括与境外合作制作的动画故事片),2000年3月20日,国家广播电影电视总局发出《关于加强动画片引进和播放管理的通知》。通知特别规定,各电视台、有线广播电视台应严格遵守《广播电视管理条例》第四十条的规定,对引进动画片严格按比例播出,每天每套节目中,播放引进动画片的时间不得超过少儿节目总播放时间的25%,其中引进动画片不得超过动画片播放总量的40%;自2000年6月1日起,各电视台、有线广播电视台不得播放未取得《动画片发行许可证》的引进动画片。

2. 《关于实行优秀国产动画片推荐播出办法的通知》

2004年12月31日,广电总局发出《广电总局关于实行优秀国产动画片推荐播出办法的通知》,通知说,为繁荣国产动画片艺术创作,切实推进国产动画片精品工程,经广电总局研究决定,自2005年1月1日起实行优秀国产动画片推荐播出办法。现将有关事项通知如下:

(1) 推荐优秀国产动画片,必须坚持以邓小平理论和"三个代表"重要思想为指导,坚持为人民服务、为社会主义服务的方向,坚持百花齐放、百家争鸣的方针,坚持贴近实际、贴近生活、贴近群众的原则,真正选出思想精深、艺术精湛、制作精良的优秀片目。

(2) 凡思想性、艺术性、观赏性俱佳的国产动画片均可推荐,对推荐片目的题材、类型、长度不限。

(3) 各省所辖制作机构制作的优秀国产动画片,统一由省级广播影视管理部门负责向广电总局推荐,各省每批推荐的动画片不超过3部;中直机关、部队系统制作机构制作的优秀国产动画片,统一由其上级主管部门负责向广电总局推荐,每批推荐的动画片不超过3部。广电总局总编室负责办理推荐优秀国产动画片的具体业务。为了提倡优秀动画片的创作播出,通知规定凡广电总局推荐的优秀国产动画片,各级少儿频道、动画频道以及全国电视台各频道可优先安排播出。

3. 《关于实行国产电视动画片发行许可制度的通知》

2005年1月7日,广电总局发出《广电总局关于实行国产电视动画片发行许可制度的通知》,通知说第二条规定,根据《广播电视管理条例》《电影管理条例》《电视剧审查管理规定》等法规、规章,有下列情

况之一的国产电视动画片,不予发放《国产电视动画片发行许可证》:

（1）反对宪法确定的基本原则的;

（2）危害国家的统一、主权和领土完整的;

（3）泄露国家机密,危害国家安全或者损害国家荣誉和利益的;

（4）煽动民族仇恨、民族歧视,破坏民族团结,或者不尊重民族风俗、习惯的;

（5）宣扬邪教、迷信的;

（6）扰乱社会秩序,破坏社会稳定的;

（7）宣扬淫秽、赌博、暴力或者教唆犯罪的;

（8）诽谤或者侮辱他人,侵害他人合法权益的;

（9）危害社会公德或者民族优秀文化传统的等内容。

4.《关于进一步加强少儿广播影视节目建设的意见》

2005年4月6日,为深入贯彻党的十六大和十六届三中、四中全会精神,根据《中共中央、国务院关于进一步加强和改进未成年人思想道德建设的若干意见》(中发［2004］8号),为进一步丰富少儿节目,促进少儿频道的健康发展,为广大青少年提供健康精神食粮,国家广电总局提出《关于进一步加强少儿广播影视节目建设的意见》。该意见共分为四大部分,其中后三部分内容便是有关抵制低俗化的。

《意见》第二部分就是强调加强对少儿广播影视节目建设的指导思想、基本思路和发展目标。

（1）加强我国少儿广播影视节目建设的指导思想。以邓小平理论和"三个代表"重要思想为指导,贯彻党的基本路线、基本纲领、基本经验,解放思想、实事求是、与时俱进、开拓创新。坚持为人民服务、为社会主义服务的方向,坚持百花齐放、百家争鸣的方针,坚持贴近实际、贴近生活、贴近群众的原则,坚持把社会效益放在首位,实现社会效益和经济效益的统一,坚持以优秀的作品鼓舞人,全面推进我国少儿广播影视节目的发展,逐步形成体系相对完整,结构布局日趋合理,整体技术水平先进,市场导向作用明显,国有为主、多种经济成分共同发展的少儿广播影视节目生产格局,走出一条中国特色少儿广播影视节目创作、生产、制作、运营的现代化、规模化、国际化发展之路。

(2) 加强我国少儿广播影视节目建设的基本思路。要立足我国少儿广播影视节目生产制作的客观实际，符合社会主义精神文明建设的特点和规律，适应社会主义市场经济的发展要求，通过深化体制改革，推进机制创新，促进结构调整，优化资源配置，加强政策扶持和引导，更新创作观念，构建生产体系，推进综合开发，增加资金投入，扩大生产规模，依托高新技术，立足国内市场，参与国际竞争，加强科学管理，提高经济效益，真正形成创作、生产、流通、消费各环节相互依存、共同发展的我国少儿广播影视节目发展新格局。要在坚持少儿频道和少儿节目制作公益性为主的前提下，积极拓宽节目流通和营销市场，逐步实现由政府投入向市场运营的转变。

(3) 促进我国少儿广播影视节目繁荣的发展目标。要为新形势下少年儿童健康成长创造良好的舆论环境，满足少年儿童求知、求新、求变的成长需求，有针对性地生产适合不同年龄段少年儿童成长的各类节目；要积极策划、创作、生产、播出优秀少儿广播影视节目，努力开发少儿广播影视节目原创产品和衍生产品，形成多媒体播出、多产品开发的产业发展新模式；要扶持一批实力雄厚、竞争力强的国产少儿广播影视节目生产机构，打造一批有中国风格和国际影响的少儿广播影视节目品牌；逐步形成不断创新、促进繁荣的创作生产体系，统一开放、竞争有序的市场运行体系，拉动产销、互为支撑的少儿广播影视播出体系，增加投入、综合开发的利润增值体系，以及责任明确、运转有序的政策法规体系和政府监管体系，从而使少儿广播影视节目的生产数量大幅增加、艺术质量明显提高、题材风格丰富多样，精品力作不断涌现，真正使我国少儿广播影视节目产业成为我国文化产业的一支生力军。

第三部分是提出促进我国少儿广播影视节目繁荣，解决少儿频道节目资源短缺问题的对策和措施。

(1) 拓宽视野，创新思维，挖掘潜力，明确少儿频道节目定位，提高节目的知识性、趣味性、探索性和益智性。各级广播影视机构要开阔思路，挖掘潜力，大胆创新，大力创作生产适合各年龄段少年儿童观看的知识性、趣味性、探索性和益智性节目。要充分挖掘、利用各级电台、

第四章 加强政府监管是抵制电视节目低俗化最根本的举措

电视台自身节目资源，丰富少儿频道和少儿栏目的内容，缓解节目短缺的状况。可从各级电台、电视台播出的教学、科普、环保、综艺、家庭教育、社会专题、电影、电视剧、益智游戏及娱乐体育等各类节目中，精心筛选有益于未成年人健康成长的节目，从未成年人喜闻乐见的角度出发，突出少儿节目的特色，重新编辑包装，形成规模、形成系列，开阔未成年人的视野，丰富未成年人的知识构成，将思想道德教育、素质教育融入各类生动活泼的节目中，寓教于乐，弥补学校教育和家庭教育的不足，从而达到缓解少儿频道节目资源短缺的目的。

要合理安排好白天由于在校未成年人无法收听、收看这一时段的广播电视节目，充分利用这一时段，加强对学龄前儿童和未成年人家长的教育引导工作，适量安排有关"中外家庭教育""儿童行为习惯""儿童心理成长""儿童养成教育"以及大量反映未成年人生活、学习和心理行为等各类节目，帮助家长更多地了解孩子，配合学校做好工作。

（2）积极发挥中央电视台少儿频道和地方较早开办少儿频道电视台的龙头作用，实行资源共享，解决同质化问题。中央电视台少儿频道和较早开办少儿频道的地方电视台，有着多年开办少儿节目的经验和优秀人才，有着丰富的节目资源。中央电视台少儿频道和较早开办少儿频道的地方电视台将可提供的少儿节目资源，包括历届获奖节目、优秀节目等列出清单，尤其是一些知识类、科普类、益智类、音乐类、社教类，以及室内剧、童话剧、儿童电视剧、儿童音乐剧等，重新包装，组成系列，低价提供给各级少儿频道选购、播出。

中央电视台少儿频道和地方少儿频道要加强合作，充分利用各自人才资源、节目资源等，优势互补，提高节目制作水平。对于广电总局已批复的西藏、新疆、内蒙古用少数民族语言播出的电视台，中央电视台在每年继续无偿提供1000小时的节目中，应加大对以上地区少儿节目的支持力度，用于少数民族语言的译制播出，题材内容可侧重适合未成年人观看的剧目。同时，要鼓励和支持各级电台、电视台和制作机构向少数民族地区提供少儿节目，丰富用少数民族语言播出的电台、电视台的节目资源。

（3）以联合制作、合办节目的方式，提高节目质量，丰富节目内容。

各级广电机构应当发挥各自优势和特色,加强少儿广播影视节目的合作与交流。可采用联合制作、合办栏目、节目交换等多种方式,满足不同年龄段少年儿童的精神文化需要。同时,新开办少儿频道和少儿栏目的电台、电视台,可与实力雄厚、资源丰富的电台、电视台,采取联合制作、共同署名、版权共有等方式,提高自制节目水平;还可采用合办栏目、统一主题、统一标准、分别制作、突出特色、联合播出等方式,共同打造精品栏目。

(4) 充分利用优秀国产爱国主义影片和动画片的节目资源。广电总局、教育部、文化部组建的全国中小学生影视教育协调工作委员会推荐有214部爱国主义教育影片和电视节目,各地少儿频道要积极利用,优惠购买,加大播出量。要充分利用新中国成立以来我国创作生产的有利于少年儿童健康成长的电影故事片、电视剧的作用,如国产经典故事片、电视剧等。随着国产动画片制作数量的增加和制作质量的提高,各地电视台少儿频道应逐步增大国产动画片的播出比例和播出时间,创造条件开设固定的动画栏目,丰富少儿频道的节目资源,形成国产动画片播出规模。

(5) 积极支持鼓励社会力量参与少儿广播影视节目制作,提高少儿广播影视节目创作生产数量。各级广播影视机构既要发挥骨干作用,又要积极调动社会力量投资制作节目,可与各地少儿工委、团委、妇联、教育和关心下一代工作委员会等部门,采用合办、联办、举办活动等多种方式,创作生产少儿广播影视节目。积极鼓励社会多种经济成分共同参与国产少儿广播影视节目的制作与经营,形成多主体投资、多层次开发的产业格局,营造公平竞争、开放有序的市场环境,促进市场繁荣和产业发展壮大。要积极探索我国少儿广播影视节目生产制作的多种有效形式,积极发展和引导少儿广播影视节目包括动画产业领域的非公有制经济。要积极争取当地党委、政府和共青团、妇联、少儿工委等社会组织对少儿节目创作生产的支持,并在制定有关法规、政策中,把少儿节目制作作为社会公益性事业的重要组成部分给予政策、资金上的扶持、倾斜。

(6) 实施少儿广播影视节目精品工程。要不断推出思想性、艺术性、观赏性、趣味性俱佳的少儿广播影视节目精品。对于重点节目的创作生产，要给予人力、物力、财力等方面的扶持。对于已经立项的少儿题材电影、电视剧要追踪调研，抓住重点，给予积极的扶持。要满腔热情地为创作人员和制作单位服务，积极协调各方面工作，帮助他们解决实际问题。要密切同创作人员的联系，倡导创作人员树立正确的创作思想，深入实际、深入生活、深入群众；鼓励创作人员潜心创作，勇于创新，精益求精。

（7）积极培育少儿广播影视节目交易市场。要建立健全少儿节目的市场营销机制，搭建少儿广播影视节目交易平台，积极组织开展国际国内少儿广播影视节目交流营销活动。现有各类广播影视节目展览会、交易会和电影、电视节，凡有条件的要开辟专门的少儿节目展区；积极培育少儿广播影视节目市场，扩大地方电视台少儿节目的选择范围，丰富各级电台、电视台少儿频道、频率和栏目的节目源。各级播出机构不得拖欠少儿节目的购置款，保证制作单位的正常运作。

充分发挥青少年儿童广播电视节目委员会的作用，加强知识产权的保护力度。要利用互联网等多种形式，建立有关情况交流通报体系，通过试听、试看、内容简介等方式，推荐、自荐和展示各级电台、电视台创作、录制的少儿广播电视节目，供会员单位选购，拓宽节目流通渠道，建立良性循环的节目交流市场。

充分发挥全国中小学生影视教育协调工作委员会的作用，继续做好中小学生影视教育指导及影片推荐工作，将更多的适合广大未成年人观看的优秀影片优惠送进电视台和校园。

（8）搞好少儿广播影视节目的评奖和研究工作，激励少儿广播影视节目制作单位和从业人员大胆创新创优。要加大对少儿节目评奖、研讨工作的组织、指导和引导工作，扩大优秀少儿广播影视节目的社会影响和示范作用，引导少儿广播影视节目的创作和生产。少儿节目评奖要坚持思想性、艺术性、观赏性统一的原则，节目分类要更加科学，充分反映各方面特别是未成年人、家长和教育工作者的评价意见，坚持观众满意和市场检验的标准，坚持科学、公正、合理、权威、有益、有效原则，真正评出深受未成年人欢迎的、思想精深、艺术精湛、制作精良的优秀少儿广播影视作品。对于创作成绩突出的工作者和组织节目创作的部门要给予表彰和奖励。要加强少儿广播影视节目理论研究和评论工作,经常举办各类少儿广播影视节目专题研讨会,围绕制作发行、发展扶持、繁荣创作、理顺体制机制、促进少儿节目良性运转等主题,组织业内专家、有关学者及从业人员展开研讨。

(9) 积极争取国家相关政策支持。经财政部批准后,广电总局将设立"少儿频道播出国产少儿广播影视精品专项奖励资金""优秀少儿广播影视工作者(制作单位)专项奖励资金",对在少儿频道上播出的优秀少儿节目的制作机构和从事少儿广播影视工作的优秀人才给予表彰奖励。为鼓励已经批准的各地方少儿频道的播出,总局支持中央、省级、省会城市、计划单列市电视台每年按其电视广告收入的一定比例,建立国产动画片播映专项资金,用于本台制作、购买国产动画片。积极争取财政部门的支持,从2005年起五年内国家建立国产动画片精品发展专项资金,专项用于资助国家级动画产业基地、精品国产动画片的创作、生产、出口和译制,并列入国家广电总局部门预算。各级广电部门也要积极争取当地财政部门的支持。

在税收政策上,要积极向国家争取对国家级动画产业基地和国家级动画教学研究培训基地给予税收优惠政策;争取对经国家广电总局批准开办的少儿频道、动画频道和对经批准成立的少年儿童电影院线及电影放映单位放映国产儿童故事片、动画片,以及为少年儿童组织的集体专场放映影片给予税收优惠政策;同时争取对其他国产儿童故事片、动画片制作、生产企业给予税收优惠政策。

各级广播电视播出机构应从本单位的广告收入中提取一定比例作为自制和购买少儿节目的专项经费,确保少儿节目生产能力的稳定、持续提高。

(10) 建设高素质的少儿广播影视节目人才队伍。要积极推进少儿广播影视节目创作专业人员培训工作,研究制定培训计划,建立和完善教育培训与岗位实践相结合的人才培养机制,提高从业人员的素质。要利用现有的广播影视人才培训基地,培训少儿广播电视节目记者、编辑、主持人和制作人员,建立解决少儿节目创作人员来源的长效机制。同时,防止广播影视节目对少年儿童观众的心理和行为带来负面影响。对在工作中不注重自身道德修养、不注重自身公众形象以及公众形象不健康的少儿广播影视工作人员,要及时处理。要尽快制定《广播影视工作者保护未成年人身心健康自律公约》,规范自身行为。要建立和完善有利于优秀人才脱颖而出、充分施展才能的选人用人机制,建立和完善以能力和业绩为导向的人才评价机制,建立和完善能激发积极性、主动性和创造性的人才激励机制。

(11) 建立国家级、省级少儿广播影视节目生产基地。参照建立国家级、省级动画片生产基地的方式和相关政策,建立一定规模的国家级、省级少儿广播影视节目生产基地,集中优势力量和优秀人才,长期、稳定地生产制作少儿广播影视节目,逐步形成有较大影响力的品牌专业生产机构。可参照动画片生产基地的方式,争取设立专项资金以及税收方面的优惠政策;积极争取社会投资、入股,共同合办,多种渠道、多种方式打造少儿广播影视节目生产基地。

第四部分是切实加强对少儿广播影视节目工作的领导和管理

(1) 高度重视少儿广播影视节目创作、生产、播出工作。各级广播影视管理部门、播出机构和节目制作机构要把推进我国少儿广播影视繁荣发展摆上重要议事日程,抓紧抓好。要尊重少儿广播影视节目发展的客观规律,尊重少儿广播影视节目工作者的创造性劳动,做到高度重视、热情帮助,把握导向、正确引导,科学管理、积极服务,解决节目制作、交流、播出和衍生产品开发等问题。在运用行政管理手段促进少儿节目建设的同时,充分运用经济手段,利用市场规则调节少儿节目的生产和建设。要明确牵头部门,制定发展规划,落实管理责任,加强督促检查,充分发挥各级广播影视管理部门和播出机构在推动我国少儿广播影视节目产业繁荣发展中的重要作用。

(2) 加强与境外少儿广播影视机构的广泛合作。积极支持和鼓励国内少儿广播影视节目生产、播出机构与境外少儿影视节目机构开展广泛有益的合作。通过合作,吸引人才,吸纳资金,开阔眼界,更新观念,培养队伍,拓宽市场。要从我国少儿广播影视发展战略的高度出发,借鉴吸收国外先进的少儿广播影视节目创作理念、制作技术、研发方式和运营模式，以振兴和发展我国少儿广播影视产业。

（3）加强对境外少儿广播影视节目的管理。境外少儿广播影视节目包括电视剧、动画片的引进，必须坚持"以我为主，洋为中用"的方针，必须适合中国国情，不能忽视中华民族的文化传统、生活习惯和情感表达方式，要自觉抵制外来腐朽思想和观念的侵蚀，杜绝格调低下和内容庸俗的作品。引进的境外少儿广播影视节目必须能够表现世界各民族的优秀文化，体现少儿广播影视节目较高艺术质量和国际制作水平。要通过研究比较，吸收借鉴，博采众长，融会贯通，促进我国少儿广播影视节目制作水平的提高。

5.《关于禁止以栏目形式播出境外动画片的紧急通知》

2005年9月13日，国家广电总局发出《广电总局关于禁止以栏目形式播出境外动画片的紧急通知》，通知说，近来在一些电视台开设的一些动画资讯栏目或动画专题节目中，以所谓介绍境外动画片为由，公然违规播出未经国家广电总局审查并取得发行许可证的境外动画片。这些未经审查的境外动画片导向错误，格调低下，宣扬迷信、凶杀暴力，不仅违反了动画片发行许可制度的有关规定，扰乱了动画片的正常播出秩序，而且对广大青少年身心健康造成了不良影响。对这一不良现象，要采取有效措施，坚决纠正。为此，各级广播影视机构，特别是各级电视台少儿频道和动画上星频道要切实做好以下几方面工作：

（1）进一步增强政治意识、大局意识和责任意识，积极贯彻落实《中共中央、国务院关于进一步加强和改进未成年人思想道德建设的若干意见》，从着眼民族未来、切实保护未成年人身心健康的高度，认真做好动画片的播出管理工作，为未成年人的健康成长营造良好的文化空间。

（2）认真执行引进播出境外节目的有关规定。所有境外动画片的引进须经国家广电总局审查通过，并获得发行许可证后，方可发行播出。在每个播出动画片的频道中，国产动画片与引进动画片的播出比例不低于6∶4，即国产动画片的播出数量不少于60%。坚决制止播出未经国家广电总局审查及未取得发行许可证的境外动画片及合拍动画片的违规行为。

（3）进一步建立和完善动画节目的管理机制，严格把好审查关和播出关，不得播出向境外动画公司购买的或其免费赠送的未经审查的动画片，不得播出社会中介代理机构推荐的未经审查的境外动画片。

（4）自本通知下发之日起，各级广播影视机构要对动画资讯栏目和动画专题节目进行自查，正在播出的此类栏目或节目要立即停止或整改。

（5）各省级广播电视监听监看部门要把动画片播出情况作为监看重点之一，实现动画片播出内容、播出类别、播出时段的动态监管。对违规播出非法或盗版境内外动画片、超时超量播出引进动画片的播出行为要及时予以通报，并严肃查处整改。

6.《广电总局关于加强电视动画片播出管理的通知》

2008年2月14日，广电总局发出《关于加强电视动画片播出管理的通知》的通知，通知说，为进一步规范电视动画片播出秩序，加强电视动画片播出调控和管理，为我国动画产业创造良好的市场环境，现将有关事项通知如下：

一 动画频道、少儿频道、青少频道、儿童频道及其他以未成年人为主要对象的频道要继续扩大国产动画片的播出规模，上星频道要着力创新思路，积极创造条件，切实开办国产动画栏目，为未成年人思想道德建设提供更多的思想精深、艺术精湛、制作精良的优秀国产动画片，为国产动画产业的发展创造良好环境。

二 自2008年5月1日起，全国各级电视台所有频道不得播出的境外动画片、介绍境外动画片的资讯节目以及展示境外动画片的栏目的时段，由原来的17：00—20：00延长至17：00—21：00。中外合拍动画片在这一时段播出，需报广电总局批准。

三 各动画频道在每天17：00—21：00必须播出国产动画片或国产动画栏目；各少儿频道、青少年频道、儿童频道和其他以未成年人为主要对象的频道在这一时段必须播出国产动画片或自制的少儿节目，不得播出境内外影视剧。

四 各级电视台引进境外动画木偶剧、动画人偶剧需报广电总局批准。各级电视台不得播出未经广电总局批准引进的境外动画木偶剧、动画人偶剧。各级电视台在每天17：00—21：00之间，不得播出境外动画木偶剧、动画人偶剧。

五 所有国产动画片必须经省级以上广播电视行政部门审查通过，

并取得国产动画片发行许可证，方可在电视台播出。合拍动画片、引进动画片必须经广电总局审查通过，并取得动画片发行许可证，方可在电视台播出。各级电视台不得播放未取得动画片发行许可证的境内外动画片。

六　动画频道、少儿频道、青少频道、儿童频道和其他以未成年人为主要对象的频道，要严格执行每天国产动画片与引进动画片播出比例不低于7∶3的规定。

七　各级电视播出机构要严肃播出纪律，增强知识产权保护意识，确保境内外动画制作机构的合法权益，进一步规范购片渠道，严禁播出盗版的境内外动画节目。版权过期的境外动画片，如还需在国内播放，须按有关程序重新报批。对未经批准重播的版权过期的境外动画片，各级电视播出机构一律不得购买和播出。

八　各级广播电视行政部门和各级电视台要积极扶持动画频道、少儿频道、青少频道、儿童频道和其他以未成年人为主要对象的频道的建设，配备政治强、业务精、作风正的领导班子，加大节目覆盖落地力度，增加购买和制作国产动画片的经费，进一步促进我国动画产业的发展。

九　各级广播电视行政部门要加强对所辖电视台播出动画片进行有效调控和监管，对违规播出盗版境内外动画片、版权过期的境外动画片，以及超时超量播出引进动画片要及时予以通报，并严肃查处整改。省级以上广播电视行政部门要设专门机构、专职人员负责动画片播映审查和播出监管工作。

十　动画频道、少儿频道、青少频道、儿童频道和其他以未成年人为主要对象的频道要尽快制定贯彻落实本通知的节目调整方案。请各省级广播影视局负责汇总报送所辖区域内动画频道、少儿频道、青少频道、儿童频道和其他以未成年人为主要对象的频道的节目调整具体方案；中央电视台报送少儿频道节目的调整方案。

7. 国家广电总局加强未成年人参与的广播电视节目管理

国家广电总局按照全国未成年人思想道德建设工作电视电话会议精神，针对当前未成年人参与的个别广播电视节目中存在商业化、成人化和过度娱乐化等不良倾向问题，研究制定《关于加强未成年人参与的广播电视节目管理的通知》，明确三项工作要求：一是坚持把正确的价值观放在首位，充分发挥广播电视节目教育引导功能。广播电视节目要积极引导未成年人追求真、善、美，树立正确的世界观、人生观、价值观，对不切实际的"明星梦"和幻想"一唱成名"的心理，要加强正面疏导；节目中不宜宣扬童星效应，不刻意营造"众星捧月"的氛围；对未成年人一些不妥当言行，要善意纠正和及时引导；鼓励各级广播电视播出机构特别是电视上星频道和省地市级主频道主频率，在课余和节假日等未成年人相对集中收听收看的时段，积极开办少年儿童节目，不断扩大少儿节目播出阵地，强化正面教育引导；专业少儿频道频率和动画频道针对当地少年儿童需求，增加自制少儿节目播出比例，满足少年儿童的精神文化需求。二是提高少儿节目现实针对性，推动未成年人全面发展。坚持"开门办节目"宗旨，结合未成年人心理和行为特质，针对当前少儿成长中的突出问题，合理设置选题和环节，提高少儿节目的针对性、教育性、贴近性、科学性；对弘扬社会主义核心价值观，富有时代气息，格调积极健康的少儿节目，将在资金、评奖等方面给予优先考虑。三是坚决遏制商业化、成人化、过度娱乐化不良倾向，为未成年人营造绿色健康的荧屏声频。要保护童真童趣，不让未成年人以成人装饰出境模仿成人表演；减少竞争激烈的竞赛排名环节以免造成心理伤害；策划制作未成年人参与的节目要适度适量，避免影响未成年人正常学习生活；不得随意披露未成年人的罪错经历、身心疾病、受害细节等隐私；不宜就家庭矛盾纠纷采访未成年人；未成年人专业频道频率要坚守定位和宗旨，以播出未成年人节目为主，不得擅自播出以成人为接收对象的影视剧和商业广告等。

8. 国家广电总局关于加强国产电视动画片内容审查的紧急通知

广电总局2013年46号文件《关于进一步加强国产电视动画片内容审查的紧急通知》指出：

近年来，国产电视动画片创作生产取得了显著成绩，年产量已达20多万分钟，涌现出大批优秀作品，受到广大未成年人的欢迎和喜爱。但同时也有个别动画片存在渲染暴力、画面血腥、语言粗暴等问题，部分危险情节还诱发未成年人效仿，造成人身伤害事故，引起社会舆论关注。为切实纠正国产动画片创作中的不良倾向，确保国产动画片传播正确价值观念、提供健康精神食粮，现就加强国产动画片内容审查工作提出如下要求：

一　坚持正确导向。动画片内容情节必须符合社会主义核心价值体系的要求，传播正确的世界观、人生观、价值观，大力弘扬真、善、美，积极倡导社会公德、家庭美德，通过正面情节示范，引导未成年人形成正确的道德认知和行为规范。不得以"惩恶扬善""正义战胜邪恶"等名义铺陈错误行为，追求感官刺激，传递不良理念。

二　避免暴力恐怖。动画片不宜过多出现打斗情节，渲染激烈血腥场面。避免出现威胁他人生命或侮辱他人人格的语言，避免出现人和动物被残杀或虐待的过程，避免出现使儿童惊恐、紧张不安或感到痛苦的声音或画面，避免出现容易被儿童模仿的危险行为。

三　把握健康格调。要贯穿积极健康向上的基调，弘扬正面阳光美好形象，给未成年人以美的享受和精神愉悦。要稳妥把握玄幻题材，注重体现想象力和正义感，而不要过度展示样貌丑陋的妖魔鬼怪等。要科学展示历史文化精华，不得过度改编、随意恶搞文学经典、神话传说、历史人物、历史事件等，防止误导未成年人。

四　避免崇洋西化。坚持民族风格，弘扬中华文化，鼓励表现中国题材、展示中国形象、讲述中国故事、传递中国精神，实现中国元素与动画作品的有机融合。人物形象设计、绘制风格不宜盲目模仿外国动画；慎用城堡、骑士、女巫、魔法等外国文化元素；除非情节必须，人物、地点应避免使用外国式名字。

五　加强审查把关。各省级广播影视行政部门要按照以上要求和《未成年人保护法》《加强未成年人参与的广播电视节目管理的通知》（广发［2013］17号）等有关法律和规定，做好动画片备案公示材料初审、完成片内容审查和国产动画片发行许可证发放工作，认真履行职责，严格把握标准，切实把好国产电视动画片的入口关和出口关。各播出机构要加强选片、购片管理，做好动画片的播前审查和重播重审工作，审查阶段发现问题的动画片要坚决撤换或修改，不能带着问题播出。

六　组织全面排查。各省级广播影视行政部门要组织本地少儿频道、动画频道和其他播出动画片的频道，对已购待播的国产电视动画片按本通知精神重新审查，不符合本通知要求、存在问题的不得播出。各级广播电视收听收看机构要加大对国产电视动画片的监管力度，对导向、格调存在问题的动画片，要及时发现并反映给管理部门和播出机构。总局正在组织研究制定电视动画片内容审查细则，年内完成后将正式下发执行。

第五章 抵制电视节目低俗化的现实路径

理论的跨语境移植最忌讳简单化的机械照搬，实践中的反低俗化举措更要从中国国情出发，这是我们在系统梳理了反低俗化的西方思想资源和不同国家的政府行为之后，在为我国电视节目反低俗化"开药方"时的基本点和出发点。

我们认为：西方抵制电视节目低俗化的思想资源和不同国家的政府行为在遇到中国现状时，确有不少水土不服之处。这里最根本的原因是：市场经济的特性和西方发达国家的社会制度，决定了这些国家电视的产业属性和商业特征从来就没有受到怀疑。我们则不同，中国电视不仅要坚持意识形态的既定属性，而且还要为自己是文化产业中的一员而大声疾呼，上下求索，并要在实务操作中千方百计地壮大自己，这就决定了中国电视背负着比发达国家的电视要沉重得多的历史重负。因此，我们必须立足于中国国情，不断积累本土经验，注重反低俗化的实用性和可操作性。

第一节 必须坚持对电视节目的宏观调控、制度安排、顶层设计

抵制电视节目的低俗化决不是单纯的市场行为，不能依赖节目市场的自发调节，而必须加强政府式监管，必须坚持对电视节目的宏观调控、制度安排、顶层设计。这些年来，以"限"为标志的政府监管引人注目，成效明显。人们俗称的"限娱令""限唱令""限晚令""限广令""限剧令"……无不掷地有声，立竿见影。这其中影响最大也最为深远的当属

"限娱令"。

上星综合频道的出现有其特定的历史条件,但它们绝不是娱乐至上的产物。上星综合频道沦为空中大舞台是中国电视过度娱乐化的危险信号。

因此,《关于进一步加强电视上星综合频道节目管理的意见》的发布和实施,向全社会表明:加强政府监管在市场经济条件下是必需的,没有让人放心的监管,就没有让人放心的市场。食品市场是这样,药品市场是这样,包括影视产品在内的文化产品市场也是这样。我们的上星综合频道需要综合管理,而政府主管部门的强有力监管只能加强不能削弱。政府监管的出发点和落脚点不是商家的利益,而是社会正义和公众利益。

"娱乐节目的界限不好划分,什么叫过度娱乐化说不清楚。"这是一种装糊涂的说法。《意见》明确提出:"电视节目过度娱乐化问题并不是简单指节目类型,而是节目创作倾向问题。"《意见》中列举了形态雷同、过多过滥的婚恋交友类等七大类节目,明确了总量控制的目标。对如何衡量电视节目的过度娱乐化倾向提出了四大原则——功能原则、元素原则、效果原则、总量原则,并分别列举了职场招聘节目、矛盾调解节目来举证。相信只要不是出于单纯收视利益的考虑,所谓"说不清楚"类的说法可以休矣。

"管理不能管得太细,太细了就管死了。"每次电视节目监管措施的出台都会招来这种说法。《意见》迎难而上,监管措施细致而具体:每个上星综合频道每日6点至24点新闻类节目不得少于2小时,18点至23:30必须有两档以上自办新闻类节目,每档新闻节目时间不得少于30分。而对过度娱乐化严重的七类节目的控制也是明确而具体。实际上,就像对三聚氰胺、膨化剂等对人体有害的成分的检测必须细化一样,作为对以文化人的电视产品的检测,能细的为什么不细?手头有一个现成的例子:美国联邦通讯委员会(FCC)近期决定:从2012年12月13日开始实施由参众两院通过的一项立法——电视节目中间播出的广告的音量应该和节目的平均音量保持一致,不得大幅提高广告的音量。够细的吧!

因此,我们十分赞同管理层的这样一种态度和立场:上星频道是综合频道,不是专业频道,更不是娱乐频道,不能办成空中大舞台。价值观是卫视频道的第一定位,社会责任是卫视频道的第一要务。恰恰在卫视这一安身立命的基本问题上,这些年来卫视频道价值模糊,底线下移的事件时有发生。有太多的事实证明,人们对卫视频道文化功能的困惑与慌乱的质疑和批评决不是空穴来风。

不能否认,如果真的减少收视率高、广告收入好的电视剧和游戏娱乐类节目的播出量,电视台在短期内的经济效益肯定会受影响,但既然电视台是生产精神文化产品的专门化组织,既然电视台要担负起传承文明、人文教化的责任,既然反对低俗化要有切实的成效,那么,与唯利是图的商业行为有本质区别的电视传播就应舍利而取义。

所以,《意见》旗帜鲜明地表达出的加强监管的意向十分必要,非常及时。除此之外,建立行之有效的广电系统掌门人问责制和频道频率退出机制也应当提上日程。问责制的关键并不在于是否清楚"责",而是敢不敢"问",谁来"问",怎么"问","问"的结果如何,等等。伤筋动骨式的砸饭碗,甚至是一票否决制的实施,这对于抵制过度娱乐化的成果和成效是一种决定性的检验。特别是,在出现了过度娱乐化的严重问题后,广播电视的频道和频率退出机制,就是一个更加复杂和敏感的问题。因为,如果说问责制是涉及个别人,那么频道和频率退出则关乎整体,涉及体制的伤筋动骨。只有扩张机制而缺乏退出机制是我国广电系统的先天不足之一。我们的结论是:必须把问责制和退出制刚性化、法定化,才能在制度安排的层面解决过度娱乐化的问题。

在顶层设计的"限"系列中,"限唱令"更细更具体,就是针对卫视选秀节目的。有限资源的重新配置引发几家欢乐几家愁,有点抱怨和无奈也属正常现象,更重要的是节目也有个反季节。我参加过央视《梦想星搭档》的看片会,这个节目也是被限唱而延后播出的,现在看来可能是因祸得福,为什么一定要去扎堆血拼呢?

到了"限晚令",所谓的争议几乎绝迹,因为这已经和风清气正过"两节"相联系,就像高档烟酒不好卖,高档餐馆生意清淡,老百姓和舆论没有不叫好的。"节日荧屏回归理性","节俭办晚会 节味一样浓",这样的新闻标题仅仅是应景文章。2012年中秋曾有9台晚会抢占荧屏,2013年只剩下央视和北京2场,而且做了大量瘦身和精简,据说北京卫视中秋晚会的经费只有过去的20%。一些综艺晚会"大户"纷纷退出

"秋晚"舞台,"坐下来聊民俗"、《汉字英雄》、钱江潮的直播等扫去了以往晚会的豪华铺张,屏幕显得干净和安静。

在"三限"中,"限晚令"是最成功、最到位的,它与中共十八大后党中央的八项规定、反对四风、十一条禁令紧密相连,更与真正的民生紧密相连——老百姓看病贵、看病难,房价居高不下,而晚会的豪华场面,特别是明星的几十万甚至上百万的出场费,能让老百姓没意见、没看法吗?高档月饼少了,荧屏也清爽了,你听说老百姓不满意了吗?电视的豪华风整治了十多年,这次可谓举重若轻,一剑封喉。

加强监管是上星综合频道健康发展的重要保证,必须用主流价值观统领中国电视的评价标准,这就是我们的结论。

第二节 必须建立行之有效的电视掌门人问责制和频道退出机制

追踪反低俗化的发展轨迹,人们的一个突出感受就是低俗之风的愈演愈烈和屡禁不止。

仅以反低俗化重拳出击的2007年为例,这一年的4月上旬,广电总局召集各省级广电机构的掌门人汇聚南京,召开"2007年全国广播电视抵制低俗之风工作会议",广电总局的领导悉数到会。从会议的名称便可以看出,会议的主题旗帜鲜明——抵制低俗之风。会议更是发出了强烈的信号:收听收视率不是评价广播电视节目的第一标准,更不是唯一标准。不能靠低俗、庸俗的节目迎合少数人的低级趣味而使低俗之风蔓延。

一个月以后,"2007年全国电视台台长论坛"在北京开幕。在为期两天的论坛期间,与会台长围绕"把握导向、形成合力"这一主题,就电视如何履行社会职责,更好地服务党和国家工作大局;如何在构建社会主义和谐社会过程中,唱响时代主旋律;如何完善机制,确保节目的高格调、高品位等方面展开专题研讨。与会台长们就中国电视媒体应承担的社会责任达成高度共识,共同签署了《2007年全国电视台台长论坛(北京)宣言》。《宣言》郑重宣布:电视台作为党、政府、人民的喉舌和重要的宣传思想文化阵地,必须牢牢把握正确舆论导向,形成积极健康向上的主流舆论；认真贯彻落实"贴近实际、贴近生活、贴近群众"的重要原则，进一步增强电视舆论引导的吸引力、感染力；努力繁荣电视艺术，多出精品力作，不断满足人民群众的精神文化需求；坚守电视媒体的品格、品位，提高中国电视媒体的权威性和公信力；切实加强和改进电视媒体管理，促进电视事业产业协调发展；抓住北京 2008 年奥运会的有利契机，推动中华文化走向世界；加强电视队伍建设，坚决维护中国电视媒体的良好声誉和电视队伍的良好形象；全国电视台团结协作，形成整体合力，更好地履行社会责任，唱响科学发展、共建和谐的主旋律，为党的十七大胜利召开营造良好的舆论氛围。

让人感到迷惑和忧虑的恰恰是：就是在这样一种反低俗化蔚然成风的宏观大背景下，《第一次心动》和"纸馅包子"粉墨登场，使得低俗之风达到登峰造极的程度。这是为什么呢？我们注意到这样的看法：

> "禁播令"之所以难禁低俗节目，我认为主要原因是对行政命令依赖过度，行政命令在实施过程中，又至少存在以下两个问题：
>
> 一是广电总局对广电媒体没有垂直管理权，却动用了"垂直打击"的整治手法，明显缺乏问责的效力支撑；二是行政处罚的力度太小，没有足够威慑力。
>
> 广电总局节目内容监管权威一次次遭到挑战，直接原因大致有二：
>
> 第一，广电总局孤军作战。按照职能分工，地方上的广电局最该对播出内容实施面对面的直接监督，可缘于地方广电局与广电播出机构某些特殊的利益关系，它们更像不拨不动的棋子，甚至拨了也常常不动，或者是不情愿地动一动。如是，面对数以千计的广电播出机构，不管广电总局如何发力，面对普遍的"擦边球"现象，是无论如何管不过来的。这无疑助长了少数人顶风违纪的侥幸心理。事实上，由于监管鞭长莫及，地、县两级广电播出机构的某些频道和节目的内容更加肆无忌惮、低俗不堪。
>
> 第二，广电总局查处此类涉性低俗节目，其最大权限只能停留于叫停节目播出，无权对放纵和放任此类节目的地方广电机构负责人追究领导责任，而地方当局出于多重上不了台面的考虑和忌讳，

第五章 抵制电视节目低俗化的现实路径

一般不会轻易动人头。这等于进一步放纵和放任了节目的"低俗"直至"淫秽不堪"。事实也正如此,尽管广电总局频出重手,可我们迄今没读到一条有哪家广电播出机构负责人因此受到党纪政纪处分的新闻。

有令不行、有禁不止,广电总局的局面如此尴尬实则有着深层的原因。在现实语境下,"上有政策,下有对策"业已从潜规则变为显规则,这就是群众常说的"政令出不了中南海"的一种表现。①

于是,反低俗化必须建立行之有效的问责制便是顺理成章的事情。

从宏观背景看,"问责制"最先引入我国的政治生活中。而作为一项新的政治制度的确立,发轫于2003年的非典期间。2004年,温家宝总理在《政府工作报告》中也指出"有权必有责、用权受监督、侵权要赔偿",这意味着对众多社会灾害事件的相关责任人的处理已纳入制度化的轨道。在实践中,近年来媒体问责制处罚最重、影响最大的事件当数北京电视台的假新闻"纸馅包子"。

2007年7月19日,有关新闻称:按照干部管理权限,北京市有关部门分别对北京电视台相关责任人做出处理:给予北京电视台台长通报批评,给予北京电视台总编辑行政警告处分,给予北京电视台主管副总编辑记过处分,要求三人分别做出深刻检查;给予北京电视台生活节目中心主持工作的副主任(无正职主任)、分管《透明度》栏目的副主任、《透明度》栏目制片人等三人撤职处分;解除《透明度》栏目有关编辑与北京电视台的劳务关系;鉴于北京电视台生活频道《透明度》栏目组临时人员訾北佳涉嫌违法,司法机关将依法处理。

7月23日,有关新闻称:中央宣传部、国家广电总局、新闻出版总署昨天就北京电视台播发虚假新闻发出通报。其中,给予北京电视台主管副总编记过处分,本人引咎辞职。显然,问责制的力度明显加大。

8月12日,有关新闻称:《纸做的包子》假新闻事件一案在北京市二中院开庭审理。事件的主角訾北佳因犯损害商品声誉罪,一审被判有期

---

① 椿桦、鲁宁:《广电总局的"禁播令"》,《青年记者》2007年10月上。

徒刑1年,并处罚金1000元。

稍加观察,我们不难发现,近年来行政主管部门在反低俗化的行动中,对问责制的强调是一条基本线索,以重拳出击低俗化的2007年为例,这样的举措颇为引人注目:

2000年7月国家广电总局在《关于进一步加强广播电视广告播放管理的通知》中,要求各级广播电视播出机构停止播放虚假违法、内容不良、格调低下的医疗、药品、性保健品广告和各类性暗示广告。广电总局指出,在清理整顿八类广告和节目的同时,对其他违法、不良广告和违规问题要一起清理。治理整顿要坚决实行"问责制",对有禁不止、整改不力、严重违规播放广告的广播电视播出机构,要追究其主要领导的责任,同时还将向社会曝光,以确保清理整顿工作不走过场,不留死角。据不完全统计,在一个多月的时间里,全国广播电视播出机构已清理停播上述违规广告1466条,涉及总金额达20多亿元。由此可见,问责制的实际效果是十分明显的。

对选秀活动负责人实行"问责制"。继停播一些低俗广播电视节目之后,国家广电总局于9月20日又出台了一系列具体管理措施和细则,进一步规范群众参与的选拔类广播电视活动和节目。《通知》指出,举办群众参与的选拔类活动和节目的播出机构,必须明确各级责任人,明确所承担的义务和责任,对可能发生的问题要有明确的预案措施;主管负责人要对节目进行播前审查、全程把关。申请举办群众参与的选拔类活动需同时报送节目负责人名单,总局将在政府网站中予以公布。

广电总局明确规定:各播出机构对各级广播影视行政部门节目内容监管机构提出的问题,要高度重视、迅速整改。凡播出内容被总局节目内容监管机构第一次批评的,要立即整改;第二次批评的,总局将发出节目停播警告;第三次批评的,总局发出节目停播通知。对观众批评强烈、问题严重的节目,一经查实,总局即发出停播通知。对已被指出问题不立即整改的,总局在责令其立即停播的同时,取消该播出机构下一年度举办群众参与的选拔类活动资格或视情节进行其他行政处罚。

各级广播影视行政部门要切实抵制低俗之风,加强对群众参与的选拔类活动和节目的管理。要建立相应的节目监督、警告、停播制度,并

第五章 抵制电视节目低俗化的现实路径

要将执行情况随时上报总局。凡问题性质严重的，要追究行政管理部门失察和不作为责任。

正像有文章指出的那样：由是观之，要使"五性"节目远离广电节目，要求各级广播影视行政部门和播出机构要时刻保持清醒的政治头脑，增强社会责任感，把公众利益、社会效益放在首位，不见利忘义，不唯收视（听）率论英雄，这样的"固本"措施不可或缺，但更重要的是要釜底抽薪，用严肃的问责和严厉的处罚来维护"禁令"的刚性——一是对当事人和主管领导该下岗的下岗，该撤职的撤职，该追究刑责的追究刑责；二是对见利忘义所得，不但要全额追回，而且要加倍处罚，让其"倾家荡产"。如此，谁还敢变着招儿与主管部门"捉迷藏"？谁还敢胡吹乱侃、赤裸裸地去兜售低俗、色情、下流？①

有权必有责，用权受监督。官员问责制是建设现代责任政府的本质要求，也是推进依法行政的重要保证。

事实上，即使如此力度的反低俗化的重拳出击，仍然有对处罚力度不够的批评，有人写道：

> 其实，国家广电总局早在去年7月份就专门发布相关通知，要求各级广播电视播出机构立即停止播放虚假违法、内容不良、格调低下的医疗、药品、性保健品广告和各类性暗示广告，甚至还处罚了与节目相关的电台负责人。然而，广电总局的处罚方式显得却是那么软弱无力：明令停播、撤销违规节目，并通报批评。从对四川、湖南、广东、贵州、成都5家电台的台长、副台长、总监、副总监、广告中心副主任等相关责任人的处理来看，最严重的处分也就是调离工作岗位，最轻的处理仅仅是通报批评。几招不疼不痒的处罚怎能让那些被金钱迷住双眼的广播电台刻骨铭心，广电总局的这种"绥靖政策"甚至让很多广播电台养成了天高皇帝远、"今朝有酒今朝醉，明日愁来明日忧"的侥幸心理。认为广电总局只是虚张声势，等广电总局的严打风声一过，这些收敛的广播电台又会如雨后春笋

---

① 高福生：《禁播"五性"节目要动真来硬》，http：//www.china.com.cn/review/txt/2007－09/07。

从事着老本行,继续漫游在城市的夜空。有的广播电台不止一次被点名通报就能说明了这点。国家广电总局的政策是以维护人民的利益为出发点的,可在实际执行的过程中却没做到言必行、行必果。从某种程度上说正是广电总局的心慈手软,姑息纵容了这种一波未平、一波又起的局面。①

由此可见,问责制的关键并不在于是否清楚"责",而是敢不敢"问",谁来"问",怎么"问","问"的结果如何,等等。伤筋动骨式的砸饭碗,甚至是一票否决制的实施,这对于反低俗化的成果和成效是一种决定性的检验。

那么,在出现了低俗化的严重问题后,广播电视的频道和频率退出机制,就是一个更加复杂和敏感的问题。因为,如果说问责制是涉及个别人,那么频道和频率退出则关乎整体,涉及体制的伤筋动骨。

我国广播电视行业并不是没有退出的可能,也不是缺乏相应的法规,事实上,广播电视频道和频率退出的相关法规散见各种广播电视法规中。主要有:

广播电影电视部令第12号《有线电视管理规定》(1994)第二十八条规定:"(二)对违反本规定第二十条、第二十一条、第二十三条、第二十四条、第二十五条、第二十六条、第二十七条的,可以处以警告、2万元以下的罚款或者吊销许可证,并可以建议直接责任人所在单位对其给予行政处分"。

自1997年9月1日起施行的《广播电视管理条例》第五十条规定:"违反本条例规定,有下列行为之一的,由县级以上人民政府广播电视行政部门责令停止违法活动,给予警告,没收违法所得,可以并处2万元以下的罚款;情节严重的,由原批准机关吊销许可证:(一)未经批准,擅自变更台名、台标、节目设置范围或者节目套数的;(二)出租、转让播出时段的;(三)转播、播放广播电视节目违反规定的;(四)播放境外广播电视节目或者广告的时间超出规定的;(五)播放未取得广播电视

---

① 周绍彬:《涉性节目为何屡禁不止》,《青年记者》2008年4月上。

节目制作经营许可的单位制作的广播电视节目或者未取得电视剧制作许可的单位制作的电视剧的；（六）播放未经批准的境外电影、电视剧和其他广播电视节目的；（七）教育电视台播放本条例第四十四条规定禁止播放的节目的；（八）未经批准，擅自举办广播电视节目交流、交易活动的。"

广播电影电视部第 17 号令《电视剧制作许可证管理规定》（1995 年 10 月 18 日）第十七条规定："年检时，对情况发生变化，已不具备持长期许可证资格条件的，或制作活动中有不遵守国家法律、法规、规章行为的单位，广播电视行政部门可提出吊销许可证的处理意见，报广播电影电视部决定。被吊销长期许可证的单位，3 年内不得再申请长期许可证。"第二十二条规定："（二）对涂改、出卖、租借或变相转让许可证的，除吊销许可证外，并处 5 万元以下罚款；对所涉及的电视剧的素材和母带，应予没收、封存。（四）对拒绝、阻挠许可证管理人员检查、监督的，可给予警告、通报批评、吊销许可证的处罚；违反治安管理有关规定的，提请公安部门处理；构成犯罪的，依法追究刑事责任。（五）对每年制作电视剧单本不足 4 部或中、长篇连续剧不足 2 部的制作单位，应吊销长期许可证。"

国家广播电影电视总局令第 17 号《广播电视广告播放管理暂行办法》（自 2004 年 1 月 1 日起施行）第二十九条规定："违反本办法第十七、十八、十九、二十、二十一条规定，情节轻微的，由县级以上广播电视行政部门予以警告、责令限期改正，并可处以 2 万元以下罚款。拒不改正或 60 日内连续 3 次出现违规行为的，由省级以上广播电视行政部门做出暂停播放广告、暂停相关频道（频率）播出的处理决定。情节严重的，由原批准机关吊销许可证，同时对直接责任人和主要负责人追究相关责任。"

以上是我国关于电视的主要法规中关于电视退出机制的主要条款，多数涉及吊销电视许可证。

今年，我们也注意到了这样的新闻：中央纪委驻国家广电总局纪检组组长王莉莉在全国纠风工作会议上表示，最近，总局针对频道频率、节目栏目运营、管理过程中存在的突出问题，研究建立退出机制，通过撤销其频道频率许可证或停播其节目栏目等措施，加大对违规者的处罚力度。

据了解，为加强对节目的监管，总局在出台了收听收看、诫勉谈话、批示反馈和通报批评等制度的基础上，又建立了群众投诉反馈机制，24小时开通5部录音举报电话和网络举报；设立整改、警告、停播三级处罚机制和定期提示机制。

同时，制定《广播电视节目监管细则》，对广播电视节目低俗化的表现形态、惩戒方式等做了操作性较强的规定，作为有关部门评判节目内容和质量，处罚节目播出机构违规行为的依据。

显然，抵制低俗化的努力对于广电总局来说是坚持不懈的，而且力度确实越来越大。但具体到"设立整改、警告、停播三级处罚机制和定期提示机制"时，前两项都好办，但一涉及"停播"，所谓伤筋动骨就显现出来了。特别是涉及频道和频率的问题，至今，我们还未曾听到因为低俗化问题，而导致频道或频率取消的先例。

问题的关键在于：频道和频率的退出机制，涉及整个广播影视行业的制度安排，涉及"饭碗"。这里，我们以中国电视为例，依托历史发展的纵向线索，来分析广播影视低俗化问题的制度缘由。因为，如果说电视传播中的某一个时期、某一个节目品种表现出商业化、庸俗化、同质化、贵族化、游戏化、低俗化等倾向是个别现象的话，那么当电视传播在文化品位、精品标准、艺术质量上出现大面积堕落时，我们就有理由进行更深刻的制度追问。因为，"经是好的，只是有的和尚把好经念歪了"，但如果所有和尚都把经念歪了，那么人们就有理由对"经"本身产生怀疑，这是制度批评最现实的根据。也就是说，我们必须对中国电视的现有制度进行检讨。

我们的基本论点是：中国的电视台太多了！我们养不好、甚至养不了这么多电视台。蛋糕是有限的，而僧多粥少时，巧取豪夺、不择手段等问题的出现，就不奇怪了。

任何制度安排都不过是宏观环境制约下要素结构变化的结果。"四级办电视、四级混合覆盖"的方针是在改革开放初期的特定历史条件下提出和实施的，它对于弥补国家财政投入的不足，发挥中央和地方的两个积极性，迅速扩大电视的人口覆盖率[①]产生了巨大作用，使中国电视事业

---

① 我国电视人口覆盖率1982年为57.3%，1997年为87.6%，2000年达到93.65%。

以前所未有的速度和规模发展起来。可以说，没有"四级办电视"的方针政策，就没有中国电视的今天。"四级办电视"完成了中国电视的原始积累，这一点是毋庸置疑的。中国电视事业已具备了市场经济产业体系中发挥作用的主体资格，其固定国有资产 3000 亿左右的总额，是一个有形资产和无形资产并存的良性实体，在信息产业的独立子产业的地位不可动摇。从制度创新的角度看，"四级办电视"为中国电视在改革开放初期的跨越式发展提供了制度保证，不失为一次具有深远历史意义的革命性变革。所以，"四级办电视"的历史功绩是不容抹杀的。对此，王锋的这一评述颇为到位："相比之下，广播电视界公认，'四级办'方针的推出在我国广播电视发展史上具有里程碑的意义和相当深远的影响，此后未能再有其他事物可以与之相提并论"。[①]

"四级办电视"是中国电视的第一次创业，这首先是因为从 1958 年中国电视诞生到"四级办电视"的前 20 多年，中国电视只是消除了中国大众传播中的一个空白，大多数中国人在中国电视问世以后的 20 多年里，还不知电视为何物。更重要的是，那种"十几个人、七八条枪"的小作坊式的制作和播出，没有起码的规模，因而也不可能完成中国电视的原始积累。"四级办电视"是在中国计划经济和短缺经济的条件下发生的，如果说今天的电视产业化是要解决"吃得好"的问题，那么，"四级办电视"就是为了解决"吃得饱"的问题。

但是，中国电视事业发展中，大量的重复制作、重复播出、重复覆盖导致了重复投入，增大了支出成本，造成了很大的社会浪费。同时，由于各级电视台之间的无序竞争，相互瓜分观众群，致使覆盖效益降低，个别小台为维持生计的乱播滥放成为现阶段电视事业发展的一个严重障碍。从宏观的角度看，中国电视事业发展中存在的结构失衡、力量分散、重复建设、效益不高、资源浪费等问题，严重制约了中国电视事业的健康发展，"散"和"乱"成为"四级办电视"的一种"历史遗产"，成为制约中国电视事业发展的严重障碍。可以说，在一些经济发展水平不足以支撑本地广播电视台生存的地区，成本大于效益的制度安排的弊端已

[①] 《广播电视改革发展的历史追思》，《中国广播电视学刊》2001 年第 3 期。

暴露无遗。

这一组数字或许很能说明问题：截至1994年底，经原广播电影电视部正式批准建立的县级以上无线电视台982座，有线电视台1202座，经国家教委和各级教育部门正式批准建立的教育电视台941座，其总数是美国的两倍，日本的25倍，英国的260倍。换言之，超过了美国、俄罗斯、日本、英国、法国、德国、印度、加拿大、澳大利亚、巴西和巴基斯坦等11个电视产业大国的总和（2606座）还多519座。从数字上看，中国电视是做大了、做多了，但与做强了相去甚远。1997年，中国的3000多家电视台的全部广告收入114亿元人民币（约合13.77亿美元），在当年的"世界电视100强"中，也只能排在第28位。[①] 差距之大，一目了然。当我们曾一度以中国有世界上最多的电视台和电视从业人员为荣时，很快就发现我们实际上是走进了自诩"地大物博、人口众多"的误区。在"人均"面前，我们实在不能理直气壮起来。

其实，早在十多年前，中共十四届六中全会决议就指出："加强对新闻出版业的宏观调控，采取有力措施解决目前总量过多、结构失衡、重复建设、忽视质量等散滥问题，努力实现从扩大规模数量为主向提高质量效益为主的转变。"散滥问题在电视事业发展中是比较突出的，也是在十多年前，中央电视台的《焦点访谈》曾披露过安徽某县非法的有线电视台竟达二十多个，这堪称世界奇闻。既然办电视也能圈来钱，那么就一窝蜂地上吧！初级阶段的某些无序乃至混乱现象在电视事业发展中有多方面的表现。

对"四级办电视"方针中存在的问题的制度批评，世纪之交出版的一些有影响的著述中都进行了角度不同的阐述：

1998年出版的《中国电视论纲》指出："中国电视事业发展目前存在的一个突出问题是结构松散，发展秩序混乱。""我国县级以上行政区划超过3000个，由于多级办台的事业发展特点，其结果又使电视台的潜在发展总量更加膨胀，必然严重脱离我国经济、文化的实际发展水平。电视台总量过大，多级设台而相互之间又是各行其是，势必造成电视事业

[①] 参见陆地《中国电视产业发展战略研究》，新华出版社1999年版，第178页。

结构过于松散。""全国普遍存在着这样一种现象：在同一座城市里，省市之间、市县之间，不同隶属的几座电视台呈对峙状态；无线电视、有线电视、教育电视，数台并立，互相争夺观众；更有少数地方，台与台之间为了各自的经济利益，无线电视在节目和广告播出上相互拆台，有线电视在网络建设上发生尖锐冲突，等等。"[1]

《中国电视产业发展战略研究》做过这样的比较：电视业在许多国家（包括资本主义国家）都是严格规划和控制发展的，比如美国法律规定，两座电视台之间的最短距离不得小于50英里，约80.45公里。而在我国则出现了许多一城一县重复办了好几座电视台甚至数塔并峙的奇观，造成了巨大的重复浪费。该书提出了中国电视的三大结构性矛盾：电视台太多与专业人员太少的矛盾，节目需求量大与节目制作能力相对不足的矛盾，技术设备亟待更新与财力有限的矛盾。同时，该书还引证了这样一个例子：山西某县电视台的广告最高年营业额也没超过5万元，为了还当年建这个台留下的债的"窟窿"，为了生存，更为了早日赚回集资款，于是就将电视台租给私人经营了。[2] 这是一个让人触目惊心的例子。因为，它堪称率先实现了中国电视的私有化。而这种"体制创新"却是实实在在的犯了中国媒体的大忌。

河南卢氏县有一首民谣：打开电视不用看，里面全是杜二蛋。喜欢上新闻甚至控制新闻报道的原县领导杜保乾被群众奚落为"二蛋"，令人感慨。这个县是一个国家级的贫困县，杜每次出行都要带上十几辆车子，前有警车开道，后有公安护卫，侧有电视台摄像机跟随，浩浩荡荡。电视台经常中断正常播出，插播他深入农村的"重要新闻"；杜每次下乡，都要各乡镇干部到乡界迎送，所到乡村必是洒水消尘、清扫一番。不难看出，这位"杜大人"所在县电视台，已经相当的程度上沦为腐败分子个人的工具，即使从政治意义上说，这样的电视台究竟有多大存在下去的必要呢？

有人曾指出过"四级办电视"的四个弊端：小型分散、资源浪费、管理混乱、恶性竞争。他认为，中国电视正在重复20年前中国工业小型、分散的老路，在这样的体制下谁也做不大，谁也没有办法提高它的

---

[1] 杨伟光主编：《中国电视论纲》，中国广播电视出版社1998年版，第319、320页。
[2] 陆地：《中国电视产业发展战略研究》，新华出版社1999年版，第138—141、103页。

生产力水平。一个电视台,哪怕一年的收入只有十几万元,甚至只有几万元,但也是一个小社会,麻雀虽小,五脏俱全。据李晓枫估计,如果严格要求节目的制作与播出质量,并实行严格意义上的成本核算,全国3000来家电视台有利润的将达不到10%。那么为什么存在如此亏损,而电视台的小日子仍然过得"红红火火"呢?一是电视台没有真正意义上的成本核算,二是垄断性资源占有的收入掩盖了节目制作的亏损。[①]

在中国电视界的一些高层研讨会上,我们甚至可以听到这样的例子:有的县级电视台,一年的收入只有三万元,而会计却有七个。人们不禁要问:这七个会计每天就数这三万块钱,一年可以数多少遍?面对这样让人啼笑皆非的事实,我们有理由问:这样的电视台有存在的必要吗?

李晓枫认为,一级政府一群电视台,造成了电视资源的极大浪费。多台一面、多台一腔、多台一戏、多台竞奢的现象让人十分痛心。一个普普通通的会议、平平常常的活动,各家电视台蜂拥而至,常常出现一个地方多家电视台以同样的形态在同一时间播出同一个题材,而春节联欢会年年让观众燃起希望又年年让观众失望的原因之一,就是因为没有能力整合资源。在谈到电视的恶性竞争时,李晓枫指出:"由于僧多粥少,市场小,生产和播出的单位太多,对有限资源的恶性竞争就表现得十分突出。……前年一个中等价位的省级电视台购进电视剧约花费1500万元,今年猛升到3000万左右。电视剧也由卖成片,到卖样片、到卖片花、到卖剧名、卖演员名单。相反,电视的对外宣传却形不成合力,因为谁也长不大。……在国外基本上看不到中国的电视,令国人感到深深的失落,令电视人感到莫大的耻辱。"[②]

由此可见,中国电视的商业化、庸俗化、同质化有着深刻的体制成因,忽视这一点就不可能说明为什么中国电视是现在这个样子而不是别的样子的。这里,我们很自然地联想到这样一个例子:英国新闻业老板路德·汤普逊曾嘲讽"广播电视许可证即印钞票的许可证。"[③] 当中国设

[①] 参见尧风《迎接中国电视体制的伟大变革》,《现代传播》2001年第1期。
[②] 同上。
[③] [美]德弗勒、[英]丹尼斯:《大众传播通论》,颜建军等译,华夏出版社1989年版,第174页。

立电视台的批准文件成为一种紧缺资源时，当有的电视台（特别是有些县级有线电视台）没有"户口"（即没有被国家广播电影电视总局批准设立）而成为"黑台"时，那么，汤普逊曾嘲讽的"广播电视许可证即印钞票的许可证"就获得了惊人的本土相似性。而这种中西方电视的殊途同归的根本原因就在于经济利益的驱动。由此，可以进一步说明我们研究电视批评的这样一个基本观点：电视传播的所有不尽如人意之处，都有着终极的经济原因，也有着深刻的体制原因。

只有扩张机制而缺乏退出机制是我国广电系统的先天不足之一。我们的结论是：必须把问责制和退出制刚性化、法定化，才能在制度安排的层面解决低俗化问题。

第三节 必须充分发挥包括新媒体在内的舆论监督的作用

2007年8月15日，国家广电总局向各省、自治区、直辖市广播影视局等相关机构发出"广电总局全国通报重庆电视台《第一次心动》严重违规行为"为题的通报，批评重庆卫视举办播出的《第一次心动》选拔活动严重违规行为，要求其停播整改。舆论普遍认为，这是广电总局对选秀节目的违规行为做出的最为严重的一次处罚。

这里，有一个现象引起了我们的注意：广电总局对《第一次心动》叫停的通知是8月15日发布的，而这档节目出现严重问题的发生时间是8月10日的现场直播，也就是说，从问题的发生到广电总局的紧急叫停中间相隔了5天时间。就许多观众（包括笔者这样的专业研究者）而言，他们并没有收看《第一次心动》，对于叫停或许感到有些突然。然而，我们惊喜地发现，一些主流报纸对于低俗的过头了的《第一次心动》，做出了难能可贵的迅速反应，发挥了舆论监督的作用。我们认为，这不仅是中国报纸"铁肩担道义，妙手著文章"的优良传统与时俱进的表现，而且表明同为大众传播载体的报纸，在广播电视反低俗化的行动中具有独特的舆论监督作用。请看2007年8月12日《新民晚报》首席记者俞亮鑫的报道《"毒舌"争风吃醋泪洒秀场——重庆卫视〈第一次心动〉选手评委竟齐演闹剧》：

重庆卫视直播的《第一次心动》男15进10的比赛直至昨晨零点30分结束，其间，出现了评委杨二车娜姆和柯以敏与参赛选手代闯为一枚戒指上演的选秀奇观，结果，选手代闯现场下跪、柯以敏失声痛哭、杨二暴怒……这一场面，令人震惊。

选手下跪求戒指

当前晚直播到"心动才艺"环节时，参赛选手代闯突然冲出表演区双膝下跪向柯以敏乞求礼物，并表示要把这个礼物送给一个最想送的人。柯以敏对他这突如其来的下跪显得有些不知所措。此时，另一位评委杨二在场面僵持了2分钟后，终于按捺不住地说："柯老师，你就把戒指卖给他吧"。柯以敏在刘晓庆、杨二以及男评委潘粤明的注目下，很无奈地把戒指送给了代闯。此时，杨二发表评论说："代闯，我要告诉你，作为一个男人，你不能随便下跪。"随后，当主持人发问，代闯要把这个戒指送给谁时，代闯竟说："要送给杨二车娜姆老师"，并当场单腿跪地，将戒指替杨二车娜姆戴上，全场哗然。

激怒杨二风波起

在节目直播进行到 IN/OUT 环节时，柯以敏问另一选手，质问代闯刚才的表现是不是导演组有意安排，该选手答："没有。"这时，柯以敏并不就此打住，还继续逼问……随后，杨二则为这位选手解围，她说："刚才柯老师一直刁难你，你想不想去扇她？"这时，柯以敏和杨二争执起来……

直到代闯进入 IN/OUT 环节时，柯以敏首先发问："代闯，现在我和杨二如果做你的女朋友，你会选谁？"这一问题使代闯显得十分尴尬，他环顾左右而言他，说："我选择刘晓庆。"柯以敏说："不包括刘老师，在我们之间选。"在柯的逼问下，代闯答道："我选择柯老师，她比较年轻。"柯以敏顺势抢过话头询问："杨老师跟我不同的地方在哪里？""杨老师很笨，柯老师很聪明。"代闯的这一回答激怒了杨二，她立即指责代闯不真诚，刚才把戒指送给了她，现在又

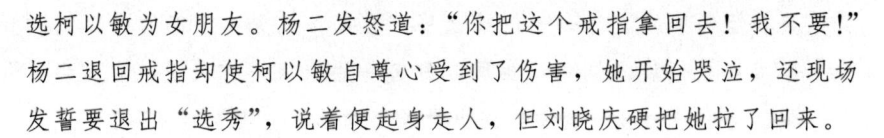

第五章 抵制电视节目低俗化的现实路径

选柯以敏为女朋友。杨二发怒道:"你把这个戒指拿回去!我不要!"杨二退回戒指却使柯以敏自尊心受到了伤害,她开始哭泣,还现场发誓要退出"选秀",说着便起身走人,但刘晓庆硬把她拉了回来。

选手仿效也恶搞

青年选手代闯在节目现场以送戒指"求婚"方式,对女评委进行调情"恶搞",这本来就有点出格,但柯、杨两位评委不仅不就此打住,相反还争风吃醋,并逼问男选手选谁当他"女朋友",激烈言语中甚至挑动男选手去扇女评委耳光,这实在过分。柯、杨本以"毒舌"点评见长,青年选手之所以出现如此另类行为,无非想投其所好,出奇制胜,没想到竟当众激怒杨二、惹哭柯以敏。对此,人们不禁要问,对于这一令人难堪的场面,评委本身该负什么责任呢?之前,柯、杨争当"毒舌",互比出格;如今选手仿而效之,以其人之道还治其人之身。秀场怪象迭出,实为当下荧屏娱乐节目的一大悲哀。①

第二天,2007年8月13日,《新民晚报》又发表了同一记者的述评《"毒舌"搬起石头砸自己的脚——谈部分选秀评委不良言行所产生的导向危害性》:

"你要赶快减肥,没有人愿意看到一只母猪在台上唱歌。""你这个鬼样子!干脆去娶杨丽娟得啦!""你要这个样子站我家门口,我拿扫把把你扫出去!""停,听你唱情歌我快要吐血了!""天堂里有天使,但你的声音让我觉得天堂里有魔鬼。""你这是泼妇唱法!""你的出路是上网,走'芙蓉姐姐'的路线"……这些语录都出自人称"毒舌"的选秀评委之口,荧屏选秀,"毒舌"比比皆是。

没人同情 一片非议

以往,选手们面对"毒舌"评委的"恶语相加",只能沉默以对。上周末终于有个年轻男选手,竟以"恶搞"方式把两个"毒舌"女评

---

① 俞亮鑫:《心动选手评委竟齐演闹剧》,《新民晚报》2007年8月12日第A-5版。

— 425 —

委当场气哭、激怒……但被选手"恶搞"气哭、激怒的柯以敏和杨二车娜姆非但没人同情,相反,引起一片非议。有人说,有"毒舌"评委就会有"恶搞"选手!这也是评委搬起石头砸自己的脚!

精心策划　制造"亮点"

实际上,上周五晚"心动"大赛让杨二和柯以敏同台火飚点评,是主办方精心策划的。因为,这两个"毒舌"评委的口水仗曾打得热火朝天,柯以敏曾讥讽头顶红花的杨二像"媒婆",杨二则反击柯以敏是用屁股思考。因此,让这两个人同台,当不少人在担心她俩会在现场吵闹,但这反而成了大赛的所谓"亮点"。果不其然,她俩首次同台就为一枚戒指而在荧屏上"争风吃醋",甚至不惜自降评委身价,争当比自己年轻很多的男选手"女朋友"。但昔日得意于自己"毒舌"点评的柯、杨两位这次失算了,她们怎么也想不到竟会被代闯这一男孩"恶搞"了一把,由此泪洒赛场,失态于荧屏之上。

越骂越红　危害荧屏

这一事件,暴露出泛娱乐化风潮对荧屏的危害。首先,电视台的收视大战使一些人称"毒舌"的评委大受欢迎,这也是近年来一些地方卫视选秀节目风头盖过央视的青歌赛、主持人大赛的原因,后者的艺术点评虽然公正,却远没有"毒舌"点评来得刺激,因为在选秀大赛中,取乐重于比赛。"毒舌"评委引出的话题既可供主办方炒作,也可让评委本人出名。杨二曾说:"我是越骂越开心,我把那些话像排毒一样排出去,所以我不会乱长痘痘。"有人甚至说,没有杨二,"快男"会冷落很多;同样,没有柯以敏、黑楠,"超女"同样会寂寞。由此,评委越骂越红,大赛越骂越火,其根本原因就是荧屏收视大战所促成的。

"榜样力量"　负面效应

其次,"毒舌"点评给热衷于选秀的年轻人无疑带来了负面效应。一些评委们不甘寂寞,纷纷以对选手尖锐、刻薄的点评风格"搏出位",而且越是出位、越是令选手难堪的评委就越受主办方欢迎。如今,选手也纷纷学了这一套,以"恶语"博取眼球,以"出格"赢得关注,这也是近年来为何总是"问题选手"更能走红的原因。代闯这次能够激怒、气哭柯、杨二人,由此可见评委本身榜样的力量对他的影响。

以丑为美　扭曲心灵

荧屏上的"毒舌"之声和"恶搞"行为,毕竟有悖于所倡导的精神文明。有网友尖锐地批评"毒舌"评委的形象扭曲了青少年的价值观:"评委们对失败者的蔑视和嘲弄,已经被社会合法化地接受了。这等于表示:人的尊严是没有价值的,努力的过程也是不值得尊重的!"而既然评委可以不尊重选手,选手为何要尊重评委呢?由此,"代闯事件"也就难以避免了。

给年轻人担任评委应该是为人师表、德高望重的专业老师,但一些选秀节目以丑为美,以"毒舌"和"恶搞"为收视亮点,不仅扭曲了评委的社会形象,扭曲了评委点评应该体现的主流价值观,更扭曲了年轻人的心灵。代闯荧屏"恶搞"就是生动一例,应引起社会关注。[①]

在主管部门的惊堂木响起之前,上述这样的新闻批评显得振聋发聩,甚至,我们可以判断媒体的成熟和理性程度。因为,中国媒体对广播电视低俗化问题的认识和反思有一个过程。这不由得让人想起2005年红透半边天的《超级女声》,当时的主流舆论颇有些"犹抱琵琶半遮面"的味道。请看新华社的相关报道:

超女在毁誉不一中破冰前行

26日晚,2005年《超级女声》在掌声和欢呼声中圆满谢幕。这个看似是一个歌手选拔赛的电视节目,却在短短时间内上升为今年的一大社会热门话题,其对大众生活无孔不入的渗透能力以及毁誉参半的外界评说,构成了中国电视史上一道独特的风景。

主办方在接受新华社记者独家采访时表示,明年还要办《超级女声》,而且《超级男声》也将登台亮相。《超级女声》正在以"变

---

① 俞亮鑫:《"毒舌"搬起石头砸自己的脚》,《新民晚报》2007年8月13日第A-17版。

革"的姿态,成为引导国内娱乐电视发展的一个"风向标"。

《超级女声》是一档以音乐选秀为外壳的娱乐性节目,只要喜爱唱歌的女性,不分唱法、不计年龄、不论外形、不问地域,均可免费报名参加,连同节目中大众投票决定选手去留的淘汰方式,倡导一种"全民快乐"的娱乐方式。

2005年《超级女声》,广州、长沙、郑州、成都、杭州五大唱区共吸引了15万人参加。初步估计,在全国范围内收看前5场总决选的观众总量达到1.95亿人。其中总决选6进5的直播收视份额更高达19.45%,同时段排名全国所有卫星频道第一名。网络上的评论和跟帖更是不计其数。进入决赛以后,每场短信互动参与人数已经超过100万人。观众总投票数更高达400万。

作为电视新生力量的《超级女声》,自出现至今,誉者众,毁者也不少。"万人逃学报名""黑幕说""选手签约问题""低俗节目"等论调与"精神文明建设的'奇葩'"等阵阵叫好声齐齐亮相。随着比赛的不断进行,尤其进入总决赛阶段后,批评声音日渐衰弱。毁誉缠身的《超级女声》,从多方争论到今天的圆满收场,一路上可谓"如履薄冰"。

7月下旬,中国社会科学院新闻研究所研究员时统宇表示,《超级女声》是很恶俗的节目,只有降低这些节目的播出量,并在黄金时间增加新闻、社教类节目的播出量才能解决节目的低俗化问题。

面对指责,湖南省广播电视局局长、"电视湘军"的灵魂人物魏文彬在接受新华社记者采访时表示,《超级女声》主要面对广大年轻人,由于节目的零门槛,制作者从一开始就注意了节目的品位和格调。

魏文彬说,《超级女声》的超常火爆,说明了"贴近实际、贴近生活、贴近群众"的重要性。新闻媒体要为构建和谐社会做贡献,必须认真落实"三贴近"的要求。

《超级女声》明年怎么办?

随着中国电视与世界的接轨,目前还处在模仿阶段的中国电视在不久的将来必定会与其他国家的电视展开全面的竞争。包括《超级女声》在内的中国一大批优秀的电视娱乐节目,改革和创新是其迈向新起点的原动力。

对于《超级女声》的未来，魏文彬对记者说："和其他娱乐节目一样，未来的《超级女声》会不断改革，不断完善。而且在此基础上，明年还要办《超级男声》。"

魏文彬表示，今后《超级女声》会朝更健康、更大众化的方向发展，并明确定位为以年轻人为主的节目。首先是节目报名和录制等环节将安排在假期，不影响青少年的学习；再是严格规定16岁以上才能参赛；三是在过去内容的基础上进行调整，对选手的歌曲、台风、服装和主持人、评委等各方面进行改进，同时强化奋斗、励志、快乐等精神追求的节目内容，力争找到一种既健康又适合青少年特点的节目形式。

《超级女声》"超"在哪里？

湖南卫视的娱乐节目《超级女声》似乎火得不明不白，令许多文艺界人士不服气。然而，为什么一个地方电视台的娱乐节目会如此火爆，一些自视正统的文艺节目却"有心栽花花不发"？这的确值得认真思考。

仔细研究《超级女声》的成功之处，无非是做到了真实、互动。《超级女声》之长，正是国内传统主流文艺之短。在中国，许多文化艺术产品的生成，往往将人民大众、普通观众排除在外。在文化界采访，记者常常听到创作者侃侃而谈，要"提升"观众水准，要"普及"经典、高雅艺术，却很少听闻让观众参与其中，和观众互动。难怪我们的许多演出、影视作品，往往耗费了巨大人力物力生产出来，却被观众所冷落。①

笔者曾担任过多年的新华社优秀作品评选的社外评委，也曾写过《主流传媒的国家视点》等文章，对新华社的新闻稿件给予了高度评价，但这里引用的这篇稿子不足为训。"不求一时乱拍手，要让将来不摇头。"这里，要紧的仍然是社会责任和文化担当。

---

① 孙丽萍：《超女在毁誉不一中破冰前行》，《都市快报》2005年8月27日。

对于广电总局反低俗化的一系列措施，主流舆论给予了积极配合。我们举出一例即可说明问题——《光明日报》一篇题为《广电总局的新举措值得称道》的评论：

本月15日，国家广电总局下发通报，批评重庆卫视举办播出的《第一次心动》选拔节目存在严重违规行为，要求立即停播。通报指出，该节目"比赛环节设计丑陋粗糙，评委言行举止失态，节目设计缺乏艺术水准，内容格调低下，演唱节目庸俗媚俗"。近日，广电总局再次发出通知，进一步加强对群众参与的选拔类广播电视活动和节目的管理，切实抵制低俗之风。该通知对群众参与的选拔类广播电视活动的播出数量、场次、时段、时长做出明确规定，对节目内容和格调提出明确要求，对选手、主持人、评委、嘉宾的现场表现进行了规范引导，并要求各级广播影视行政部门和播出机构，进一步加强对选秀节目的管理，切实抵制低俗之风。此举产生了强烈的社会反响，被赞誉为一记直捣电视节目低俗之风的重拳，顺应了广大电视观众的意愿。广电总局的新举措值得称道。

近年来，国内电视台各种选秀节目风生水起，热闹非凡。应该说，有不少节目丰富了群众文化生活，但毋庸讳言，也有相当一部分节目，为了吸引眼球，为了片面追逐经济效益，怪招歪招迭出。某些节目匆匆上马、粗制滥造，格调低下、趣味恶俗，某些选手素质良莠不齐，言行乖戾，时有出丑露怯之举，某些主持人奇装异服，大肆卖弄，自吹自擂，某些评委丧失基本的职业操守和评判准则，对选手或毁或誉，完全出自一己的好恶。某些节目还大肆炒作选手的所谓绯闻秘史，让人对赛事活动的公平及公正性大为质疑。选秀节目的过多过滥，既大量占据了电视的黄金时段，又助长了社会的浮躁心理，更为严重的是违反了社会的公序良俗，对未成年人的健康成长产生了不良影响，跨越了人们能够容忍的道德底线，社会影响恶劣。管理部门采取坚决措施予以制止，正是忠实履行自己的神圣职责。

选秀节目曾经受到不少观众的喜爱，缘于其形式新颖，内容丰富，生动活泼，参与性强。但是，有些节目为了能迅速实现吸引眼球的目标，置媒体的社会责任心、公信力和公益性于不顾，也违背了广大电视观众的意愿。如果仔细研读广电总局的管理细则，会发现矛头所指，严格限制在那些具有低俗倾向的节目上，并非对所有选秀节目一律"封杀"，而是通过引导，使这类节目能够回到正确的、恰当的位置上。这种做法，有利于坚持广播电视的正确舆论导向，有利于推动中国特色社会主义先进文化与和谐文化建设，有利于引导广大观众特别是未成年人树立正确的世界观、人生观、价值观，更有利于广播电视的进一步繁荣和发展，将更为丰富多彩的优秀节目提供给广大观众。国家广电总局的这一行动还启示我们，当某种不良现象、风气有渐趋蔓延之势的时候，当诸如劝诫、警示等方式不再能够产生明显效果的时候，就要加强行政管理，以期在最短的时间内起到扶正祛邪的作用。最后，我们对电视选秀和娱乐类节目寄予真诚的希望，期盼它们能够切实提高自身的质量，以大气、和谐、生动、向上的积极面貌，洗刷一度为人诟病的形象，让广大观众眼中的荧屏空间，健康清洁，生机勃勃。[①]

"这收视率，假得很，也黑得很。"这是《人民日报》2010年7月5日的一篇消息《我是如何"配合"电视台的》，系《收视率造假追踪》系列报道的开篇。我们批评收视率，但像标题这么直白，这么犀利，还真没有。

这篇报道开宗明义：退休工人老孙，曾是国内调查专业机构索福瑞在某城市选定的一户"样本"家庭，因被一些电视台"收买"，提供了一些被"污染"的收视率数据，已被撤销其样本资格。本报记者经过艰难寻访，终于找到了这个家庭，也争取到了他们的积极配合。他们向本报独家披露了成为"样本"后的遭遇，以及被"收买"的经过。文中有三个小标题：电视台鼻子真灵；骚扰电话没完没了；合作"行情"看涨了。我这里就不必详细列举了，上述导语中的"污染""收买""遭遇"等，已经足以说明"这收视率，假得很，也黑得很"的根据和理由。

---

① 成文：《广电总局的新举措值得称道》，《光明日报》2007年8月23日第1版。

以上可以看出，过去人们对收视率的质疑还停留在学术研究和操作层面，而这次不一样了，《人民日报》7月1日发表《电视收视率发现造假行为》，首次揭露了收视率样本户正被个别地方卫视"收买"的事实，而后连续发表该报记者的调查，揭开"谁是样本""谁在造假"等关键性问题。这事闹大了，这事闹得好！实际上，坊间收视率造假一直是个传说。这次，中国最大的报纸花大力气捅开了这个马蜂窝，大概没有人怀疑《人民日报》的影响和权威。

从2007年开始的反对电视节目低俗化的风暴中，同样让我们刮目相看并心存感激的是互联网。

这样一个例子让方方面面感慨不已：对于叫停《第一次心动》，网络调查的结果是96.4%的受访者赞成，另一门户网站的调查显示，高达88.53%的人群认为对选秀节目已经审美疲劳，82.71%的人群认为选秀节目作秀和炒作严重，节目质量和影响力一年不如一年，另有42.47%的人群提出，选秀节目公信力已极弱，这一次，广电总局和民意保持了高度一致。而此前广电总局对选秀节目的若干规定和具体对一些节目的批评，却引发很大争议。从争议到获得满堂彩，不仅表明了人心的向背，而且说明了观众逐渐走向成熟和理性。我们在不少场合听到过主管部门领导、专家以及媒体对96.4%这一调查数字的津津乐道，显然，网络具有的民意特点受到了方方面面的重视和关注。

长期以来，我对网络媒体心存偏见，总认为网上充斥了八卦、垃圾和炒作，说到社会责任、文化担当等重任和深度，都是传统媒体的事情，与网络不沾边。至于个人喜好，对网络敬而远之，上网不过收发邮件，下载些资料，不玩网游，不开博客，不引用网上注释。这一偏见，一偏就是十年。

但2007年的中国网络让我彻底改变了十年的偏见。对此，《中国新闻出版报》曾在去年岁末用四个版的篇幅详述了网络这种新媒体的影响力、传播力、资本力和扩张力，看过之后，我对网络新闻传播开始刮目相看并心存敬意。与此相对应，倒是传统媒体似乎有不少让人失望之处。

我十分认同这样说法：十年之间，以新浪网为代表的新媒体的飞速发展，给了大家太多的"想不到"——想不到新媒体的传播力会变得如此强大，想不到新媒体的资本规模会扩张的如此神速，估计也想不到新媒体圈子内的"陈彤们"，会从"业余编辑"成长为"媒体专家"，这一个个"想不到"，十年之间已经汇聚成为新媒体一种强大的影响力，而这种影响力，在即将过去的 2007 年度，得到了空前的彰显。这一年，以新闻门户网站为代表的新媒体机构，开始登堂入室，以主流传播平台的角色，参与了"十七大""嫦娥工程"等党和国家重大事件的新闻报道。假如说对这些重大事件报道活动的参与，只是让新媒体与报刊广电等传统媒体站在了同一个层面上的话，那么在众多社会事件的发起上，新媒体的推动力已经大大超过了传统媒体之所能，"山西黑砖窑事件""陕西华南虎风波"，这些老少皆知的重大社会事件的广泛传播，实际上都源自于网络新媒体的最初发起和随后的跟进。十年前，网络刚刚在国内起步，形形色色的网站，更多地被大家认为是一种新技术，很多人，包括媒体人，实在难以想到，这些在当时看来显得十分凌乱的小网站，仅仅数年间，便迅速成长为一种新型的媒体形态。在十年后的 2007 年，这些已经一步步发展成为各类新闻门户、社区的网站新媒体，俨然已经成为中国社会不可忽视的主流媒体之一，不管是事关国计民生的大事件，还是可以当成茶余饭后谈资的逸闻趣事，网络新媒体都——涉足，其媒体传播力，已经丝毫不亚于报刊广电等传统媒体，其主流媒体平台的风范，也得到了初步的展示！

就拿重庆最牛钉子户事件来说，2007 年 3 月初，一篇名为《史上最牛钉子户》的帖子现身网上各大论坛，帖子的内容是一张图片：一个被挖成 10 米深大坑的楼盘地基正中央，孤零零地立着一栋二层小楼，犹如大海中的一叶孤舟。此帖一发，引来网友们热烈讨论，随后，传统媒体纷纷跟进，大篇幅报道——在《物权法》刚通过及国内在拆迁问题上民怨沸腾的宏观背景下，政府当怎样处理私权与发展间的矛盾，私人财产应怎样受到尊重……小楼的主人杨武、吴苹夫妇成了当时炙手可热的"明星"。时任重庆市委书记汪洋亲自批示，相关部门高度重视，小楼主人要和相关领导直接对话的心愿达成，要求合理赔偿的目标实现。此事的完美谢幕也被上升到了《物权法》的胜利这样的高度。再联想到中共十七大报告提出的"创造条件让更多群众拥有财产性收入"的最新提法，对重庆最牛钉子户的深度报道的意义不言而喻。

再拿陕西华南虎风波事件来说，从去年的11月25日网易独家曝光全套"华南虎"数码照片开始，网易在整个事件中起到的较大的推动作用便开始显现，人们逐渐发现网络在挖掘新闻的深度方面似乎有一种不抛弃、不放弃的劲头。事到如今，恐怕没有人认为华南虎事件是这些年来新闻常见的八卦，它关乎公众的政情权，关乎政府的诚信，而对此等问题的新闻追问，正是这些年来传统媒体所缺失的。

媒体永远是内容为王。网络终于在内容上开始让人信服并折服，开始摆脱单纯"工具理性"的尴尬，给人以更多的期待。我们十分同意这样的观点：要充分发挥网络传播的积极作用，必须首先积极认识网民的意识主流。网民这个群体中，思想意识邪恶、行为不轨的只是少数甚至极少数，绝不是网民的主流。正因为如此，一些不良的言行，在网上常常遭到网民的批评和谴责。从这个意义上说，像大自然一样，网络有一定的自我净化功能。①

"都是两口子，做人的差距怎么就这么大呢！"春晚小品中出现的这句话"地球人都知道"。传统的平面媒体和新兴的网络媒体成为电视节目低俗化问题的监督者，传统和新兴相得益彰，共同守望视听媒体的边界和底线，这是一件大好事！电视从业者应当时刻谨记：兄弟媒体除了炒作还有监督，舆论监督终究还有自律的功能和责任。

第四节 组建国有收视率调查公司是反低俗化的根本性制度安排

2008年春节前召开的中国广播电视协会第五届理事会第一次会议是广播电视系统一次规模很大的会议，中国广播电视的高层掌门人基本都到场，从国家广电总局到各省级广电系统的各路"诸侯"，熟悉的"一把手"面孔不少。我作为特约理事参加了这次会议。在分组讨论时，我所在的西南组的"诸侯"们对中国广播电视协会提出了这样的建设性建议：

---

① 孙绍荣：《士兵突击、虎照风波与网络传播》，《文汇报》2007年11月23日第5版。

尽快着手组建国有的收视率调查公司，这里不仅有巨大的赢利空间，而且更重要的是对于扭转收视率崇拜带来的低俗之风有根本的意义。"诸侯"们感叹：我们用于收视（听）率调查的钱都让外国人挣走了，而且，花了钱买来的数据未必是我们想要的。

显然，对目前流行的收视（听）率调查的质疑，已经在广电系统的高层会议上成为共识。

我们曾系统地批判过收视率导向，但这并不意味着我们全盘否定收视率的积极作用。客观地说，收视率指标的引入，对于长期忽略观众听众和社会需求的中国广播电视媒体来说，其积极意义是相当明显的。首先，收视率指标作为一个量化的客观指标，它在一定程度上反映了电视观众对电视节目的关注程度。可以说，中国电视开始确立"受众本位"，"收视率"指标的引入功不可没。其次，对于电视从业者而言，收视率的出现，使他们终于在长期的"节目好坏究竟谁说了算"的困惑和纷争中有了初步的共识。再次，就媒体经营的角度而言，收视率指标的出现，使得广告商在广告投放上有了一个客观的依据。最后，对于不同的电视机构来说，在同类节目进行观众群和广告招商的竞争中，收视率指标的引入使得相互之间有了一个确定的竞争依据。

我们反对和批判的是收视率导向、收视率歧视、收视率崇拜、收视率主义。我们的担忧是：把收视（听）率抬到了广播电视传播考虑一切问题的出发点和检验一切工作的根本标准的地步，把经济因素和商业逻辑视为调控电视节目内容与时段的首选，从而使"娱乐至死"的"二十世纪的教训"之一，变成中国的本土现实。

现行收视率调查的弊端首先在于调查样本的科学性和合理性。对此，我国的传播学者对国内主要调查机构央视—索福瑞公司的样本提出质疑，认为它们的城镇人口样本占绝对多数，而我国人口的实际是农村人口多达9亿，占全国总人口的75％左右，而城镇人口为3亿，只占总人口的25％，央视—索福瑞公司样本户的比例却颠倒了我国人口的基本关系。[①]

对于样本选择的问题，调查公司给出的理由一般是收视人群主体是

---

① 张同道：《收视率与电视节目评估尺度》，载《电影艺术》2000年第6期。

城镇人口，农村人口的收视行为相对较弱，而且是不固定的。但是就收视率概念本身而言，它并没有区分所谓主流和非主流收视人群。实际上，就我国的收视率调查本身而言，它是有城市化倾向的，收视调查的所谓受众主体是指具有购买力的城市观众，即市民阶层，而农民、城市里的民工等弱势群体都被排除在收视率之外，因为他们并不具备购物的能力。这是典型的媒介歧视，而目前的收视率调查的结果则是强化这种歧视。所以，目前的收视率调查在事实上已经自觉不自觉地把收视人群等同于消费人群，因为收视率调查的驱动力是经济的因素。按照实际的情况，由于我国农村文化资源的有限性，电视实际上是农村人口精神文化生活中的最主要来源，特别是在大量的农闲时间，农村人口收看电视的时间以及人员的数量是相当高的，调查机构没有作为主要样本的原因，除了技术方面因素的制约外，与农村人口在消费领域的非主流应该不无关系。现在的收视调查公司是以人口密度决定调查范围的，即使是有关"三农"的电视栏目的收视群体很大，但由于农村人口居住分散，经常不在调查范围之内。"以北京为例，北京一共是18个区县，只有9个区县有300个调查点，远郊区县根本就没有调查点，反映到收视率上往往不占优势，因此很难引导企业合作和广告投放。这在一定程度上也误导了中国电视的商业市场。屏幕上出现的煽情、戏说节目的泛滥，就是误导的结果。"[1]忽略广大的农村收视人群，一方面显然造成收视率调查的不准确性，此外这个事情本身也反映出媒体及媒介调查机构对非主流消费人群的一种"收视率歧视"。

重要的是，这种收视率歧视不仅针对"低端观众"，而且包括"高端观众"。有研究者提出："收视率的调查方法是按照我国人口结构设计的，假如中国高等文化的人群占8%，初、高中文化程度的观众占60%，那么，在某个城市抽样的300户中，24户是高等文化的，180户是中等以下文化程度的。高度文化水平的人都喜欢的节目，往往比不上中等及以下文化程度的人喜欢的节目收视率高。在西方经济发达国家，这种收视率的取样方法相对来说是符合主流意识形态和精英文化需求的，

---

[1] 黄辉：《对农宣传需要政策扶持》，载《中国广播电视学刊》2005年第6期。

第五章 抵制电视节目低俗化的现实路径

而照搬过来并不符合我们的国情，因为中国主流文化的人群少得多，我国至今还有1亿文盲。当广告商投放广告首先考虑的是收视率时，电视台就不得不放下架子，唯收视率是图，而电视台对收视率的全面追求，常常都以放弃对文化理性的追求、对人文艺术的追求为代价。"① 由此可见，收视率歧视颇有些"抓大放小"的意味。有关这些，人们从"三农"电视节目的边缘化和《读书时间》等节目的坎坷命运中，便可获得直观的认识。

党的十七大报告再次强调我国仍处于并将长期处于社会主义初级阶段的基本国情没有变，既然如此，组建国有的收视（听）率调查公司，便有了最根本和最现实的依据。

媒介调查的可接受性要求：用于买卖双方的收视率数据应由中立的第三方测量，由电视台控制自己的观众测量是不能接受的；视听市场应以统一"货币"为原则，统一标准，否则容易造成资源浪费。

由于同一市场往往有不止一家收视率调查机构提供服务，产生巨大差异的现象也就时有发生，难怪不少电视媒体屡屡对一些媒介调查机构的收视率排名提出质疑。而且这种媒介调查市场多家竞争还有一种难以根除的弊病：一些调查公司投委托方所好，谁出钱便替谁说话，在诚信度上大打折扣。这里，有说服力的事例是：2005年6月13日，第11届上海电视节组委会与央视—索福瑞媒介研究联合推出了《中国电视剧市场报告（2005—2006）》，并公布了"2004年中国电视荧屏上最'火'的十部电视剧"名单，收视率最高的前三部电视剧分别是《大姐》《香樟树》以及《成吉思汗》。而就在这个名单公布的两个星期前，5月27日，由光线传媒联合全球收视率调查机构尼尔森媒介研究设立的首届电视剧风云盛典揭晓，其最佳收视奖项依据尼尔森研究机构提供的客观数据直接产生。尼尔森的2004年收视率榜单与索福瑞大相径庭，在各自名单的前10位中，只有三部电视剧——《成吉思汗》《婆婆》《越走越好》是共有的，其他则全部不同，更不用说排名了。② 之所以出现这样的问题的原

---

① 西方雨：《不能寄希望于一两次"大扫除"》，载《中国广播影视》总第372期。
② 赵楠楠：《收视率结果大相径庭 俩电视剧排行榜"打架"》，《京华时报》2005年6月16日。

因是：央视—索福瑞以电视剧单集最高收视率为依据，而尼尔森则以电视剧播出期间的平均收视率为依据。双方评选细则的不同导致了截然不同的结果。由此可见，收视率调查公司因为调查方法的不同和其他种种原因，在统计结果上也往往各执一词。收视率调查本身的不够完善和缺少规范，削弱了它的可信性。

有趣的是，2006年8月23日，央视市场研究股份有限公司（CTR）公布了"2006年主持人品牌价值排名"。六天后，由世界品牌实验室进行数据采集和评估、美国《蒙代尔》杂志发布的"2006年度中国最具价值主持人排行榜"也亮相。"CTR"版的排名中，李咏、王小丫、汪涵分别列一、二、三位，毕福剑、何炅、朱军、白岩松、李湘、董卿、陈扬分别排名第四到第十位。"蒙代尔"版中，李咏、王小丫和窦文涛分别以35亿、34亿和32亿元人民币的品牌价值位居前三，其他入选的7位节目主持人的陈鲁豫（3亿）、汪涵（2.4亿）、许戈辉（2.3亿）、白岩松（2.1亿）、朱军（1.5亿）、袁鸣（1.2亿）和庞晔（1.1亿）。这里，争论入选者的排名和身价意义不大，我们担心的是：假如再有什么机构也参与到了这种游戏中，使这样的排行有了更多的版本，那观众该信谁的？调查机构的公信力如何保证？

所以，目前有很多电视媒体管理者开始呼吁"一个市场、一个系统""一个中国、一个系统"，这样有利于全面、整体性地把握观众收视情况，有利于电视台之间和节目之间的分析比较。

在列举了收视率调查的问题之后，我们还应指出收视率分析的问题。

收视率调查之后的首要环节是对收视率进行科学分析，经过十余年的发展历程，我国媒介调查机构在收视率分析上已经取得了很大进展，科学性逐渐增强。但是目前存在的一个问题是，在调查公司提供的大量原始数据与利用数据进行有效的传播决策之间，缺少中间环节。也就是说，在调查公司和电视节目编播制作机构之间，缺少对原始数据进行消化、分析组合以便有针对性地提供传播策划的机构，缺少既具有媒体知识背景又熟悉收视率分析策划的专业人士，大量的工作仍由一些非专业人士完成。而很多电视台的从业人员对收视率的内涵、测量方法、操作技术和规则缺乏了解，缺乏对收视率数据进行再分析的能力，只能被动地、表面化地接受调查机构给予他们的原始数据或简单结论。有的在尝试数据的深度分析时，还出现一些错误，比如对日记法与仪器法收视率数据之间的关系缺乏思考、对日记法的技术缺陷不了解导致节目评价后天失察、误判收视走势、将收视率平稳与观众群稳定划等号等问题。因此，这样一种看法几乎是公认的："收视率的调查技术和方法不够完善、规范，其结果的准确度和可靠度具有一定的不稳定性和脆弱性。"[1]

收视率分析中常见的错误是依据收视曲线判断收视走势。收视走势是对某一时期内收视率情况的一种总体、动态的描述和抽象，也是栏目（或节目）传播效果与动向的基本反映。由于分析和评价收视走势时，着眼于一个较长时间段而不是某一孤立时间点上的收视情况，一定程度上能够避免因简单枚举单个收视率数据所带来的对收视情况的片面理解，使收视反馈更具全面性、动态感，因而受到电视制播人员的高度关注。

在分析收视走势时，不少电视从业者往往以收视曲线为观察对象，希望从直观的"看"中求得对收视走势的评价。虽然在收视率变化比较简单的情况下，直观去看也能看出收视走势的大概，但是收视率的变化很多时候是复杂的，直观的看往往会出现误差。比如，当电视栏目的收视曲线在一个时间段出现了一两次波峰后，栏目的管理者往往会乐观地认为该栏目的收视走势看好，实际上按照科学的简单线性回归方法，可以得出该栏目的收视走势回归线是水平中略微下倾的。也就是说，该栏目的总体收视走势即使不是略微向下，至多也是大体持平的，离走势看好还有相当的距离。[2]

还有一个就是用收视曲线去判定观众群是否稳定的常见错误。收视分析中，最常见的动态描述是收视曲线，它能够比较直观地反映收视率变化情况。所以同上文所说从收视曲线看收视走势的错误一样，收视曲线也常常被拿来考量观众群是否稳定，一些媒体从业者在看到收视曲线

---

[1] 邵雯艳：《电视收视率是非谈》，载《中国电视》2006年第1期。
[2] 刘燕南：《电视传播中收视率的分析应用》，载王兰柱主编《聚焦收视率》，北京广播学院出版社2002年版，第325页。

基本平稳时，便轻易得出"观众群稳定"这样的结论。

事实上，收视率平稳与观众群稳定是性质不同的两个概念：收视率平稳，是就数量而言，意味着某栏目（或节目）观众在数量上比较稳定；而观众群稳定不只是个量化概念，而且还是个质化概念，它涉及的是观众群内在质的构成变化情况。所以，收视曲线基本平稳说明不了收视率平稳。比如，某一栏目收视率平稳，可能是每次有大体相同数量的人流出和流进这个栏目，该栏目观众群在数值上保持动态平衡，但是观众群各种成分的构成比例却在不断变化，这个观众群显然并不稳定。

在社会学层面上，收视率导向表现为对收视率的误读，同时，技术装备的进步难以济收视率导向之穷。

在收视率导向的作用力下，相关机构对收视率使用的过程的种种人为因素已经令人难以忽视，这是因为从纯粹操作的意义上来说，这些因素似乎已经成为收视率导向的不可分割的一部分，甚至可以说，此类做法已经成为收视率在成为电视台的摇钱树和广告商的指南针的基本定位的补充。

在这些人为因素中，最突出的就是对收视率的有意歪曲，这虽然是与收视率导向所标榜的"客观"最相背离之处，但却离收视率导向最为起劲的那些鼓吹者的隐秘目的颇为相近。

英国学者阿伯克龙比对这一目的揭示得较为明确："电视机构了解观众的目的是为了让观众明白，是观众帮助电视机构强化了它们与观众的沟通能力。而要达到这一目的，电视机构只能象征性地编造出电视观众的情况，作为其争取到其他潜在观众的一种手段。"[①]

英国学者雷蒙德·威廉斯也写道："在广播中，无论是在直接的商业系统中，还是在受国家保护的系统中，都已经有了一种相似的功能上的转移。生产是按照这些系统通过某种兴趣所能传送到的人数来估量的。像在报纸中一样，'可行的'生产数字已经被一个专门的计算系统极大地夸大了。把最终的一丁点儿称为'大量'——成千上万的人——被描述为是一群毫无意义的或失败的广播听众。适应可预计的和成套的大规模

[①] ［英］尼古拉斯·阿伯克龙比：《电视与社会》，张永嘉等译，南京大学出版社2002年版，第157页。

市场竞争条件的压力,已被文过饰非,似乎这是一个与实际民众的责任关系的问题。真正的主要压力要么是为了直接的广告费用,要么是为了政治市场和文化市场的主要份额,所有间接的系统最终都要依靠它们。尤其是在这里,赞助人,新的教父,出现了。"①

一言以蔽之,就是电视台既借收视率营造"观众中心"的虚假意识,以抚慰普通人渴望被媒体重视的脆弱心灵,又可以在与广告商讨价还价的时候提供商人能够看得懂或者确切地说能够直接汇兑为货币符号的数字,一举两得之间,收视率导向焉能不大行其道呢?

应当说,这种实践中客观存在的对收视率的歪曲使用尽管与收视率导向有着本质的联系,甚至可以说正是收视率导向才逼迫着电视工业生产的各级制作者和决策者们对收视率的滥用。而研究者们对收视率自身所存在的与生俱来的缺陷却暴露了收视率导向在实践意义上更深处的忧虑。

其中,收视率最难以回答的就是如何测量受众对某一电视节目的收视质量。几位美国学者告诉我们:"很多研究表明,我们的媒体使用通常伴随许多其他活动。如人们会在电视/收音机开着时阅读、谈话、吃东西、玩游戏或者洗碗,但无论他们做什么,受众在使用媒体的大部分时间内并不太专心。这种情况使许多人认为以选择行为来定义媒体使用夸大了受众媒体使用的真实情况。另一种定义是将'使用'定义为人们专注于某个媒体,或者理解所收看/听的内容。然而有效地测量一个人的注意力或感知水平是极难做到的。"②

其实,电视受众的这种心不在焉恰恰是人、媒体和信息感知方式在视觉传播中的一种呈现,并非电视所独有,正如本雅明在电影那里所看到的:"消遣性接受随着日益在所有艺术领域中得到推重而引人注目,而且它成了知觉已发生深刻变化的迹象。这种消遣性接受借助电影便获得了特有的实验工具。(楷体为原文所有——笔者注)电影在它的惊颤效果中迎合了这种接受方式。电影抑制了膜拜价值,这不仅是由于它使观众

---

① [英]雷蒙德·威廉斯:《现代主义的政治——反对新国教派》,阎佳译,商务印书馆2002年版,第181页。

② [美]詹姆斯·G.韦伯斯特、帕特西亚·F.法伦、劳伦斯·W.里奇:《视听率分析——受众研究的理论与实践》,王兰柱等译,华夏出版社2004年版,第123页。

采取了一种鉴赏态度，而且还由于这种鉴赏态度在电影院中并不包括凝神专注。观众成了一位主考官，但这是一位心不在焉的主考官。"①

而电视观众的收视习惯也必然影响到收视率导向的社会功能，无论是文化方面的，还是商业方面的，英国学者阿伯克龙比告诉我们："在对电视观众习惯和行为的讨论中，到目前为止，我们依靠的是一种独特的观众研究方法，其目的是根据像计量器之类的直接评估系统，或标准化的调查表和记日记的方法，提供能用数量表示的证据。这类方法在某些方面，在提供可靠和有效的数据时，效率尤为强大。不过，它们也有缺点。第一，它们不是把电视经历作为一个整体来触及的，而是触及单个的节目或特定的系列节目。值得商榷的是，一般说来，观众不观看电视节目。他们观看的是串播（着重号为原文所有——笔者注），晚上电视机被打开后，一家人坐到电视机前，或许不怎么专心地随意享受一下电视流动的感受而已。有些观众甚至可能快速转换频道，不特别注意任何一个节目。第二，现在大量的证据说明，观众以非常不同的方式，在不同的时间看电视。有时候，他们全神贯注地看；有时候，他们却不是那样。他们经常把电视开着，人却不在房间里。到目前为止，我所描述的观众研究方法，尚不能区分这些非常不同的分配注意力的方式。第三，也是最重要的，大部分关于电视观众的极其重要的问题与观众实际理解他们所观看的节目以及他们赋予这些节目的意义有关。首先，我们想了解：人们如何谈论电视，电视如何影响他们，以及他们如何解释他们所看的节目。即使人们接受了电视是一种浅参与的媒体这个观点，这些问题仍将适用。"②

而澳大利亚文化研究学者伊恩·昂则进一步指出在收视率话语的操弄下，电视受众这一概念的"虚妄性"："收视率话语的知识客体'电视受众'并非先在的实际受众的确切呈现。……在此意义上，就像被收视率话语所构建的那样，'电视受众'是一种虚幻的实体。当然，这并不是说，收视率无中生有地创造了受众。收视率是建立在有多少、谁在看以

---

① [德] 瓦尔特·本雅明：《机械复制时代的艺术作品》，王才勇译，中国城市出版社2002年版，第128页。

② [英] 尼古拉斯·阿伯克龙比：《电视与社会》，张勇嘉等译，南京大学出版社2002年版，第184—185页。

第五章 抵制电视节目低俗化的现实路径

及看什么,这样的实际数据基础之上的。相反,因具有将某一经验事实的确定领域进行定义的能力,收视率在精确性方面不可小视。但是,无论如何,那个经验事实的领域是虚幻的,收视率所使用的术语所覆盖的经验事实必然导致对受众的如下描述:对确定因素过分强调但压制了其他因素。"[1] 既然就其对象而言,收视率导向的社会学基础都并不十分稳固,遑论将其作为电视节目评价体系的统帅了。

正像恩格斯所指出的那样:"社会一旦有技术上的需要,则这种需要就会比十所大学更能把科学推向前进。"[2] 对收视率在实践中的具体运用来说,技术创新似乎为收视率克服自身缺憾预备了更为先进的装备:"美国尼尔森公司最近采用了一种新型设备'被动测数器',这是一种类似摄像机一样的探测装置,与计算机连在一起,无须观众自己动手,它能判断房间里看电视的人有多少、谁在看、看了多长时间、谁在做别的事情、室内人员的进出走动情况、宠物以及家庭成员以外的人等。"[3]

美国学者丹尼尔·贝尔告诉我们,任何技术装备的进步都不单纯是"人体的延伸"那么简单:"技术已经为合理性创造了一个新定义,一种新的思想方式,它强调功能关系和数量。它的行动标准是效率和最佳标准,即利用最便宜和最省力的资源。功能合理性的这种新定义,对新的教育方式产生了影响,现在,工程学和经济学中的定量技术,在这种教育方式中排除了推测、惯例和说理的那些老方式。"[4] 显然,现在这种技术的合理性已经以收视率导向的面目逐步延伸至电视节目评价的过程之中。

加拿大学者金·索查克对法国思想家波德里亚的解读对我们进一步认识收视率数据统计过程之中的种种"扰民"现象的出现是十分有帮助的,这种现象只是从不同的角度揭示收视率导向的大众市场营销手段的特征罢了:"大众市场营销已经被更为高级的市场细分技术所取代了,这种技术对于消费市场进行确认并'定为目标',以开发、生产并销售着体

---

[1] Ang, I. *Desperately Seeking the Audience*, London and New York: Routledge, 1991, p. 60.
[2] 《马克思恩格斯选集》(第四卷),人民出版社1972年版,第505页。
[3] 张同道:《收视率与电视节目评估尺度》,载《电影艺术》2000年6月。
[4] [美]丹尼尔·贝尔:《后工业社会的来临——对社会预测的一项探索》,高銛等译,新华出版社1997年版,第208页。

现了抽象愿望或者潜在渴望,特别是与大部分人相关的潜在渴望的产品。虽然波德里亚明确地指出,大众已经'受尽了调查之苦',他还含蓄地假定社会学同这种趋势已有串通,但是与之相应的是,大众作为一种'沉默的大多数'或吸收一切的'黑洞'也只好全盘接受。"①

然而,问题还不止于推销术的生意经。英国学者费瑟斯通的提醒值得我们警惕:"如果抛弃那些诸如'电视就是世界'、电视就是为实际的电视观赏实践提供一套又一套'游弋漂浮的花花绿绿节目'的观念(最贴切的例子就是二十四小时不停地播放的 MTV 节目),那么我们会注意到,公共领域与私人领域之间的疆界已然无存。这在集体一起观看节目时尤为如此,观众绝不是被动的,而是积极地投入到事件、场面和仪式的宗教意义中,并且人们有时可能还盛装打扮,使观看本身也仪式化了。"②

前述"被动测数器"的安装,已经使体现在作为旁观者的电视观众身上的公私领域的融合从心理上进一步上升为样本观众对个人私域的出卖,这样的收视率收集已经沦落为对公民个人行为的赤裸裸地监视和对公民自由的露骨剥夺,奥威尔在其名著《1984》中的"老大哥"借助技术手段对公民个人生活进行控制的意象在这里已经成为活生生的现实。这种所谓研究,与其说是"科学",倒不如说是"商业法西斯"。在收视率导向寻求数据精度和质量的无尽的技术努力中,美国学者丹尼斯·朗悲观地夸大包括电视在内的大众传播力量的论述开始变得不那么危言耸听了:"印刷机、广播和电视发射机、扬声器和扩音设备的所有者和控制者对个别公民拥有巨大的说服优势。个别公民的答辩,只能是关掉电视或收音机,或者拒绝购买特定报纸。而在现代城市生活条件下,他无法避免完全成为暴露于控制无所不在的通信媒体的那些人的大量说服之下的一名'受制听众'。通信技术革命已经建立了新颖、复杂的说服工具,使用这些工具构成至关重要的权力资源。"③

我们认为,在这里引入法国思想家福柯关于"检查"的思想用以审

---

① [美]道格拉斯·凯尔纳编:《波德里亚:批判性的读本》,陈维振等译,江苏人民出版社 2005 年版,第 137 页。
② [美]迈克·费瑟斯通:《消费文化与后现代主义》,刘精明译,译林出版社 2000 年版,第 183 页。
③ [美]丹尼斯·朗:《权力论》,陆振纶等译,中国社会科学出版社 2001 年版,第 38 页。

第五章 抵制电视节目低俗化的现实路径

视收视率导向所带来的对电视观众收视行为的干预是颇有裨益的，福柯写道："检查把层级监视的技术与规范化的技术结合起来。它是一种追求规范化的目光，一种能够导致定性、分类和惩罚的监视。它确立了个人的能见度，由此人们可以区分和判断个人。这就是为什么在规训的各种机制中检查被高度仪式化的原因。检查把权力的仪式、试验的形式、力量的部署、真理的确立都融为一体。在规训程序的核心，检查显示了被视为客体对象的人的被征服和被征服者的对象化。权利关系和认识关系的强行介入在检查中异常醒目。"[①]

这样，在收视率导向所营造的"受众中心"的幻象也只是权力运作的某种转换而已，只是规训的形式发生了某种嬗变，并不能就此认定借助收视率，电视受众就获得了对电视节目的决定权。福柯认为：

> 由于检查是同时从仪式上和"科学"上对个人差异的确定，是用每个人的特点来确定这个人（与典礼不同，典礼是用具有各种标志的场面展示地位、门第、特权和职务），检查就清晰地标示了一种新的权利运行方式的出现。在这种方式中，每个人都获得自己的个性并以此作为自己的身份标志，他通过这种身份与表现他和使他成为"个案"的特征、计量、差距、"标志"联系起来。
>
> 最后，检查处于使个人成为权力的后果与对象，知识的后果与对象的程序的中心位置。由于检查将层级监视与规范化裁决结合起来，就确保了重大的规训功能：分配和分类，最大限度地榨取力量与时间，连续的生成积累，最佳的能力组合，以及随之而来的对具有单元性、有机性、创生性和组合性的个性的制作。[②]

可惜的是，这种对"先进"技术的使用，仍然难以帮助收视率克服其与生俱来的洞察力匮乏的缺憾。在那些同意出卖个人生活空间的受调查对象付出售卖个人隐私的代价之后，其客观效果似乎难以如人所愿，

---

① ［法］米歇尔·福柯：《规训与惩罚》，刘北成等译，生活·读书·新知三联书店1999年版，第208页。

② 同上书，第216页。

正如伊恩·昂所说的："但是所有这些数据收集，所有这些更好的评估技术和流程的预备，可能自有其悖论。对观众的愈加精微的全景监控，就越难说清'收视行为'，也就越难为收视率话语廓清'电视受众'的流水线化的面目。"①

要了解受众对电视节目乃至传播媒介内容的接受情况，并做出确切的把握和分析，还需要把受众作为人来看待，就像马克思所指出的那样："我们开始要谈的前提并不是任意想出的，它们不是教条，而是一些只有在想象中才能加以抛开的现实的前提。这是一些现实的人，是他们的活动和他们的物质生活条件，包括他们得到的现实的和由他们自己的活动所创造出来的物质生活条件。因此，这些前提可以用纯粹经验的方法来确定。"②

可是，具体到传播领域"纯粹经验的方法"似乎并没有得到适当地运用，英国学者汤普森指出："除了分析接受活动和背景的空间、时间以及社会性质以外，重要的是应强调接受活动是复杂的社会行动，它涉及不同程度的技能与注意力，它伴随着不同程度的乐趣与兴趣，它和主要接收区进行的其他活动与互动复杂地交叉。传媒理论家与评论家们常常认为接收传媒信息是相当直接和不成问题的过程，这样设想使他们集中于分析传媒信息的内容，或许再补充一些关于受众观看水平与反应的统计数字。可是，似乎清楚的是，这种看法严重地低估了一些过程和方式的复杂性，借助这些过程，传媒信息实际上被处在特定背景中的个人所接收和占用，由于这些方式，这些接收活动与日常生活其他方面相交叉。"③

收视率导向所带来的对受众情况的统计，哪怕就是暂且将其所蕴含的商业意识形态搁置一旁，也不能为人们增进对传媒与受众关系的认识，这是由于正是收视率导向所津津乐道的统计数字遮蔽了作为个体的电视受众。法国文化理论家米歇尔·德塞都认为："统计数字实质上不可能告诉我们这个理论上由体制性的框架控制的海洋中潜流的情况，事实上，

---

① Ang, I. *Desperately Seeking the Audience*, London and New York: Routledge, 1991, pp. 92 – 93.

② 《马克思恩格斯选集》（第一卷），人民出版社1972年版，第24页。

③ [英]约翰·B.汤普森：《意识形态与现代文化》，高銛译，译林出版社2005年版，第259页。

这些框架在逐步地受到腐蚀和置换。其实，与其说它是一种液体在固体间隙中的流动，不如说是不同运动对地形要素的利用。统计研究满足于对诸如'词汇'单元、广告词、电视图像、工业产品、建筑空间等要素进行分类、计算和表格化，它们使用的范畴和分类学方法与工业和行政管理的生产所使用的是相一致的。因而，此类研究只能抓住消费者实践使用的材料——它显然是由生产强加给每个人的——而不能抓住这些实践的形式化方面，即它们私底下的巧妙'运动'，或者说'权宜之计'的活动本身。分类计算的优势在于它们的分解能力，但这种分析能力减少了再现战术轨迹的可能性，它们按照自己的标准从生产的整体中选取片段，再用之编写新的故事。"①

这种对统计数据的滥用本身具有深刻的理论风险，美国学者斯沃茨曾经指出："由形式化的模型、图表、统计表等提供的对社会世界的科学视野，不同于实际参与社会世界的行动者的视野。这些行动者不具备完备的信息，不能清楚地阐述他们的目标，也不能清楚地预见结果。这种理解社会世界的学术模式把实际的知识转化为有意识的、系统的、超时间的理论知识。不能把反思性视角用于实际知识与理论知识之间的认识论差异，就会导致社会科学家把理论的实践与实际的行动混淆，并犯布尔迪厄所说的'唯智主义'的谬误。因此，这些社会科学家就会通过把关于理论实践的认识论假设投射到日常的实践中而错误地再现实践的实际特征与倾向特征。"②

这一现象的产生与收视率导向所承担的终极目的密切相关："除了迅速抓住公众的好奇心并获得短期效益以外，没有谁会忠实地生产任何事物。例如，在开发黄金时间的电视节目过程中，制片商、广播网络官员、电视台决策人和广告商都在研究并挖空心思猜测观众愿看什么。"③ 如此看来，这个问题并不是借助了先进的技术装备和"科学"的统计学符咒

---

① 米歇尔·德塞都:《"权宜之计":使用和战术》,转引自罗钢、王中忱主编《消费文化读本》,中国社会科学出版社 2003 年版,第 99 页。

② [美]戴维·斯沃茨:《文化与权力:布尔迪厄的社会学》,陶东风译,上海译文出版社 2006 年版,第 308 页。

③ [美]詹姆斯·罗尔:《媒介、传播、文化——一个全球性的途径》,董洪川译,商务印书馆 2005 年版,第 191 页。

就可以轻而易举地在同电视受众所进行的这场"猜心游戏"中获得胜利，因为收视率导向所面对的是"沉默的大多数"，在很大程度上，用数字去测量这个群体的态度简直是"不可能完成的任务"。法国学者古斯塔夫·勒庞早就告诫人们："今天，密切关注各种意见，已经成为报社和政府的第一要务。它们需要在没有任何中间环节的情况下知道一个事件、一项法案或一次演说造成的效果。这可不是件轻松的任务，因为没有任何事情比群众的想法更为多变，今天，也没有任何事情，能够像群众对他们昨天还赞扬的事情今天便给予痛骂的做法更为常见。"① 这种情况倒成了中国先秦的法家代表人物韩非所谓"凡说之难，在知所说之心"的现代版诠释，而日见先进的技术装备也难以使收视率导向摆脱这一悖论。

我们不会忘记马克思的这样的名言："批判的武器当然不能代替武器的批判，物质的力量只能用物质力量来摧毁。"② 理性思辨作为一种收视率导向的"批判的武器"，任何时候都不能代替收视率调查这种"武器的批判"。于是，对收视率调查本身统计方法的质疑便成为顺理成章的事情。我们注意到，全力促成"收视率"样本结构的调整，促进调查方法的改进，建立分众定性研究分析，已逐渐成为人们的一种共识。仍然是提出"收视率是万恶之源"的李晓枫认为："作为拥有13亿人口的发展中国家，电视产业怎么能、同时也不可能按照西方国家的市场标准来要求、来发展。盲目使用西方国家样本方法就是引导电视文化的'西化'，完全不符合中国的现实国情。我们应当从电视文化发展、民众健康的文化需求、舆论导向的需要诸方面考虑，建立自己的国家标准样本，要求无论什么媒介机构都必须使用同一标准样本，否则取消市场进入权。新的样本结构应改变根据家庭购买力分层，按自然人口结构取样的办法，把高文化水平、高经济收入、大中城市、管理及文化科研机构以及成熟人群（就业年龄以上）五类人口在样本结构中的比例设计大一些，作为决定样本分层的决定性变量。"③ 他还提出，要进一步改进电视收视调查

---

① [法]古斯塔夫·勒庞：《乌合之众：大众心理研究》，冯克利译，中央编译出版社2004年版，第126页。
② 《马克思恩格斯选集》（第一卷），人民出版社1972年版，第9页。
③ 李晓枫：《中国当代电视低俗化问题研究》，《把握导向 形成合力》，北京广播学院出版社2007年版，第196页。

的研究方法，在定量研究的基础上，更多地进行定性研究；要在全社会总体样本研究的基础上更多地进行分众研究分析。

我们认为，促成收视率样本的调整这一关键的意义在于：收视率调查是为电视台提高电视节目质量所用还是为广告商投放广告服务？这其中改进的努力方向是：收视率调查的样本中具有话语权、管理权、决策权的高端观众，和老少边穷地区的低端观众，都应当成为收视率调查样本中的不可或缺的组成部分。

第五节　从国家文化安全的高度提升对反低俗化重要性的认识

收视率导向的问题，除了技术层面的问题外，更严重则在于：收视率导向关乎国家的文化安全；收视率导向导致电视节目过分商品化，实质上具有反文化的本质。

早在 2006 年，我在杭州广电集团讲课时，一位频道"道长"（总监）请我吃饭，席间，他和我讲了他的这样一个观点，让我颇受启发。他认为，目前中国广电系统使用的收视率的调查数据都是外资公司的，问题恰恰出在这里——毛主席早就预言，帝国主义预言家把"和平演变"的希望寄托在中国第三代、第四代身上，[1] 这些国外公司就是通过收视率的调查数据告诉你中国老百姓喜欢看那些戏说的、搞笑的、选秀的、审丑的、低俗的，所以中国电视就要多生产这些节目，因为老百姓喜欢看呀！由此，达到和平演变的目的。

这一颇有些"片面的深刻"和"深刻的片面"的准"社科院"论点让我大吃一惊，也让我深感中国广电系统确有一批头脑清醒的思想者。我连忙问他是否有实证类的数据作为观点的佐证，因为这可不是闹着玩儿的，这可是关乎国家文化安全的大事，按照毛主席的说法它关系到"巩固无产阶级专政，防止资本主义复辟，建设社会主义"的百年大计，

---

[1] 毛主席的原话是这样的：帝国主义的预言家们根据苏联发生的变化，也把"和平演变"的希望，寄托在中国党的第三代或者第四代身上。我们一定要使帝国主义的这种预言彻底破产。参见《毛主席语录》第 240 页。

千年大计，万年大计。

电视节目低俗化颠覆社会主义核心价值观的负面作用不容低估，应当从国家文化安全的高度深刻认识反低俗化的重要性和迫切性。这里，西方的一些有识之士的真知灼见，可以给我们有益的启示。

"颠覆性传媒"是美国著名的社会学家和未来学家阿尔文·托夫勒使用的一个概念，他的《力量转移》一书中的第二十七章的标题就是"颠覆性的传播媒介"。托夫勒认为："在全世界各地，人们在利用新的传播媒介或使用老传媒的新方法来对国家的权力提出挑战——有时是推翻这种权力。"[①] 托夫勒在这里说的"新的传播媒介或使用老传媒的新方法"，在相当大的程度上指的就是电视，因为他详细地描述了电视在东欧剧变、马科斯倒台等重大社会变革和政权交替中所起的巨大作用。因此，将电视称为"颠覆性传媒"，正是托夫勒在研究分析了20世纪80年代以来世界上的一些重大政治事件后得出的结论。托夫勒关于电视传播促成了"武力和信息的结合"，使"一种通过传媒和符号进行的革命"成为可能的观点，以及电视造就了一些"媒介人物"，并使他们成为代表新的政治力量的权贵人物的观点等，都很值得我们深思。

电视问世于20世纪20年代，但电视在社会政治生活中真正发挥作用则是20世纪中叶以后的事情。进入20世纪80年代以后，随着东欧剧变和苏联解体，电视在社会动荡和政权交替中的作用令人刮目相看。研究电视在冷战结束和政权更迭中表现出的"颠覆性传媒"的特点，分析电视传播在国际政治格局变化中的独特作用，这对于我们正确认识电视对社会发展的深刻影响，正确制定中国电视在21世纪的发展战略，始终坚持正确的舆论导向，保证我国的改革开放和社会主义现代化建设有一个良好的舆论环境和国际环境，都具有极大的助益。

曾经担任过几任美国总统的高级顾问和国家安全事务助理的布热津斯基，在充分注意到电视的吸引力和影响力的同时，对电视的批评可谓入木三分。他认为："西方的电视逐步地越来越成为感官的、性的和轰动性的。""电视在破坏代代继承的传统和价值观念方面起了特别大的作用。

---

① ［美］阿尔文·托夫勒：《力量转移》，刘炳章等译，新华出版社1996年版，第383页。

电视的娱乐节目——甚至新闻节目——都拼命渲染现实，使之产生脱离道德支柱的有新奇感的刺激，同时把物质或性欲的自我满足描绘成正当的，甚至是值得赞扬的行为。""电视对美国价值观念形成所起的特别消极的作用"，"迎合最低级的尽人皆知的本能"，"大众媒介所传播的价值观念一再表明，它完全有理由可被称之为道德败坏和文化堕落。在这方面，电视尤其是罪魁祸首。"布氏将好莱坞影片和电视制作厂家视为是"文化的颠覆者"，"一直不断地传播自我毁灭的社会伦理"。"结果是出现了一种被牟取暴利者所驱动的大众文化，他们正是利用了大众对庸俗、色情以至野蛮行为的渴求心理。伤风败俗和享乐主义在文化中占了这么大的优势，就必然对社会价值观念起涣散的作用，并损伤和破坏曾经被人们笃信的信念。"① 布热津斯基这种对电视的激愤之情，并没有影响到他曾作为美国政府的高级谋士的"预警"职责，在他看来，"丰饶中的纵欲无度"是西方国家面临的历史性危险，在西方社会里，物质享受上的纵欲无度越来越主宰和界定着个人生存的内容和目标。因而，对这个问题表示认真的和正当的关注是不无道理的。

布热津斯基对电视批判得深刻和尖锐，无论在中国还是在外国都是十分少见的。一方面，他对电视影响的正面评价可以达到很高的程度："随着全世界观众越来越多地盯着电视机屏幕，不论是在强迫的宗教正统观念的时代，还是在极权主义灌输教育的最高潮，都无法与电视对观众所施加的文化和哲学上的影响相提并论。"另一方面，布氏在列举20个美国需要兴利除弊的基本难题时指出："通过视觉媒体大规模地传播道德败坏的世风——作为吸引观众的手段，以娱乐为幌子，事实上宣扬性和暴力以及实际上是传播瞬时的自我满足。""在一定程度上也可以从电视节目中推断出所倡导的价值观念：它们显然颂扬自我满足；视强暴和野蛮行为为正常现象；通过实例及对同龄人激起仿效的压力（向美国青少年和儿童播放的阴茎套广告，渲染了他们是'性主动'的潜在的顾客，显而易见的负面推论是，不这么干的人是'性冷淡'），鼓励性乱行为；以及迎合最低级的尽人皆知的本能。其结果是对社会行为

---

① ［美］布热津斯基：《大失控与大混乱》，潘嘉玢等译，中国社会科学出版社1995年版，第80—82、124页。

失去了控制。"①

相比较而言,如果说托夫勒提出电视是"颠覆性传媒",以此来表明一个学者的"政治热情",那么布热津斯基对电视的文化角色的评定,则更显示了一个政治家的"学术情结"。他们的视角和观点,对于我们从国家文化安全的角度深刻认识反低俗化的重要性和迫切性,无疑是富有启迪作用的。

中国电视的反低俗化问题,既有全球范围内的共性问题,又有中国特色的个性问题。中国电视事业与发达国家的电视事业无论在发展基础、文化背景、管理体制等方面都有极大的不同,中国的电视文化不可能与西方完全接轨。一定的文化是一定社会的政治和经济在观念形态上的反映。从计划经济向市场经济转轨的中国社会,也使电视文化面临一个全新的生态环境,社会主义市场经济新体制建立初期的无序和混乱,必然极大地影响电视文化产品的生产和市场,诸如草台班子拼凑的电视剧,粗制滥造的一些晚会,只要出钱就能到转播现场亮相的各种节目,等等,这在电视事业和大众文化同样发达的国家是难以想象的。同时,与号称已进入了"后工业社会"的少数发达国家相比,中国是一个农业人口占很大比重,文盲半文盲人口占很大比重,贫困人口占很大比重,主要依靠手工业劳动的农业国。中国现阶段的生产力发展水平,注定了大众文化的发展水平还比较低,而且所反映的社会心态与西方那种精神空虚有截然的不同。这就好比饱食终日无所用心与还未完全解决温饱的两种生存状态的受众,在看电视时绝不是同一种感受。因此,西方许多学者对电视和大众文化的批评,并不完全符合中国国情。

当我们讨论电视在当代文化发展中的特殊地位时,不能不提到经济全球化和文化全球化的问题。我们知道,在经济全球化中,电子化的信息沟通手段的飞速发展和日新月异起着举足轻重的作用。特别是在世纪之交,电视不仅是信息传播和文化交流的媒体,而且本身就是一个大有可为的信息产业。以美国为首的西方发达国家在电视产业领域加速发展的咄咄逼人之势,不仅使人们看到了东西方电视文化的差异,而且强烈地感受

---

① [美]布热津斯基:《大失控与大混乱》,潘嘉玢等译,中国社会科学出版社1995年版,第81—82、118页。

第五章 抵制电视节目低俗化的现实路径

到了东西方电视产业的差距。我们应当认清,改革开放的过程,就是中国主动并逐渐深入地加入到经济全球化进程中的过程,也是中西方文化不断冲突和撞击的过程。同时,我们也必须明确,经济的全球化不等于文化的全球化,文化的全球化虽然包含了各民族文化的交流、融合和互补,但这并不意味着各民族文化的泯灭,更不会产生某种普世文化。

本民族文化与异质文化的关系问题,在现代条件下更为尖锐、更为复杂了。以电子计算机网络为媒介的文化方式的迅速发展,使各民族间的交往更加广泛和紧密,这又使文化问题变得更加错综复杂。不同民族的文化要保持自己的独特性,任何国家和民族都不能把自己的文化观念、价值原则强加于其他国家和民族,搞文化殖民主义和文化霸权主义。某种文化观念通过汲取异质文化的积极成分,通过对与自身相异文化的整合使自身得到发展,形成一种新的文化观念,原有的文化观念以扬弃的形式在新的文化观念中得到保留。文化不能以一种消极的方式与其他文化相互作用,而必须主动吸取其他文化来补充和发展自己,从而获得自我发展的新形态。

经济全球化产生了诸多的不公正和不合理,但毕竟是世界经济、科技和国际分工发展的必然结果。我们必须认清:在本质上,经济全球化是以美国为首的西方利益集团为主导,以实现全球少数国家利益为目的的靠资本征服整个世界的现象和过程。全球化不仅是经济和技术现象,而且也是美国和其他发达国家推动和主导的使资本主义生产方式以及相适应的经济关系的全球化,使有利于美国和其他发达国家的经济秩序的全球化,使美国和其他发达国家的"民主和人权"的全球化。这种以旨在侵犯独立国家主权、消灭当地文化、破坏经济和社会稳定的"全球化"应当引起我们的高度警惕。

电视的普及是一种国际现象,电视反低俗化从根本上说是一个文化问题。历史上,伴随电视设备的引进,西方一些发达国家的电视文化对发展中国家的文化造成了强大的冲击。有些国家的领导人担心本国的文化价值观念将会因电视的引进而被发达国家的商业文化所吞没,有的学者甚至认为随着贫富国家之间的差距更加加剧,殖民化将首先借助电子和图像进行。尽管电视创造出了一种崭新的文化形式,丰富了公众的文化生活，电视的普及率也已相当高，但由电视传播而引发的意识形态、文化观念等方面的冲突却始终存在。因此，抵制西方文化，保护民族文化，这不是一个个别现象，而是国际现象；不是某家电视台的行为，而是一种政府行为。这种对电视既发展又控制的趋势，从一个侧面反映出国际政治的时代特点。

中共十七大报告告诫人们："世界仍然很不安宁。霸权主义和强权政治仍然存在。""文化上相互借鉴、求同存异，尊重世界多样性，共同促进人类文明繁荣进步。"在电视越来越普及的今天，我们更应十分警惕西方文化对中国文化大举入侵的严重威胁，坚决反对和抵制资本主义、封建主义和各种腐朽文化思想的侵扰，把中国电视办成建设社会主义精神文明、政治文明、物质文明和生态文明的坚强阵地。

这里，我们有必要从文化学和社会学的层面进一步剖析收视率。

应当承认，作为一个衡量电视节目受欢迎程度和市场占有程度的指标，我国电视界引入收视率来评价电视节目，可以说是电视走向观众、接近观众的一个重要标志，是颠覆中国电视节目"我播你看"传统收视模式的一个重大转折，存在着某种历史进步的因素。然而，收视率的出现和发展只是媒体测量观众对节目内容的态度的一种技术进步和科学手段，而把收视率上升到导向的地位就开始走到了进步的反面了。收视率导向之所以值得批判的原因并不在于收视率本身（这恰恰是受众表达意见的一种手段），全部的问题在于：收视率导向将收视率强调到了对节目的去留具有决定性影响的地步，使收视率从测量节目的手段变成了节目存在的目的。收视率因其天然的反文化的缺陷不能承担起这样的重任。德国思想家齐奥尔格·西美尔用"目的对于手段的殖民"来描述成熟文化的危机，也不妨用于概括收视率导向给中国电视文化所带来的危害："首先，生活的目的臣服于其手段，从而不可避免地使许多不过是手段的事物被人们认为是目的；其次，文化的客观产品独立发展，服从于纯粹的客观规则，二者都游离于主体文化之外，而且它们发展的速度已经将后者远远地甩在了后面。"[①]

---

① [德] 齐奥尔格·西美尔：《时尚的哲学》，费勇等译，文化艺术出版社2001年版，第173页。

第五章 抵制电视节目低俗化的现实路径

收视率导向的本质是什么呢？就其最本质的意义而言，收视率是一种电视节目制作者用以向广告主介绍观众情况以便投放广告的商品，揭示了电视工业最本质的运作机制，是电视节目商品化最明显的表征。收视率导向背后所隐藏的是电视节目乃至这个文化的商品化。

而这种商品化的后果是广告对电视节目的入侵，收视率导向自然是其必经的桥梁。英国学者约翰·基恩告诉我们："在电视领域，广告业使节目的结构和内容商品化了。某些节目变得和广告界限不清，还有一些节目则沦为广告业的附庸。由于评价一个节目成功与否的标准是广告收入和观众数量，没有多少空间可以用来进行大胆的实验，也没有多少时间可以让离开常规的节目或表演人员去发现自己的观众。没有时间用于开发任何有深度的东西。为了给后面的广告腾出地盘，不得不压缩拍摄长度，缩短录音时间，进行浓缩剪辑，掏空戏剧性的叙述部分。"[①] 而当笔者作为普通观众收看电视节目的时候，也常常产生是"在电视剧中间插播广告"，还是"在广告中间插播电视剧"的疑问，尽管广电总局对插播电视广告三令五申，但是，却难在电视屏幕上产生明显而持久的效果，其根本原因即在于此。

我们认为，许多电视节目制作者对此也是心知肚明的，而他们之所以又乐此不疲的原因，就在于在收视率导向的支配下，任何创新都意味着丧失收视率的冒险。哪怕就是为了满足收视率导向客观上的"多少有点不同"的需要，人们也会从海外电视台或其他竞争对手那里将成型的被收视率所证明了的节目形态或要素加以模仿。在收视率导向下，要指望电视节目工作者们创造出具有"自主知识产权"的节目形态来，那无异于缘木求鱼。

归根结底，收视率只是连接电视节目生产与受众消费的一个途径而已，就其最本质的意义而言，收视率只能从属于电视节目的生产，从受众消费需要之中衍生。只是收视率带给人们的错觉，就像任何商品生产者在进行消费者商品使用偏好调查时总是在潜意识中遮蔽其谋求利润最大化的终极目的。正如英国学者罗杰·西尔弗斯通所说的那样："我们无

[①] 约翰·基恩：《民主与传播媒介》，转引自中国社会科学杂志社编《民主的再思考》，中国社会科学出版社2000年版，第279—280页。

法消费没有生产出来的东西。消费刺激生产，没有破坏就没有创造。而且，正是在消费的刺激中我们忘记了生产。刺激性的广告很少表现生活必需品赖以生成的各种条件，仿佛对生产的识别将会不知何故地损毁需求的光泽或扑灭需求的火焰。"① 在这里，马克思对生产与消费的关系的论断仍然是极具解释力的："就一个主体来说，生产和消费表现为一个行为的两个要素。这里要强调的主要之点是：如果我们把生产和消费看作一个主体的或者许多单个个人的活动，它们无论如何表现为一个过程的两个要素，在这个过程中，生产是实际的起点，因而也是居于支配地位的要素。消费，作为必需，作为需要，本身就是生产活动的一个内在要素。但是生产活动是实现的起点，因而也是实现的居于支配地位的要素，是整个过程借以重新进行的行为。个人生产出一个对象，因消费了它而再回到自己身上，然而，他是作为生产的个人，把自己再生产的个人。所以，消费表现为生产的要素。"② 收视率只是电视节目的生产环节在受众消费环节的延伸而已。阿多诺说："工业常常对它自己极力鼓励的东西进行表决。"③ 收视率恰恰暴露了电视的文化工业本质。

这样，顺着这个思路，我们也就不能把收视率导向的问题简单地理解为取悦受众这么简单，在这种对公众趣味的亦步亦趋之中，涌动着的是电视节目提供者塑造观众品位的暗流。在传播学研究者耳熟能详的议程设置理论已经历经变迁，由"新闻媒介不能告诉我们该怎样想，却可以告诉我们该想些什么"的旧观念被修改为："新闻不仅告诉我们该想些什么，而且告诉我们该怎么想。"

所以，我们不妨套用宋代文学家欧阳修的名句："醉翁之意不在酒，在乎山水之间"来形容收视率导向的本质，收视率导向之意不在受众，在乎广告利润。在收视率导向中运行的是赤裸裸的"成本——收益"的经济逻辑，一旦这一逻辑遭受到了收视率的些许耽误，立刻就会被敝屣般抛弃。从收视率导向的被否定的反面，我们更能把握到个中脉搏。在

---

① [英]罗杰·西尔弗斯通：《电视与日常生活》，陶庆梅译，江苏人民出版社2004年版，第156页。
② 《马克思恩格斯选集》（第2卷），人民出版社1972年版，第97页。
③ [德]马克斯·霍克海默、西奥多·阿多尔诺：《启蒙辩证法——哲学断片》，渠敬东等译，上海人民出版社2003年版，第149页。

客观上的结果而言，收视率导向以及其背后的文化体制最终必然带来"劣币驱逐良币"之后的平庸的同质化，受众在低水平重复的过程中进行着周而复始的文化上的"自我激赏"。

综上所述，我们认为，商业逻辑置入文化领域，收视率掌控传媒文化，在这个过程中，文化同商品等同，公民同消费者混一，消费能力代替文化品位，受众的文化选择遭到了极大的限制。与其说收视率是规范的民主，倒不如说是金钱的暴政或群氓的狂欢。

结　语

　　电视节目低俗化是一个老问题，也是一个世界范围的问题。低俗化是中国电视的一大顽症，但低俗化问题不是中国电视与生俱来的，而是中国电视处于社会转型时期在市场经济大潮冲击下困惑与慌乱的一种反映。

　　从学理层面上说，对低俗问题的批评在电视批评理论中占有重要地位；在实践层面上，这种批评将作为对电视传播的监督和校正长期存在下去。值得我们注意的是，批评低俗化，不能简单停留在道德批评和行政批评的一般意义上，而应当依据历史唯物主义的基本原理，追问低俗化现象背后具有终极意义的经济原因，正像经典作家指出的那样，批判的武器不能代替武器的批判。因为，对于低俗化的批评，不管是侧重于伦理的追问还是学理的批评，只要看到了电视传播的现象背后的市场这支"无形的手"的作用，只要不再局限于单纯的道德愤怒和"纯粹理性批判"，我们就有理由相信，这种批评触及到了要害和实质。一句话，对低俗化的批评，必须考察广播影视、文化生产与市场经济的共谋关系，必须有经济学的视角和方法，这对于中国电视实践的健康发展和电视批评理论的建构，都至关重要。

　　造成电视传播低俗化屡禁不止的终极原因，是中国电视在产业化、市场化的进程中对收视率、市场份额、广告收入等利润指标的片面追求。我们知道，商业逻辑对电视的作用是通过收视率来实现的，高收视率必然带来丰厚的广告利润和商业资助，这是当代电视的一条基本运作规律。收视率是一柄双刃剑。一方面，我们必须认清中国电视对收视率的重视包含了巨大的历史进步。从大的方面讲，没有收视率的电视节目，不能代表中国先进文化的发展方向，不能承担起传承文明、人文教化的重任。

道理很简单——没有人看的节目，你去教育谁去？另一方面，唯收视率马首是瞻，用收视率去决定电视节目的生死存亡，同样将偏离电视台作为生产精神文化产品的专门机构的基本属性和职能。

美国的波兹曼教授在《娱乐致死》一书中，提出了这样一个观点：有两种方法可以让文化精神枯萎，一种是文化成为一个监狱，另一种是文化成为一场滑稽戏。为什么会有将文化变成滑稽戏的事情出现呢？这里的商业目的实际上已经很清楚了，有形和无形的手都是收视率。波兹曼警告说，如果文化生活被重新定义为娱乐的周而复始，文化灭亡的命运就在劫难逃。

如果我们认为波兹曼的警告不是空穴来风的话，那么我的这样一个担心也就不无道理：把收视率抬到了电视传播考虑一切问题的出发点和检验一切工作的根本标准的地步，把经济因素和商业逻辑视为调控电视节目内容与时段的首选，从而使"娱乐至死"的"二十世纪的教训"之一，变成中国的本土现实。我们的结论是：重视收视率是中国电视的进步，而将收视率变为导向和最终目标则是中国电视的歧途。提请电视人思考一个词：代价。我们追问的是：我们是否想过中国电视这些年来在产业化市场化进程中所付出的代价？这些代价在更广阔的社会层面上是否有更大的代价要付出？

电视发展是否要付出社会代价，这是一个具有根本意义的电视伦理问题。电视节目的丰富，是否必须以消解意义、躲避崇高、无序竞争、拼命媚俗为前提，甚至以牺牲社会公正和公众利益为代价？这既是一个具有根本意义的电视伦理问题，更是一个带有普遍性的哲学、社会学、政治学问题。世纪之交，在中国电视产业发展的呼声方兴未艾时，我们分明感到了电视传播中人文精神的弱化。把这种弱化的罪名强加在电视产业发展上，强加在收视率上，显然是片面的，但警惕"跑步进入产业发展"的大跃进心态，使中国电视的产业发展始终坚持以人为本的原则，则更是必要的和必需的。我们重视电视的思想含量和文化品位，我们呼唤电视的社会责任和世界担当，我们希望走向市场的电视产品的生产和流通，纳入理性化的轨道，使电视文化的发展向有序、精致、高雅的方向迈进。

电视是干什么的？这本来是不成其为问题的问题，今天却真的成了问题。因为中国电视传承文明、人文教化的基本职能，中国电视"为中国百姓服务，对子孙后代负责"的基本属性，中国电视作为生产精神文化产品的专门组织的基本标识，正面临被解构、颠覆和边缘化的危险。或问：有那么严重吗？回答是：这绝不是耸人听闻。君不见，先是有世纪之交数十家卫视上星台同时播《天龙八部》《春光灿烂猪八戒》，后有《超级女声》海选阶段的"歪瓜裂枣，南腔北调，现场直播，超级搞笑"，至于电视节目中的热衷审丑、热衷戏说、热衷搞笑，则更是夺取收视率的看家法宝。对此，几年前我就提出：这是中国电视在抢夺和瓜分"蛋糕"时的疯狂、贪婪、失去理智到了令人瞠目的程度。如果说这是中国电视的一次大面积堕落言之过重的话，那么，收视率、广告收入等经济因素对电视的精品标准、艺术质量等的冲击和排斥，总令人倒吸一口冷气。而这些做法的实质就在于：用文化工业的手法——以廉价、媚俗为特点的文化的商业化的举措，去追求电视产业资本的"增殖"；以淡化媒体的社会责任，牺牲电视的文化品位和人文关怀为代价，去换取电视产业的发展。

在中国媒体产业化和市场化的进程中，我们须臾不可忘记的是：媒体作为生产精神文化产品的专门化组织，它的文化标识和形象代言永远不是它的经济收入或广电大楼；新闻事业的发展，归根结底并不是它的融资能力和挣钱能力，媒体永远不能简单等同于国有大中型企业，媒体的综合实力中最重要的是它的信息传播和文化娱乐功能。用导向正确、及时准确、贴近百姓的新闻传播，用丰富多彩、生动活泼、雅俗共赏的广播电视节目，去不断满足人民群众的新闻信息和文化娱乐需求，这才是中国新闻事业发展的根本所在。

进入新世纪以后，中国社会发展中出现了一个关键词，这就是科学发展观。由此，我们可以得出这样的结论：GDP 是好东西，但 GDP 崇拜则会严重影响中国社会的健康发展。同样，收视率也是好东西，但唯收视率马首是瞻，则是中国电视科学发展的歧途。

我们将一如既往为中国电视的健康发展贡献绵薄之力。

主要参考书目

（以引用先后为序）

一　中文部分（含译著）

[1]　［英］安德鲁·古德温、加里·惠内尔：《电视的真相》，魏礼庆等译，中央编译出版社 2001 年版。

[2]　［英］B. 鲍桑葵：《美学史》，张今译，商务印书馆 1985 年版。

[3]　《王小波文集》（第 4 卷），中国青年出版社 1999 年版。

[4]　《世界各地广播电视反低俗化法规资料汇编》，中国传媒大学出版社 2008 年版。

[5]　北京大学哲学系外国哲学史教研室编译：《西方哲学原著选读》，商务印书馆 1982 年版。

[6]　［英］弗里德里希·奥古斯特·冯·哈耶克：《自由宪章》，杨玉生等译，中国社会科学出版社 1999 年版。

[7]　［美］斯塔夫里阿诺斯：《全球通史》，吴象婴等译，上海社会科学出版社 1988 年版。

[8]　杨伯峻：《论语译注》，中华书局 1980 年版。

[9]　吴于廑：《古代的希腊和罗马》，生活·读书·新知三联书店 2008 年版。

[10]　钱穆：《国史大纲》（下册），商务印书馆 1996 年版。

[11]　鲁迅：《略论梅兰芳及其他》，载《鲁迅杂文集》，人民文学出版社 1996 年版。

[12]　［德］尤尔根·哈贝马斯：《公共领域的结构转型》，曹卫东等译，学林出版社 1999 年版。

[13]　［德］齐奥尔格·西美尔：《时尚的哲学》，费勇等译，文化艺术出

版社 2001 年版。

[14] 荣长海编著：《文化研究》（第 1 辑），天津社会科学院出版社 2000 年版。

[15] [德] 尼采：《悲剧的诞生——尼采美学文选》（修订本），周国平译，北岳文艺出版社 2004 年版。

[16] [英] 约翰·B. 汤普森：《意识形态与现代文化》，高銛译，译林出版社 2005 年版。

[16] [西班牙] 奥尔特加·加塞特：《大众的反叛》，刘训练等译，吉林人民出版社 2004 年版。

[17] [法] 阿芒·马拉特、米歇尔·马拉特：《传播学简史》，孙五三译，中国人民大学出版社 2008 年版。

[18] [英] 卡尔·波普尔：《开放社会及其敌人》（第一卷），陆衡等译，中国社会科学出版社 1999 年版。

[19] [法] 让·波德里亚：《消费社会》，刘成富等译，南京大学出版社 2006 年版。

[20] [法] 古斯塔夫·勒庞：《乌合之众：大众心理研究》，冯克利译，中央编译出版社 2004 年版。

[21] 上海社会科学院哲学研究所编：《法兰克福学派论著选辑》（上卷），商务印书馆 1998 年版。

[22] [法] E. 迪尔凯姆：《社会学方法的准则》，狄玉明译，商务印书馆 1995 年版。

[23] [德] 胡塞尔：《哲学作为严格的科学》，倪梁康译，商务印书馆 1999 年版。

[24] [德] 恩斯特·卡西尔：《人论》，甘阳译，上海译文出版社 1985 年版。

[25] [美] C. 赖特·米尔斯：《社会学的想象力》，陈强等译，生活·读书·新知三联书店 2005 年版。

[26] 刘燕南：《电视收视率解析：调查、分析与应用》，北京广播学院出版社 2001 年版。

[27] [美] 埃里克·弗鲁博顿、[德] 鲁道夫·芮切特：《新制度经济学——一个交易费用分析范式》，姜建强等译，上海三联书店、上海人民出版

社 2006 年版。

[28] [英]《哈耶克文选》，冯克利译，江苏人民出版社 2007 年版。

[29] [英] 丹尼斯·麦奎尔、[瑞典] 斯文·温德尔：《大众传播模式论》，祝建华译，上海译文出版社 2008 年版。

[30] [美] 克利福德·格尔茨：《文化的解释》，韩莉译，译林出版社 1999 年版。

[31] [德] H. 李凯尔特：《文化科学和自然科学》，涂纪亮译，商务印书馆 1986 年版。

[32] [德] 马克斯·韦伯：《社会科学方法论》，韩水法等译，中央编译出版社 1999 年版。

[33] [美] 列奥·施特劳斯、约瑟夫·克罗波西主编：《西方政治哲学史》，李天然等译，河北人民出版社 1993 年版。

[34] [法] 米歇尔·福柯：《词与物——人文科学考古学》，莫伟民译，上海三联书店 2001 年版。

[35] [德] 卡尔·曼海姆：《意识形态与乌托邦》，黎鸣等译，商务印书馆 2000 年版。

[36] [德] 马丁·海德格尔：《演讲与论文集》，孙周兴译，生活·读书·新知三联书店 2005 年版。

[37] [德] 卡尔·曼海姆：《卡尔·曼海姆精粹》，徐彬译，南京大学出版社 2002 年版。

[38] [德] 哈贝马斯：《认识与兴趣》，郭官义等译，学林出版社 1999 年版。

[39] [法] 让·拉特利尔：《科学和技术对文化的挑战》，吕乃基等译，商务印书馆 1997 年版。

[40] [英] 弗里德里希·冯·哈耶克：《科学的反革命》，冯克利译，译林出版社 2003 年版。

[41]《顾准笔记》，中国青年出版社 2002 年版。

[42] [美] 丹尼尔·贝尔：《资本主义文化矛盾》，赵一凡等译，生活·读书·新知三联书店 1989 年版。

[43] 陆学艺：《当代中国社会阶层研究报告》，社会科学文献出版社 2002 年版。

[44] 钱蔚：《政治、市场与电视制度——中国电视制度变迁研究》，河南人民出版社 2002 年版。

[45] [荷兰] 丹尼斯·麦奎尔：《大众传播理论》（第三版），潘邦顺译，台湾风云论坛出版社有限公司 2000 年版。

[46] [美] 弗雷德里克·詹姆逊：《文化转向》，胡亚敏等译，中国社会科学出版社 2000 年版。

[47] [法] 皮埃尔·布尔迪厄、[美] 汉斯·哈克：《自由交流》，桂裕芳译，生活·读书·新知三联书店 1996 年版。

[48] [法] 爱弥尔·涂尔干：《宗教生活的基本形式》，渠东等译，上海人民出版社 1999 年版。

[49] [美] 新闻自由委员会：《一个自由而负责的新闻界》，展江等译，中国人民大学出版社 2004 年版。

[50] [英] 齐格蒙特·鲍曼：《被围困的社会》，郇建立译，江苏人民出版社 2005 年版。

[51] [荷兰] 丹尼斯·麦奎尔：《麦奎尔大众传播理论》，崔保国等译，清华大学出版社 2006 年版。

[52] [美] 塞缪尔·亨廷顿、彼得·伯杰主编：《全球化的文化动力——当今世界文化的多样性》，康敬贻等译，新华出版社 2004 年版。

[53] [美] 詹明信：《晚期资本主义的文化逻辑：詹明信批评理论文选》，陈清侨等译，生活·读书·新知三联书店、牛津大学出版社 1997 年版。

[54] 王逢振等编译：《电视与权力》，天津社会科学出版社 2000 年版。

[55] 胡正荣：《传播学总论》，北京广播学院出版社 1997 年版。

[56] [英] 大卫·麦克奎恩：《理解电视——电视节目类型的概念与变迁》，苗棣等译，华夏出版社 2003 年版。

[57] [英] 布莱恩·麦基：《思想家：与十五位杰出哲学家的对话》，周穗明等译，生活·读书·新知三联书店 2004 年版。

[58] [美] 露丝·本尼迪克特：《文化模式》，王炜等译，生活·读书·新知三联书店 1988 年版。

[59] 《马克思恩格斯选集》，人民出版社 1972 年版。

主要参考书目

[60] [加拿大] 马歇尔·麦克卢汉：《理解媒介——论人的延伸》，何道宽译，商务印书馆 2000 年版。

[61] [美] 马克·波斯特：《信息方式——后结构主义与社会语境》，范静晔译，商务印书馆 2000 年版。

[62] [英] 雷蒙德·威廉姆斯：《电视：科技与文化形式》，冯建三译，（台湾）远流出版事业股份有限公司 1992 年版。

[63] [美] 弗朗西斯·福山：《大分裂：人类本性与社会秩序的重建》，刘榜离等译，中国社会科学出版社 2002 年版。

[64] [美] 尼尔·波兹曼：《娱乐至死》，章艳译，广西师范大学出版社 2004 年版。

[65] 鲁曙明、洪浚浩主编：《西方人文科学前沿述评·传播学》，中国人民大学出版社 2007 年版。

[66] [英] 罗素：《西方哲学史》，何兆武等译，商务印书馆 1963 年版。

[67] [美] 阿尔文·托福勒：《力量转移》，刘炳章等译，新华出版社 1996 年版。

[68] [美] 布热津斯基：《大失控与大混乱》，潘嘉玢等译，中国社会科学出版社 1995 年版。

[69] [美] 莱斯特·瑟罗：《资本主义的未来》，周晓钟译，中国社会科学出版社 1998 年版。

[70] 于海：《西方社会思想史》，复旦大学出版社 1997 年版。

[71] 陶东风：《经济民主与经济自由》，生活·读书·新知三联书店 1997 年版。

[72] [美] 马丁·杰伊：《阿多诺》，瞿铁鹏等译，中国社会科学出版社 1992 年版。

[73] 荣剑：《社会批判的理论与方法》，中国社会科学出版社 1998 年版。

[74] 陆扬、王毅：《大众文化与传媒》，上海三联书店 2001 年版。

[75] [英] 迈克·费瑟斯通：《消费文化与后现代主义》，刘精明译，译林出版社 2000 年版。

[76] 傅铿：《文化：人类的镜子——西方文化理论导引》，上海人民出版社 1990 年版。

[77] [法] 雷蒙·布东:《为何知识分子不热衷自由主义》,周晖译,生活·读书·新知三联书店 2012 年版。

[78] [美] 汉密尔顿、杰伊、麦迪逊:《联邦党人文集》,程逢如等译,商务印书馆 1980 年版。

[79] [美] 迈克尔·桑德尔:《民主的不满——美国在寻求一种公共哲学》,曾纪茂译,江苏人民出版社 2008 年版。

[80] [古希腊] 柏拉图:《理想国》,郭斌和等译,商务印书馆 1986 年版。

[81] [英] 霍布斯:《利维坦》,黎思复等译,商务印书馆 1985 年版。

[82] [德] 黑格尔:《法哲学原理——或自然法和国家学纲要》,范扬等译,商务印书馆 1961 年版。

[83] [德] 黑格尔:《黑格尔早期神学著作》,贺麟译,上海人民出版社 2012 年版。

[84] [美] 杰里·马勒:《保守主义》,刘曙辉等译,译林出版社 2010 年版。

[85] [英] 霍布豪斯:《自由主义》,朱曾汶译,商务印书馆 1996 年版。

[86] [英] 弗里德里希·冯·哈耶克:《作为一种发现过程的竞争——哈耶克经济学、历史学论文集》,邓正来译,首都经济贸易大学出版社 2014 年版。

[87] [德] 康德:《道德形上学探本》,唐钺译,商务印书馆 2012 年版。

[88] [法] 爱弥尔·涂尔干:《宗教生活的基本形式》,渠敬东等译,商务印书馆 2011 年版。

[89] [美] 汉娜·阿伦特:《责任与判断》,陈联营译,上海人民出版社 2011 年版。

[90] [美] 约瑟夫·奈:《软实力》,马娟娟译,中信出版社 2013 年版。

[91] [美] 道格拉斯·C.诺思:《经济史上的结构和变革》,厉以平译,商务印书馆 2009 年版。

[92] [美] 小约瑟夫·奈、[加拿大] 戴维·韦尔奇:《理解全球冲突与合作:理论与历史》(第九版),张小明译,上海人民出版社 2012 年版。

[93] 陶东风:《社会转型与当代知识分子》,上海三联书店 1999 年版。

[94] [法] 阿尔贝尔:《资本主义反对资本主义》,杨祖功等译,社会科

学文献出版社1999年版。

[95]《列宁全集》，人民出版社1962年版。

[96]［英］史蒂文森:《认识媒介文化》，王文斌译，商务印书馆2001年版。

[97]［美］赫伯特·霍华德等:《广播电视节目编排与制作》，戴增义译，新华出版社2000年版。

[98]［英］约翰·费斯克:《理解大众文化》，王晓珏等译，中央编译出版社2001年版。

[99]［美］乔治·康姆斯托克:《美国电视的源流与演变》，郑明椿译，台湾远流出版公司1994年版。

[100]［美］德弗勒、［英］丹尼斯:《大众传播通论》，颜建军等译，华夏出版社1989年版。

[101] 陈刚:《大众文化与当代乌托邦》，作家出版社1996年版。

[102] 张锦华:《传播批判理论》，台湾黎明文化事业公司1995年版。

[103] 罗钢、刘象愚主编:《文化研究读本》，中国社会科学出版社2000年版。

[104]［法］皮埃尔·布尔迪厄:《关于电视》，许钧译，辽宁教育出版社2000年版。

[105]［英］雷蒙德·威廉斯:《漫长的革命》，倪伟译，上海人民出版社2013年版。

[106]［英］雷蒙·威廉斯:《文化与社会:1780—1950》，高晓玲译，吉林出版集团有限责任公司2011年版。

[107]［德］瓦尔特·本雅明:《发达资本主义时代的抒情诗人》（修订译本），张旭东等译，生活·读书·新知三联书店2012年版。

[108]［美］赫伯特·甘斯:《什么在决定新闻》，石琳等译，北京大学出版社2009年版。

[109]［美］约翰·肯尼斯·加尔布雷斯:《经济学与公共目标》，于海生译，华夏出版社2010年版。

[110]［美］米尔顿·弗里德曼:《资本主义与自由》，张瑞玉译，商务印书馆2004年版。

[111]［英］吉姆·麦奎根:《文化研究方法论》，李朝阳译，北京大学出

版社 2011 年版。

[112] [奥地利] 弗里德里希·希尔:《欧洲思想史》,赵复三译,广西师范大学出版社 2007 年版。

[113] [美] 罗纳德·H. 科斯:《论经济学和经济学家》,茹玉骢等译,格致出版社、上海三联书店、上海人民出版社 2010 年版。

[114] 秋风编:《知识分子为什么反对市场》,吉林人民出版社 2003 年版。

[115] [俄] 谢·卡拉-穆尔扎:《论意识操纵》,徐昌翰译,社会科学文献出版社 2004 年版。

[116] 张国良主编:《新闻媒介与社会》,上海人民出版社 2001 年版。

[117] 徐耀魁主编:《西方新闻理论评析》,新华出版社 1998 年版。

[118] [美] J. 赫伯特·阿特休尔:《权力的媒介》,黄煜等译,华夏出版社 1989 年版。

[119] 李彬:《大众传播学》,中央广播电视大学出版社 2000 年版。

[120] [美] 德弗勒、鲍尔-洛基奇:《大众传播学理论》,杜力平译,台湾五南图书出版有限公司 1995 年版。

[121] 《马克思恩格斯全集》(第 3 卷),人民出版社 1960 年版。

[122] [德] 尤尔根·哈贝马斯、米夏埃尔·哈勒:《作为未来的过去》,章国锋译,浙江人民出版社 2001 年版。

[123] [古希腊]《柏拉图全集》,王晓朝译,人民出版社 2003 年版。

[124] [德] 康德:《历史理性批判文集》,何兆武译,商务印书馆 1990 年版。

[125] [英] 保罗·约翰逊:《知识分子》,杨正润等译,江苏人民出版社 2003 年版。

[126] [加拿大] 哈罗德·伊尼斯:《传播的偏向》,何道宽译,中国人民大学出版社 2003 年版。

[127] [美] 爱德华·W. 萨义德:《知识分子论》,单德兴译,生活·读书·新知三联书店 2002 年版。

[128] [德]《霍克海默集》,曹卫东编,上海远东出版社 2004 年版。

[129] [美] 尼尔·波斯曼:《技术垄断:文化向技术投降》,何道宽译,北京大学出版社 2007 年版。

[130] 马克思:《资本论》(第一卷),人民出版社 2004 年版。

[131] ［英］安东尼·吉登斯：《批判的社会学导论》，郭忠华译，上海译文出版社 2007 年版。

[132] ［美］罗伯特·K.默顿：《社会理论和社会结构》，唐少杰等译，译林出版社 2006 年版。

[133] 杨绛：《走到人生边上》，商务印书馆 2007 年版。

[134] 《邓小平文选》（第 3 卷），人民出版社 1993 年版。

[135] 宋克明：《美英新闻法制与管理》，中国民主法制出版社 1998 年版。

[136] ［美］埃德温·埃默里、迈克尔·埃默里：《美国新闻史》，苏金虎等译，新华出版社 1982 年版。

[137] ［美］本·H.贝戈蒂克安：《媒体垄断》，吴靖译，河北教育出版社 2004 年版。

[138] 汪文斌、胡正荣：《世界电视前沿》，华艺出版社 2001 年版。

[139] ［美］伦纳德·小汤尼、罗伯特·G.凯泽：《美国人和他们的新闻》，党生翠译，中信出版社、辽宁教育出版社 2003 年版。

[140] ［美］W.兰斯·班尼特：《新闻：政治的幻觉》（第 5 版），杨晓红等译，当代中国出版社 2005 年版。

[141] 马庆平：《外国广播电视史》，北京广播学院出版社 1997 年版。

[142] 郭镇之：《中外广播电视史》，复旦大学出版社 2005 年版。

[143] 钟起慧：《节目品质与优质电视——兼论当前台湾电视节目产制的困境及出路》，台湾广电基金出版社 2003 年版。

[144] 魏永征等：《西方传媒的法制、管理和自律》，中国人民大学出版社 2003 年版。

[145] 欧阳明：《外国新闻传播业史稿》，武汉大学出版社 2006 年版。

[146] 《圣经·新约》（中英对照），中国基督教两会 2008 年版。

[147] 国家广电总局发展研究中心课题组：《发达国家广播影视管理体制和管理手段研究》，中国传媒大学出版社 2007 年版。

[148] 国家广播电影电视总局发展研究中心：《国外广播影视体制比较研究》，中国国际广播出版社 2007 年版。

[149] 明安香主编：《全球传播格局》，社会科学文献出版社 2006 年版。

[150] 张国良：《现代日本大众传播史》，学林出版社 1992 年版。

[151] 廖亮：《当代世界电视》，上海交通大学出版社 2007 年版。

[152] [英] 卡瑟林·丹尼斯：《转型中的俄罗斯政治与社会》，欧阳景根译，华夏出版社 2003 年版。

[153] 刘继南：《国际关系——现代传播文集》，北京广播学院出版社 2000 年版。

[154] 凌翔、陈轩：《李光耀传》，东方出版社 1998 年版。

[155] 程曼丽：《外国新闻传播史导论》，上海复旦大学出版社 2004 年版。

[156] 李良荣：《新闻学概论》，复旦大学出版社 2001 年版。

[157] [英] 亚历克斯·乔西：《李光耀》，上海人民出版社 1976 年版。

[158] 陆地：《中国电视产业发展战略研究》，新华出版社 1999 年版。

[159] 杨伟光主编：《中国电视论纲》，中国广播电视出版社 1998 年版。

[160] 王兰柱主编：《聚焦收视率》，北京广播学院出版社 2002 年版。

[161] [英] 尼古拉斯·阿伯克龙比：《电视与社会》，张永嘉等译，南京大学出版社 2002 年版。

[162] [英] 雷蒙德·威廉斯：《现代主义的政治——反对新国教派》，阎佳译，商务印书馆 2002 年版。

[163] [美] 詹姆斯·G. 韦伯斯特、帕特西亚 F. 法伦、劳伦斯 W. 里奇：《视听率分析——受众研究的理论与实践》，王兰柱等译，华夏出版社 2004 年版。

[164] [德] 瓦尔特·本雅明：《机械复制时代的艺术作品》，王才勇译，中国城市出版社 2002 年版。

[165] [美] 丹尼尔·贝尔：《后工业社会的来临——对社会预测的一项探索》，高銛等译，新华出版社 1997 年版。

[166] [美] 道格拉斯·凯尔纳：《波德里亚：批判性的读本》，陈维振等译，江苏人民出版社 2005 年版。

[167] [美] 丹尼斯·朗：《权力论》，陆震纶等译，中国社会科学出版社 2001 年版。

[168] [法] 米歇尔·福柯：《规训与惩罚》，刘北成等译，生活·读书·新知三联书店 1999 年版。

[169] [美] 戴维·斯沃茨：《文化与权力：布尔迪厄的社会学》，陶东风

译，上海译文出版社 2006 年版。

[170] 罗钢、王中忱主编：《消费文化读本》，中国社会科学出版社 2003 年版。

[171] [美] 詹姆斯·罗尔：《媒介、传播、文化——一个全球性的途径》，董洪川译，商务印书馆 2005 年版。

[172] 中国社会科学杂志社编：《民主的再思考》，中国社会科学出版社 2000 年版。

[173] [英] 罗杰·西尔弗斯通：《电视与日常生活》，陶庆梅译，江苏人民出版社 2004 年版。

[174] [德] 马克斯·霍克海默、西奥多·阿多尔诺：《启蒙辩证法——哲学断片》，渠敬东等译，上海人民出版社 2003 年版。

二　英文部分

[1] Sstockman, N., *Antipositivist Theories of the Sciences: Critical Rationalism, Critical Theory and Scientific Realism*, D. Reidel Publishing Company, 1983.

[2] Ang, I., *Desperately Seeking the Audience*, Routledge, 1991.

[3] William Hoynes, *Public Television for Sale: Media, the Market, and the Public Sphere*, Westview Press, 1994.

[4] J. M. Bernstein (eds.), *The Culture Industry: Selected Essays on Mass Culture*, Routledge, 2001.

[5] Jamie Carlin Watson and Robert Arp, *What's Good on TV? Understanding Ethics Through Television*, Wiley-Blackwell, 2008.

[6] John Hartly, *Television Truth*, Blackwell Publishing, 2008.

[7] Randal Johnson (eds.), *The Field of Culture Production: Essays on Art and Literature*, Columbia University Press, 1993.

[8] John Hartly, *Uses of Television*, Routledge, 1999.

[9] Herbert J. Gans, *Popular Culture and High Culture: An Analysis and Evaluation of Taste*, Basic Books, 1999.

[10] Doug Underwood, *When MBAs Rule the Newsroom: How the Mar-*

keters and Managers are Reshaping Today's Media, Columbia University Press, 1993.

[11] K. Tim Wulfemeyer, *Mass Media in the new millennium: structures, functions*, Issues & Ethics, 2000.

[12] Marvin Kalb, "The Rise of the 'New news'": A Case Study of two root cause of the modem scandal coverage. discussion paper D-34, shorentein center on press, politics, and public policy, kennedy shool of government, Harvard university, October, 1998.

[13] G Robertson QC & A Nicol, *Media Law*, *third edition*, Penguin Book, London, 1992.